中国历史文化名人传

U0657387

如 梦 令

李清照传

赵柏田 著

作家出版社

中国历史文化名人传

组委会名单

主任：李　冰
委员：何建明　葛笑政

编委会名单

主任：何建明
委员：郑欣淼　李炳银　何西来　张　陵　张水舟　黄宾堂　张亚丽

文史组专家成员（按姓氏笔划为序）

王春瑜　王曾瑜　孙　郁　刘彦君　李　浩　何西来　郑欣淼
陶文鹏　党圣元　袁行霈　郭启宏　黄留珠　董乃斌

文学组专家成员（按姓氏笔划为序）

王必胜　白　烨　田珍颖　刘　茵　张　陵　张水舟　张亚丽
李炳银　贺绍俊　黄宾堂　程步涛

出版说明

　　中华民族五千年文明史中，涌现了一大批杰出的文化巨匠，他们如璀璨的群星，闪耀着思想和智慧的光芒。系统和本正地记录他们的人生轨迹与文化成就，无疑是一件十分有必要的事。为此，中国作家协会于2012年初作出决定，用五年左右时间，集中文学界和文化界的精兵强将，创作出版《中国历史文化名人传》大型丛书。这是一项重大的国家文化出版工程，它对形象化地诠释和反映中华民族文化的基本精神，继承发扬传统文化的精髓，对公民的历史文化普及和建设社会主义文化强国都具有重要而深远的意义。

　　这项原创的纪头体义学工程，预计出版120部左右。编委会与各方专家反复会商，遴选出在中国文化发展史上产生过重大影响的120余位历史文化名人。在作者选择上，我们采取专家推荐、主动约请及社会选拔的方式，选择有文史功底、有创作实绩并有较大社会影响，能胜任繁重的实地采访、文献查阅及长篇创作任务，擅长传记文学创作的作家。创作的总体要求是，必须在尊重史实基础上进行文学艺术创作，力求生动传神，追求本质的真实，塑造出饱满的人物形象，具有引人入胜的故事性和可读性；反对戏说、颠覆和凭空捏造，严禁抄袭；作家对传主要有客观的价值判断和对人物精神概括与提升的独到心得，要有新颖的艺术表现形式；新传水平应当高于已有同一人物的传记作品。

为了保证丛书的高品质，我们聘请了学有专长、卓有成就的史学和文学专家，对书稿的文史真伪、价值取向、人物刻画和文学表现等方面总体把关，并建立了严格的论证机制，从传主的选择、作者的认定、写作大纲论证、书稿专项审定直至编辑、出版等，层层论证把关，力图使丛书经得起时间的检验，从而达到传承中华文明和弘扬杰出文化人物精神之目的。丛书的封面设计，以中国历史长河为概念，取层层历史文化积淀与源远流长的宏大意象，采用各个历史时期最具代表性的文化符号与雅致温润的色条进行表达，意蕴深厚，庄重大气。内文的版式设计也尽可能做到精致、别具美感。

中华民族文化博大精深，这百位文化名人就是杰出代表。他们的灿烂人生就是中华文明历史的缩影；他们的思想智慧、精神气脉深深融入我们民族的血液中，成为代代相袭的中华魂魄。在实现"中国梦"的历史进程中，必定成为我们再出发的精神动力。

感谢关心、支持我们工作的中央有关部门和各级领导及专家们，更要感谢作者们呕心沥血的创作。由于该丛书工程浩大，人数众多，时间绵延较长，疏漏在所难免，期待各界有识之士提出宝贵的建设性意见，我们会努力做得更好。

《中国历史文化名人传》丛书编委会

2013 年 11 月

李清照

目录

第一章

从章丘到汴京

宋神宗元丰七年（1084）—元符三年（1100）

济南章丘—汴京

一、灰阑

这里要讲述的，乃是中国最伟大女作家李清照的生平。诚然，一个人的传记是传主与他生前身后的时代发生的关系之总和，探究一个人，总要从他与时代的关系着手，厘清其籍贯、生年，绘出其与亲人、师友的交游图。但这项工作的难度在于，官方史书关于李清照的记述至为简约，只有短短一行字，附录在《宋史》中她父亲李格非的传记后面：

> 女清照，诗文尤有称于时，嫁赵挺之之子明诚，自号易安居士。[1]

历来官修史书之为人诟病，在于它的编写遵照严格的权力等级制，对权力结构之外的一切则吝于笔墨。另外我们亦须看到，在李清照生

---

[1] 《宋史》卷四百四十四《李格非传》。

活的宋朝乃至整个中华帝国历史上，女性生命包括她们的创造向来是被忽略的。李清照固然是一位伟大的作家，世人亦知她的主要文学成就在于词，而一直以来，坊间传唱并消费着李清照（包括她的同时代作家们）创作的词，却打心眼里不认为"词"是多么了不起的东西，而只是把它们看作酒楼歌馆传唱的一首首歌。在新儒家兴起的宋朝中国，文人士大夫都以襄助君王治理国家为最高职志，除了公案文牍，任何私人性质的诗文都被视作"政余"。词，自从它在中唐及五代后出现，更是被看作"诗余"——一种比正规的文学品种诗歌再降一格的文体。[①]

正史定谳的缺失，并不妨碍后世对李清照生平的想象和建构。这些想象和建构的起点，不外是同时代人的私乘和笔记。宋朝人长于雄辩，是很有一番建立整个世界知识谱系的雄心的。从北宋初年的古文运动到司马光的历史书写，再到二程和朱熹庞大的理论体系，都是包罗万象的，是以促成了"记"这种文体的高度发达。宋朝文人青睐它，是因为它可以将文人们思考的许多方面糅合起来，叙事状物，写人谈鬼，皆粲然可观，还可以用来讨论一些更宏大、更根本性的问题。唯因地域广大，资讯阻塞，众声喧哗的各家记述，自也不免谬种流传。但要知道，我们想象并建构他人形象的历史，其实就是一部自我认知的历史。

安东尼·伯吉斯写《莎士比亚传》时，引述十八世纪研究伊丽莎白时代文学的英国学者乔治·斯蒂文斯的一段话，说除了知道莎士比亚确实是在埃文河上的斯特拉福镇出生、结婚并生育子女，去伦敦演戏、写戏、编剧，又在故乡立遗嘱、去世、安葬以外，"对他生活中所有细节的假设都是毫无根据的"。李清照同样如此。许多个世纪以来，李清照

---

① 评论家、音乐史家王灼（字晦叔，号颐堂，四川遂宁人，约生活于 11、12 世纪之交）在《碧鸡漫志》中追溯古初至唐宋声歌递变之由，试图给予歌和诗同样的文学地位，但因他长年生活在底层，作幕为生，他的这一文学主张在历代文论中并没有引起足够重视。

的传记作者们翻箱倒箧搜索历史资料，从她的作品中寻找蛛丝马迹，甚至不惜发挥最大的想象，力图重构这位中国历史上最伟大的女性作家的形象。然而，出于打造一个符合主流价值观的才女标本的需要，后世之文有意无意钻入了叙述的"灰阑"①，自不免有许多虚构和涂饰。另外一方面，对诗本事、词本事的无穷索解一旦堕入自传式解读的"傅科摆模式"，阐释和过度阐释又使得重构其生平的努力沦为一种猜字谜式的游戏。

所以直到今天，对李清照生平最好的叙述仍然是她晚年在临安写下的自叙文字《〈金石录〉后序》。两千余言的长文，以对夫妻人伦的深情追忆和反思，以及战争中女性命运的忠实书写，成了厘清其生平疑点的最清晰的线索，其叙事之丰赡，更足以彪炳一部中国文学史。但也有异见者说，这篇后序是后人的伪托之作。我们在下面会看到，围绕传主的生活和写作，这种争论一直没有消停过。

正因为悬案迟迟未结，有关李清照生平及其著作的面目从来没有清晰过。每出现一种声音，总是被另一种质疑或抗辩之声盖过。这使得审慎的历史写作者不敢轻易下任何结论，他须得老吏断狱一般，多方勘察，比照诸家声音，从中选取一个最合情理的。而作为中国最擅长运用历史典故的女作家，李清照的叙事习惯是设置一个个连环式谜题让读者去解。你以为解开了一个谜面，但把所有的谜底摆在一起，却又会因为链条上某个环节不得不推翻全局，从而陷入更大的困惑。

尽管如此，讲述她的故事我还是要遵守非虚构写作的叙事伦理，小心翼翼地选择词句，只作推断，杜绝虚构。在这幅从十一世纪末次第展开的风尘画卷中，我们将看到一个女性生命的成长史，看到一个人面对艰难时世坚贞不屈的一出情景剧。她是她那个时代的美神，也是一个凡人。

---

① 在地上用石灰画一个圆圈，古时叫作"灰阑"，典出元代杂剧《包待制智勘灰阑记》。

二、生年

李清照的生年，被她自己做进了完成于绍兴五年（1135）的《〈金石录〉后序》这个大谜题里。《后序》写道："呜呼！余自少陆机作赋之二年，至过蘧瑗知非之两岁，三十四年之间，忧患得失，何其多也！"这里她给出了几个谜面：一是她与赵明诚结缡的年份，"余建中辛巳，始归赵氏"；二是她写作这篇文字时的年纪，"至过蘧瑗知非之两岁"。她又说，从她知忧患之初的"少陆机作赋之二年"到执笔写后序那会儿，总共三十四年。由于各家解谜方式的不同，李清照的生年有着一〇八一年和一〇八四年两种说法。

历史地理学家黄盛璋的一〇八四年说影响最广，多为诸家采信。"建中辛巳"，即宋徽宗建中靖国元年（1101）。"少陆机作赋之二年"，据《晋书·陆机传》，"陆机二十作赋"，可知她十八岁嫁人（中国传统计年包括首尾在内数，不用足岁）。《淮南子·原道训》记蘧瑗，"吾行年五十而知前四十九年非"，故后世称五十岁为知非之年，"至过蘧瑗知非之两岁"，是说时年五十二岁。《后序》自叙半生遭遇，始于建中辛巳（1101）归赵之岁，讫于五十二岁作序之年，中间正好三十四年。黄盛璋在《赵明诚、李清照夫妇年谱》里说，由建中靖国元年上推十八年，当知李清照生于宋神宗元丰七年，即公元一〇八四年。当时，她的父亲李格非为山东郓州教授。

一〇八一年说的来源，是《〈金石录〉后序》某个通行抄本上的落款时间，"绍兴二年玄黓岁壮月朔甲寅易安室题"，对应时间为绍兴二年壬子，八月初一甲寅时辰，换算成公历为一一三二年九月六日。如果这一年确如李清照所说她五十二岁的话，那么她的出生年份就成了元丰四年辛酉，即公元一〇八一年，而她与赵明诚结缡的年龄，也就成了二十一岁而不是十八岁。这一说只有落款时间这个出处，也就成了孤证，但有一点是很可取的，文中，李清照并没有直接说自己从出嫁之年就开始经历忧患，《后序》叙述时间的起点，并不一定是她的出嫁之年。人生识字忧患始，她说的"三十四年之间，忧患得失"的起点，或许是更早的宋哲宗元符元年（1098），那时她刚刚跟随父亲从山东章丘老家来到汴京，在"有竹堂"开始学习写作，期待着有朝一日以不凡的文学才华名动京华。

李清照一生横跨的两宋，其时，中国的历史长河正处于一个令人瞩目的转折期，按照精研宋朝历史的刘子建先生的说法，北宋之前，社会整体上是外向的，到了南宋，本质上趋向于内敛，中国文化从十二世纪初期起整体转向了内在化①。如果说北宋的士人们开启的是一条充满希望的新路，乐观而生机勃发，那么经过战乱和随之带来的疆土分裂，南宋的文化氛围已集体转入怀旧、内省，士人们变得温和而审慎，甚至不无悲观。李清照的一生正清晰地传达出了这一时代风习嬗变的轨迹。

公元十世纪后期，宋王朝统一了原已分崩离析的唐帝国的绝大部分领土，在政府方面，它继承并发展了唐代的官僚行政体制。朝廷出于对五代以来藩镇割据局面的恐惧，新政权成立之初，就以一种戏剧性的方式不费刀兵地剥夺了将领们手上的军权，贬抑武人地位，限制武人参政，"兴文教、抑武事"②，代之以一种看上去要温和得多的文人政治。

如果把宋朝中国比作一个身体，它有着"专制的头脑、官僚的躯干和平民的四肢"，王朝运行所依仗的庞大的集权制行政机构，其主体成员为士大夫。他们大多通过考试入仕，通过资历、德行评定和荐举迁转，遵照特定的律、令、格、式和编敕处理政务。宋初刚走出五代长时间的战乱，一般人皆不喜读书，朝廷为建立士大夫政治的需要，广开读书人登仕之途，宋代的科举虽承袭唐制，但已比唐朝优渥许多，读书人只要一中进士，就能"释褐"进入仕途。文治局面的形成，使得宋代中

---

① 刘子建：《中国转向内在：两宋之际的文化内向》。
② 〔宋〕李焘：《续资治通鉴长编》，卷十八。

国就像一棵老树，焕发出了令人称奇的生命力，其上是新枝嫩叶，底下则是古老的根须在伸展。

彼时的宋都开封，生民已达一百万之多。在帝国境内一、二线的城市里，商业、手工业和娱乐业欣欣向荣，纸币在流通，印刷术带来出版业的繁荣使得书籍价格便宜又易得，宽容的宗教气氛带来了无数个节日，这些节日又伴生着大型的商贸活动。士大夫、商人、香客和流浪艺人在城市间旅行，把精英理念和流行文化传播到广大的乡村，以至后世有论者把宋朝视作中国"现代性的早期"。宋朝中国是否出现过现代性的曙光姑且不论，但重文轻武带来一个显见的弊端，这个表面看来一派升平气象的国家时常遭受北方马背民族的威胁，所谓的和平是向好斗的北方邻居购买来的：先是向契丹缴纳岁币，新的游牧民族女真崛起，建国号为金，宋金结盟灭辽，女真人索取起岁币来更不知足。终于到了一二二六年，那烈火烹油、鲜花着锦般的盛世光景被马蹄践踏，徽、钦二宗被掳北上。新建立的南宋王朝，疆域面积不过原先的三分之二，虽百般努力也终未能收复北方全境。

这场外力之下的灾变促使了中国文化气质的整体内转，也改变了李清照中年后的生活，使她从盛世优裕的生活中抛离出来，成为一个惊惶失所的流寓者。当然这"盛世"，很大可能也是一个幻觉。和靖康年间所有的南逃者一样，她所过的是一种"两截人生"。自今视昔，无限风华；自今往后，物是人非。国破家亡的悲愤也曾使她写下激越的诗句，"南来尚怯吴江冷，北狩应悲易水寒""南渡衣冠少王导，北来消息欠刘琨"，语带讥讽，却又希望未泯。但韶华已逝，京洛旧事也只在梦中出现了，她这个孤独的流寓者，也只有在回忆中咀嚼往事，并把人生的苦涩和忧伤编织进长短句中了。

叙述意味着第二重生命的展开。作为一个士人的后代，她自小接受的就是士人文化的熏陶，阅读经典，并在经典的启示下开始写作。这不仅是她从父辈那里主动赓续来的生命方式，更是她经历了乱离之后余生的职志。不管经历了多大的磨难，她都要通过写作获得拯救。

三、诚著

众星闪耀的北宋文化天空，李清照的父亲李格非（字文叔）并不是太显眼的一位。这不是他学力不逮，也不是才华不够，而是因为他生活在一个大师比肩而立的年代里，众星璀璨，难免把他给比了下去。

李格非之前，有宋初的文化英雄欧阳修横空出世，开一代文风，领导了新传统主义下的文学革新运动，秉着一颗好古之心，他又创设了金石考古之学。随后，苏氏兄弟、曾巩、王安石、司马光、黄庭坚等大散文家、大诗人，董源、蔡襄、米芾、米友仁等大书法家、大画家，相继涌现于北宋文坛艺林。在大众文化方面，仅以词而论，乃有晏殊父子、欧阳修及稍后的柳永、秦观、周邦彦等继承发展唐五代婉约词风，各抒所长，天才作家苏轼则以横放不羁的词风吸引了一大批追随者。

李格非生于庆历六年（1046）左右，出于"蚤有盛名，识量英伟"的北宋政治家韩琦门下。[①] 这个来自京东西路济南章丘的青年士子初登文坛，并不以诗赋名世。尽管他后来也写出过"小市早收灯，空山晚吹笛"这般清丽可喜的诗句，但青年时代的李格非更以一个经学家的名望为时人所知，代表他学术水平的是十六卷数十万言的《礼记精义》（又名《礼记说》）。这本著作是他出仕前完成的。当时士林，承晚唐余绪，流行以文学成就高下品评人物，科举试题也大多围绕文学出题，[②] 李格非却专治经学，独用意于礼仪和时代的道德问题，可见特立独行。

青年时代的李格非是一个天赋很高、对自己的人生有着清醒规划

---

① 《宋史》卷三百一十二《韩琦传》。李清照《上枢密韩公诗二首》诗序中称"父祖皆出韩公门下"。

② 宋初的科举延续后周，后周又仿照后唐，进士应试者要按规定的题目写一首诗、一篇赋和一道策论。

的书生。《宋史》本传说他幼时"俊警异甚"①，宋神宗熙宁九年（1076），李格非成为同登进士榜的五百九十六个幸运儿中的一个，调冀州（今河北冀县）司户参军，不久，试学官，出任郓州（今山东东平）教授，开始步入官场。当其时也，年轻气盛的神宗赵顼正任用王安石厉行变法。从四川眉山走出来的才子苏轼还在山东密州知州任上。此时，离上一代文坛领袖欧阳修去世已有十二年，接过其文学衣钵的苏轼作为新一代的领袖正异军突起。

对经学和道德问题的执着使李格非与文学一直保持着审慎的距离。宋时的"教授"，是学官名，总领州郡学校，以经术、儒术、行义训导学生。尽管这是一个由中央直接任命的官职，但毕竟只是一个州县小官，资序较低，俸禄也不高。史传说，李格非任郓州教授时，郡守见其生活困窘，又敬其为人方正，想把本州的赋税之事交与他兼做，也好多领取一份俸禄（宋代有兼职兼薪制度），但禀性孤高的李格非谢绝了上司的好意。

在底层官场磨炼了近十年后，李格非的仕途在元丰八年（1085）出现了转机。那年，他奉调回到汴京，入补太学录，这才结束宦游，算是安顿下来。太学录是太学长官太学正的副手，掌管执行学规，纠举并处罚犯规学生，同时协助教学。宋朝官制，三年为一任，到期非转即任，看来他干得不错，四年后的元祐四年（1089），升任太学正，旋迁太学博士。品位虽然仍不算高，但身为国子监学官，职掌清要，在崇文气息浓郁的北宋，这已经是一个颇受世人尊崇的官职了。

元祐六年（1091）十月，宋哲宗巡幸太学，君臣唱和诗镌刻于碑，李格非作《驾幸太学倡和》诗："日月天回十二章，诏移清跸幸胶庠。六龙稳转桥门曲，多士横穿锦仗行。俎豆威仪瞻阙里，东西风教自周王。太平谁谓初无象，四海形容在一堂。"虽不过是即景应和之制，但也可见其身份已与宰执侍臣同列。日后到了绍兴三年（1133），李清照

---

① 《宋史》卷四百四十四《李格非传》。

有诗上韩琦后人韩肖胄，诗末几句"蓼家父祖生齐鲁，位下名高谁比数。当年稷下纵谈时，犹记人挥汗成雨"，表明了她对父辈名望和出生于士族家庭的一种自豪感。"稷下"，即战国时田齐的学宫，引申为太学。齐宣王曾在"稷下"招揽文学之士讲学议论，《战国策》曾记其繁华："临淄之途，车毂击，人肩摩，连衽成帷，举袂成幕，挥汗成雨。"①

当李格非奉调回京的元丰八年（1085）三月，时年三十七岁的神宗正走到生命的终点。神宗寝疾时，宰相王珪等建议，为宗庙社稷计，乞早建储。但英宗遗孀、神宗之母宣仁皇太后高氏却打算立自己的儿子、神宗的一个弟弟继承大统。王珪领头的大臣们坚决反对，病笃的神宗也坚持要立第六子赵煦为皇太子，高太后才不得不屈从了。当然高太后也有条件，皇祖母须垂帘听政，"军国事并太皇太后权同处分"②。这一处置意见在病中的神宗那里算是勉强通过了，于是高太后也松了口。三月甲午朔，她把王珪等大臣召到福宁殿，拿出孙子所写的"佛"字，说："皇子性庄重，从学颖悟。自皇帝服药，手写佛书，为帝祈福。"③意思是皇孙极有孝心，字也写得"极端谨"，于是皇太子的册立得以顺利进行。

神宗崩，第六子赵煦即了皇帝位，是为哲宗。皇孙以冲龄即位（暂未改元），高太后升格成了太皇太后。她把因反对变法遭外放的官员们从地方上召回来，把当年侍奉神宗的宦官一个不剩全都赶走，安插到年幼的哲宗身边的全换上自己的心腹。据说撤换内官的事让哲宗的生母朱太妃大伤脑筋，为了不让儿子在宫里遭到不测，她像一只母猫一样时刻守在儿子身边，连吃饭都要自己先试吃看有没有下毒。当然她的担心是多余的。

刚开始，中枢班底基本还是新党面孔，蔡确为尚书左仆射兼门下侍郎，韩缜为尚书右仆射兼中书侍郎，章惇知枢密院。太皇太后召回闲居

---

① 《战国策·齐策一》。
② 李焘：《续资治通鉴长编》卷三五三，"元丰八年三月戊戌"条。
③ 《宋史·本纪》卷十七《哲宗一》。

洛阳十余载的司马光，让这个久孚众望的旧党领袖、六十六岁的保守派政治家接替蔡确，重任宰执。太皇太后让入内供奉官梁惟简当众宣谕，称司马光"历事累朝，忠亮显著"，要他不遗余力，一力推倒新法。很多人看出来了，天马上就要变了。司马光把青苗、免役、市易、赊货、保马、保甲、茶盐、铁冶等一干新法，斥为"名为爱国，其实病民，名为益国，其实伤国"①，尽行革除，此即史称的"元祐更化"。

在御史台官员们的交相弹劾下，一批变革派官员被逐出汴京，担任州府一级的地方官员。蔡确出知陈州，吕惠卿贬为建宁军节度副使，后又落职。而一批保守派官员则苦尽甘来，吕公著由门下侍郎进为尚书右仆射兼中书侍郎，尚书右丞李清臣进为尚书左丞，吏部尚书范纯仁进同知枢密院事，试吏部尚书吕大防进尚书右丞。一片你方唱罢我登台的闹腾中，元祐元年（1086）四月，曾遭两度罢相的改革派灵魂人物王安石去世了。之前数年，这个早年的"拗相公"有感于政治险恶，已与佛禅结缘，"身为泡沫亦如风，刀割香涂共一空。宴坐世间观此理，维摩虽病有神通"，把进退荣辱置之度外了。

新上台的官员的背后，自然都有着摄政的太皇太后的支持。众所周知，太皇太后一直嫌恶任何形式的改革，早在熙宁七年（1074），她就曾哀求自己的儿子放弃熙宁变法，摆脱王安石的影响。目下虽有不少对于废除新政的非议，但司马光和他的支持者们说，这是以母改子，而不是以子改父，因此，所有的更改都有着合法性基础。

也是元丰八年（1085）年底，一向令皇帝头痛的文坛巨子苏轼在司马光等大佬们的举荐下，结束黄州贬谪生涯也回到了汴京。自从仁宗年间的进士考试中以出色的成绩震惊士林，苏轼一直远离京都的权力场，先在杭州担任通判，后又调到山东半岛的密州出任知州。元丰二年（1079）夏天，他因写作抨击朝政的诗歌，被指控"指斥乘舆""大不敬"的罪名遭到逮捕，经过长达四个月的审讯后流放黄州。"乌台诗案"

---

① 李焘:《续资治通鉴长编》卷三五三。

后，所有人都以为他在黄州翻身无望了。但政局的翻覆还是给了他机会。元丰七年（1084）四月，苏轼由黄州量移汝州。八年十月，帝诏召还；十二月抵达京师，以七品级入侍延和殿赐银绯。再次年三月，免试为中书舍人；九月，升为正二品级的翰林学士、知制诰。如此快速的升迁，令人目不暇接之余，也只有慨叹皇恩浩荡了。

这个"秉性难改的乐天派"（林语堂语）一回到京城，以翰林学士兼知制诰的身份主持学士院考试，很快就在他周围以座师和门生的关系聚集起了一大批声誉鹊起的作家文人，围绕着他掀起了一个个文化的小浪潮，核心者秦观、黄庭坚、晁补之、张耒、陈师道、李廌六人，人称"苏门六君子"。

能得苏氏兄弟赏识，成为他们的朋友或门人，自不是泛泛之辈：黄庭坚与苏轼诗文往返已多年，他是一个天赋出众的作家，读书数过辄成诵，苏轼赞其诗文"超轶绝尘"，此次他从监德州德安镇任上被朝廷召为秘书省校书郎，元祐元年（1086）正月入京，即以洮河石砚为贽，算是正式认了师门；晁补之是从学苏门最早一人，此人是考试奇才，试开封及礼部别院，皆第一，其文"博辩隽伟"，写钱塘山川风物的《七述》，连苏轼读了都说自己可以就此搁笔了；秦观登进士第未久，原在外任定海主簿、蔡州教授，苏轼荐之于朝，除太学博士，此人强志盛气，长于议论，"文丽而思深"；张耒十三能文，十七时作《函关赋》传诵天下，弱冠即成进士，他最初是苏辙的学生，后来跟了苏轼，苏轼称其诗文"汪洋冲澹"，"有一倡（唱）三叹之声"。[①]

苏轼回京前后，这些人都在东京城里，秦观为太学博士，黄庭坚为校书郎，晁补之为太学正，张耒为著作佐郎。宋沿唐制，凡在昭文馆、史馆、集贤馆三馆者，皆谓馆职，[②]职居校理、检讨、校勘以上者，皆称学士，这些苏轼主试所拔擢的职官，后来都做到了三馆检校以上，是以

---

① 对黄、秦、晁、张这些苏门学士的评述，见《宋史》卷二〇三《文苑六》。
② 宋敏求：《春明退朝录》卷上："唐制宰相四人，首为太清宫使，次三皆带馆职。"宋沿唐制，凡在史馆、昭文馆、集贤馆等处供职，自直馆至校勘，均称馆职。

世人都称他们为学士。一些新出道的青年作家都以得到苏轼的青睐为进身之阶，争着要挤进圈子里来。

年轻一代里，有一个少年深得苏门众学士欣赏。他是御史中丞邢恕（字和叔）的儿子，姓邢名居实，字敦夫。这少年幼而好学，年十五六，"以童子游诸公间"，其识度气志已如成人，与他那个以奸滑出名的父亲完全是两路人。苏轼很喜欢他，苏门众学士也都视他为友，"屈辈行"与之交往。① 黄庭坚曾有《次韵答邢敦夫》诗，称许这个少年的才华，"邢子好少年，如世有源水。方求无津涯，不作蛙井喜。儿中兀老苍，趣造甚奇异。"邢恕担心儿子与旧党人士来往影响自己前途，屡次加以训斥，有时甚至动用一些强制手段。小邢郁郁寡欢，年纪轻轻就去世了，死后留下一册《呻吟集》，让大家一说起来就唏嘘不已。

元祐元年（1086）十一月，苏轼再一次主试馆职。宋制，凡除馆职，必须进士及第，具备一定年资，且经大臣保荐，学士院考试通过，方能授职。这次学士院试，黄庭坚、晁补之、张耒、张舜民等人并擢馆职，黄庭坚迁著作佐郎，晁补之、张耒迁秘书省正字，只有秦观因资历不够，未与馆试。苏轼主持馆试时夜值玉堂，与邓润甫话黄州旧事，赋诗《武昌西山诗》，一时酬唱的士子达三十多人，后来此事传开了，成为元祐文坛的标志性文化事件之一。张耒曾有诗记述师门弟子当年各自风姿：

> 长翁波涛万顷陂，少翁巉秀千寻麓。黄郎萧萧日下鹤，陈子峭峭霜中竹。秦文倩藻舒桃李，晁论峥嵘走金玉。②

---

① 汪藻：《呻吟集》序："元祐初，异人辈出，盖本朝文物全盛之时也。邢敦夫于是时，以童子游诸公间，为苏东坡之客，黄鲁直、张文潜、秦少游、晁无咎之友。鲜于大受、陈无己、李文叔皆屈辈行与之交。"
② 张耒：《赠李德载二首·其二》，见《王直方诗话》。

王偁的《东都事略》称，李格非"以文章受知于苏轼"，应该就在元祐初年。世人以黄庭坚、秦观、晁补之、张耒并称苏门"四学士"，又把李格非与廖正一、李禧、董荣四人称为苏门"后四学士"。廖正一，字明略，安州（河北安新）人，苏轼在翰苑，试馆职之士，得正一对策，十分赏识，除秘书监正字。绍圣初入党籍，贬监信州玉山税以卒，有诗文集《白云集》。李禧，字膺仲，亦能画。董荣，字武子，《苕溪渔隐丛话》前集卷五十九载有胡仔评董词："词句欲全篇皆好，极为难得，……董武子'畴昔寻芳秘殿西，日压金铺，宫柳垂垂'，然秘殿岂是寻芳之处。"这四人在元祐间同任馆职，同享文名，故称"后四学士"。

尽管苏轼的上面有宣仁太皇太后罩着，因他在政治上是个天生的异见者，又生性疏朗不拘小节，这个时期在朝廷的地位也很不稳定。他一会儿与布衣出身的道德家程颐大起争执，被指为结党，一会儿又有人指责他诽谤朝廷，陷入一场接一场的文字诉讼，几乎每隔几年，他就要被流放出京，去外地的某个州结束一个任期再回到东京。

政见之异使元祐初年的东京笼罩在党派纷争的阴影下，但艺文之光的重临还是带来了久违的祥和。元丰八年（1085），苏轼好友、遭"乌台诗案"牵累贬谪筠州的王诜（字晋卿）也回到了东京。王诜，太原人氏，乃宋初名将王全斌五世孙，娶英宗女大长公主，拜驸马都尉，能诗善画，亦工诗词。前番因诗案牵累，他们不相闻问已有七年，此际又有了机会重续友情。这些闲散的京官和士大夫们追慕前人风雅，仿效"建安七子"的竹林酒会及前辈欧阳修、文彦博等风流余韵，经常在公务之余聚在一起饮酒、弹琴、题诗、谈禅。王诜位于城外的府邸"西园（又名西池）"一时成了朋友们雅集的绝佳处所。

王诜身为勋戚，[①] 雅好文艺，他自己也是个丹青名家，学李成、郭熙作山石林木，俱清润可爱，又师法唐李将军学着色山水，景物外廓缀

---

① 王诜于熙宁二年（1069）娶英宗赵曙第二女大长公主（神宗之妹）为妻，为驸马都尉。苏轼《宝绘堂记》称其为人："驸马都尉王君晋卿，虽在戚里，而被服礼仪，学问诗书，常与寒士角。平居攘去膏粱，屏远声色，而从事于书画。"

以白粉，再略勾金线，兼得水墨与青绿山水法度之妙。他在贬谪时期所作一幅表现冬季小雪初霁渔村山林景色的《渔村小雪图》，画史极为推重。王诜家有个专藏古今法书名画的"宝绘堂"，每次雅集，佳酿美食之外，还有年轻歌女侍饮。这帮京朝小官，俸禄甚薄，王家西园的人物之盛、侍姬之艳，总是让他们流连忘返。日后，画家李公麟（字伯时）有《西园雅集图》专写苏轼等十六人在王宅饮酒品画事，书画博士米芾（字元章）作《图记》专记其事，黄庭坚、秦观、张耒还写下了一些记录西园聚会盛况的诗歌。

稍晚的笔记作家胡仔记下了苏轼和挚友孙巨源在王都尉家聚会的一则逸事，故事里的苏轼逞其急智，使这次聚会更有了传诵的价值：

> 东坡和孙巨源等同会于王晋卿花园中，晋卿言都教喂饲了官员备马着。巨源曰："都尉指挥都喂马。好一对。"适长公主送茶来，东坡即云："大家齐吃大家茶。"盖长公主呼大家也。①

除此之外，他们经常发起雅集的地点还有王定国的清虚堂、王直方的城南别墅②和李公麟的斋舍。王定国是两代宰相之后，受诗案牵累，所受处罚最重，远谪宾州（今广西宾阳）监酒盐税，此时万里生还，做一个西京通判的小官。王直方，字立之，京师人氏，其父在京做过官，家境富有，宅第在京师城南，有大花圃，多天下异珍。黄庭坚、晁补之、陈师道、李格非等人经常到王氏花园赏花、饮酒。王直方经常以文艺资助人的身份参加他们的活动，把这些高朋的言行记录下来，日后集成一册《王直方诗话》。

一向行事佻佻、不拘形迹的苏学士，何以会赏识为人方正的经学

---

① 胡仔：《苕溪渔隐丛话》前集卷四十一《王直方诗话》。
② 晁公武：《郡斋读书志》引《归叟诗话》卷三："直方自号归叟，元祐中，苏子瞻及其门下士以盛名居北门东观。直方世居浚仪，有别墅在城南，殊好事，以故诸公亟会其家，由是得闻绪言余论，因辑成此书。"

家李格非？苏轼欣赏的，应该是此子为人、为文的诚实态度。能够名列苏门后四学士，李格非的笔力自也不弱，史传说他"苦心工于词章，陵轹直前，无难易可否，笔力不少滞"，可见其文笔恣肆纵横，气势恢宏。南宋诗人刘克庄说，"文叔诗文，高雅条鬯，有义味，在晁、张之上，与苏门诸人尤厚"，美中不足是"诗稍不逮"。①刘克庄把他排名在晁、张之上，或为过誉，比如朱熹就很不赞同，认为李格非的某些篇什虽"颇有可观"，但如《战国策序》这类文字，则恐"文健意弱"②，用力太猛，反而伤了文章气脉。但要知道朱熹论文，一向目高于顶，以他的文学标准，文章正统自唐至本朝，各不过两三人，大多不能入其法眼，他对李格非的评价或许是过于严苛了。

其实，李格非在他的时代更以"善论文章"著称。作为一个器识和眼光远超同侪的文学批评家，李格非的文学评论标准为"诚著"二字。所谓"诚著"，就是笔下要有真情实感，如同心肺里掏出来的一般，用他自己的话来说，就是要"字字如肺肝出"③。"文不可以苟作，诚不著焉，则不能工"。他最推崇的古今文章，也就刘伶的《酒德颂》和陶渊明的《归去来辞》等寥寥几篇，或许还可以加上诸葛亮的《出师表》和李密的《陈情表》。

在他看来，后汉之末、两晋之间这些作家的文字，真切表达了人在时代中的真实思想，是诗与真的天然结合，"皆沛然从肺腑中流出，殊不见斧凿痕"，很好地验证了他的文学标准，即：文章以气为主，气以诚为主。在他看来，杜甫的诗被后世称为"诗史"，也在于此，"其大过人在诚实耳"④。

① 〔宋〕刘克庄：《后村先生大全集·诗话》卷一百七十九。
② 〔宋〕朱熹：《晦庵先生朱文公文集》卷六十四《答巩仲至》。
③ 《宋史》卷四百四十四《李格非传》。
④ 〔宋〕释惠洪：《冷斋夜话》卷三。

四、有竹

调任京官，官秩提升，薪俸也见涨，李格非不久开始在汴京营居。他在西城租住了一间小宅院，题名"有竹堂"。元祐四年（1089）五月二十八日，他迁新屋后不久，好友晁补之来访，欣然命笔《有竹堂记》："济南李文叔为太学正，得屋于经衢之西，输直于官而居之。治其南轩地，植竹砌傍，而名其堂曰'有竹'。"①

晁补之小李格非八岁，也是京东西路人氏，来自著名的济州巨野（今山东巨野）晁氏家族，从他的父祖辈起，这个家族以"文学政事"立身朝廷，并在京城建起了规模巨大得让人歆慕的私家藏书楼。晁补之中进士后也做过外官，任澧州司户参军，但他动用家族力量很早就调回了京师，任国子监教授，后为太学正，更迁校书郎、著作佐郎。

开始可能是因为同乡之谊，再加上李格非在京师也没有家眷，晁补之便成了"有竹堂"的常客。晁补之钦慕李格非的见识和人品，把他看作汉时的班固和扬雄一样的大才，②两人经常一起谈经说文。李格非议论雄辩，言辞滔滔，晁补之觉得这些都是"要言妙道"，足以起人沉疴。

比如李格非认为，君子修身应从日常细节做起，凡事都要有规律，切不可昼居于内，夜居于外。再比如他特别重视礼乐在修身中的作用，"反情以和其志，以内修内者也，比类以成其行，以外治外者也。奸声乱色不留聪明，淫乐慝礼不接心术，以外治内也。惰慢邪辟之气，不设身体，以内治外也"③。晁补之认为，那都是从《礼记》参详而出，又有自身的体悟在里面，都是了不起的见识。

---

① 《有竹堂记》，《鸡肋集》卷三十。
② "结交东齐李文叔，自倚笔力窥班扬。谈经如市费雌黄，冰炭何用置我肠。"《次韵太学宋学正遐叔考试小疾见寄》，《鸡肋集》卷十一。
③ 李格非：《礼记说》。

晁补之的《有竹堂记》从一个朋友的视角记下了一个潜心读书的京官的简朴生活：午间从太学回到家中，就坐堂中，扫地，置笔砚，大声朗读策论和文牍，埋头作文。晁补之还说，李格非的写作速度奇快，一天下来，连写带读，可达数十篇。这般投入的写作状态和自由舒卷的文风，就好比茧中抽丝、泉出地流，又好比春至草木发，他书架上的卷轴和文稿一天天地丰厚了起来。①

"有竹堂"庭中有一老柏，霜雪天气，北风烈烈，室内，主人置酒，樽中渌醽映着两张被文学理想灼红的脸，谈至酣畅处，大声诵读诗文，也不怕惊着了别人。有道是，"文章万古犹一鱼，乙丙谁能辨肠尾"②，他们也竭力想用自己的美学标准去影响对方，却总是因为歧见而大声争论。对李格非来说，最快意的事就是置酒备菜，请晁补之这样的朋友来作深夜倾谈。李格非还发明了一法，用周围的事物来训练自己的描摹和辩诘能力，"门窗几席，婢仆犬马，目前之物，有一可指，无不论说形容，强嘲而故评之"，而尤让他欣悦的，就是庭园里手植的那一丛绿竹。

为何要把府邸起名"有竹"？陶渊明《桃花源诗》有云，"桑竹垂余荫，菽稷随时艺"，李格非和晁补之这些宋朝士大夫都视陶渊明为精神前驱，对他们来说，竹出土有节，凌云虚心，又死不改节，乃是超越了物质性的存在，是精神高洁的一种象征，寓意着大丈夫处世，当立身端直，处事谦卑。晁补之就曾经称道竹子这种来自南方的植物为"东南之美者"③。在《有竹堂记》里，竹更被赋予了一种君子的美德："且竹之

---

① "率午归自太学，则坐堂中，扫地，置笔砚，呻吟策牍，为文章，日数十篇不休。如茧抽绪，如山云蒸，如泉出地流，如春至草木发，须臾盈卷轴。"晁补之：《有竹堂记》，晁补之《鸡肋集》卷三十。

② "中庭老柏霜雪里，北风烈烈偏激耳。诵诗夜半舌入喉，饮我樽中渌醽美。升堂辞翰愧非有，何异还家数其齿。文章万古犹一鱼，乙丙谁能辨肠尾。更惭颇似会稽康，欲语常遭士瑶枙。广陵八月未足言，曾使醒醽涩然起，安得谭如子枚子。"晁补之：《与李文叔夜谈》，晁补之《鸡肋集》卷十二。

③ 晁补之：《礼部移竹次韵李员外文叔》："东南之美者，见伐以直干。岂如此君疏，犹作此郎玩。此郎乃在此，无乃材亦散。平生吉甫颂，意鄙枚叔乱。坐狂得此冷，对竹头帻岸。尚思杀青书，充宇白虎观。恐此愧子猷，还成倚楹叹。"《全宋诗》卷一一二五。

美，昔人以比德松柏，冬夏青青，君子之所独也"。而这也是与他们的精神导师苏轼心曲相通，苏轼就曾多次吟诵过竹，作于熙宁三年（1070）的《绿筠亭》书写竹之风姿，"风梢千纛乱，月影万夫长"，把它的君子之喻追溯到了陶渊明那里："只应陶靖节，会听北窗凉。"值得附记一笔的是，就在李格非营居"有竹堂"的这一年，苏轼离开京城赴任杭州，元祐年间这个文艺沙龙的光芒不可避免地减弱了。

李格非出身寒族，经十余年努力，终于在繁华的京师觅得了这块小小的清幽之地，且有院中几株冬夏青青的翠竹相伴，对这样的居住条件，他已是心满意足，他曾这般向来访的朋友们夸耀：

> 今夫王城之广大，九涂四达，三门十二百坊之棋置，上自王侯，至于百姓庶民，宫接而垣比，车马之所腾藉，人气之所蒸渍，嚣尘百里，欲求尺寸之地以休佚而莫之致，而贫者置围无所，况于其它哉。然则环堵不容丈，而有竹如吾堂者，不知能几人也？则余所以揭之于栋而名之，书诸壁而记之，翛然而喜，谆谆然语客而以夸之，不亦可哉！

《庄子·大宗师》说："翛然而往，翛然而来而已矣。"李格非说自己"翛然而喜"，就好像在京城里有了这处居室，他真的可以超脱了。

五、过客

李格非既以文章受知于苏轼，与苏氏文化圈中的秦观、黄庭坚、晁补之、张耒自然都成为了朋友。他曾和张耒、晁补之及同为太学正的宋退叔结伴同游，到迎祥池（凝祥池）荡舟，观赏难得一见的黄色莲花。他们的友谊自此延续了十余年。从张耒诗句"客子长安尘满裘"来看，他们都是把自己视作京都名利场中的匆匆过客。

李格非的好友里还有日后被尊为江西诗派祖师之一的陈师道。

陈师道（字履常，一字无己）是个苦吟诗人。[①] 十六岁时，他带着一卷作品拜谒当时的古文大家曾巩，得悟为文简洁之道，遂留为门生。他因不赞同王安石以经义之学取士，故意不去应试，后又以政见不合拒绝权相章惇召见，所以出官较晚，一直到三十五岁还是布衣之身。后来还是苏轼做了翰林学士后，荐举他做了亳州司户参军，充徐州州学教授。别人看苏轼这么赏识他，就把他划入苏门中人，但他一直说自己师承曾巩。

元祐四年（1089），苏轼自翰苑出知杭州，陈师道越境去送行，被人揪住小辫子参了一本，丢了官。陈师道的博学、严谨和他出了名的贫穷都是朋友们经常私下聊起的话题，黄庭坚特别欣赏他，曾和小朋友邢居实说，"吾友陈师道，抱瑟不吹竽。文章似扬马，欬唾落明珠"[②]。建中靖国辛巳（1101）之冬，那时陈师道已去世了，黄庭坚还向一个叫王云的人推荐说：子有意学问，不可不往扫斯人之门，因为陈无己实乃"天下士"，"其读书如禹之治水，知天下之脉络，有开有塞。至于九州涤源，四海会同者也。其论事救首救尾，如常山之蛇。其作文深知古人之关键，其作诗深得老杜之句法。今之诗人，不能当也"。

陈师道与李格非交好，曾有诗调侃李格非上朝时汗出如浆的窘状，"朝流骇汗蒸双貌，风卷屯云散万蹄。任使轻衫污娇色，可令纤手洗春泥"[③]。诗当作于李格非续娶后，"纤手洗春泥"云云，语意戏谑，可知交情非浅。《全宋诗》还载有一首陈师道元祐七年（1092）写给李格非的《寄李学士诗》："眼看游旧半东都，五岁曾无一纸书。平日齐名多早达，暮年同国未情疏。稍寻东刹论兹事，赖有西方托后车。说与杜郎须

---

① 《朱子语类》："陈无己平时出行，觉有诗思，便急归拥被，卧而思之，呻吟如病者，或累日而后起，真是闭门觅句。"又石林叶氏："世言陈无己每登览得句，即急归，卧一榻，以被蒙首，恶闻人声，谓之吟榻。家人知之，即猫犬皆逐去。婴儿稚子，亦抱寄邻家，徐待诗成，乃敢复常。"

② 黄庭坚：《和邢敦夫秋怀》。

③ 陈师道：《和李文叔退朝》，《后山诗注》卷十二。

著便，不应濠上始知鱼。"①

张耒字文潜，仪表俊伟，很有文学才华，作诗好用平易语，又长于填词，他在交友、作文上皆以义理为先，这一点特别对李格非脾气。宋哲宗元符三年（1100）六月，张耒在谪途中携家人同游庐山，时任礼部员外郎李格非亲至樊口，棹小舸相送②，还陪他同游灵岩寺，其情甚殷。日后，陈师道、张耒、晁补之都是李清照最早的文学引路人。

和苏轼文化圈的大多数人一样，李格非在十一世纪九十年代也身不由己地被卷入党争，他的仕途并不显赫。作为作家的李格非运气也不太好，到南宋末期，他的作品已大多亡佚了。《全宋诗》辑录李格非诗九首、残句二，从据说是最出色的《绝句》来看，"步履江村雾雨寒，竹间门巷系黄团。犹嫌肮脏惊鱼鸟，父老相呼拥道看"，在浩瀚的宋诗海洋中也不过平常一粟。但他的诚实、他对于诗与真的执着还是感动了冥冥中掌管文运的上天，他作于绍圣二年（1095）前后的一篇评说洛阳城十九个花园的《洛阳名园记》，让他进入了一部中国文学史。

六、洛阳

号称大宋王朝"西京"的洛阳城，隋、唐以来就以华屋高敞、园林幽深著称，此地依山傍水，环境宜居，离京城又近，本朝仁宗朝以来，这里一直是荣休的高官和官场失意客养老的首选之地，同时也是一个保守派的集聚中心。城中随处可见雄伟的历史遗迹、幽深的林荫道和众多的私家园林，使这座城市投射出历史和文明的余晖。著名政治家、王安石的政敌司马光，就是在对改革表示强烈反对后被神宗解职，提前退休回到洛阳的私家园林，在这里用十七年时间完成了《资治通鉴》这部为

---

① 《全宋诗》卷三十三。
② 《张右史文集》卷八。

皇帝治理国家提供历史经验和道德参照的皇皇巨著。据说司马光还帮助好朋友、贬谪诗人宋迪在洛阳城中购置了宅邸。这座城中同时还住着喜作玄思的当世两大名士，程颢、程颐兄弟，北宋中国最杰出的两位哲学家，他们构建的"理"的概念日后将成为新儒家运动的起点。

李格非的《洛阳名园记》写到的这十九个园子的主人，大多是司马光这样的官居高位者，在仕途到达鼎盛后退居洛阳。他们中有富弼、苗授、文彦博、吕蒙正等，还有一些园主的身份今天已很难确定，但可以推测都是当时十分富有的人。

据说旧党领袖文彦博的住地"东园"，占地达数百亩，水石之外，还有一半是郁郁葱葱的竹林，堪称天然氧吧。"文潞公东园，本药圃地，薄东城，水渺弥甚，广泛舟游者，如在江湖间也。渊映、瀍水，二堂宛宛在水中。湘肤、药圃二堂间，列水石，西去其第里余。"文中所说的"文潞公"，即文彦博，因受封潞国公，故名。李格非到洛阳时，文彦博年已九十，还时常在园中"杖履游之"。

再有富弼的"富郑公园"，是主人退居后新建的，却景物最胜。园中被称作"堂"的大厦就有三座，另有桥一座、亭八个、台三座、轩一间、竹林人片、假山两片、溪流池塘若干，且所有的园亭花木都是主人自己设计的。

洛阳城中这般浮奢豪侈的园子，还有董氏园、刘氏园、丛春园、天王院花园子、归仁园、苗帅园、赵韩王园、紫金台张氏园、水北胡氏园等等，不一而足。这般的浮奢豪侈，以致到了徽宗年间坊间还有人吐槽道，淮南二十个州一年的赋税，也不够养洛阳这些"老大人"。

李格非乐此不疲地描写了这些园林的盛景：高大的假山，壮丽的瀑布，直耸入云的塔楼，穷奢极侈的游乐园，还有那绚烂的万千花树之林。在文章的最后，他回到了一个正统的观念，批评这些享乐主义者对于花园里豪奢生活的过度沉溺，而放弃了士人对国家应负的更高的责任。"洛阳之盛衰也，天下治乱之候也"，"园圃之兴废者，洛阳盛衰之候也"。你们这些公卿士大夫，得意时"高进于朝"，失意了就放任"一己之私"，在这里退享优游，"而忘天下之治忽"，"得乎？"——这合适吗？

他警告说，唐贞观、开元之间，洛阳是东都，公卿贵戚开馆列第于此者，号称有一千余邸。"及其乱离，继以五季之酷，其池塘竹树，兵车蹂躏，废而为丘墟；高亭大榭，烟火焚燎，化而为灰烬"。要是放任浮夸、竞奢之风蔓延，"唐之末路是矣"。

李格非作为一个历史学者的批评锋芒在这里如宝剑破匣，其中的兴亡之感、讽喻之旨，正传达出了那个时代士大夫精英不甘与世沉浮的独特气质。他引述历史往事，做一个唤醒众人的吹哨人，或许来自禀赋中的"俊警"，也与十一世纪后期历史学家们掀起的一场史学评论的高潮分不开。自从蛰居洛阳的司马光在《资治通鉴》中用"臣光曰"的方式解读历史，这种个人化的历史叙述方式便成为许多历史学家的榜样和标准。李格非的朋友晁补之早就看出来了，"文叔有志史事"[1]。

当李格非在一〇九五年写下这篇关于花园、都城和整个大宋国运的史评时，他和他的同僚都没有意识到，已经存世一百多年的王朝会在未来的三十年后华夏倾覆，繁华的都城会被异族洗劫一空，他们尊贵的皇帝会被当作俘虏流放到遥远的北方。绍兴八年（1138）三月，张琰为即将刊印的《洛阳名园记》写序时，乱祸方作，一切当时以为不可能发生的都已经发生了，洛阳城的繁华盛丽过尽，虽宫室苑囿，也已遍布荆棘，或许，这种感同身受的黍离之悲，让张琰更能读懂李格非当年的警示："可谓知言哉！"[2]

而更多的人"读之至流涕"[3]，他们是被历史的兴废交替这一共同体验击中了。小小园囿，何关乎世道轻重？后世南宋学者楼昉如是发问。他的结论是，"兴废可以占盛衰，可以占治乱。盛衰不过洛阳，而治乱关于天下"。因此，"斯文之作，为洛阳，非为园囿；为天下，非为洛阳

---

① 晁补之：《礼部移竹次韵李员外文叔》诗下注称。

② 〔宋〕张琰：《宝颜堂秘笈·洛阳名园记》。

③ 〔宋〕邵博：《闻见后录》卷二十四。

也。文字不过二百字，而其中该括无限，盛衰治乱之变，意有含蓄，事存鉴戒，读之令人感叹"①。

六百年后，李格非的《洛阳名园记》还启发张岱写出了一生中最重要的作品《西湖梦寻》。张岱在《梦寻》中的一篇《柳州亭》里说："李文叔作《洛阳名园记》，谓以名园之兴废，卜洛阳之盛衰；以洛阳之盛衰，卜天下之治乱。诚哉言也！余于甲午年，偶涉于此，故宫离黍，荆棘铜驼，感慨悲伤，几效桑苎翁之游苕溪，夜必恸哭而返。"

李格非对礼乐、道德以及日常生活的态度，他对陶渊明的推崇，他的历史批评观念，日后都对他的女儿产生了重要影响。天生俊警的他也预言了女儿那一代人要去承受的一场灾难：金人入侵，洛阳名园付之一炬，整个国家将在一次巨大的耻辱中开始内转。

七、盛族

宋制，官员可携眷上任，但李格非刚做京官，经济尚不宽裕，无法带着年幼的女儿在汴京生活，此时李清照大概还寄养在原籍。

关于李清照的原籍，前人曾笼统地称为济南。宋代济南，辖禹城、临邑、历城、长清、章丘等县，济南郡城在历山之阴，水泉清冷，凡三十余所。于是，后世有好事者想象李清照的故宅乃是在历城柳絮泉这样一个诗情画意的所在，泉边柳絮胜雪，沙禽自由往返。②这一说法经清代学者俞正燮的宣扬，愈加为人所知，"易安居士李清照，宋济南人……居历城城西南之柳絮泉上"③。今济南趵突泉公园"李清照纪念堂"有郭沫若题联，"大明湖畔，趵突泉边，故居在垂杨深处；漱玉集中，金石录里，文采有后主遗风"，就是依从此说。让一代词人降生于此胜

---

① 〔宋〕楼昉：《崇古文诀》卷三十二。
② 田雯：《柳絮泉访李易安故宅》，《古欢堂集》。
③ 俞正燮：《癸巳类稿·易安居士事辑》。

景，自是后世学者的良好愿望，但事实却非如此。

精熟唐宋文献的王仲闻先生（著名历史学家王国维的次子）对此最早提出质疑。他说，清照幼时，当从父母居，其故宅应云李格非故宅，不得云李清照故宅，婚后从赵氏，未居济南，至晚年而济南已为金统治，清照欲归不得，济南不得有李清照旧宅。而且历代文献如元于钦《齐乘》、明崇祯《历城县志》、清康熙《济南府志》都没有相关记载，他认为"柳絮泉"一说大抵是后人附会，未必是实录。①

自明万历《章丘县志》起，世人便认定李清照是济南章丘人。章丘本是汉时的阳丘，乃侯国的封地，隋时改为章丘县，因县南有章丘山而得名。县域西南是著名的泰山，黄河在其北境东流入海，因此县志称"当山水盘踞之乡，负齐鲁文学之誉"。二十世纪八十年代初，在章丘县明水镇西南三里处的廉坡村，发现了李格非于一〇八五年为著名隐士廉复②撰写的《廉先生序》碑石。《序》云："齐郡有廉先生者，隐君子也。隐于齐东，胡山山麓。"说的是廉复居于济南东边，胡山脚下（胡山在章丘县城明水西南三公里处）。李格非在序文中又自称与廉先生是同甲，"唯吾为同里人"。两人即是同乡，不言而喻，李格非也是章丘人。文末自署"元丰八年九月十三日绣江李格非文叔序"。"绣江"，发源于章丘明水百脉泉，正是章丘明水的别称。

碑文的背面，是《廉先生碑阴记序》。作者是李格非的侄子李迥，作于宣和癸卯（1123）正月。《序》曰："迥忆昔童时，从先伯父、先考、先叔，西郊纵步三里，抵茂林修竹，溪深水静，得先生之居，谒拜先生。"③说的是李迥幼时跟伯父、父亲、叔父从明水西郊向西步行三里，去廉先生的住宅拜访那位"云巾凫舄、羽服藜杖"的著名隐士的一段经历。这一地理标识与今廉坡村的位置完全一致，也与万历《章丘县志》

---

① 王仲闻：《李清照集校注》，第211页。
② "廉复，章丘人，隐居不仕，筑室绣江之涯，以诗酒自乐。友人李格非序其遗稿，并志其墓。"《山东通志》（雍正）卷二十八之二《人物志》。
③ 道光《章丘县志》卷十四《金石录》，雍正《山东通志》卷三十五亦载此序。

的记载吻合："见廉处士墓碑云里人，去处士家才三四里许。"[①]

因为记载的缺失，我们的女词人人生初年的行迹，依然要从她父亲的正式传记中找见。《宋史·李格非传》说李"妻王氏，拱辰孙女，亦善文"，那么，李清照的生母，应是仁宗天圣八年（1030）举进士第一名、登庚午科状元及第，历任翰林学士、御史中丞的王拱辰的孙女。但与李清照生活于同一时代的作家庄绰却持异议，在成书于绍兴三年（1133）的《鸡肋编》中，他说李格非是岐国公王珪之父汉国公王准的"孙婿"。如此一来，李清照的生母似乎应为王准的孙女。汉国公王准生有四子，至于这个"王氏"是四房中哪一房的女儿，暂且不表。

庄绰绘出的这张家族谱系表是这样的："岐国公王珪，在元丰中为丞相，父准，祖挚，曾祖景图，皆登进士第。……又汉国公准子四房，孙婿九人：余中、马沼、李格非、闾丘吁、郑居中、许光疑、张焘、高旦、邓洵仁皆登科，邓、郑、许相代为翰林学士，曾孙婿秦桧、孟忠厚同时拜相开府，亦可谓衣冠盛族矣。"[②]

庄绰告诉我们，王家祖孙"自太平兴国以来，四世，凡十榜登科"，可谓簪缨世家。王珪在元丰年曾作诗，贺长子王仲修登第，"三朝遇主惟文翰，十榜传家有姓名"，可说一点没有夸张。这张名单上还出现了南宋的权相秦桧。秦桧是王准的曾孙婿，李清照的一个亲表姊妹嫁给了秦桧，李清照的生母是秦桧夫人的姑母，秦桧是李清照的表姊（妹）夫。这事也见于陆游的《老学庵笔记》："秦太师娶王禹玉孙女，故诸王皆用事。"

《宋史》中的王珪、李格非和赵挺之三传，多从王偁《东都事略》出，尤其赵挺之传，几乎大半引用王偁语句。王偁，字季平，四川眉州人，他是李清照的丈夫赵明诚交谊很深的一位朋友，《金石录》中曾两度谈及他，王偁还把罕见的汉碑数本赠给赵明诚。王偁的父亲王赏，字

---

① 〔明〕董复亨：万历《章丘县志》卷二十八。
② 〔宋〕庄绰：《鸡肋编》卷中。

望之，四川人，宋高宗绍兴十二、十三年（1142、1143）官宝录院修撰，王偁承袭家学，致力史学，毕生收罗北宋九朝事略，撰成一百三十卷历史巨著《东都事略》，洪迈修四朝国史时奏进其书，李焘撰《资治通鉴长编》也多引用其书。《四库提要总目》曾说，"宋人私史，卓然可传者，惟偁与李焘、李心传之书而三，固宜为考宋史者所宝贵矣"，定谳在前，王偁提供的材料应该不会出错。但我们也要看到，元末脱脱等修撰的《宋史》因成书时间仓促不及审勘，是历代正史中错漏最多的，王偁的说法虽然不错，但至少是不够完整的，正可以拿庄绰的《鸡肋编》这样的私乘来校勘疏误之处。

庄绰，字季裕，清源（今福建泉州）人，一生跨两宋，历仕神宗至高宗五朝，学有渊源，博物洽闻，建炎年间知鄂州时写成《鸡肋编》，我们不能因为他是个掌故作家，就否认他这部笔记的史学价值。黄盛璋先生不敢妄下断语，只说"两说不同，未详孰是"（《赵明诚、李清照夫妇年谱》）；王仲闻先生则辨析说，"庄绰与清照同时，且所云秦桧与孟忠厚为僚婿，与史实合，疑庄绰所言为是"[1]。

王珪，字禹玉，成都华阳人，父祖辈已徙家开封。王珪生于天禧三年（1019），父准，为太常博士，秘阁校理，位至汉国公，四个儿子都以文章名世。王准去世得早，王珪是由季父王罕抚养成人，史传说他幼时好学，日诵数千言，及长博通群书。庆历二年（1042）举进士，庭试第二，时考官为欧阳修。入仕之初先通判扬州，后召试学士院，迁太子中允、直集贤院，修起居注，接伴契丹使，为贺正旦使，后改右正言，知制诰。王珪的文章，气象宏达，典丽有西汉之风，《四库提要》说，"朝廷大典策皆出其手"。他的诗也写得富丽而有馆阁气。王珪善逢迎，他是仁宗可以随时召进宫去一同饮酒赋诗的大臣之一。嘉祐初（1056），为翰林学士；熙宁三年（1070）除参知政事，九年拜同中书门下平章事；元丰二年（1079）拜银青光禄大夫兼门下侍郎，五年拜相，为尚书左仆

---

[1]　王仲闻：《李清照集校注》，第 210 页。

射兼门下侍郎。当嘉祐二年（1057）王珪入翰林时，他十五年前的考官欧阳修一同知礼部贡举，欧阳修在《归田录》里曾记当时情形，视为圣朝胜景：

> 嘉祐二年，余与端明韩子华，翰长王禹玉，侍读范景仁，龙图梅公仪，同知礼部贡举。辟梅圣俞为小试官，凡锁院五十日，六人者相与唱和，为古律歌诗一百七十余篇，集为三卷。禹玉，余为校理时武成王庙所解进士也，至此新入翰林，与余同院，又同知贡举，故禹玉赠余云，"十五年前出门下，最荣今日预东堂"。余答云，"昔时叨入武成官，曾看挥毫气吐虹。梦寐闲思十年事，笑谈今日一樽同。喜君新赐黄金带，顾我宜为白发翁"。

王珪自参知政事至宰相，达十六年之久，却无所建树，是以时人有"三旨相公"（请圣旨、领圣旨、已得圣旨）之讥。元丰八年（1085）五月，王珪去世，黄庭坚曾有挽词二首悼念之，可见王珪与苏轼文化圈中人关系不错。其一云："先皇凭玉几，末命寄元勋。宾口行黄道，攀髯上白云。四时成岁律，五色补天文。不谓堂堂去，今为马鬣坟。"诗的前两句，"先皇凭玉几，末命寄元勋"说的是神宗病重时，尚书左仆射王珪请立皇太子事。王珪提议立延安郡王为太子，此议得到了神宗的许可，皇太后也首肯了。哲宗登基，王珪因拥立之功拔擢为金紫光禄大夫，晋岐国公。但没多久他就因病去世了。"攀髯上白云"句，引用《汉书·郊祀志》："黄帝铸鼎于荆山下，既成，有龙垂胡髯下，迎黄帝。黄帝上骑，群臣后宫从上龙七十余人，小臣不得上，乃悉持龙髯。"说的就是王珪也跟着神宗去了另一世界。这是李清照两岁时发生的事，当时她尚无记忆。

王珪去世后，哲宗为示哀悼老臣，特休朝五日，追赠太师，赐给王家金帛五千，并寿昌甲第一座。同朝为官的李清臣所撰《王文恭公珪神道碑》详细记载了其子嗣的情况："丞相王公珪感疾，诏国医诊视……五月己酉薨于位……子，仲修，以学登进士第，今为秘书省著作佐郎；仲瑞，承宣郎、籍田令；仲嶷，承奉郎；仲岏、仲煜，承事郎。女，长适郓州教授李格非，早卒；次适前权太常博士闾丘吁；次许嫁前进士郑居中，并封蓬莱县君；次尚幼。"① 依此碑文，再结合庄绰所言，我们现在可以知道，李格非的前妻，乃是汉国公王准孙女、岐国公王珪长女。王氏去世后，李格非又娶前宰相王拱辰的孙女为继室。看来，王俩和庄绰各说出了一半事实，拼接在一起，方得完整。

王珪不久被追夺封赠，直到绍圣四年（1097）夏四月，追贬万安军司户参军。此是后话不提。

但我们仍然不知道，李清照的生母到底来自哪个王家，是岐国公王珪长女还是王拱辰的孙女？也是元丰八年（1085），王拱辰病卒于彰德军节度使任上，享年七十四岁，② 吊诡的是，同时代人安焘撰《王拱辰墓志铭》，却对其孙女婿李格非只字未提，这不由让人心生疑惑。唯一合理的解释是王拱辰生前（或去世后一段时间内）李格非尚未继娶他的孙女。

据此我们大致可以推定，李清照是李格非的原配夫人即王珪长女所生，李清照出生后不久，母亲就去世了。史传上找不到任何关于其去世原因的记载，考虑到李格非是老来得女，李清照出生时他已年近四十，其妻王氏年龄也应相仿，因此也有一种可能，王氏是难产而死。

李格非应该是在元丰八年后，他来到汴京很长一段时间后续弦再娶的。因为前期俸禄微薄、生活不安定，他没有像一般丧偶男子那样马上再娶。他的孤鳏生活起码延续到元祐六年（1091）李清照八岁后。这年十月，哲宗幸太学君臣唱和后，他被前宰相王拱辰的第二位夫人薛氏一

---

① 《王文恭珪神道碑》，见《名臣碑传琬琰集》卷八。
② 《宋史》卷三一八《王拱辰传》。

门相中，把长孙女嫁给了他。① 这个王家同样是衣冠盛族。继娶两年后，大约元祐八年（1093），李格非入为馆职，任左奉议郎、秘书省校对黄本书籍之职。

李清照的弟弟李远，则有可能是这段时间李格非与继室所生。从李清照日后写给綦崇礼的信《投内翰綦公崇礼启》来看，她称李远为"弱弟"，估计这个弟弟比她小很多，而且打小身体也不太好。②

综上可知，出生后不久，李清照就被她父亲送回了原籍，寄居在老家的祖父或伯父李辟非（字和叔）家。她年幼的时候，或许到过汴京。她的外祖父（王珪）虽在她两岁那年已去世，但汴京毕竟还有她的五位舅舅、两位姨妈和一大堆表哥表姐，所以每逢年节她是有可能跟随父亲去外家做礼节性拜访的。但这样的机会应该不会太多。由于生母早逝，成年后的李清照和外家几乎形同陌路，一直到她晚年于孤苦中流寓江南，也未与王氏家族和日后显赫的秦桧家族有任何联系。

八、京都

当李格非初涉汴京官场的十一世纪末叶，开封，这座伟大的都城正迎来金人入侵前夜最后的繁华。

宋定都开封前，已有战国时的魏和五代中的后梁、后晋、后汉、后周相继建都于此，宋承袭后梁制度，称开封、洛阳为东西两京，故又称

---

① 1976年3月，河南伊川县城关镇窑底村出土王拱辰及他的二位夫人墓志共三方，墓志由安焘撰，苏辙书，文彦博篆盖。其中提到王拱辰的第二位夫人薛氏有孙女三人，"长适左奉议郎秘书省校对黄本书籍李格非，二人在室"。又，2001年出土于济南南外环施工现场的《贺仅墓志铭》，题撰文、书丹者为李氏兄弟："左奉议郎校对秘书省黄本书籍李格非，和州防御推官、知凤翔麟游县事李辟非书。"转引自邓红梅《李清照新传》，第6页。

② 李清照：《投内翰綦公崇礼启》中有"尝药虽存弱弟，应门唯有老兵"，"弱弟"一是指德行不足的弟弟，二是指比自己小很多。显然李清照使用的是第二义。

之"东都"或"东京"。它更早的名字叫启封,汉初景帝时,因避景帝刘启之名讳,乃改"启"为"开"。早在战国时代,原在山西安邑建都的魏,为避强秦,将国都东迁,在这中原腹地兴建大梁城,开凿鸿沟以利漕运,传国一百三十年,大梁城遂成天下纷争之地,孟子、公孙鞅、惠施、苏秦、张仪、信陵君、孟尝君,多少英雄故事在这里上演。公元前二二五年,秦大将王贲围大梁三月不下,最后决鸿沟之水灌城,一代名都遂化为墟烟,大史学家司马迁踏勘实地,曾以"屠大梁"形容那次惨烈的秦魏之战,直到宋朝初年,诗人梅尧臣经过故城一角,看到残阳下的新桑麻地,还尽是黍离之悲:"愁垣下多穴,所窟狐与蛇;汉兵坠铜镞,青血为土花。"

自此衰沉一千一百年后,朱温废唐哀帝,建立五代的第一个政权后梁,开封城才再度升格为国都。此后半个多世纪,五代有四个朝代皆建都于此。至公元九六〇年赵匡胤陈桥兵变黄袍加身,嫌弃此城暴露在黄河边一马平川的河滩平原,无险可守,本是想定都洛阳或西安的,但出于财经问题的考虑,他还是没有舍得放弃这个北方漕运中心,选择了继续定都于此。其后经北宋九帝一百六十余年的大力营建,开封终于成为当时寰宇之内——也许还是世界上最大最繁华的都市。

汴京城的规划者和营造师们最大的一项功绩,是完成了城市中轴线的布局,并冲破了隋唐以来封闭式的里坊制度,改成开放式的街道。御街是南北中轴线上的一条通衢大道,为皇帝祭祖、举行南郊大祀和出宫游幸的主要道路,又称天街、御路或端礼街。"两边乃御廊,旧许市人买卖于其间,自政和间官司禁止,各安立黑漆杈子,路心又立朱漆杈子两行,中心街道,不得人马行住,行人皆在廊下朱杈子之外,杈子里有砖石甃砌御沟水两道,宣和间尽植莲荷,近岸植桃李梨杏,杂花相间,春夏之间,望之如绣"。[1] 城中主要街道,则是通向各个城门的大街,从宣德门至南熏门,从宣德门外向东至土市子,再折向北经

---

[1] 孟元老:《东京梦华录》卷二《御街》。

封丘门一直延伸到永泰门,从州桥向东经丽景门至朝阳门,从州桥向西经宜秋门至顺天门。另外,宣德门前的东西街、东华门至景龙门的南北街也都是重要商业街道。这些街道宽窄不一,宣德门前的御街宽约二百步,约今三百米,实际上是一个宫廷前广场。其他街道宽二十五步至五十步。

整个城由皇城、内城、外城三城合围,像一个迷人的中国套盒:皇城又称宫城或大内,是京师的宫殿区,周长二点五公里,有城门六;内城又称里城、旧城,系唐时汴州城的基础上修建,略呈方形,城墙周长十一点五公里,有城门十、水门二;外城又称新城、罗城,周长约三十公里,计有城门十四、水门七,乃军事防御的第一道屏障。宋人笔记中有一册岳珂的《桯史》,专记两宋朝野故事,里面有一段关于修筑外城的记载:据故老者旧的传言,最初由赵普负责修治外城,内外的规划以方正为主,但宋太祖亲自修改了设计图纸,改成蜿曲的形状,时人都不知其所以然,认为很不美观。到神宗朝时,有意更改而后又作罢,只略为增建。到了徽宗朝,宰相蔡京以宦官负责新修工程,将曲折之处拉直,尽成方矩的规格,又将城墙藻饰得异常华丽。工程完工后还大加庆祝,人臣们题诗作文以为纪念。到后来金兵南下攻城,统帅粘罕、斡离不二人到城下观察,认为这种城防很容易攻破,乃在城门四周发起攻击,因城墙都已拉直,炮击之下,即整段倒塌,汴京因此很快失陷,北宋也就亡国了。

有四条河流穿过汴京,带来氤氲的水汽,也催生了繁忙的水上运输业:南为蔡河,中为汴河,东北为五丈河,西北为金水河。城内河网纵横,沟渠深广,这里也是犯罪的高发地带,一个不法分子犯了事藏匿其中,简直是躲进了"无忧洞",即使是最有才干的官员也无法将京城里的这些黑暗角落扫除干净。因人口激增,商业活动不再局限于东、西两市,而且三鼓之前的夜市也已完全合法,再加上商摊屡屡"侵街",原先的坊市之外,又增设了大量夜市、瓦市和一些定时开设的贸易市场。城中的坊郭户(常住居户),当在十万户以上,人口则超百万,"京城资产百万者至多，十万而上，比比皆是"①。细民们在城中五方杂处，面街而居，日常营生打破了旧日坊街的约束，把商业的触角伸到了全城各个角落。整个城内，街道纵横，市肆繁华，建筑鳞次栉比，说它"富丽甲天下"，当非虚言。

金灭北宋后南渡的孟元老②，在绍兴十七年（1147）撰成的《东京梦华录》里回忆了当年汴京城的繁胜景象（由于他的叙述中对建筑、礼仪和宫廷生活无比熟稔，后世有人如清代藏书家常茂徕揣测，孟元老即为宋徽宗督造艮岳的孟揆，待考）。孟元老说，他自幼随父宦游南北，宋徽宗崇宁癸未（1103）来到京师，一直居住在城西的金梁桥西夹道之南，故对自宋徽宗崇宁到宣和年间汴京盛景，举凡街巷坊市、店铺酒楼、朝廷朝会、郊祭大典，乃至时令节日、歌舞百戏和民间娱乐业的情况，熟悉得就像自个儿的手指头一样。"正当辇毂之下，太平日久，人物繁阜"，在那样一个盛世里，"垂髫之童，但习鼓舞，斑白之老，不识干戈"。每个时节都各有观赏，"灯宵月夕，雪际花时，乞巧登高，教池游苑"。每逢正月十五上元节，皇帝与民同乐，往往于岁前冬至后，即在大内前的御街上，搭起山棚，张灯结彩，一到元宵，"奇术异能，歌舞百戏，鳞鳞相切，乐声嘈杂十余里"③，此时此刻，"京师民有似云浪，尽头上戴着玉梅、雪柳、闹蛾儿，直到鳌山下看灯"④。

一年中最盛大的节日来临之际，租屋于"经衢之西"的京官李格非，当也能感受到普天同庆的狂欢气息。李家是寒族，素来"贫俭"，他又俸禄低微，这个以经学为志业的人，他日常的生活轨迹，无外乎在"有竹堂"和供职的太学两点一线，即便是节假日，也不稍怠。但临近春

---

① 李焘：《续资治通鉴长编》卷八五，中华书局，1985 年版。

② 孟元老：原名孟钺，是孟昌龄的第四子，现仅能据其绍兴十七年撰成的《东京梦华录》了解其生平大概。他于宋徽宗崇宁癸未（1103）随父居京师，估计做过小京官。靖康之难第二年，孟元老离开东京南下，避地江左，遂终老此生，约卒于宋高宗绍兴十七年（1147）后，具体时间已不可考。

③ 孟元老：《东京梦华录》卷六。

④ 《宣和遗事》。

节，一年中最重要的节日，他回原籍探视尚在垂髫之年的女儿也在情理之中。

一〇八五年后，续弦后的李格非又有了一个儿子，小儿尚在襁褓需人照视，汴京与章丘相隔四五百里，他不可能再像以前那样趁着春假或等待新任命的空闲时间来回奔波，所以待到这边的家张罗舒齐，他就打算把寄养在原籍的女儿李清照接到身边来。

九、上元

李清照到底是哪一年来到汴京的呢？

元祐四年（1089），李格非由太学录升任太学正，在京城营居"有竹堂"（晁补之专为之作《有竹堂记》，此文落款为"元祐四年五月二十八日颍川晁补之无咎记"），在京城算是正式有了立脚之地，此时李清照当在五到六岁间，按说她已有条件随父居京，但那时候她还是在原籍。这从晁补之的诗文里也可以得到佐证，一直在士大夫圈子里称道她的晁补之①，从没有提到过老友的这个女儿。

绍圣元年（1094），李清照十一岁那年，太学博士任职刚满的李格非曾短暂离开汴京，通判广信军（今江西上饶）。事情的起因是前一年高太后去世，亲政的哲宗皇帝以资政殿学士章惇为右相，复行新法，上台后的章惇伙同蔡京开始翻案，要对元祐大臣展开清算。三月，苏辙被罢。四月，苏轼也被逐出朝廷，知英州。五月，"癸丑，诏中外学官，非制科、进士、上舍生入官者并罢，编类元祐群臣章疏及更改字条"②。这是一项类似于搜集元祐臣辅"黑材料"的活，主要任务是把司马光一派的奏疏言论和对新法的更改免除事实进行分类登记。新党召李格非为

---

① 朱弁：《风月堂诗话》卷上，"（李清照）善属文，于诗尤工，晁无咎多对士大夫称之"。
② 《宋史》卷十八，《哲宗本纪二》。

检讨，要他负责这项工作，显见拉拢之意。但无论是出于不同的政治立场还是与苏轼等人的私谊，李格非都不会做落井下石的事。禀性耿直的他宁愿不要翰林院的清要之职，也不会与蔡京、张商英之流为伍。因为他的不合作态度，他就被外放广信军，屈居"通判"这样的州府副职了。① 他的朋友晁补之也遭受了同样的打击，出守济州（今山东济宁），寻又通判亳州。

传记上说，李格非到了广信军，某日出行，路遇一道士，这个道士常以谣言惑众，说人祸福，一般无知乡民都受其愚惑。此人也非常得意，出必乘车，排场大得很。李格非叱令左右拿下了这名道士，将之打了一顿驱逐出境。宋时崇道，官方一般不会招惹道士，不知李格非这"正义的火气"从何而来。想来他待在广信军太过憋屈，借此发泄郁结的情绪也是可能的。好在李格非这次贬遣时间不算太久，绍圣二年（1095），他被召回京，为校书郎，旋迁著作佐郎。这是著作郎的副职，主要职掌国家日历的编绘，记载每日发生的天象事件。不久任礼部郎，一个掌管朝廷礼仪、祭享、贡举等事务的官职。但这一年多里他大都不在东京，而是在西京洛阳撰写日后带给他巨大声誉的《洛阳名园记》。所以这两年他不太可能把女儿接到京都来。

元符元年（1098）末或二年初，十五岁前后，李清照随父来到京城，开始与弟李远和继母王氏一起生活。章丘在开封东北五百里，她和父亲一起回京的路线，猜测是和黄河基本平行的一条路线，经历城、长清、平阴、梁山、郓城、菏泽，最终来到东京。这一路经行处，黄河下游的冬日风光虽然枯索，但在第一次出门远行的少女眼里总是新奇的。

抵京不久，她度过了平生第一个印象至为深刻的上元节。这一年是冷冬，掠过黄河的风雪来势汹汹，城中取暖的石炭价格奇高，贵到寻常百姓家都买不起。② 雪一直下到年脚根，连北方辽国来的使者都有被风

---

① 宋朝官制，"检讨"系翰林院掌修国史之官，位次编修，"通判"则位次于州府长官，含共同处理政务之意。

② 李焘：《续资治通鉴长编》，卷五〇四，元符元年十一月己未。

雪冻倒乃至迷路失散者。正月初一日，小皇帝本是要在主殿大庆殿接受朝贺的，也因为雪势过大，不得不临时改到东上阁门举行。[①] 好在这场雪一过，天气日日升温，春天的气息也已露端倪，城中百姓翘首以待的上元节庆典，仍得以按时开张。

三五之夜，这个初来汴京的少女，也像城中的姑娘们一样，头戴镶嵌着珠翠的帽子，插戴着金丝捻成的雪柳，欣欣然地出门加入了街上游乐的人群。

许多年后（约绍兴二十年），她避难江南，已是一个风尘满面的老妪。这一年的上元节又至，傍晚的太阳像熔化的金水一般四泻开去，暮云升起，新生的柳叶如绿烟点染，传来的笛曲分明还是旧冬的幽怨曲调，不由让她好一阵恍惚。临安城的一些命妇坐着名贵的马车来邀她去参加诗酒盛会，她怏怏的，推托了，说对外面的热闹繁华提不起兴致，懒得夜间出去了。

隔帘笑语声中，眼前却分明是汴京繁华岁月里，她度过的第一个上元节，还有那个戴着铺翠冠儿、身上插着捻金雪柳和闺中女伴们一道出门游乐的少女。

十、及笄

元符元年（1098），就在李格非携女迁往汴京前夕，他的好友晁补之正在缗城（今山东金乡）守母丧。晁补之很有可能是在服除前，就近前往明水，探访正好回乡的李格非，并第一次见到了少女李清照。少女的一派天真烂漫给他留下了至深印象。

这一年，李清照已到"及笄"之年。像李格非这样的《礼记》专家，

---

① 李焘：《续资治通鉴长编》，卷五〇四，元符二年正月甲辰，"御大庆殿，以雪罢，群臣及辽使东上阁门拜表贺。群臣又诣内东门，贺如仪"。

自然会遵循"女子十五及笄"的古训，对女儿的"上头"一事格外上心，或许专程从汴京回来主持此事。按照孟元老《东京梦华录》的记载，宋代女子的"上头"仪式，一般会在寒食节进行。结起披垂的头发，以笄贯之，也就意味着女子到了适合婚嫁的年龄了。

由于李格非长年居官在外，李清照的早年教育，是由他的父兄代为完成的。李格非的父亲是历仕仁宗、英宗、神宗三朝的政治家韩琦的门生，家富藏书。他有两位兄长，长兄李辟非（字和叔）中进士较晚，此时还在章丘明水老家作着考试前的准备。是他们代替李格非承担了教养李清照的责任。这使得李格非终生对长兄充满了感激之情。他时常跟人说起和叔的德行，和叔去世后，他还撰写墓志，想为兄长私立一个谥号，为此还特意致函好友张耒，咨询此事是否可行。①

让李格非吃惊并且深感欣慰的是，他不在家的这些年里，女儿已经通过自由、率性的阅读完成了人生初年的自我教育。小小年纪的她表现出了对历史和文学的浓厚兴趣。祖父那个门禁森严的书房，对她是全开放的，在这里，她几乎读遍了《周易》《礼记》《尚书》《论语》这些儒家典籍，并且对《左传》《战国策》《史记》《汉书》里的故事如数家珍。另外，像《柳毅传》《酉阳杂俎》等子籍小说、《景德传灯录》等道藏经典，也会出现在父女俩的谈话中。早慧的女儿或许让他想起东汉时大学者蔡邕的女儿蔡琰（字文姬），并想起了韩愈那句著名的诗，"中郎有女能传业"。

但从他经学家的角度看去，成长中的女儿还是让他感到些许不安。关于妇女的道德问题，一直在他的关注范围内，《礼记说》里也记载了他对这一问题的思考。他认为妇人是应该"从人"的，少时从父，出嫁从夫，女性的家庭地位就是从这一顺从里获得的。"夫弱于外，妇强于

① 张耒有《答李文叔为兄立谥简》："昨日辱示尊兄墓铭，即当书纳而蒙问。以所未安，既有所疑，不敢默也。为兄作谥固善，但古者贱不谥贵，幼不谥长。谥与谥一道也。自下议上不顺，又以尊临卑，则公议不得尽伸，俾无以尽善恶之实，况于骨肉宗族，而可以相为立谥耶？……"《张右史文集》卷四十六。

内，下上其心，而莫之制，何所弗及哉"，那都是妇道不彰，轻则变乱风俗，重则王道不存。但他的女儿却和一般女孩子不一样，他要求读的《内则》《曲礼》这类女子礼仪书籍，她丝毫不感兴趣。只要一给她讲《礼记》，她都会借故跑开。有时硬把她留住，把他在《礼记说》里阐发得最得意的一些话，诸如"妇人于夫家，不可不使之尽礼也"之类硬灌输给她，她也全当作耳旁风。

此时的李清照，正站在由阅读打开的文学奇境的入口。那个世界里吹拂着的自由的风，比他父亲叨念不休的那些道德训诫，自然要有趣得多，也真实得多。祖父和伯父书房里的书，只要她想读，她随时可以打开哪一本，他们从来不会来规定她什么可以读什么不能读。而且，她是女孩，用不着参加科考，大可把那些考试用书撇在一边，由着心性只读自己爱读的。阅读催生了灵思慧想，文学在她的身体里着床了。它们在萌芽，也在裂变、组合并再生。父亲每次回家，讲述汴京故事，她最感兴趣的是那些同时代文人和诗人的故事。通过对他们作品的一次次阅读，她对他们已毫不陌生；喜欢说戏谑话的苏轼先生，父亲的同乡好友晁补之先生，被黄庭坚打趣为"六月火云蒸肉山"的胖子张耒，还有善填小词的秦少游……

她自幼丧母，记忆中几乎没有留下母亲的印象，父亲又长年不在身边，这样的童年自会留有许多缺憾。但在旁人的眼里，很少看到父母不在场带给她的失落感，日后也很少看到留下什么心理上的创伤。这当然离不开她的祖父、伯父、伯母和众多的堂姐妹给予的关爱，更有着大自然的一份涵育之功。在中国传统中，日落月升，草枯草萌，自然界的一切变化都系连着天道，它庶几可以填补人伦的残缺。大自然抚慰了她。她可以和堂姐妹们一起出游，顺着家乡的绣江，一直到很远的地方。这样的日子总是无忧无虑。春天去坡上赏梅，夏天看池子里藕花盛开，湖上秋风起，结了莲子，还留有残荷看。四季的更迭给了她一颗灵明的心，美的事物总在她心里激起异样而细腻的感受，她在山水之间完成了自我的情感教育。

宋代的女子教育，以"婉娩听从"①为第一美德，要她们孝恭勤俭，要她们知书达礼而不自显，教习的内容，一是普遍的为女、为妇、为母之道，学女红，主中馈，习妇德，相夫教子；二是在粗通文墨后学习礼仪，接受初浅的音律、书画和文学训练。宋承袭唐的开放性，从皇宫到寻常坊间，社会舆论普遍支持女性识字读书，官宦之家或经济富裕的家庭也会延请塾师，让女子和族中男子一同接受教育，以便更好地"教化"。

按照本朝政治家司马光在《居家杂仪》中的设计，不论男女，六岁就要开始第一阶段的学习，"男子始习书字，女子始习女工之小者。七岁，男女不同席，不共食，始诵《孝经》《论语》，虽女子亦宜诵之"。比之少女时代的李清照能读闲书、能到城外远足，同时代的官宦小姐很少会有这样的自由。与李清照同时代的作家袁采就这般记载过司马光的严厉"家风"："司马温公（光）居家杂仪，令仆子非有紧急修葺，不得入门中。妇女婢妾不得出中门，只令铃下小童通传内外。"②

以李清照爽利的性格，听到宰辅大人家还有这样那样的臭规矩，她或许会笑出声来：我就是生长在山野的一个丫头，去他的官宦小姐，去他的戒律！

十一、耽美

在汴京的新家，她和继母、弟弟一起生活，自然不比章丘乡下，她就不能不稍稍收敛心性。或许，从明水来到汴京，她最大的担忧正是这一份自由的丧失。如果继母王氏用《女诫》之类的东西去约束她，以她的个性，冲突在所难免。但这样的不愉快并没有发生，这不能不说是

①《礼记正义》卷二十八。
② 袁采：《袁氏世范》卷下。

这个少女的幸运。继母王氏出身宰相门第，《宋史》说她"善文"，北宋的一份《名媛录》又说她"工词翰"，应该是一个文化素养极高的女子，王氏接纳了这个明水来的少女，包括不用"懿范"去压服她。如果我们的猜测成立，这个十五岁的女孩学作诗词的兴趣，或许有一部分还来自这个妇人。

依照生活惯常的轨道，刚刚结束天真烂漫儿童期的李清照应该安心在家学习女红"组绣"，和长辈一起准备嫁妆，等待着命运之手把一个陌生男子推到她面前。为即将到来的婚姻做好准备，这也是父亲把她从数百里外接来汴京的目的。京都很大，有着她在明水未曾见识过的繁华，京都却也很小，河流、村舍、青绿的山水，都被阻隔在巍峨的城墙外。初到京都的新奇过后，她不可抑制地思念起了家乡的河流、飞鸟，还有一起玩耍的姐妹们，她生命中的一些温暖时刻，总是跟她们在一起。

> 常记溪亭日暮，沉醉不知归路。兴尽晚回舟，误入藕花深处。争渡，争渡，惊起一滩鸥鹭。
>
> （《如梦令·常记溪亭日暮》）

时间应该是盛夏，湖上的荷花全都开了，她和堂姐妹们一起乘船到湖上游玩。她们把蔬果饭菜放在船头（或许还有从家里偷偷带出来的酒），看着莲花灼灼，鸥鹭翻飞，这一天她们都玩嗨了，一个个脸色绯红，欢歌笑语，整日不绝。小船不知不觉在湖中越行越深了。直到夕阳西沉，不知谁提起，她们才想到该归家了，急忙掉转船头，却早已迷失了方向。那天上飞着的鸥鹭，这时也偏来凑个热闹，姐妹们愈是急切地划船，它们就愈是要飞到头上来。

据说"溪亭"是济南七十二名泉之一，有说在大明湖畔的，有说在章丘明水的，也有人说是寻常的溪边亭阁。这种名物考证到后来就成了一场猜谜游戏。其实这又有什么打紧，我们只需要和她一起回忆，"常记"——啊，时时记得——那满池荷中最为风姿绰约的一朵。

另一次在湖上，是秋天，而且是暮秋了，"红稀香少"，那心情却依然是欢欣的。只因为一起游湖的，都是喜欢的人，连带着那水光山色，俱来亲人。记忆中的画面，似乎依然有鸥鹭，它们竟然早早地合上眼，不来看人，好像是在埋怨她们太早离场了。

> 湖上风来波浩渺。秋已暮、红稀香少。水光山色与人亲，
> 说不尽、无穷好。
> 莲子已成荷叶老。青露洗、萍花汀草。眠沙鸥鹭不回头，
> 似也恨、人归早。
>
> （《忆王孙·湖上风来波浩渺》）

她来到汴京，最高兴的应该是小弟李迒，七八岁的男孩儿，她走到哪儿都要跟着她。继母接纳了她，按照待字闺中的女孩闺房的规制来布置，唯恐她不中意。院后的秋千已架好，缀着流苏的樱红色斗帐早就搭好，鸭形熏炉里燃起了瑞脑名香，辟寒犀①也放在了枕畔，尽管还是梅花初落，寒意未消，春天毕竟是春天，可是为什么，当她从梦中醒来，用辟寒金②做的金钗都觉得太小，梳好的发髻一会儿工夫就松了。去岁寒食节"上头"的一幕，分明还在眼前，是因为手法生疏未惯梳髻吗？唉，这无边无际的寂寞呀！

> 髻子伤春慵更梳，晚风庭院落梅初。淡云来往月疏疏。
> 玉鸭熏炉闲瑞脑，朱樱斗帐掩流苏。遗犀还解辟寒无？
>
> （《浣溪沙·髻子伤春慵更梳》）

---

① 辟寒犀：《开元天宝遗事》卷上："开元二年冬至，交趾国进犀一株，色黄似金，使者请以金盘置于殿中，温温然有暖气袭人，上问其故，使者对曰：'此辟寒犀也，项自隋文帝时，本国曾进一株，直至今日。'"
② 辟寒金：唐宋时一种名贵的宫中饰物。据《拾遗记》，三国时昆明国贡魏嗽金鸟，鸟形如雀，色黄，常翱翔海上，吐金屑如粟。至冬，此鸟即畏霜雪，魏帝乃起温室以处之，名辟寒台。此鸟所吐即为辟寒金，宫人争以为钗佩之饰。

莫许杯深琥珀浓，未成沉醉意先融。疏钟已应晚来风。

瑞脑香消魂梦断，辟寒金小髻鬟松。醒时空对烛花红。

（《浣溪沙·莫许杯深琥珀浓》）

　　她或许还会想起小时候，每年的寒食节，家人团团围在灶台前，做"子推燕"①的开心场景。据说这种吃食是为了纪念古代的一位贤人介子推。大人们用面粉和枣泥做成飞燕状的面饼，用新折的柳条串起，她和女伴们跑进跑出，把一只只面燕插在门扣上晾晒。江梅虽凋，柳色又新，去岁寒食一起踏青出游、斗草比试、插子推燕的女伴们都去哪儿了？春梦初回，斜欹山枕，对着香炉里的缕缕残烟出神，只有一架空挂的秋千在黄昏的细雨里荡来荡去。

淡荡春光寒食天，玉炉沉水袅残烟。梦回山枕隐花钿。

海燕未来人斗草，江梅已过柳生绵。黄昏疏雨湿秋千。

（《浣溪沙·淡荡春光寒食天》）

　　不知不觉，京都春已深，"有竹堂"的重帘后，闺中光线越发昏暗，这寂寞又深一层，唯有弹起那张钟爱的琴可以排遣。薄暮时分的琴声，铮钹响着，穿过微风吹拂下的细雨，远山的云，眼前的梨花，好像都在说，春天总是短暂的。

小院闲窗春已深，重帘未卷影沉沉。倚楼无语理瑶琴。

远岫出山催薄暮，细风吹雨弄轻阴。梨花欲谢恐难禁。

（《浣溪沙·小院闲窗春色深》）

---

①　子推燕：北方寒食节习俗。用面粉和枣泥捏成燕子的模样，用杨柳条串起来，插在门上，又称面燕。

有多少欢喜就有多少愁，它们就像一枚银币的两面。少女斜靠在宝鸭香炉上托腮凝思的动作，或许暴露了心底里的一丝秘密。

> 绣面芙蓉一笑开，斜飞宝鸭衬香腮。眼波才动被人猜。
> 一面风情深有韵，半笺娇恨寄幽怀。月移花影约重来。
>
> （《浣溪沙·绣面芙蓉一笑开》）

就像父亲一生钟情于竹，她独爱梅。都说梅到北方就会变成杏，她在章丘明水长到十五岁还没见过梅呢。原来京都的富人府邸还是有这等稀罕物事的。对美的事物的敏锐捕捉，使她静心屏息走近它。清瘦的梅枝，着雪后变得丰腴，琼枝横斜，真像一个"玉人"啊！它是她最好的朋友，或者就是她自己的化身。它现在还是含苞欲放，"香脸半开"，却已傲然于群芳之上。此刻，梅进到她眼里，她在京都，京都在这盛世的中心。一切都是天意，都是造化所钟。

那一刻，她或许想起了前辈诗家林逋的《梅花》诗，"天与清香似有私"，想起了他说过的看梅时不须音乐与美酒的告诫。[1]现在轮到她在欢畅的心情中为它写下第一首诗了，也是一首写给自己的诗，"造化可能偏有意"，这一切是多么好啊。林诗人，一起来喝一杯吧。

> 雪里已知春信至，寒梅点缀琼枝腻。香脸半开娇旖旎，当庭际，玉人浴出新妆洗。
> 造化可能偏有意，故教明月玲珑地。共赏金尊沈绿蚁，莫辞醉，此花不与群花比。
>
> （《渔家傲·雪里已知春信至》）

---

[1] 林逋另有《山园小梅》，尾联"幸有微吟可相狎，不须檀板共金樽"，在《渔家傲·雪里已知春信至》中被反义隐括为"共赏金尊沈绿蚁"。

看梅是少年心情，宜趁早。她想象自己行马匆匆，刚想仔细欣赏下那片梅花，马儿已带着她走远了，空留天地间的寒水白沙。天地间的美都是短暂的呀。李贺《京城》诗云："驱马出门意，牢落长安心。"她刚从乡下来到东京，哪识得了愁滋味？那一声惊心的"羌笛"，怕也是在千里之外吧。

　　疏疏整整，斜斜淡淡，盈盈脉脉。徒怜暗香句，笑梨花颜色。
　　羁马萧萧行又急。空回首，水寒沙白。天涯倦牢落，忽一声羌笛。

（《忆少年·疏疏整整》）

比起江梅，她更爱的是蜡梅。它的香气堪比人间最贵重的龙涎香，它的"黄轻"之色，"瘦绿""纤枝"之姿，是花中的少女。但要是遇到不懂的人，只知"解误桃花"，最美的花朵也是最容易被"轻寒摧挫"的。

　　腊前先报东君信，清似龙涎香得润。黄轻不肯整齐开，比着红梅仍旧韵。
　　纤枝瘦绿天生嫩，可惜轻寒摧挫损。刘郎只解误桃花，怅恨今年春又尽。

（《玉楼春·腊前先报东君信》）

李家有女初长成。这个春天起，她的心里，已生成一种连她自己也感到陌生的情愫。她沉溺于世间种种的美好，享受着寂寞，想象着爱情，也时常忧伤，但更多的是少女的自信和欢畅。

可以想象她父亲读到这些记述溪亭之游、淡荡之春、庭中落梅的小词时的惊喜，李格非身为礼学名家，虽学识渊博，却也不擅此道。他故意隐去名字，把这些小词携至礼部同僚中间传阅。正在太学就读的侄儿李迥，也可能带了几首词到太学里。

"琥珀浓""瑞脑香""辟寒金""烛花红"这些色泽秾丽的意象的密集出现，使男性读者们认定，这些小词的作者是一个藏于深闺的耽美贵妇，她愁思百结，心曲未解，把无限春情生发为一片片小词。但也有人怀疑是"男子作闺音"，要知道唐和五代以来，男性作者常在词作中体会和形容女性的敏感和多情，这套文学技巧经常骗过许多不明就里的读者。比如记述溪亭之游的《如梦令·常记溪亭日暮》，格调豪迈，自带"仙气"，就有人猜测很可能是当朝大佬苏轼所作，而《浣溪纱·小院闲窗春色深》，细考其文字风情，作者不是欧阳修，便是周邦彦。

如果不是某一位才学出众的太学生，熟稔苏轼等书法大家的笔迹，认为词稿笔触虽具遒劲之势，到底不脱女子的隽秀之气，这些小词的真正作者可能一直会隐匿下去。当李清照的名字第一次被文士们口口相传，多少人在为这些清新可喜的句子击节赞叹。其中揄扬最力者，当数父执辈的晁补之。

元符三年（1100）前后，晁补之在信州（今江西上饶）盐酒税任上遇赦，回朝任著作佐郎。他惊奇地发现，两年前在章丘明水见过的那个刚及笄的天真烂漫的少女，已成为一个名动京师的词女。公卿辈间谈起文坛动态文学新进，他就对这些小词赞不绝口，尤其当他读到李清照的几首短诗，更是啧啧称奇。他惊讶的是一个小女子竟能写下"抉出诗人神髓"的这等文字：

诗情如夜鹊，三绕未能安。

少陵也自可怜人，更待来年试春草。

晁补之对李清照的这些赞誉之词，朱熹的叔祖朱弁在《风月堂诗话》里记录了下来。"赵明诚妻，李格非女也。善属文，于诗尤工。晁无咎多对士大夫称之。如'诗情如夜鹊，三绕未能安''少陵也自可怜人，更待来年试春草'之句，颇脍炙人口。格非，山东人，元祐间作馆职。"

这朱弁也是一个异人，他和李清照差不多是同年龄人，做太学生时就以诗才得到前辈晁说之的赏识，妻以兄女。南宋朝建炎初年，高宗计议遣使金国，问候被羁金国的徽、钦二帝。朱弁奋身自献为通问副使，和正使王伦一起赴金，被拘十余年，一直到绍兴十三年（1143）宋金和议成，才被放归。高宗嘉其忠义，官宣教郎、直秘阁。苦寒之地的气候损害了他的健康，回到临安第二年他就去世了。《风月堂诗话》约成书于绍兴十年留金时，所记皆建炎以前事，记录的李清照的这几句残诗，当是她写于绍圣末或元符初年。

尽管只是残句，我们还是可以看到她熟练化用历史典故的能力。确定一个史实，以之跟当下情状建立某种联系，并把这种关系用雅驯的文字表达出来，这是唐宋诗歌里常用的方法。而这需要作家有着广博的阅读视野和机智的联想能力。"诗情"二句，系用曹操《短歌行》："月明星稀，乌鹊南飞。绕树三匝，何枝可依。"是把诗情比夜鹊，写其萦绕心间，久久不能安妥。"少陵"二句，系用杜甫故事，杜甫常自称"少陵野老"，他少时不顺，二十四年贡举落第。"试春草"，见杜甫《瘦马行》。

的确，那时候李清照已经在学着写诗了。一般而言，词起于唐和五代教坊曲牌，长于言情，拙于叙事，士大夫专力为文，兼写诗歌，词只是偶尔为之。诗言志，庄重、典雅，方堪登大雅之堂。或许在李格非看来，女儿的那几首《浣溪沙》词虽然令时人侧目，毕竟是小语致巧，真要写得有气象、有风骨，切合士流审美观，还得是诗。他乐于做女儿的诗歌导师。

十二、天才

当然对学诗者来说，最好的导师仍然是阅读。在对历代诗歌典籍乃至本朝的欧阳修、王安石、苏轼、黄庭坚等诸多诗家的一一参详中，李清照有效地克制住了儿女情意式的抒情，喜欢上了自由纵意、议论风生的畅意表达。士风浩荡，何必作儿女态自缚？她想做诗人，她天性中刚劲、爽利、尖锐的一面，正好发之于诗。

元符三年（1100）六月，李格非的好友张耒罢官齐安（黄州），沿江西上，过湖北鄂城西北的樊口，李格非亲棹小舸相送。从张耒的纪游诗及诗后附记来看，[①]他们曾在当年孙权刑马祀天的灵岩寺盘桓一日，饮酒赋诗。其时，朝中棋局又变，苏轼已贬谪儋耳[②]，京中那个以风雅相尚的交游圈中人也多系于党籍。这次会面后不久，回到汴京的李格非收到了张耒寄来的一首诗。

张耒的这首诗题名《题中兴颂碑后》。诗中说到的这块碑，碑文内容是晚唐诗人元结的《大唐中兴颂》，采秦刻石的体制，三句一韵，立于元结曾经生活过的永州浯溪。这浯溪，乃在古永州（今湖南祁阳）城北，去水路一百余里，水石奇绝，唐容管经略使元结曾在此结庐，后柳宗元贬永州，也曾在此居住，又名愚溪。在张耒到访之前，黄庭坚也曾有诗，记其风光之美。

唐人元结的这首诗，说的是安史之乱、玄宗幸蜀，肃宗即位灵武，不久收复两京，上皇还京师事。序颂共三百二十六字，由人称"颜鲁公"的大书法家颜真卿书丹于浯溪崖壁，字皆撑格，真力弥漫，隐然有金戈铁马之声，欧阳修《集古录》里提到过这幅刻字，并给予极高评价："书字尤奇伟，而文辞古雅。"

天宝十四载，安禄山陷洛阳。明年，陷长安。天子幸蜀，

---

① 张耒《自庐山回过富池隔江遥祷甘公祠求便风至黄沥》诗后附记："元符庚辰，耒同男秬率潘仲达同游匡山。六月望日，齐安罢官，步登客舟，过樊口，李文叔棹小舸相送。遂下巴河，上灵岩寺，……寺有法堂，颇华敞，因与潘、李饮酒赋诗其中。"《张右史文集》卷八。

② 儋耳：古地名，在今海南境内。

太子即位于灵武。明年，皇帝移军凤翔。其年复两京，上皇还京师。于戏！前代帝王有盛德大业者，必见于歌颂。若今歌颂大业，刻之金石，非老于文学，其谁宜为！颂曰：噫嘻前朝，孽臣奸骄，为昏为妖。边将骋兵，毒乱国经，群生失宁。大驾南巡，百僚窜身，奉贼称臣。天将昌唐，繄睨我皇，匹马北方。独立一呼，千麾万旟，戎卒前驱。我师其东，储皇抚戎，荡攘群凶。复服指期，曾不逾时，有国无之。事有至难，宗庙再安，二圣重欢。地辟天开，蠲除祅灾，瑞庆大来。凶徒逆俦，涵濡天休，死生堪羞。功劳位尊，忠烈名存，泽流子孙。盛德之兴，山高日升，万福是膺。能令大君，声容沄沄，不在斯文。湘江东西，中直浯溪，石崖天齐。可磨可镌，刊此颂焉，何千万年！

（元结《大唐中兴颂》）

张耒作诗，自然清新，务为平淡，有着较重的白乐天的影子。苏轼曾比照秦观、张耒二人之诗，说"秦得吾工，张得吾易"。李格非应该知道，一直在吐槽"我生久已甘困滞"[1]的好友写这首诗，乃出于对朝中那些玩弄权术者的愤怒，他们"为昏为妖""毒乱国经"，已经使天下失去了安宁。灵岩寺纵酒的那一日，他们肯定谈到过永州摩崖碑刻上元结的这首《大唐中兴颂》，并对诗中斥责奸佞误国的某些段落赞赏不已。顾念当今之世，政令烦奇，风俗险薄，章惇为相后，迫害元祐众臣，以奇技淫巧荡天子之心，以倡优女色败天子之德，其情势与天宝年间相比，只有过之而无不及。还会有昔年杀贼平乱、收复二京的"凛凛英雄才"郭子仪再世吗？

张耒不过是借浯溪之景由胜美到荒凉，寄寓百年废兴之叹，却也触动了许多和他一样境遇的士大夫。当时秦观从雷州赦还，读了这首《题

---

[1] 张耒：《自庐山回过富池隔江遥祷甘公祠求便风至黄沥》，《张右史文集》卷八。

中兴颂碑后》，把此诗书石，也立在浯溪边上。据胡仔在《苕溪渔隐丛话》里说，他在绍兴年间亲眼见过这块诗碑。[1]

　　　　玉环妖血无人扫，渔阳马厌长安草。潼关战骨高于山，万
　　里君王蜀中老。金戈铁马从西来，郭公凛凛英雄才。举旗为风
　　偃为雨，洒扫九庙无尘埃。元功高名谁与纪，风雅不继骚人
　　死。水部胸中星斗文，太师笔下龙蛇字。天遣二子传将来，高
　　山十丈磨苍崖。谁持此碑入我室？使我一见昏眸开。百年兴废
　　增感慨，当时数子今安在？君不见，荒凉浯水弃不收，时有游
　　人打碑卖。

（张耒《题中兴颂碑后》）

　　一个偶然的机会，十七岁的李清照读到了父亲好友的这首诗。安史之乱、玄宗幸蜀事，对于熟读历朝故事的她来说当不陌生。这世间哪有什么"中兴之世"，还堂而皇之刻石歌颂，要是真有功德大如天的尧舜这样的帝王，即使没有文字记载，德泽也自在人心，她忽然觉得了元结、张耒的浅陋可笑。她还很看不得张耒这首诗一开头就重弹红颜祸水的老调，"玉环妖血无人扫"，把杨氏血溅马嵬看作活该倒霉。她忽然很想跟元结、张耒这些男人们叫叫板，跟历史叫叫板，写下了两首和诗。说是"和"，其实跟元、张诗里的意思全是反着的。

　　　　五十年功如电扫，华清花柳咸阳草。五坊供奉斗鸡儿，酒
　　肉堆中不知老。胡兵忽自天上来，逆胡亦是奸雄才。勤政楼前
　　走胡马，珠翠踏尽香尘埃。何为出战辄披靡，传置荔枝多马
　　死。尧功舜德本如天，安用区区纪文字。著碑铭德真陋哉，乃

<hr>

[1]　胡仔：《苕溪渔隐丛话》："余游浯溪，观摩崖碑之侧，有此诗刻石，前云，'读中兴颂，张耒文潜'。后云，'秦观少游书'。"

令神鬼摩山崖。子仪光弼不自猜，天心悔祸人心开。夏商有鉴当深戒，简策汗青今具在。君不见，当时张说最多机，虽生已被姚崇卖。

君不见，惊人废兴传天宝，中兴碑上今生草。不知负国有奸雄，但说成功尊国老。谁令妃子天上来，虢秦韩国皆天才。花桑羯鼓玉方响，春风不敢生尘埃。姓名谁复知安史，健儿猛将安眠死。去天尺五抱瓮峰，峰头凿出开元字。时移势去真可哀，奸人心丑深如崖。西蜀万里尚能反，南内一闭何时开。可怜孝德如天大，反使将军称好在。呜呼，奴辈乃不能道辅国用事张后专，乃能念春荠长安作斤卖。

（《浯溪中兴颂诗和张文潜二首》）

第一首诗，开头叙述的是玄宗在位近五十年，开元时尚能勤政爱民，及天宝初，杨贵妃得宠，朝夕游乐，每日与杨氏姐妹宴饮，与梨园子弟歌舞，与五坊小儿驰鹰犬，斗鸡，打毬，及孟冬时节，又偕贵妃幸骊山华清宫，终日不理朝政。诗中"胡兵"，指的是安禄山，因安禄山系营州柳城胡人，天宝十四年冬，以讨杨国忠为名，起兵范阳作乱。天宝十五年六月，潼关破，遂有玄宗弃京师幸蜀事。胡人铁骑，踏破长安，一些来不及随帝驾出逃的皇室儿女，只得流落街头，隐姓埋名，或向人行乞为生，杜甫《哀王孙》里的一幕，竟像是提前作了靖康年间事的预演："金鞭断折九马死，骨肉不得同驰驱。腰下宝玦青珊瑚，可怜王孙泣路隅。问之不肯道姓名，但道困苦乞为奴。已经百日窜荆棘，身上无有完肌肤。"

这个十七岁的少女说，开元、天宝五十年的"黄金年代"为什么终结？还不是一个穷奢极欲的时代使得道德滑坡，人心变乱！"酒肉堆中不知老""传置荔枝多马死"，这才会有窜入长安的"胡兵"之祸啊！郭子仪、李光弼能够平叛成功，靠的也是将帅和睦，互不猜忌，要是人人猜忌来猜忌去，难保不落入人家的算计里去："君不见，当时张说最多机，虽生已被姚崇卖。"

此处用典，采的是唐朝张说和姚崇故事，说的是，姚崇、张说同为宰辅，素来不睦，姚崇弥留之际，对儿子们说："我与张丞相嫌隙甚深，此人自少奢侈，性喜名贵服玩，我死后，他必以同僚之礼来吊祭，到时，你们将我平生积累的珍宝都罗列出来，若其一眼也不看，你们尽快筹谋家事吧，恐怕举族将灭亡无遗；若其多看上几眼，你们就安全了，赶快拣择贵重服玩献上，并请他作神道碑文。拿到碑文后，立刻呈请皇上御览，刻于石碑。数日后张丞相必当后悔，以修改为由向你们索要碑文，你们便引其使者去看已经刻好的石碑，并告诉他碑文已经得到皇上许可。"姚崇死后，张说来姚家吊祭，一切情形果如姚崇生前所料，使者回去复命，张说恨得牙痒，却又无可奈何，叹道："死姚崇犹能算计生张说，吾今日方知才能不及姚公远矣！"

李清照或许是从记述玄宗一朝遗事的《明皇杂录》里读到过这个故事，也可能，她是从《新唐书》或刚成书不久的《资治通鉴》里知道了姚、张恩怨。不管是从何渠道得知，都显示出她广阔的阅读视野和惊人的记忆力。少年时代对子籍小说和道藏经典自由率性的阅读，串起了她在事物间广泛的联想，并在书写中传达出微妙的历史信息。

和诗第二首末句，"乃能念春荠长安作斤卖"，用的是宦官高力士的一段野史闲话。玄宗时，高力士权力极大，四方奏事都要过他的手，肃宗作太子时，曾以兄礼事之，外将内相也都与他沆瀣一气。安史之乱时，他扈从玄宗入川，又随驾回到长安，后来玄宗失势，李辅国用事，与肃宗皇后张皇后勾结专权，他被流放到遥远的巫州，在那里他看到园落中生长的荠菜，当地人不知能吃，遂生身世之叹，口吟道："两京作斤卖，五溪无人采。夷夏虽不同，气味终不改。"[1]等他遇赦回到长安时，玄宗、肃宗父子已相继去世，这个七十九岁的老家奴也痛哭而卒。高力士的春荠之叹，说的乃是朝中权力之争的残酷。

---

[1] 《旧唐书·高力士传》。

　　中国古典诗歌中的典故，如同光投射在物像上留下的阴影，是事物之后的另一重事物，发现这两重事物的联系，这是诗歌写作的秘密之一。春荠本是寻常物，但因为诗人的发现，它反过来照亮了全诗。

　　张耒对自己的《题中兴颂碑后》自视甚高，诗成后广泛寄发同僚，黄庭坚、潘大临等也都写了和诗，但李清照这两首诗一出，却让元、张二诗和许多和诗都黯然失色了。与李清照大致生活于同一时代的王灼在日后问世的艺评集《碧鸡漫志》中说："易安居士……自少年便有诗名，才力华赡，逼近前辈。在士大夫中已不多得。若本朝妇人，当推文采第一。"①王灼给"前辈"留了几分脸面，说是"逼近"，实际上这两首诗不说超越，也与张耒、黄庭坚这些文坛中坚并肩了。天才少女的光芒也刺激到了朱熹，以致他老人家这般发问："如此等语，岂女子所能？"②

　　这两首诗，最早著录在南宋藏书家周辉的《清波杂志》里。生于靖康元年（1126）的周辉晚年住在钱塘清波门，以写作自娱。他说，自唐至今，浯溪的《中兴颂碑》题咏的诗歌数不胜数，李清照的这两首和诗，是唯一的女性作家写的："以妇人而厕众作，非深有思致者能之乎？"他还披露了李清照后来在金陵踏雪寻诗的往事，说是李清照的族人告诉他的："言明诚在建康日，易安每值天大雪，即顶笠披蓑，循城远览以寻诗，得句必邀其夫赓和，明诚每苦之也。"③

　　写作进入了她，改造了她的心灵构造，将会带同她发现更多的秘密。这秘密来自生命本身的触发，来自历史的深处，也来自灵明的一点眷顾。许多年后，建炎二年（1128）春天，李清照回顾从十六岁开始的写作史，说：

　　　　学诗三十年，缄口不求知。谁遣好奇士，相逢说项斯。

　　　　　　　　　　　　　　　　　　　　　　　　（《分得知字》）

---

①　王灼：《碧鸡漫志》卷二。
②　《朱子语类》卷一百四十。
③　周辉：《清波杂志》卷八。

我学作诗已经快有三十年了，我总是沉默不说话，也不求他人欣赏，谁能让我遇上喜欢奇才的杨敬之呢，他到处逢人夸项斯的诗写得好。①

谁是到处推崇她的"杨敬之"？是父亲，还是晁补之、张耒这些文学前辈？其实不需要任何人来"说项"，她的名字已经在东京的朝堂、巷间间传诵。少女时代即将结束，她的父亲将退隐到幕后。不久的将来，她将要离开经衢之西的有竹堂，去到一个陌生的人家过活。她生命中最亲近的人会是另一个陌生的男子，随着时日推移，这个人模糊的面容将渐渐变得清晰。

一个天才女性的文学时代开始了。写作对她而言，将意味着第二重生命的展开。更远处，还有长长的磨难等着她。但不管经历多大的磨难，她都要通过写作获得拯救。

以后的岁月里，经历了乱离、改嫁、讼离和在江南二十余年的流寓，她的生命犹如一朵娇嫩的花，花瓣被随意地折去玩弄，晾晒成干枯的形状，变成世人眼中的才女标本。那些生命的花汁在烈日下腾空而去，只有她自己还记得生命原初的模样。

---

① 项斯：字子迁，晚唐诗人，诗写得很好但一直不为人知。他带诗去谒见以文学名播当时的杨敬之，得到杨敬之的赏识，并得赠诗一首："几度见诗诗尽好，及观标格过于诗。平生不解藏人善，到处逢人说项斯"，遂名扬长安。"说项"即到处替人揄扬的意思。

第二章 碑文与果实

建中靖国元年（1101）—大观元年（1107）

汴京

一、梦闺

从"有竹堂"流传出去的这些小词在太学生中间传看时，很多人猜测是苏轼学士的新作。词风忽而潇洒出尘，忽而娇憨无知，如同与读者做着一场蒙面游戏，在他们看来，也不过是学士聊发少年狂。第一个指出笔迹不像苏轼学士而是一个女子的，一些传记言之凿凿，说此人即李清照日后的夫君、太学生赵明诚。考遍宋人笔记，这种过于戏剧性的说法并无文字佐证，倒像是后世小说家劈空结撰的。

作为这些小词的第一批读者，太学内舍生赵明诚在某个时刻肯定被打动了。他已经猜出这些小词是一个女子所写，但这个女子究竟藏在哪一家的深闺呢？他或许会把朝中官宦家的小姐排着队暗数个遍。他甚至可能会想起很多年前的一个梦。那是一个古怪的梦。梦里他在读一卷经书，醒来后只记得三句话："言与司合，安上已脱，芝芙草拔。"当时他觉得，这三句话里可能藏着命运对他的一个暗示，却又百思不得其解。他曾把这个梦告诉父亲。有着文字之癖的父亲帮他拆字解梦，说"言与司合",是"词"字,"安上已脱",是"女"字,"芝芙草拔"乃"之夫"二字,合起来就是"词女之夫"。①赵挺之告诉他,这个梦预示了他的婚姻,他将娶一个文学女性——"词妇"为妻。这个解释当时怎么看都是牵强的,现在他倒希望是真的了。

赵明诚是时任吏部侍郎赵挺之的第三个儿子。他字德甫(或作德父、德夫)②,元丰四年(1081)生人,前面有两位哥哥存诚(字中甫)和思诚(字道甫),此时已经进入官场。他还有两个妹妹,分别嫁给了已考中进士的两个青年才俊,李擢和傅察。他们的父亲赵挺之是密州诸城人,母亲郭氏,是曾知濮州(今山东曹县)、提点夔州刑狱的东平籍官员郭槩的女儿。③这个郭槩,用苏辙劾章里的话来说,"资品鄙陋",是个趋附之徒,初官凤翔通判,坐失人死罪去官,后因缘权幸,竟得复官,提点西川刑狱,去四川上任了。元祐五年,除朝散大夫刑部郎中,后守曹南。绍圣四年(1097)退休归里。郭槩习的是法家,以善于择婿著称,他的女婿除了赵挺之,另有几个如陈师道、邢恕等,也都是一时之俊彦。④从赵明诚的母亲郭氏日后的行径来看,喜附会、重功利,竟也有着几分乃父的影子。

李清照日后的公爹赵挺之,字正夫,生于康定元年(1040),幼时随父官北京。熙宁三年(1070),赵挺之登进士第,正式进入官场,初为登州、棣州教授,元丰末,通判德州。他应进士试进入仕途那一年,正是王安石苦于新法推行得不到朝臣支持、改由通过科考选拔新人充为羽翼之时,所以他的政治光谱是偏向新党的。

宋朝开国百年以来,科举取士向来偏重文学,参试者需要考写作律

---

① 〔元〕伊世珍:《琅嬛记》卷中引《外传》。
② 宋朝文献中,刘跂《金石录序》及李清照《〈金石录〉后序》均作德父,翟耆年《籀史》、洪适《隶释》、王明清《挥麈录》诸书则作德夫,刘跂《学易集》、洪迈《容斋四笔》及陈振孙《直斋书录解题》又作德甫,盖"父""夫""甫"三字古通,可以互假。
③ 〔宋〕王明清:《挥麈后录》:"元祐中,有郭槩者,东平人,法家者流,遍历诸路提点刑狱,善于择婿。赵清宪、陈无己、高昌庸、谢良弼名位皆优……"
④ 《朱子语录》卷一百三十:"陈无己、赵挺之、邢和叔皆郭大夫婿。"

诗和词赋的能力。十一世纪三十年代起，考试内容中策论的比重逐渐加大。嘉祐二年（1057），欧阳修在他主持的考试中削弱诗赋的比重，开始偏重策论。王安石批评本朝取士制度，认为诗赋与国家治理无关，多次提出要把诗赋从考试项目中去除。这引起了许多士大夫的反对，因为诗赋取士已有漫长历史，过去从未曾阻碍过简拔大臣，而且一个人的文学才华，是修养和斯文的体现，岂有弃而不取之理。熙宁三年（1070），得到神宗支持的变革派提出，进士考试要偏重实务，考试重点应放在论、策问和经义上，反对派的声音才消歇了下去。在新旧党争渐趋激烈的大环境下，赵挺之要一举中的，我们大致可以猜测，他必定要在考试策论中有迎合新政的议论，如此方能博得当政新党的欢心。熙宁三年那一榜的状元叶祖洽，就是因为所作策论专门投合用事的新党，而获得主试大人、新党第二号人物吕惠卿青睐的。

熙宁变法是王安石应对时代变革作出的反应，他提出的诸多财政改革措施放到现代世界来看也是带有前瞻性的，但这些新进者中的大多数并没有认识到这场改革对于宋朝国运意味着什么。相反地，自居改革派的他们当中不乏射利之徒，他们八面玲珑，把支持新政当作进入仕途的敲门砖。是以，这些考试中的脱颖而出者可谓鱼目混珠，他们中，自然不乏应对敏捷、长于实务的干才，在以后的国家事务中担负着重要的职责，但也夹杂着不少惯会看风使舵的投机主义者，日后挑起党争风云的叶祖洽、蔡京、赵挺之诸辈，都在熙宁三年的同一榜上，也算是因缘际会。

刚入仕途的赵挺之称得上是一个极有胆识的官员。他在德州通判任上时，恰逢哲宗即位初，赏赐兵士缗钱，但这笔赏钱被老糊涂的郡守贪墨了，士兵们领不到赏钱，手持棍棒冲进府衙，郡守和其他官员都吓得躲避了开去，只有他一个人端坐堂上，问明情由，立即发给赏钱，惩办了为首作乱者，平息了兵变。[①]他在德州任上还有一件事，境内河川

---

① 《宋史》卷三五一《赵挺之传》。

屡决，许多人建议迁徙宗城县，转运使令赵挺之调查。赵挺之说，县距高原千岁矣，水未尝犯，今所迁不如旧，必为民害。使者不听，终于迁徙，但迁后两年，大水湮灭新城，居民遂无家可归。

元丰末年，赵挺之在德州时，黄庭坚也在德州任职，监德安镇。两人既是同僚，又都喜好金石，一段时间来往甚密。赵挺之收藏颇富，经常邀请黄庭坚到家观赏，一同宴饮。黄庭坚于元丰八年（1085）留下的两款题跋，可证他们的一段友情。

一是《题乐府木兰诗后》："唐朔方节度使韦元甫，得于民间。刘原父往时于秘书省中录得。元丰乙丑（即元丰八年）五月戊申，会食于赵正夫平原监都西斋，观古书帖甚富，爱此纸得澄心堂法，与者三人，石辅之、柳仲远、庭坚。"

一是《题虞永兴道场碑》："草书妙处，须学者自得，然学人久乃当知之，墨池笔冢，非传者妄也。虞永兴常被中画腹书，末年尤妙。贞观间，亦已耄矣。而是书之工，唐人未有逮者。元丰乙丑五月戊申，平原监郡赵正夫会食于西斋，出示余，谛玩无致。"

黄庭坚日后遭赵挺之打击，远逐岭南，客死他乡，若古物有灵，情何以堪？

在他们交往最密切之际，因为政见不合，他们的友谊已行将翻船，并且殃及另一人——时在朝中任职的苏轼。据《东都事略》记载，事情的起因是赵挺之推行新法中的"市易法"，在德安镇遭到黄庭坚的抵制，黄庭坚不想折腾，理由是"镇小民贫，不堪诛求"。[①] 不久，赵挺之即将提拔，朝廷召试馆职，对赵挺之很是看好的尚书左仆射兼门下侍郎蔡确，专门征求苏轼的意见，苏学士说了一句很伤人的话："挺之聚敛小人，学行无取，岂堪此选？"一下子把赵挺之给得罪了。由此，"挺之

---

① 《东都事略》卷一百二。《山谷先生年谱》或据此："苏轼言：御史赵挺之在元丰末通判德州，而作黄庭坚方监本州德安镇。挺之希提举官杨景棻之意，欲于本镇行市易法，而庭坚以为镇小民贫，不堪诛求，若行市易法，必致星散，公文来往，士人传笑云云。"

深衔之"，^①并伺机报复。

苏轼的反对没有奏效，赵挺之顺利召试馆职，除集贤阁校理。次年六月，即转为监察御史。迁转如此之快，若非上面有人力挺，几乎不可能做到。

元祐元年（1086），赵挺之任集贤阁校理，黄庭坚任职史馆，两人继续同事。南宋作家王明清在《挥麈录》里说，黄庭坚性情诙谐，经常对赵挺之搞一些恶作剧，让赵下不来台。黄庭坚是江西人，看不起赵挺之是山东人，"意常轻之"。"每庖吏来问食次，正夫（赵挺之字）必曰：来日吃蒸饼。一日聚食行令，鲁直（黄庭坚字）云，欲五字从首至尾各一字，复合成一字，正夫沉吟久之，曰：禾女委鬼魏。鲁直应声曰：来力敕正整。叶正夫之音，阖座皆大笑。"^②又有一次闲谈，赵挺之说了一番话，大意是，山东人尊重文化，最重润笔，每请人写一篇墓志铭，赠送的好东西要装满一车子——"则太平车中载以赠之"。黄庭坚说："想俱是萝卜与瓜薤尔。"这般口没遮拦，他后来给贬到宜州去，吃的还是嘴巴亏。

这赵挺之果然是个睚眦必报的直男，一待做了风纪官，又有把他当棋了使的朔、洛两党的老辣官员背后唆使，马上展开了对苏轼本人和他那个松散的文化圈的攻讦。适逢神宗刚刚去世，他从苏轼草麻（指起草的诏书）引用的《诗经》里的"民亦劳止"四字，攻击苏轼暗指人民百姓受苦，意在诽谤先帝。苏轼上章自辩，反击赵挺之"以白为黑，以西为东"，这事虽有惊无险过去了，但苏轼的声誉肯定在这次攻击中受到了伤害。

元祐二年（1087）十二月，赵挺之又上一奏书，从学士院策试廖正一馆职一事着手，隔山打牛地指责苏轼包藏野心："苏轼学术，本出《战国策》纵横揣摩之说。近日学士院策试廖正一馆职，乃以王莽、袁绍、

① 《续资治通鉴》卷八十。
② 《挥麈录》卷四。

董卓、曹操篡汉之术为问，使轼得志，将无所不为矣。"①职是之故，苏轼文化圈中的黄庭坚、李格非、廖正一和陈师道等，后来都对赵挺之抱嫌恶态度。尤其陈师道，他与邢恕、赵挺之都是郭槩的女婿，邢、赵两个连襟在官场混得风生水起，只有他的日子过得特别紧巴，好友晁补之和张文潜想举荐他做个太学录，他也怕遭人议论推辞了。但即便他穷得家里都揭不开锅了，妻子和三个儿女都寄食岳家，千里跋涉跟着老丈人去四川了，②他也不愿意向两个连襟张口求援。

朱熹在《朱子语类》里记载说，元符三年（1100），陈师道去东京郊外参加皇家祭祀，需彻夜守灵，天寒，非重裘不得御寒，陈师道没有厚重衣服。他妻子跟赵挺之夫人是亲姐妹，特去赵家借得一裘，让他带去御寒。陈师道得知后大怒，说他宁愿冻病而死也不愿着赵家衣，"汝岂不知我不著渠家衣耶！"③陈师道日后在四十九岁壮龄早早去世，据说就是那次守灵受了风寒落下的病根。陈师道死后，元祐年间著名的艺术资助人王立之出资抚养他几个未成年的儿女长大。④

二、绍述

元祐朝局翻云覆雨，回京的保守派人士齐心协力根除熙宁、元丰年

---

① 《续资治通鉴》卷八十。

② 元丰七年（1084），陈师道的岳父郭槩任提点成都府路刑狱，此时的陈师道生计无着，只好让妻子儿女随从入川。他本人因为家有老母和妹妹，不得同行，特作《送外舅郭大夫槩西川提刑》诗。此时他结婚五年，有儿女三人，大儿牙牙学语，小儿尚在襁褓，诗中有云："长与妻子别，已复迫曛暮。何者最可怜？儿生未知父。"

③ 《朱子语类》卷一百三十："陈无己、赵挺之、邢和叔皆郭大夫婿。陈为馆职，当侍祠郊丘，非重裘不能御寒气，无己只有其一，其内子为于挺之家假以衣之。无己诘所自来，内子以实告。无己曰：'汝岂不知我不著渠家衣耶！'却之。既而遂以冻病而死。"《续资治通鉴》卷八十七亦载其事。

④ 晁说之在王立之诔文中记述此事："彭城陈无己，卒于京师，立之割四十亩，以周其孤。"

间推行的新法，目的既遂，失去了敌手，他们又开始相互攻讦对方，爆出朔党、洛党、蜀党三党之争。赵挺之在政治光谱中是偏向改革派的，现在保守派掌了权，不论他们中的哪一党得势，他都少不得曲意逢迎。

一些行事激进的保守派官员做事不留后路，很喜欢对打倒了的政治敌手又踩上一脚。元祐四年（1089），改革派领袖、已经下台许久的前宰辅大人蔡确被摄政的仁宣太皇太后一道懿旨永久流放到了帝国的瘴雾之地，广南东路的新州（今广东省新兴县）。受蔡确案牵涉，赵挺之也被赶出东京，通判徐州，[①]次年，改知环境更恶劣的楚州。旧仇未消，又添新恨，这使他对元祐大臣们的忌愤又深一层。

洪迈的《夷坚志》讲述了数则赵家的故事，都是与病有关的，有一则讲赵挺之离开徐州前，一个姓梁的道人用一杯符水治好了他的痢疾，赵以珍藏的高丽银盂相赠，道人坚辞不受，反而规劝他，不要被古物障目，失了收藏本心。"后为徐州通判，罢官将行，又以痢疾委顿。素与梁道人善，其日忽至，问所苦，曰：'无伤也。'命取水一杯置案上，端坐咒之，须臾水跃起如沸汤，持以饮赵，即时痛止。公心念无以报，但有高丽银盂，欲赠之，未及言，道人笑曰：'高丽银与铜何异？不须得。'长揖而出，追之不及。"

好在严格意义上赵挺之也不算新党骨干，倒是与元祐阵营的一些官员时有交游，所以这次所受责罚也不算太重。到元祐六年（1091），他依附得势的章惇回到京都，很快凭着才干获得赏识，升迁国子监司业。是年七月，哲宗驾幸太学，与宰执侍臣吕大防等三十六人唱和，赵挺之和未来的亲家李格非俱在侍驾之列。

元祐八年（1093）五月，他又出为外官。这一回算是提拔，就任东京路转运副使。晁补之有《送赵正夫京东漕》诗："朝持使者节，骑出大明宫。霜拂蓬壶外，春生海岱东。清时忧国事，白首问民风。我亦何

---

① 《宋史·赵挺之传》："既而坐不论蔡确，通制徐州。"同书《哲宗纪》："（元祐四年五月）辛巳，贬观文殿学士蔡确为光禄卿，丁亥，复贬确为英州别驾，安置新州。"又同书《蔡确传》："御史李常、盛陶、翟恩、赵挺之、王彭年坐不举劾……皆罢去。"

为者，丹铅点勘中。"对其官声还是颇为嘉许。

也是这一年，九月，摄政八年的仁宣太皇太后去世，十八岁的哲宗亲政，朝局又将为之一变。高太后在世之日，不是没有察觉到一天天长大起来的孙子对自己的敌意，她也不是没有动过废立的心思。曾经，宫中一个乳母意外怀孕，差点儿使她下定决心废帝另立，妇人之仁还是让她在最后关头犹豫了。但哲宗对皇祖母的不满却在一天天累积，这些像夏天的雨云一样越积越多的不满，总有一天会像疥疮一样要爆突出来，只是时机未到，不得不暂且隐忍着。某次上朝后，高太后责怪孙子听了大臣们奏事为何不发一言。哲宗恭敬答道："娘娘已处分，俾臣道何语？"以后愈发"恭默不言"。[1] 但这一切怎么能瞒过他的皇祖母？哲宗一直使用着他父亲留下来的一张旧桌子，平素很是爱惜，某日，一个宦官将这张桌子换掉了，哲宗闻讯十分生气，又换回了旧物。高太后得知这个消息，良久不语，不禁为先前的迁延不决感到后悔。但这时候她再想要有什么动作已经来不及了。

果然，这个在皇祖母摄政的八年里忍气吞声被压抑坏了的孩子，他一亲政就什么事儿都跟死去的皇祖母对着来。高太后以为对的，他必以为非；高太后严令禁止的，他乐此不疲积极推行。他对御前大臣们衔恨已久，是因为他们从来只知道围着皇祖母转，他幼年的记忆里，满眼都是他们蠕动的臀背，却很少看到过他们的正面。[2] 现在什么事儿他都可以自个儿做主了，自然要从对官员重新洗牌入手，对近前的臣僚来一次大换血，把听话的提到身边来，把那些不听话的大臣尽数逐出，赶得越远越好。资政殿学士章惇提拔为尚书右仆射兼门下侍郎，龙图阁直学士蔡京权户部尚书，更召淮南转运副使张商英为右正言，充当排击元祐大臣的御前打手。绍圣元年（1094）二月，年轻的皇帝亲自主持了他亲政后的第一次进士考试，所出的策论考题，对旧党施政这几年来的实际

---

① 蔡絛《铁围山丛谈》卷一。
② 蔡絛如是记载哲宗与元祐大臣们的关系："上所以衔诸大臣，匪独坐变更，后数与臣僚论昔垂帘事，曰，朕只见臀背。"《铁围山丛谈》卷一。

效果提出了一连串的质疑，要士子们对元祐之政展开毫无保留的抨击，"子大夫悉陈之无隐"①。殿前御试的策论题目和新改的年号一样，足为皇帝心声，把他的"绍述"之志显露无遗。

停滞了许久的新政机器重又启动了，哲宗任命改革派领袖章惇为尚书左仆射兼门下侍郎，一大批先前失势的变法派官员重新回到汴京的政治场。继最早获得起用的李清臣、邓温伯和王安石之婿蔡卞等一班人后，与新党渊源颇深的赵挺之也再次被召回朝中，复入国子司业，等待着委以更加重要的官职。《宋史》和李焘的《续资治通鉴长编》记录了赵挺之此后几年里火箭式的升迁：绍圣元年（1094），四月，迁太常少卿；十月，权礼部侍郎；十一月，为吏部侍郎。到元符元年（1098），他已历任中书与门下两省长官，升到中书舍人兼侍读。元符二年（1099），九月，试给事中，差充贺北朝生辰使。据说这次出使，北地苦寒，他差点把耳朵给冻掉了。陆游的《老学庵笔记》记载了这个故事：

> 赵相挺之使金，方盛寒，在殿上，金主忽顾挺之耳，愕然，急命小胡指示之，盖阁也。俄持一小玉合子至，合内有药，色正黄，涂挺之两耳周匝而去，其热如火。既出殿门，主客揖贺曰："大使耳无患矣，若用药迟，且坼裂缺落，甚则全耳皆坠而无血。"叩其玉合药为何物，乃不肯言，但云："此药市上亦有之，价甚贵，方匕直钱数千，某辈早朝遇极寒即涂少许。吏卒辈则别有药，以狐溺调涂之亦效。"②

到元符三年（1100）正月，哲宗去世，徽宗继位，赵挺之擢吏部侍郎。此时的赵挺之已非元祐年间的小卒子，俨然朝中重臣了。

套用一句俗话，新党在一天天好起来，他们的敌人在一天天烂下

① 《宋史纪事本末》卷一百，《绍述》。
② 陆游：《老学庵笔记》卷七。

去。元祐文坛的灵魂人物苏轼最早遭受打击，绍圣初年先知定州，再黜知英州，不久又责授宁远军节度副使、惠州安置。绍圣末，干脆被打发去了海南，责儋州别驾、昌化军安置。"曾见南迁几个回"①，好不容易等到建中靖国元年（1101）赦归，却在归途中死在了常州。他手足之爱的兄弟苏辙也一贬再贬，绍圣元年（1094）出守汝州，降知袁州，不久贬筠州闲住，最后打发去了雷州。

那几年里，几个苏门学士不是在被贬谪的路上，就是提心吊胆等待着被驱逐出京。秦观于绍圣初出为杭州通判，途中改谪监处州茶盐酒税，元符末，特除名，永不收叙，送雷州编管。黄庭坚先责授涪州别驾，再贬黔州安置，后被打发去了戎州安置。张耒贬监复州酒税。出身京东西路晁氏世家的晁补之出为应天府、亳州通判，最后降为信州盐酒税的小官。已经去世的元祐大臣也不得幸免，吕公著被追贬建武军节度副使，司马光被追贬青海军节度副使，追夺遗表。

到徽宗即位之初的元符三年（1100），苏轼文化圈的要角们大多已贬窜出京。李格非忝列"后四学士"，不在圈子的中心，暂时还没有波及，由礼部员外郎这样的清要之职转任提点京东刑狱。但这已是他一生政治生涯的最高点。从他与这些贬官们频繁的书信往还来看——这年六月他还跑到湖北樊口，和贬谪途中的张耒一起上灵岩寺饮酒赋诗——他的跌落也是朝夕间的事了。

赵挺之在帝国政坛的火速蹿升，与苏轼文化圈的这些走下坡路的官员形成了鲜明对照。新皇登基的建中靖国元年（1101），赵挺之连升三级，正月进御史中丞，六月进吏部侍郎，十一月接替出任尚书右丞的温益任吏部尚书，这一大堆复杂的名头表明，他离翘首以待的相位仅一步之遥了。不久后，在为去世的摄政钦圣皇太后（神宗遗孀，哲宗去世后曾短暂垂帘听政）举行的一次祭奠仪式中，赵挺之和朝中的另一个重要大臣、宰相曾布又分别担当了重要角色，曾布为皇太后山陵使，赵挺之

---

① 《赠岭上老人》，《苏轼诗集》卷四十五。

为仪仗使。这一荣誉职位的含义不言自明。[1]

就在这个时候，赵家来向李家提亲了。赵李两家，籍贯都是京东西路，谊属同乡，又同朝为官，亦算门当户对。虽然两家家长不在同一政治光谱上，但这几年新旧党争的交锋面上他们都不是冲在最前面的人，无大的冲突，再加上新朝改元"建中靖国"，当轴者欲持中正态度调和两党的用心不言自明，对这桩婚事，李格非应该不会提出反对意见。另外，有一个现实问题也不能不予考虑，来提亲的赵侍郎说起来还是李格非的上司，赵挺之目前身份是"权吏部侍郎"，之前还曾短暂"权礼部侍郎"，权摄礼部时间虽只一个月时间，上司的名分还是在的，一个下属总不能驳上司的面子吧，除非他不想在帝国官场混了。[2]

时年二十一岁的太学内舍生赵明诚能有勇气上李家提亲，也是自信满满。姑且不说他父亲仕途看好，本年使辽回来行情节节看涨，仅以他本人而言，虽只弱冠之年，但因酷爱收集金石文物和当代名家法书，在东京的艺文圈子里也已有着不小的名头。

两年前，也就是元符元年（1098）正月，咸阳有一个叫段义的百姓得玉印一组，据说是传国玉玺，经翰林学士承旨蔡京等辩验，确认无疑，送到京帅后，将作监李诫亲手摹印二本，其中一本就是送给在金石学界声名鹊起的赵明诚的。[3]对一个太学内舍生而言，这自是一份难得的荣誉。日后，朋友谢逸曾赠赵明诚一首长歌体的《送赵德甫侍亲淮东》，诗中的"茂陵少年白面郎，手携五弦望八荒""向来问字识扬子，年未二十如老苍"等句虽不无溢美，但也可以看出，青年时代的赵明诚

---

[1] 《皇朝编年备要》卷二六："建中元年正月，以赵挺之为御史中丞，时曾布为皇太后山陵使，挺之为仪仗使。"

[2] 李焘：《续资治通鉴长编》卷四九三："（绍圣四年）十月己酉，太常少卿赵挺之权礼部侍郎。"十一月，挺之又改权吏部侍郎。李焘：《续资治通鉴长编》卷四九三："（绍圣四年）十一月癸亥，礼部侍郎赵挺之为吏部侍郎。"此事为时只一月，《东都事略》及《宋史》均无载。

[3] 《金石录》卷一三《玉玺文》跋："右玉玺文，元符中咸阳所获传国玺也。初至京师，执政以示故将作监李诫。诫手自摹印之，凡二本，以其一见遗焉。"

长得一表人材。他面目白皙，谈锋甚健，喜欢弹琴、焚香、出游、静坐，与年龄不太相称的博雅，使他看上去显得有点少年老成。[①]无论从哪个方面看，他都够得上他那个时代好青年的标准。

三、金石

金，古代的青铜礼器；石，墓碑或纪念碑上的刻石铭文。对青铜彝器上的古文字和散落在古庙、山林以及墓碑上的铭文拓片集中收罗并展玩，借以对吾国文明进行正本清源式的讨论，是十一世纪中国士大夫开辟的一个学术新天地，也展示了他们审美世界空前热烈的一种新追求。

这项事业的最初开创者，乃前朝古文运动大家、杰出的政治家欧阳修。在他的《集古录》一书之后，他关于两大类古器物的分类方法开始为整个知识界所遵从，并衍生出一门新的学问——金石学。

在欧阳修生活的北宋中国，一场尚古之风正愈演愈烈。从宫廷到知识界，人们都热衷于收藏和研究古代器物。藏家奔走于山野大泽，到处寻求各种新出土的文物，或在古物市场以不菲的价格购求。著作家们用拓墨、线描等手段重新展现这些古器物上的文字，并用各种复杂的理论阐释这些器物在历史和仪礼中的重要意义，其动机，乃在于复兴上古中国的理想，重建古代礼制，借助前代的遗存重构历史。

庆历四年（1044），由范仲淹、韩琦等人倡导的改革运动失败后，改革派大将欧阳修被逐出京城，历官北都大名府和地理上更为边鄙的真定府。嗣后又被政敌指控家风不端，贬黜长江下游的滁州。这些地区随处可见的倾圮的古代遗迹，曾一次次让他黯然神伤，怀疑这个世界的物质性基础是如此脆弱。比如唐虞世南撰并书的一块碑，是他童年时期就接触过的一件作品，一〇四五年前后重逢，已经损毁严重，令他发出如

---

① 〔宋〕谢逸：《送赵德甫侍亲淮东》，《溪堂集》卷三。

是之叹："因感夫物之终敝，虽金石之坚不能以自久。"①

类似的这些残碑，唤醒了他身上一直沉睡着的重建失落的文化传统的热情，至少从那个时期起，欧阳修开始留意荒郊草丛中的碑刻拓片，并缓慢而持久地充实他的藏品世界。此项工作前后持续近二十年，为他搜集到了无数残碑拓片，据一〇六二年前后他写给同样痴迷古代书法的好友蔡襄的一封信中所透露，他共收集到一千多件拓片。② 其间他还写作了大量关于这些铭文及其相关历史内容的跋文。

他担心聚多必散，"乃撮其大要，别为录目"，于嘉祐八年（1063）编成《集古录》一书。从书首一份长长的收藏目录可知，他营建的庞大的古物世界诚可谓包罗万象：商周时代的青铜礼器，秦时的石刻、明器和墓志，汉朝孔庙和道观中的碑柱，魏晋时的佛像，隋唐时的佛塔铭文以及五代的道家经书等。这些古物超越了时间和地理的限制，和铭文一道勾画出了一幅古代世界的画像。

当时一定有人对他庞大的藏品世界的来源提出过疑问，欧阳修没有直接回答他们，在这部书的序言中他作了一个奇异的描述，说明这些古物在时间和地理上的来源之广："故上自周穆王以来，下更秦、汉、隋、唐、五代，外至四海九州，名山大泽，穷崖绝谷，荒林破冢，神仙鬼物，诡怪所传，莫不皆有，以为《集古录》。"③

此书一出，因作者的特殊身份，更兼体量庞大，编目精细，令同时代的许多藏品集黯然失色。尤其是欧阳修去世后由他最小的儿子欧阳棐编定的《集古录跋尾》的出版，更是彰显了这个自号"六一老人"

---

① 欧阳修：《唐孔子庙堂碑》，《集古录跋尾》卷五。"右《孔子庙堂碑》，虞世南撰并书。余为童儿时，尝集此碑以学书，当时刻画完好。后二十余年复得斯本，则残缺如此。因感夫物之终敝，虽金石之坚不能以自久，于是始欲集录前世之遗文而藏之。殆今盖十有八年，而得千卷，可谓富哉！嘉祐八年九月二十九日书。"
② 欧阳修：《与蔡君谟求书集古序书》："自在河朔，不能自闲，尝集录前世金石之遗文，自三代以来古文奇字，莫不皆有。……盖自庆历乙酉，逮嘉祐壬寅，十有八年，而得千卷。"
③ 欧阳修：《集古录目序》，李逸安点校，《欧阳修全集》第二册。

的长者在政治家、历史学者、诗人之外的另一重身份——金石学家或文物鉴赏家。这两部生前身后问世的著作也使欧阳修成为金石学的开山人物。

赵明诚作为一个自小就酷嗜青铜彝器和碑文的金石爱好者[1]，欧阳先生的这两部书对他来说不仅是学术指南，更是他的一份人生指南。是欧阳修最早告诉他，金石并不是冰冷的，而是带着历史的余温的，收藏金石是一项值得魂魄与寄的事业。古器物上这些穿过时间的铭文不仅展现了书法之美，更展现了往昔生命的痕迹。欧阳前辈还说，世人都竭力搜求金玉珠玑和象犀虎豹的齿角皮革，以为珍宝，又有几人知道金石碑刻这些"怪奇伟丽、工妙可喜"之物，更能带给收藏者心灵的愉悦？

"物常聚于所好，而常得于有力之强，有力而不好，好之而无力，虽近且易，有不能致之"。欧阳修说得好，天下的贵重之物只要你喜好，又有财力，都可以获得，最怕的是有财力却不喜欢，喜欢的人却又没有财力。"力莫如好，好莫如一"[2]，对于金石遗文，重要的是无条件的热爱和一以贯之的坚持，若能这样，"好之已笃，则力虽未足，犹能致之"。

赵明诚自述他与金石事业的渊源，追溯到了童年时代，"余自少小喜从当世学士大夫访问前代金石刻词"[3]。一个孩子自幼喜收藏古器物书帖，或许是出于天性，但更多的还是与他成长的环境尤其家学有关。如果不讳言，他第一个追随的"当世学士大夫"，应该是他的父亲赵挺之。赵挺之喜好书法，曾给人书写碑石，《中州金石记》卷四载有韩宗道墓志，乃元符二年（1099）七月立，曾肇撰文，赵挺之书丹，可见其书法在当时已小有名气。赵挺之还是一个庋藏甚富的收藏家。如果赵明诚对五岁那年发生的事尚有记忆的话，他当会记得，元丰八年（1085）初，他父亲任德州通判，黄庭坚曾来他父亲的书房"西斋"，观瞻《乐府木

---

① 赵明诚：《金石录序》："余自少小喜从当世学士大夫访问前代金石刻词。"
② 欧阳修：《集古录目序》，李逸安点校，《欧阳修全集》第二册。
③ 赵明诚：《金石录序》。

兰诗》，留下"观古书帖甚富"的跋语。① 那次一同参观的还有他父亲的两位朋友，石辅之和柳仲远。同年五月，黄庭坚又来他家看赵挺之收藏的"绛本法帖"，陪同的两人换成了江南石庭简和嘉兴柳子文。那次看帖，黄庭坚似深有感悟，即席留下"手能转笔，书字便如人意。古人工书无它异，但能用笔耳"的观感。②

不久，赵挺之召试馆职，为秘阁校理，他又随父至京师。元祐四年，他九岁那年，赵挺之因蔡确下台牵累，罢监察御史通判徐州，他又跟随父亲去了徐州。赵明诚成年后回忆说，在徐州他收到了平生第一件藏品《隋化善寺碑》。③ 一个九岁的孩童自然无法独立完成拓碑这样的专业性工作，这件事很可能是在赵挺之的帮助下完成的。次年，赵挺之知楚州，他又跟去。绍圣元年（1094），章惇政府复行新法，赵挺之重新回到中央政府出任国子监司业，他又跟着从楚州回到京师。这一年赵明诚十一岁。此后，他基本上都随父在京师。

回到京师不多久，赵挺之由太常少卿权礼部侍郎，随着位高权重，与旧党背景的故交旧友几乎断了来往。赵明诚在十七八岁时得到的两块碑刻，得之于彭城丛亭的《唐起居郎刘君碑》和徐州丰县的《汉重修高祖庙碑》，都是姨父陈师道提供线索，再多方设法托人访求来的。④

《唐起居郎刘君碑跋文》，曾述及他与时任徐州州学教授陈师道通信

① 〔宋〕黄庭坚：《题乐府木兰诗后》："唐朔方节度使韦元甫得于民间，刘原父往时于秘书省中录得，元丰乙丑五月戊申会食于赵正夫平原监郡西斋，观古书帖甚富，爱此纸得澄心堂法。与者三人：石辅之、柳仲远、庭坚。"《山谷集》卷二十五。

② 〔宋〕黄庭坚：《题绛本法帖》："手能转笔，书字便如人意。古人工书无它异，但能用笔耳。元丰八年夏五月戊申，赵正夫出此书于平原官舍，会观者三人，江南石庭简、嘉兴柳子文、豫章黄庭坚。"《山谷集》卷。

③ 赵明诚：《金石录》卷二十《晋乐毅论》条："元祐间余侍亲官徐州时，故郎官赵竦被旨，开吕梁洪，挈此石随行，已断裂，用木为匣贮之。竦尤爱惜，亲旧有求墨本者，所手模以遗之。"同书卷二二《隋化善寺碑》条："右隋化善寺碑，在徐州。……余元祐间侍亲官彭城，时为儿童，得此碑，今三十余年矣。"

④ 《金石录》卷三十。

进行学术交流的情形："绍圣间，故陈无已学士居彭城，以书抵余曰：'近得柳公权所书刘君碑，文字摩灭，独公权姓名三字焕然，余因求得之。'碑残缺，然可识者，犹十三四，不忍弃，故录之。"同卷《汉重修高祖庙碑》跋："汉重修高祖庙碑，郭忠恕八分书。余年十七八时，已喜收蓄前代石刻，故正字徐人陈无己，为余言丰县有此碑，托人访求，后数年乃得之。然字画颇软弱。"

绍圣间，最晚是一〇九七年间事，赵明诚是年十七岁，陈师道长他二十七八岁，时年四十四五。陈师道之文，简重典雅，法度谨严，其诗词语精好，注重炼字，被好友黄庭坚称作"陈侯学诗如学道，又似秋虫噫寒草"，赵明诚少年老成，素喜苏、黄诗文，又崇敬陈无己是苏门学士，是以他们的交流没有代沟隔阂。

陈师道对连襟赵挺之怨隙日深，对赵明诚却高看一眼，在信中与黄庭坚私下议论，说这个孩子性情宽厚，遇事不为骨肉亲情和不同政见所干扰，有着可贵的学术品格。他很同情赵明诚，因着对苏、黄诗文的热爱，屡次被小心眼的赵正夫刁难。"正夫有幼子明诚，颇好文义，每遇苏、黄文诗，虽半简数字必录藏，以此失好与父。几如小邢矣。"① "小邢"，是赵挺之的外甥邢居实，时任御史中丞的连襟邢恕之子，年纪轻轻写得一手好文章（《宋史》称其有"异材"），时常与苏轼文化圈中的论年龄够得上叔伯辈的一班文人往来。他的父亲邢恕却是个一门心思往上爬的新党中人，见小邢偏爱和旧党中人来往，时常打压，小邢不到二十岁就郁郁而死。黄庭坚拿老邢小邢比拟赵氏父子，一半是欣赏，一半也是惋惜。

但黄庭坚担心的父子交恶的场面并没有出现。赵挺之由新一代新党领袖章惇援引入京，委以要职，他成天跟在章惇、蔡京、蔡卞这些福建人的屁股后面跑，令失势的保守派官员很是不齿，有人还给他取了一

---

① 〔宋〕陈师道：《后山居士集》卷十四《与鲁直书》。

个"移乡福建子"的绰号。^①其实，在翻覆多变的帝国政坛上，赵挺之这样的灰色人物在各方政治势力中察颜观色，左右骑墙，也不过为求自保。士论严苛，责他"谄事"权贵，大节有亏，但平心而论，作为一个丈夫和父亲，赵挺之还是尽到了责任。

是时代的风气最初点燃了赵明诚的金石学兴趣，而父亲赵挺之庋藏的金石经卷为他打开了通往过往世界的一扇大门。赵挺之在败给政敌蔡京前，家藏宏富，就连书学博士米芾也要来他家拜观著名的藏品《蔡襄进谢御赐诗卷》，并留下亲笔题跋。^②日后，赵明诚、李清照夫妇合撰《金石录》，收金石碑文两千卷，很大一部分就来自赵挺之的遗物。

《金石录》收录家藏《唐遗教经》，赵明诚曾在跋尾里说："余家藏金石刻二千卷，独此经最为旧物，盖先生为进士时所蓄尔。"^③赵挺之去世后的数十年里，赵明诚每每整理金石藏品，总会睹物思人，想起他的父亲。

四、青梅

对赵明诚来说，他心目中的理想伴侣，不只是当年欧阳修迎娶的那种"弄笔偎人久"的娇嗔可人的新娘，还应该是一位尊重他的志趣，能帮助他来共同完成他热爱的金石事业的知识女性。从赵挺之曾给他解梦来看，他父亲在婚姻选择上是给予他很大自主的。

古风无媒不交，^④赵家既要提亲，定亲和婚礼自有一套烦琐的程序，

---

① 《宋人轶事汇编》卷十四，引《名臣言行录》："挺之为中丞，任伯雨言：挺之始因章惇进，既谄事蔡京、蔡卞，及卞黜责，又谄事曾布，出入门下，故士论号移乡福建子。"按章、蔡皆福建人，而曾布则江西人，故云移乡。

② "芾于旧翰林院曾观石刻，今四十年，于大丞相天水公府，始观真迹。书学博士米芾。"汪珂玉《珊瑚网》"法书题跋"。

③ 《金石录》卷三十，《唐遗教经跋尾》。

④ 《诗经·齐风·南山》："娶妻如何？匪媒不得。"

按照北宋的习俗，凡娶媳妇，先起草帖子，两家允许，然后起细帖子，序三代名讳，议亲人有服亲田产官职之类，然后才进入实质性的议婚：

> 次檐许口酒，以络盛酒瓶，装以大花八朵、罗绢生色或银胜八枚，又以花红缴檐上，谓之"缴檐红"，与女家。女家以淡水二瓶，活鱼三五个，箸一双，悉送在元酒瓶内，谓之"回鱼箸"。[1]

如若依照从汉代沿习下来的《仪礼·士昏礼》，古有六礼，纳采、问名、纳吉、纳征、请期、亲迎，六道程序走完，也即六礼齐备。即便本朝在婚嫁礼仪上已大大作了简化，但纳采、纳征、亲迎这关键的三步还是少不了，[2]而且像赵家这样的富贵官家，所下聘礼不能像坊间庶民那样寒酸，仅用布帛、钗钏、羊酒、果实之属应付，而应该用正式的"三金"，即金钏、金镯、金帔坠。

按照风俗学家孟元老的说法，媒人的服色也是有讲究的，"上等戴盖头，着紫背子，说官亲宫院恩泽"，"中等戴冠子，黄包髻背子，或只系裙手，把青凉伞儿"。赵、李联姻，两家都是高品级的家族，我们可以猜想，请的应该是"戴盖头""着紫背子"、专门说官亲的那种媒人。

我们还可以设想这样一种可能，正式缔结婚约前，李清照或许已经和赵明诚见过面。时间是暮春，青梅刚挂果。地点是"有竹堂"的后院。她刚荡完秋千下来，一眼看到了站在门外的一个陌生的男子。她来不及整理汗湿的衣衫，甚至还来不及穿上鞋子，便飞快地向内室跑去。她跑得那么惶急，连头上的金钗都滑落了下来。等到她以为门口的梅树枝丫

---

[1] 《东京梦华录注》，卷五《娶妇》，宋孟元老撰，邓之诚注，中华书局 1982 年版。

[2] 北宋后期颁行的《政和五礼新仪》在"嘉礼门"中，把婚姻仪式分为纳皇后仪、皇太子纳妃仪、皇子纳夫人仪、帝姬降嫁仪、诸王以下婚仪、宗姬族姬嫁仪、品官婚仪、庶人婚仪等不同的等级，等级越高，仪式愈烦琐。庶人的婚姻仪式比品官简便，北宋后期，已把问名与纳采、请期与纳征合并，无须六礼齐备了。张邦炜著《宋朝婚姻家族史论》，人民出版社 2003 年版，第 15 页。

遮挡住了他的视线，她忍不住回过头来，偷眼打量来客。她的心小鹿一样扑通扑通跳动起来。

> 蹴罢秋千，起来慵整纤纤手。露浓花瘦，薄汗轻衣透。
> 见客入来，袜划金钗溜。和羞走，倚门回首，却把青梅嗅。

（《点绛唇·蹴罢秋千》）

这个倚门回首嗅青梅的少女形象，并不是在文学史上第一次出现。当她第一次出现在晚唐诗人韩偓的《香奁集》里的时候，并没有引起太多人注意。韩偓的《偶见》诗这样写道："秋千打困解罗裙，指点醍醐索一尊。见客入来和笑走，手搓梅子映中门。"那也是一个刚从秋千跳下的少女，与上门前来的男子劈面相逢，害羞使她说不出话来，只是痴笑着立在中门前，手搓梅子。青梅多汁、酸涩，是少女的隐喻，李清照把"搓"青梅的肢体动作替换成了用鼻子去"嗅"，看似动作更轻微，意味却更深长。《点绛唇》可以说是对韩偓《偶见》诗的移植和隐括，从文本发生学的意义上来说，李清照创造了她的先驱。

李清照把这个倚门嗅梅的少女作为自我写照写进这阕小词时，肯定灼痛了某些道学家的眼睛。曾经激赏李清照"本朝妇人当推词采第一"的评论家王灼，既称道这个意象"轻巧尖新"，也讶然于这个"闺房妇女"笔墨夸张，"无所羞畏"。①可是，既见良人，云胡不喜？她为什么要遮遮掩掩呢？

在写于绍兴五年（1135）的《〈金石录〉后序》里，李清照用一个平淡无奇的长句叙述了新生活的开始：

---

① "（易安居士）作长短句，能曲折尽人意，轻巧尖新，姿态百出。闾巷荒淫之语，肆意落笔，自古缙绅之家能文妇女，未见如此无顾忌也。……其风至闺房妇女，夸张笔墨，无所羞畏……"〔宋〕王灼《碧鸡漫志》卷二。

余建中辛巳，始归赵氏。时先君作礼部员外郎，丞相作礼部侍郎，侯年二十一，在太学作学生。

建中辛巳，即建中靖国元年（1101）。大致的婚礼时间，当在这年六月至十一月的某一天。据黄盛璋先生的《赵明诚、李清照夫妇年谱》考证，赵挺之由御史中丞升任吏部侍郎是在这年六月后，而这年的十一月，原吏部尚书温益升任尚书右丞，赵又递补其缺，赵挺之正式担任吏部侍郎的时间只有六月至十一月这半年。①盛夏一般不会举行婚庆大礼，所以我们大致可以推测，赵李合卺，应该是在这一年的秋天。

一对璧人，券约已立，誓必偕老，在这盛世华年安心好做长久夫妻，孟元老《东京梦华录》所记北宋朝的婚典仪式，从典礼日的"起帖子""缴檐红""回鱼箸""插钗子""铺房"，到迎娶日的"起檐子""拦门""撒谷豆""坐虚帐""坐富贵""走送""牵巾""撒帐""交杯酒""新妇拜堂"，宫墙内外，品官庶民，莫不一体遵行：

次过大礼。先一日，或是日早，下催妆冠帔花粉，女家回公裳花幞头之类。前一日，女家先来挂帐，铺设房卧，谓之"铺房"。女家亲人有茶酒利市之类。至迎娶日，儿家以车子或花檐子发迎客，引至女家门，女家管待迎客，与之彩段，作乐催妆上车檐。从人未肯起，炒咬利市，谓之"起檐子"，与了然后行。迎客先回至儿家门，从人及儿家人乞觅利市钱物花红等，谓之"拦门"。新妇下车子，有阴阳人执斗，内盛谷豆钱果草节等。咒祝望门而撒，小儿辈争拾之，谓之"撒谷豆"，

① 黄盛璋《赵明诚、李清照夫妇年谱》："徽宗建中靖国元年（公元一一〇一年）辛巳……案是年六月挺之仍为御史中丞，见《皇朝编年备要》，挺之除吏部侍郎当在六月后。十一月，试吏部尚书温益除尚书右丞，由侍郎赵挺之递补其缺。《宋宰辅编年录》卷十一：'建中元年十一月，温益尚书右丞，自试吏部尚书兼侍郎中大夫除。'挺之官吏部尚书自在此时，所以补温益之缺。"

俗云厌青羊等杀神也。新人下车檐，踏青布条或毡席，不得踏地，一人捧镜倒行，引新人跨鞍蓦草及秤上过，入门，于一室内当中悬帐，谓之"坐虚帐"。或只径入房中，坐于床上，亦谓之"坐富贵"。其送女客，急三盏而退，谓之"走送"。众客就筵三杯之后，婿具公裳，花胜簇面，于中堂升一榻，上置椅子，谓之"高坐"，先媒氏请，次姨氏或妗氏请，各斟一杯饮之。次丈母请，方下坐。新人门额，用彩一段，碎裂其下，横抹挂之，婿入房，即众争扯小片而去，谓之"利市缴门红"。婿于床前请新妇出，二家各出彩段，绾一同心，谓之"牵巾"。男挂于笏，女搭于手，男倒行出，面皆相向，至家庙前参拜毕，女复倒行，扶入房讲拜，男女各争先后对拜毕，就床，女向左，男向右坐，妇女以金钱彩果散掷，谓之"撒帐"。男左女右，留少头发，二家出匹段、钗子、木梳、头须之类，谓之"合髻"。然后用两盏以彩结连之，互饮一盏，谓之"交杯酒"。饮讫掷盏，并花冠子于床下，盏一仰一合，俗云"大吉"，则众喜贺。然后掩帐讫。官院中即亲随人抱女婿去，已下人家即行出房，参谢诸亲，复就饮酒。散后。次日五更，用一桌盛镜台镜子于其上，望堂展拜，谓之"新妇拜堂"。次拜尊长亲戚，各有彩段巧作鞋袜等为献，谓之"赏贺"。尊长则复换一匹回之，谓之"答贺"。①

按照性喜建章立制的前朝宰执司马光给出的婚庆设计和《政和五礼新仪》的新规定，尽管新郎目前还是一个在读的太学内舍生，他也应该穿着九品朝服来完成这场婚礼。②

① 《东京梦华录注》，卷五《娶妇》，宋孟元老撰，邓之诚注，中华书局 1982 年版。
② 司马光在《书礼》卷二《冠仪》中对新郎服饰有这样的设计："有官者具公服鞋笏，无官者具幞头靴襕或衫带，各取其平日所服最盛者。"《政和五礼新仪》又制定了这样的新要求："三舍生及品官子孙假九品，余并皂衫衣折上巾。"

等待婚期的日子里，汴京的桂花开了，木樨香动一城香，这个未来的新娘面对这芬芳而沉静的花儿，应该会把自己代入进去，为自己拥有的青春韶华，也为资质出众的意中人感到骄傲吧。屈原的《离骚》写了那么多香草美人，可以说是一本群芳谱了，怎么就独独遗漏了这"花中第一流"的桂花呢！

暗淡轻黄体性柔，情疏迹远只香留。何须浅碧深红色，自是花中第一流。

梅定妒，菊应羞，画阑开处冠中秋。骚人可煞无情思，何事当年不见收。

（《鹧鸪天·暗淡轻黄体性柔》）

她应该是满意于这桩婚姻的，在红尘俗世里与这个老成持重的男子做一份人家。世间有才的女子不知凡几，嫁得好的能有几人？即以稍长于她的海宁才女朱淑真而论，论诗才不在她之下，却早岁不幸，父母失审，所嫁非人，到了只能在自吟自咏中了却余生，填得一手好词还被叫作"断肠词"。她应该会庆幸，自己比世上大多女子要幸运得多。且让群芳去"妒"去"羞"吧，她已经按捺不住走入新生活的迫切心情了。

五、相国寺

金石搜集，大抵是要终日与古物碎片打交道，皓首穷经，难免枯燥。婚后妻子的加入，使得这一漫长过程成了一项充满乐趣的活动。

目下，赵明诚还是在籍太学生，虽则成了家，夫妻两人尚无独立的经济来源，只能靠夫家长辈给的月例过活。赵挺之虽居高位，却不贪财，自然也没有过多的闲钱供子女花销。每逢初一、十五日，赵明诚从太学告假回来，夫妻俩就跑去当铺，典质衣物，得到五百文钱，就一起去逛相国寺的集市，购置金石书画。《〈金石录〉后序》回忆夫妻俩典当衣物的这一节文字，至今读来仍觉感人，贫贱中仍有着人伦的温暖：

> 赵、李族寒，素贫俭。每朔望谒告，出，质衣，取半千钱，步入相国寺，市碑文果实。归，相对展玩咀嚼，自谓葛天氏之民也。
>
> （《〈金石录〉后序》）

相国寺在开封城内，本战国时魏公子无忌故宅，北齐时，改为建国寺，后年久荒废，唐初复建，改为相国寺。据孟元老的《东京梦华录》卷三记载，"相国寺每月五次开放，万姓交易。庭中设彩幕、露屋、义铺，卖蒲合、簟席……时果之类。殿后资圣门前，皆书籍、玩好、图画……之类"。用今天的眼光看起来，类似一个露天大型商贸广场。

李清照说，他们在里面买到了中意的、经济上承受得起的金石碑文，还买了"果实"——也许是水果，也许是果脯类的吃食——回到家，"相对展玩咀嚼"。展玩的是"碑文"，当然，这些带着时光印记的上古文字也是值得再三"咀嚼"的，因为它们还是令人陶醉的精神食粮。她说，口腹和精神的双重愉悦，让他们像上古时代的部落酋长"葛天氏"治下的小老百姓一样快乐——"自谓葛天氏之民也"。这些从荒草和泥土掩埋下重见天日的金石碑刻，这些穿越了无数时间的上古文字，足可以让他们忘忧。

新婚的快乐无边无际，和喜欢的人在一起，每一寸时光都是令人迷醉的。她跟着他参加同城太学生们的聚会，坐着车游遍东城南陌，还有就是去宫内禁苑看牡丹。牡丹，那可是她父亲在传诵天下的《洛阳名园记》里写到过的富贵花啊！明光宫苑，御花园边，红色栏杆上的帷幕低低地垂着，亭台池馆整日里被暖烘烘的阳光熏抚着，她看着硕大的花朵像一个个晓妆初成的美人逗引着司管春天的神君，叹息日脚是那么短。"绮筵散日，谁人可继芳尘？"不管了，都不管了！对着花儿飞觥举觞，快些把金杯内的美酒喝下吧，别管它金乌已西坠，黄昏将袭来，筵上还有未燃尽的残蜡！

> 禁幄低张，彤阑巧护，就中独占残春。容华淡伫，绰约俱见天真。待得群花过后，一番风露晓妆新。妖娆艳态，妒风笑月，长殢东君。
>
> 东城边，南陌上，正日烘池馆，竞走香轮。绮筵散日，谁人可继芳尘？更好明光宫殿，几枝先近日边匀。金尊倒，拚了尽烛，不管黄昏。
>
> （《庆清朝·禁幄低张》①）

新婚女子天生的一段风韵，也只有在做了她夫君的那个男子前展露。说是"卖花担上，买得一枝春欲放"，倒不是某年某月某日，真的去巷尾的卖花人那里买了一枝花，插在头上，痴痴地问他，到底是花好看还是奴家的面容好看。花是美的，也是弱的，不知何时就开败了，只是要让他记取，眼前人一定要珍惜。

> 卖花担上，买得一枝春欲放。泪染轻匀，犹带彤霞晓露痕。
>
> 怕郎猜道，奴面不如花面好。云鬓斜簪，徒要教郎比并看。
>
> （《减字木兰花·卖花担上》）

也只有初尝肉体的欢愉后，一个常作羞容的女子才会变得这样的大胆而无顾忌吧。天已大亮，看着身边那个尚在睡梦中的男子，凌乱的被褥、乱丢的衣物，甚至窗外雨后的花和叶，都是他们昨夜激情的证明：

---

① 此词各本无题，也有一说是咏芍药。邵雍诗："一声啼鴂画楼东，魏紫姚黄扫地空。多谢化工怜寂寞，尚留芍药殿春风。""就中独占残春"，芍药花期为5、6月间，即为暮春。

昨夜雨疏风骤，浓睡不消残酒。试问卷帘人，却道海棠依旧。知否，知否？应是绿肥红瘦。

（《如梦令·昨夜雨疏风骤》）

素约小腰身，有一天会变粗。再美的容颜，也禁不起时光的推排销蚀。一朔一望之间，总是聚少散多，所以她才会在月明之夜，这般痴痴地张望夫君归家的马车。

素约小腰身，不奈伤春。疏梅影下晚妆新。袅袅娉娉何样似，一缕轻云。

歌巧动朱唇，字字娇嗔。桃花深径一通津。怅望瑶台清夜月，还照归轮。

（《浪淘沙·素约小腰身》①）

六、残碑

按照李清照在《〈金石录〉后序》里所说，赵明诚是执意要把金石事业作为此生职志了。婚后两年，赵明诚出仕（未详何职），有了一份俸禄，吃穿用度不用愁了，他便立下了即便节衣缩食也要游遍"遐方绝域"，把天下的古文奇字全部搜罗荟集的宏愿。

对此，她自然是全力支持的，于是，夫妻共有的藏品"日就月将，渐益堆积"。加之赵明诚父亲在政府中枢工作，亲戚故旧中也有人在秘书省的，常常就近可以看到《诗经》以外的佚诗、正史以外的逸史，以及从鲁国孔子旧壁中、汲郡魏安釐王墓中发掘出来的古文经传和竹简文字，于是夫妻俩尽力抄写，渐感趣味无穷。偶尔看到出土的残碑，古今

---

① 此词为存疑之作，作者有李清照、赵子发两说。

名人的书画，夏、商、周三代的奇器，即便囊中羞涩，也要典当衣物把它买下。古物世界的诱惑力如此巨大，他们已经欲罢不能了。

得之于武梁祠的《汉从事武梁碑》，应该是他们婚后最初的成绩。这些大量记录东汉人文信息的画像石，前辈欧阳修也曾予以关注。赵明诚《汉从事武梁碑》跋云："余崇宁初，尝得此碑，爱其完好，后十余年，再得此本，则缺其最后四字矣。"[1]

崇宁年间（当在1102—1105年间），有人拿着一幅南唐名画家徐熙的《牡丹图》来找他们，几经讨价还价，最后出价二十万钱才肯卖。这个徐熙，乃当时江南最有名的花鸟画大师，擅画草木虫鱼，"妙夺造化"[2]，南唐李后主都是把他的画挂在宫里的，人称"铺殿花"。北宋画家刘道醇的《圣朝名画评》曾讲过一个故事："太宗因阅图画，见熙画安榴树一本，带百余实，嗟异久之，曰，花果之妙，吾独知有熙矣，其余不足观也。"遂令画院的画师们临摹学习。又，沈括在《梦溪笔谈》里评价说，"（熙）尤长于画花竹……以墨笔画之，殊草草，略施丹粉而已，神气迥出，别有生动之意"[3]。

书画客带来的这幅《牡丹图》，画法更与他者不同，先用墨画枝叶，然后设色，淡雅而有骨力，正是日后流行的花鸟画"没骨法"的前声。李清照和赵明诚见辄心喜，很想把它买下来。可是即便是贵家子弟，要短时间内筹钱二十万，也自不易，何况他们这一对"月光族"。他们把这幅徐熙的《牡丹图》留看了两夜，最终还是想不出法子筹到钱，不得不还给卖主，为此还惋惜怅惘了好些日子。

　　　夫妇相向惋怅者数日。

　　　　　　　　　　　　　　　　　（《〈金石录〉后序》）

①　《金石录》卷一四。
②　《御制宣和画谱》卷十七。
③　沈括：《梦溪笔谈》卷十七《书画》。

《汉任伯嗣碑阴》，应该是得于大观元年（1107），他们阖家迁往青州前。《金石录》卷十五载："右汉任伯嗣碑阴，大观初获此碑，置于泛水辇运司廨舍壁间，余闻其阴有字，因托人讽邑官，破壁出之，遂得此本。盖汉碑有阴者十七八，世多弃而不录尔。"

从事于金石书画，他们与当世书画名家的交往也多了起来，除了早先到访丞相府的书学博士米芾，还有善画墨竹的画家文同。赵明诚记下了他与米芾共同考证一块没有书丹者姓名隋碑的经过，经对比判定，确定是欧阳询所书："右《隋周罗睺墓志》，无书人姓名，而欧阳率更在大业中所书《姚辩墓志》《元长寿墓志》与此碑字体正同，盖率更书也。往时书学博士米芾善书，尤精于鉴裁，亦以余言为然。"[1]漫长的收藏生涯中，类似的相与考证、评析，应该会有很多。

七、浸月

和赵挺之一样，赵家的几个儿子也都是变法派推出的科举和教育改革的受益者。赵挺之在熙宁三年的进士考试中凭着策论上的优势一举中式，叩开了仕途之门；赵明诚太学内舍生资格的取得，同样也是王安石熙宁新政的遗泽所致。

宋初选官，主要渠道是科举，科考历来以诗赋文学为大宗，但随着一个功利主义年代的到来，有人提出诗赋文学是屠龙之术，以之取士，不利于人才的选拔。王安石在启动改革之初，就曾向神宗建议通过学校选士。[2]熙宁四年（1071）九月，改革派对国家最高学府太学进行改制，增加新的实务类课程，希冀最终以之代替科举。

---

① 赵明诚：《金石录》卷二十三《隋周罗睺墓志》。
② "古之学士俱本于学，请兴建学校以复古。"《宋史·选举一》。

朝廷不久后制定"三舍法",将太学生分为三个等级,最高一等的上舍生、次一等的内舍生和末等的外舍生。至元丰二年(1079)又颁布《学令》:太学设置八十斋,每斋设屋五间,每斋住三十人,在校太学生共二千四百名,其中外舍生二千人,内舍生三百人,上舍生一百人。太学每月有"私试",检查生员学业,年有"公试",外舍生中第一、第二等者升补为内舍生,隔年又有"舍试",内舍生中得优、平二等的升补为上舍生。上舍生再分三等,中、上二等生不用参加礼部考试,可直接选拔为官员。是以,从神宗朝后期起,"三舍法"已与"科举法"并行天下,同为选官之途。

三舍生名额有限,且局限于京师,无法培养足够多的进士,到徽宗朝,又推出一个"三舍法"之外的捷径,即"八行法",规定凡具备八种基本品行的各地模范学生,经推荐可参加快速的职前培训,从地方送入州学,州学满一年后,跳过若干级别的考试,直接进入太学上舍,再确认他们立场正确后,直接授予进士并获得官阶。同时,对有道德错误或思想堕落的学生也有处置,把他们移入"自讼斋"自省检讨,若是犯了"八刑"的学生,则会被逐出太学。

太学不是宋朝青年士子的游乐场,进了太学并不是一劳永逸了。除了常规学业课程,太学生们还要学习策论和经义,以应付花样繁多的私试、公试和舍试。激烈的竞争使得太学生们不敢懈怠,因为上升空间有限,大家都要挤着过独木桥。按照最新公布的太学规则,外舍生中只有一至二成的人可以升为内舍生,内舍生中只有三分之一可以升为上舍生,上舍生中上等者每年不超过二人,免礼部试者每年只有五个名额。繁重的学业下,赵明诚虽然家在京师,但平常也都是住在学校斋舍,每月逢初一(朔)和十五(望)方能回家。虽说短暂别离可以促使年轻夫妇感情升温,但同处一城却不得相见,那滋味总是苦涩的,尤其是春天到来时,更易催人愁思,而愁思未免让人心猿意马。

暖雨晴风初破冻，柳眼梅腮，已觉春心动。酒意诗情谁与共？泪融残粉花钿重。

乍试夹衫金缕缝，山枕斜欹，枕损钗头凤。独抱浓愁无好梦，夜阑犹剪灯花弄。

（《蝶恋花·暖雨晴风初破冻》）

帝里春晚，重门深院。草绿阶前，暮天雁断。楼上远信谁传？恨绵绵。

多情自是多沾惹，难拼舍，又是寒食也。秋千巷陌，人静皎月初斜，浸梨花。

（《怨王孙·帝里春晚》）

春天来了，湖面的冰层也融化了，整个天地都变得柔软了，"春心"原来就是这么一种说来就来的东西，爱的人不在身边，连头上所戴的些许首饰也是沉重的。心思太重的人准无好梦。夜深了，秋千睡了，巷陌睡了，鸟睡了，人睡了，月色花光流转处，却还有一树浸月梨花醒着，月光穿透花瓣，如同失血冰肌。

她被自己想象出来的这幅画面摄住了心神。她盼望的爱怜，他是不是可以给？她想要的温暖，他是不是可以给？思念在夜的街巷流淌，多想一下，就多一下的心痛。

红酥肯放琼苞碎，探著南枝开遍未？不知酝藉几多香，但见包藏无限意。

道人憔悴春窗底，闷损阑干愁不倚。要来小酌便来休，未必明朝风不起。

（《玉楼春·红酥肯放琼苞碎》）

她又想到梅了，这洁净的、早慧的花朵，雪地里半开着的一张脸。

它现在鼓着苞儿，还未全开呢！① 良人，你想要来饮酒赏梅的话便来罢，等到明天说不定要起风了呢！等到花都落了你再来，算几个意思啊。——"要来小酌便来休，未必明朝风不起。"

然后到了夏天。白日里，太阳像一个巨大的火炉炙烤着大地；黄昏，终于有一场雨带来了晚凉。她都在闺房里闷了一整天了，不不，整半个月了。今天是"朔"还是"望"？反正他都要回家来啦，赶紧趁等待的时间对着菱花镜子化个淡妆，给嘴唇上点颜色，穿上他喜欢的薄丝缕。可别忘了一进门就要告诉他，今夜凉，可同入梦。

> 晚来一阵风兼雨，洗尽炎光。理罢笙簧，却对菱花淡淡妆。
>
> 绛绡缕薄冰肌莹，雪腻酥香。笑语檀郎：今夜纱厨枕簟凉。
>
> （《丑奴儿·晚来一阵风兼雨》）

还要告诉他，我侬两个，就像并蒂而生的双银杏，或者是，池中依偎的并蒂莲，酒醉后的唐明皇与杨太真。

> 风韵雍容未甚都，尊前甘橘可为奴。谁怜流落江湖上，玉骨冰肌未肯枯。
>
> 谁教并蒂连枝摘，醉后明皇倚太真。居士擘开真有意，要吟风味两家新。
>
> （《瑞鹧鸪·双银杏》）

婚后独居小院，她太闲了。每个月里除了丈夫的两个短假，她都是一个人。一个人散步，一个人发呆，一个人喝酒，一个人睡。一个人的

---

① "探著南枝开遍未"，即婉转说出梅花未尽开放。初唐李峤《梅》："大庾敛寒光，南枝独早芳。"张方注："大庾岭上梅，南枝落，北枝开。"

孤独，和无人过问的一棵草有什么不同。漫无际涯的时间，就像满手的牌总也走不掉。这情形，就像她日后到了青州《念奴娇》词里所写，"萧条庭院，险韵诗成，扶头清醒，别是闲滋味"。拈得一字，险韵作诗，让它们从艰僻的高处平安妥帖地落下，也只能作这样消遣了。写作就是起于无聊，起于要把时间的空隙一一去填充。这样的日子日复一日，待得草木零落，秋天的愁结怕会更深更重吧。西风卷动重帘，人比黄花更瘦。

> 红藕香残玉簟秋。轻解罗裳，独上兰舟。云中谁寄锦书来？雁字回时，月满西楼。
>
> 花自飘零水自流。一种相思，两处闲愁。此情无计可消除，才下眉头，却上心头。
>
> （《一剪梅·红藕香残玉簟秋》）

> 薄雾浓云愁永昼，瑞脑销金兽。佳节又重阳，玉枕纱厨，半夜凉初透。
>
> 东篱把酒黄昏后，有暗香盈袖。莫道不销魂，帘卷西风，人比黄花瘦。
>
> （《醉花阴·薄雾浓云愁永昼》）

因为写作目前在她看来还只是遣兴的小技，她从来不会在词作的后面郑重地写上写作日期，所以后世对她诗词作品的系年成了一大难题。很多时候，由于系年的错误，使得对作品的解读言人人殊。对于这首《一剪梅》，元人伊世珍记其本事为："易安结缡未久，明诚即负笈远游。易安殊不忍别，觅锦帕书《一剪梅》词以送之。"[1]

太学就在汴京，又何须"远游"？况且赵明诚此时也还没有出去做

---

① 〔元〕伊世珍：《琅嬛记》卷中引《外传》。

官，他"出仕宦"，是婚后两年的事，且也没有外放。所以这一幕锦帕相送只是出于伊世珍的臆测。只是夫妻小别，虽出于至情，却也不至于严重到"无计可消除"，想来此时的新妇，除了思念，也是别有心事。

至于《醉花阴》一词，伊世珍又别有故事："易安以《重阳·醉花阴》词函致明诚。明诚叹赏，自愧弗逮，务欲胜之。一切谢客，忘食忘寝者三日夜，得五十阕，杂易安作，以示友人陆德夫。德夫玩之再三，曰：'只三句绝佳。'明诚诘之。曰：'莫道不销魂，帘卷西风，人比黄花瘦。'正易安作也。"

这夫妻斗句的一幕，或许又出于小说家伊世珍的想象，却是后世读者乐于听闻的故事。

八、救父

日子也不全是这样地逸乐而美好，汴京城里阴晴不定的政治气候早就给他们的婚后生活蒙上了一丝阴翳。

本朝过去的几十年里，围绕着权力争夺的变法派与反变法派，或者说新党与旧党的较量从来就没有消停过，也真应了一句：不是东风压倒西风，便是西风压倒东风。而每一次政治风向的陡转，都会带来朝中人事的大幅变动和得势一方变本加厉的报复。而且总体看来，新党中的躁进之徒打击起异己来手段更狠，更不计后果。戾气从朝堂之争生起，渐渐向着整个社会蔓延。

一一〇〇年正月，当二十四岁的哲宗皇帝去世，神宗众多子嗣中的第十一子、端王赵佶即位成为徽宗，朝政的大车似乎又开始向着正常的轨道回归。一开始，新皇与把他扶持上位的钦圣太后（神宗的遗孀）共同柄国，这期间，他把作风凌厉的变法派领袖章惇驱逐出了宰辅的行列，代之以相对温和的曾布。他还释放出了与党争时代告别的信号，把即将到来的一一〇一年的年号改为建中靖国，意为超越党派纷争走中间道路，以稳定国家。①

这无疑表明，新皇是赞成党派和解的，他希望变法派大臣与反变法派大臣能够达成共识，"以大公至正，消释朋党"，握手言和，使国家这辆大车沿着中间道路的车辙稳步前行。为了平衡朝中各方势力，新皇特意召见了元祐派老臣范纯仁，表示要任命他为观文殿大学士，以备顾问，范纯仁虽因身体老病没有正式就职，但徽宗的一句"得一识面足矣"，还是成功地安抚了相当大一部分元祐旧臣的人心。

然而三十年的积怨之下，两党之仇日增月积，又岂是一纸诏书便能轻松调和的。长时间的对抗使得人心变得暴戾了。之前，每一次的朝局变化，扳回比分的一方总会把反对派的领袖流放到荒僻的岭南，这种带有污辱性质的互害，使得仇恨呈现几何级数的累积，它暂时还隐含不发，是因为皇帝的态度还不明朗，大家都在观望。

一一〇一年一月，皇帝终于撕下了遮羞布，翻出了他以前一直小心翼翼遮掩着的底牌。共同摄政的钦圣太后一去世，徽宗马上着手重组自己的权力班底，把倡导中间路线的大臣们来了一番大换血。该年年中，徽宗正式表达了继承神宗和哲宗变法事业的愿望，停止寻求政治上的和解，一个重要的标志是他把刚改的年号"建中靖国"又改回了"崇宁"。众所周知，神宗朝的熙宁时期是王安石刚刚开始实行新法的年代，改元实际上意味着对改革路线的回归，也表示皇帝终于走出笼罩了他一年的钦圣皇后的阴影了。②

实际执政的右相曾布（排名在左相韩忠彦之下）以中道和解的姿态调和新旧两党，却落了个两面不讨好，接替他登上宰相之位的，是之前被逐出中央政枢的蔡京，一个来自福建兴化军仙游县的野心家。

在各种官方和野史的叙述中，蔡京一直被看作是个寡廉鲜耻之徒，

---

① "改元建中靖国，盖上意欲建中道而无间于熙丰、元祐也。"《宋宰辅编年录》卷一三。

② 据《宋史》中钦圣皇后的传记所言，她摄政时执行了跟宣仁太后类似的政策，是新法的反对者，摄政之初就给一些反变法派的官员平反。《宋史》卷二四三。

一个赤裸裸的政治两面人，可能他的真实面目更加复杂。一〇七〇年的一场进士考试中，二十三岁的蔡京以迎合变法派中式，再加一层姻亲关系，其弟蔡卞是王安石之婿，是以，进入政坛之初他身上有着浓重的变法派色彩。但元祐时废止新法，他又机灵地站到了司马光一方。到后来哲宗亲政，任用章惇重启变法，他的态度又来了个一百八十度大转弯，举双手赞成复行新法。在时人眼里，这个跳来跳去的家伙，这个变色龙一般的政客为了得到权力可以一次次地放弃原则，或者说，这个人根本就没有原则和操守。但就是这样一个品行极差的官员，哲宗时已经做到了翰林学士，"卑鄙是卑鄙者的通行证"，这话真是一点不错。

到徽宗继位之初，奉向太后旨意调和新旧两党，旧派势力重新抬头，蔡京又被赶出中央，出任地方了。《宋史》的编纂者声称，蔡京在一一〇一年末被皇帝任命为宰辅，是因为他瞅准了曾布与韩忠彦相权之争的空当，曾、韩都想把他拉到己方阵营削弱对方，狡猾的蔡京则把两边都愚弄了。但一个更为关键的原因是，蔡京被削去官职、贬居杭州时，结识了皇家派来搜寻字画古玩的大宦官童贯。

童贯一介阉人，虽对古玩字画略知一二，却不精通，他来江南替徽宗寻宝，身边正需要一位精于此道之人以备顾问。蔡京写得一手好字，论书艺不在当世大家苏、黄、米之下，且长于鉴赏，这就有了去接近他的资本。蛰居杭州只靠一点俸禄勉强度日的蔡京敏锐地捕捉到了这一机会，他把鉴定古玩字画的技术向童贯倾囊相授，一些重要的金石字画还亲自掌眼，替童贯把关。蔡京把自己对皇帝的问候和论奏附在童贯寄往京城的艺术品中，终于获得了热爱艺术的皇帝无条件的信任。日后掌控北宋王朝二十年命脉的蔡、童联盟，就此结成。

蔡京未发迹前，与屯田员外郎孙鼛关系较好，孙鼛常说："蔡子，贵人也，然才不胜德，恐贻天下忧。"① 蔡京回到京师，问孙鼛："我若用于天子，愿助我？"孙答："公诚能谨守祖宗之法，以正论辅人主，示

---

① 《宋史·孙鼛传》。

节俭以先百吏，而绝口不言兵，天下幸甚，哪还用得着我做什么事？"蔡京听了默然，不久就把此人打发去提点江东刑狱。

日后的事实证明，徽宗选中的这个首席大臣是一个出色的政治操盘手，他一方面结交宫内宦官以为援助，获得政治情报，大力培植自己的党徒，另一手更狠，打击异己一点不留后劲，他掌握权力后就以一场大规模、无差别的迫害运动终结了蔓延三十年的党争。他是元祐派旧臣的大灾难，也是新党的灾星。南宋朝的思想家朱熹后来评述本朝政治，批评近代宰相只知用"牢笼之术"，"阿谀顺指以为固位之术，牢笼媢嫉以为植党之计"，说的就是蔡京。①

崇宁元年（1102）起，蔡京通过复苏一系列新法政策把国家财政体系转型成为一个薅羊毛、割韭菜、掠夺民间财富的机器，同时，他开始着手把反对派清除出政府。这年五月，蔡京在一次面圣时建议徽宗对前一代的反变法派进行调查，控告他们对国家犯下的罪行。七月，蔡京由尚书左丞进为尚书右仆射兼中书侍郎后，焚元祐法，籍记元祐党人姓名，令不得在京差遣者，共十七人，李清照的父亲、提点京东刑狱李格非名列第五。②

到这年九月，第二份政治黑名单炮制出笼，列名党籍者一百一十七人，几乎包括了宣仁太后摄政期间所有反变法派大臣和当世知名学者。他们中有宰辅级别的文彦博、司马光、吕公著、吕大防、刘挚、梁焘、王岩叟、范纯仁、王珪等，也有待制以上级别的官员如苏轼、范祖禹、邹浩等，再有余官秦观等数十人。李格非在余官第二等之列。

这些人的名字被徽宗的瘦金体御笔书写后，刻在皇宫端礼门外的一块石碑上，并逐级传达至全国范围内各州府。已经去世的司马光、吕公著、吕大防、刘挚等被诏夺一切品级和荣誉头衔。党禁官员的书籍被查

---

① 朱熹：《与周丞相札子》。
② 《宋史》卷四百四十四《李格非传》："提点京东刑狱，以党籍罢。"

抄并毁版。① 随后颁布的一系列诏书还永久禁止黑名单上官员的子嗣及亲族为官，不许宗室与党人子妇婚配，② 甚至不许这些罪臣的家人在汴京居住。

到崇宁三年（1104）公布的第三版黑名单，被列为"奸邪"的官员增加到了三百零九位，除了崇宁元年榜示过的元祐大臣，蔡京又加入了一些他不喜欢的人，诸如把新党前领袖章惇、曾布都加了进去，再次经御笔题写后，刻石文德殿门东壁。此时的蔡京已经变得疯狂，他要把所有对自己权力构成挑战的政敌统统搞掉，不管对方来自新旧哪个阵营。十一世纪末新旧党派轮流坐庄的时代结束了，取而代之的是蔡京坐镇的一架超庞大的、超稳定的官僚机器。

司马光的官方传记说，朝廷要求全国上下第二次刻党人碑时，有一个故事，一个叫安民的长安石工不愿接这个脏活，推辞不成，他又要求官府，"免镌安民二字于石末"，理由是"恐得罪于后世"。连一个普通的石工都无法接受把司马光这样的正直之士也列入奸人榜。"京撰《奸党碑》，令郡国皆刻石。长安石工安民当镌字，辞曰：'民愚人，固不知立碑之意。但如司马相公者，海内称其正直，今谓之奸邪，民不忍刻也。'府官怒，欲加罪，泣曰：'被役不敢辞，乞免镌安民二字于石末，恐得罪于后世。'闻者愧之。"③ 可见官民意见截然对立，社会的共识已被撕裂。

案发之初，李格非的提点京东刑狱早已被免，按照朝廷公布的对列名党籍官员的惩处办法，他还要被流放到岭南的边鄙之地去。崇宁三年钦定第三版黑名单出笼后，他果真被发配去了象郡，即今广西柳州附近（或安南一带）。《宋诗补遗》记录下了他初到象郡时的几首诗，

① 崇宁二年四月，"诏苏洵、苏轼、苏辙、黄庭坚、张耒、晁补之、秦观、马涓文集，范祖禹《唐鉴》，范镇《东斋记事》，刘攽诗话，僧文莹《湘山野录》等，印板悉行焚毁。"《续资治通鉴》卷八十八。

② "宗室不得与元祐奸党子孙及有服亲为婚姻，内已定未过礼者并改正。"《续资治通鉴》卷八十八。

③ 《宋史·司马光传》。

从中可见远离中土的象郡的风物气候，与北土风光大是不同。跟所有谪臣一样，李格非无时无刻不想回老家去，诗里也尽是“老去倦形役”“休以南荒谪”这般的悲声。他有一首七绝，写思乡之殷，说他远谪岭南，饱尝人间之苦，对人情世事，已如退院之僧一样，可悯可悲了。“八尺方床织白藤，含风漪里睡瞢腾。若无万里还家梦，便是三湘退院僧。”

赵李两家，至此已荣衰殊途。与远谪岭南的李格非相反，此时的赵挺之正迎来人生的开挂时刻。在这场大规模的废止旧法、迫害反对派的浪潮中，赵挺之与蔡京结成了同盟，这或许是因为同年之谊（他跟蔡京是一〇七〇年同榜进士），蔡看中了他的干练之才，当然更关键的是两人都是权力的饕餮之徒，因此才臭味相投。赵挺之成了蔡京政府一系列政策的积极迎合者和支持者，也是他的亲密战友，他参与了对元祐党人的一轮轮迫害，蔡京对他的回报，则是在新政府中积极荐引，让他更上一个台阶。于是在崇宁元年（1101）正月，蔡、赵分任尚书左丞、右丞二职，再到这年七月，蔡京迁为尚书右仆射兼中书侍郎，赵挺之几乎同步晋升为尚书左丞。[①] 此时的蔡、赵，已俨然成为新一轮执掌朝纲的核心人物。

对蔡京的反对之声一直没有消歇，但徽宗决意用蔡京，所有反对的意见都听不进去。蔡京取代曾布出任尚书右仆射不久，曾有一次召对，“赐坐延和殿，命之曰：‘神宗创法立制，先帝继之，两遭变更，国是未定。朕欲绍述父兄之志，卿何以教之？’京顿首谢：‘愿尽死。’”[②] 徽宗需要的是臣下的绝对忠诚，并不希望他们有多聪明，或在国家事务中能发挥出多大作用，蔡京以一句“愿尽死”彻底打消了皇帝的疑虑，轻松过关。这次召对后不久，蔡京就被升为尚书左仆射。

聪明如赵挺之这样的人早就看出来了，这场政治迫害迟早会波及李

---

① “八月己卯，挺之进尚书左丞”。《宋宰辅编年录》，卷一一。

② 《宋史·蔡京传》。

格非。但李清照开始时还心存幻想。作为赵家过门才几年的媳妇，她希望权焰熏天的公爹关键时刻能够施以援手，最起码不要让父亲的名字出现在那张黑名单上。退而求其次，即便夺了官，也不要把年迈的老父流放到岭南的烟瘴之地去。恪于晚辈之礼，她当然不能直接找公爹，于是写了一首诗，让丈夫或家人呈递上去，为父婉转求情。她希望自己的乞求能换来公爹对她父亲网开一面。

这首诗今已不存，留下的一个残句，亦可见言辞哀恳：

何况人间父子情？

不知道赵挺之读到这首求救诗会怎么想。以赵挺之的行事方式，他或许不会对亲家翁落井下石，但要他冒着得罪权臣的风险去捞人，估计也没有这么大的担当。为了家族的利益，他只能继续阿谀蔡京。我们的女词人无奈之际只能接受这样一个事实：她的这个公爹，虽贵为尚书左丞，却像杜甫《丽人行》里暗讽过的权臣杨国忠一样，"炙手可热势绝伦，慎莫近前丞相嗔"，又岂是个能担当的主！

她后来又写过一首诗暗讽此事，也只留下一个残句：

炙手可热心可寒。

不只心寒，简直是心塞。对她的哀求无动于衷的赵挺之，给她的就这么一个印象：其权势熠熠逼人，却又不顾人伦，令人望之生畏。

崇宁年间李清照上诗救父事，南宋张琰的《洛阳名园记序》和晁公武的《郡斋读书记》都有记录。《洛阳名园记序》写于绍兴八年（1138），说知道这件事的人都替李清照不值，"识者哀之"。晁公武的《郡斋读书记》初稿完成于绍兴二十一年（1151），晁公武是晁补之的堂侄，他是在四川知荣州任上撰成此书，很可能是从堂叔那里听说李清照上诗救父事。^①但他有一点搞错了，当时李清照正流寓江南，带病延年，他却以为她不在世上了。

九、惊落

党禁的风声越来越紧，不时会传来消息，赵明诚在太学的某个同学或他们的哪个朋友又被流放了。按照朝廷颁布的一次比一次严厉的政策，元祐党人子弟不仅不能在京师任职，不得擅到宫阙，甚至连在京师附近居住都是违法的。^②

李清照既已为赵家之媳，倒不必担忧被逐出京去，但每念及发配广西象郡的父亲，读着万里之外寄来的惨戚的诗句^③，再想到少女时代的"有竹堂"，此时已是人去屋空，蛛网空结，心头的忧伤层层郁积，怎一句"愁浓"了得。

夏去秋来，物候又变，那梢头的梧桐叶，在凉风里萧瑟，也像是给蛩鸣之声惊落的。云阶月地的星空，那层层隔阻着的，也是一根根看不见的锁链。都说朝廷的政令要变，这忽风忽雨的，来日的天气谁说得准呢！——"甚霎儿晴，霎儿雨，霎儿风"。

　　　草际鸣蛩，惊落梧桐。正人间、天上愁浓。云阶月地，关

---

① 张琰：《洛阳名园记序》："文叔在元祐官太学，建中靖国用邪党，窜为党人。女适赵相挺之子，亦能诗，上赵相救其父云：'何况人间父子情？'识者哀之。"晁公武《昭德先生郡斋读书志》卷四下：《李易安集》十二卷。右皇朝李氏，格非之女，先嫁赵明诚，有才藻名；其舅正夫相徽宗朝。李氏尝献诗云：'炙手可热心可寒。'"

② 崇宁元年八月，朝廷下诏："（元祐党人）子弟并毋得官京师。"崇宁二年三月，"党人亲子弟毋得擅到阙下"；同年七月，"责降人子弟，毋得仕在京及府界差遣"。崇宁三年四月，尚书省检查，要求："党人子弟不问有官无官，并令在外居住，不得擅到阙下。"《续资治通鉴》卷八十八。

③ 李格非《初至象郡》诗，有"儿呼翁可归，恐我意惨戚。从来坚道念，老去倦形役"之句，刘克庄《后村诗话》卷七。

锁千重。纵浮槎来，浮槎去，不相逢。

　　桥鹊驾，经年才见。想离情、别恨难穷。牵牛织女，莫是离中。甚霎儿晴，霎儿雨，霎儿风。

（《行香子·草际鸣蛩》）

好在不久后，赵明诚从太学里毕业了，在京师里谋得一个小官做，夫妻俩再也不会有一月两别的分离。有了丈夫的一份月俸，虽然微薄，她也终于可以不去仰仗赵家人。经济稍得自由了些，他们终于可以沉湎于金石刻录和古玩字画了。世界归根结底是大人物的，众生苟活于世，只得营造一个别有寄托的"小世界"。何况他们发现，金石事业联结着的是国家的典章制度、文明的起源，"小世界"并不小。

赵明诚究竟是通过"三舍法"的遴选制度入仕，还是依靠门荫入仕，史无确载。赵明诚出仕一年后，崇宁三年（1104）正月，赵家长子赵存诚出任馆职校书郎，《宋宰辅编年录》明言是赵挺之起了作用，[①] 所以我们大致推测，赵明诚也是受父亲荫庇得以在京城为官的。本朝自太祖开国以来，官宦子弟进入仕途大多通过门荫制度，仁宗朝时，为示对宰辅的优宠，诏令凡任枢密使、副使、参知政事一级的官员，其子可出任太祝、奉礼郎一类的太常寺属官，品级为从八品，且俸禄从优，时人且有"轻裘食肉"之称。崇宁二年（1103）赵明诚初仕，出任的大概就是奉礼郎之类的小京官。

当然，这份俸禄要是被用到收藏上去，他们的生活马上就会局促起来，所以出现了我们前面说到的夫妻俩面对名画《牡丹图》空自嗟叹的窘境。为了帮助丈夫完成收尽天下古文奇字的职志，她只有尽可能地节省开支。首先是在吃穿用度上想办法，用李清照自己的话来说是"饭蔬衣练"。吃的，饭粝茹蔬；穿的，是"练"，一种苎麻类织物，也

---

① 《宋宰辅编年录》卷一一："崇宁三年正月甲午，通直郎鸿胪寺丞蔡攸赐进士出身，为校书郎仍赐金紫。攸，左仆射京子也；以赵存诚、许份例召对除馆职。……京言攸未始登科，非存诚、份之比，再辞，不允。"存诚即明诚长兄，所除为校书郎。

就是粗布衣裳。因为赵家有许多姻亲供职馆阁，这给他们带来了许多便利，赵明诚可以利用公务之暇，进馆抄录大量亡史、佚诗和一些孤本书籍。

出仕两年后，崇宁四年（1105）十月，赵明诚升任鸿胪寺少卿（他的两个哥哥同时升职，存诚升为卫尉卿，思诚升为秘书少监）。鸿胪寺是朝廷接待四方番国宾客、管理国家丧葬事务的外事及礼宾机构，鸿胪少卿为副职，职衔正六品。短短两年能有这样的升迁，也只有宰辅之子能有这样的隆遇。而且这个新职务并没有那么剧繁，这使得赵明诚可以花费更多的时间在他热爱的金石事业上。鸿胪寺的新人循例要在节假日值班，一份现藏台湾故宫博物馆的《集古录跋尾》的题墨标明，崇宁五年（1106）二月十五日，赵明诚在休沐放假当班时，曾把欧阳修的金石学名著《集古录》带去研读。

赵家三兄弟在仕途上一帆风顺，自是离不开他们的父亲一路荫护。到崇宁四年初，蔡、赵的政治合作已经亲密到了烈火烹油的地步，蔡京独相三年后，为了堵人口实，推荐了他一贯的支持者、政治经验丰富的赵挺之来辅佐自己。这年三月，赵挺之授右银青光禄大夫，任尚书右仆射兼中书侍郎，是名义上的"右相"了。

这时候他们的合作开始出了一点问题。权力最能改变一个人，可能是职务的提升使得赵挺之不甘于一个附庸者的角色了，他要与左相蔡京平起平坐，甚至想独掌朝纲了。从那时开始，两人开始了一些或明或暗的争斗，互相在皇帝面前诋毁对方。赵挺之看出徽宗的天平还是向着蔡京多一点，为了自保，也是为了避免在日后的政治清算中被作为替罪羊推出，他主动请辞，以避蔡京锋芒。当然他也一直没有停止暗地里控告蔡京的"奸恶"。

三月拜相，六月罢相，这位老资格的政治家在右相的大位上只待了三个月，但他的绝对忠诚已经感动了皇帝。跟历次党争中失势的一方总要流放岭南的悲惨结局不同，赵挺之继续毫发无损地留在京城，徽宗还赐给他观文殿大学士、金紫光禄大夫中太乙宫使的名头和一座位于库司巷的宽大的宅第。① 而且按照往年对蔡京儿子蔡攸、蔡绦的照顾安排，赵家那三个已经取得进士资格的儿子同时又获晋升，安排了中央清要部门的中层职务让他们去担任，存诚为卫尉卿（崇宁五年，又加集贤殿修撰，提举醴泉观），思诚为秘书少监，明诚为鸿胪少卿。②

但即便徽宗给了他如此隆渥的恩遇，作为一个老资格的政客，赵挺之也不会甘心就此败于蔡京，他在等待时机。

十、长门怨

落职闲居的赵挺之在京城待了半年，准备带着一家子打道回青州了。就在他动身前，行囊都已经整理好了，机会终于出现了。

崇宁五年（1106）正月，一颗彗星出现在西方天幕，长长的彗星尾扫过大半个天空。"彗出西方，其长竟天"，天象馆的官员都认为这不是什么好兆头，一向迷信的徽宗也把它理解为上天对自己的警告，他开始怀疑重用蔡京是不是正确，并认真地思考起了朝臣们的一些谏言。此时，朝野对"党人碑"、对大规模迫害元祐旧臣的做法正议论纷纷，一些对蔡京不满的官员看准徽宗对道教越来越深的迷信，让道士借鬼神进言。终于，徽宗对蔡京的不满被成功煽起了，徽宗为顺应天意，罢免了蔡京，下令毁去元祐党人碑，随后颁布旨意，大赦天下，恢复那些被流放官员的品级。蔡京声泪俱下地向天子承认一切都是他这个首席大臣的错，没有作一句辩驳。但这个油滑的大臣离开京城时就向身边人放言，他还会回来的。

---

① 《宋宰辅编年录》卷一一："崇宁四年……三月甲辰，赵挺之除尚书右仆射兼中书侍郎。""六月戊子，赵挺之罢右仆射，授金紫光禄大夫，观文殿大学士中太乙宫使。"《宋史·赵挺之传》："时蔡京独相，帝置右辅，京力荐挺之，遂拜尚书右仆射。既相，与京争权，屡陈其奸恶，且请去位避之，以观文殿大学士中太乙宫使留京师。"
② 《宋宰辅编年录》卷一一："十月乙丑朔，挺之既罢相，帝以挺之子存诚为卫尉卿，思诚为秘书少监，明诚为鸿胪少卿，挺之辞不敢当，乞收还成命，诏答不允。"

坐了许久冷板凳的赵挺之，重新被任命为尚书右仆射兼中书侍郎，另加"特进"，以示恩宠。徽宗称赞了他的忠心，明确告诉他自己后悔不听他言："京所为，一如卿言。"①

大规模的旧官叙复开始了，李格非也在平反之列。看在他罪行较轻，又是当朝右相的亲家，朝廷安排了他一个"与监庙差遣"的职位。②但他暂时还是不能回到汴京。按照对这些旧党官员的处置政策，党人第三等许到阙下，余并不得到阙下，李格非名在余官第二等之列，回不了京，很可能是回章丘原籍闲住了。《宋史》本传说他在六十一岁那年去世，看时间应该是在回到原籍后不久。《东都事略》记载，"格非后为京东提点刑狱以卒"，似乎是说他平反之后又回任了原官，最后死在任上。何说为真？殊不可解。

"有竹堂"没有迎来旧主人，却成了此时的李清照抚慰失落心绪的一个去处。从崇宁二年（1103）父亲被逐出京到如今，庭中的江梅都开了三度了，她和赵明诚至今还没有一个子嗣。新婚的欢喜已经过去，浓情蜜意转淡，原来做一份人家到后来也是一件泼烦的事，要担心感情变老，又要担心身边人变心。班婕好的《怨歌行》，此时最是听不得。③一把洁白的合欢扇，时常出入君怀袖，炎夏承爱，秋凉被弃，"中道"失幸，难道是所有恋爱中女人的命运吗？

且取出笼中的碧云茶，碾碎的末儿玉一样晶莹，想留住晨晓春光的

---

① 二月丙寅，蔡京罢左仆射。丙子，赵挺之为特进尚书右仆射兼中书侍郎。《皇宋通鉴长编纪事本末》卷一三七、《宋宰辅编年录》卷一一。《宋史·赵挺之传》："（挺之）乞归青州，将入辞，会彗星见，帝默思咎征，尽除京诸蠹法，罢京，召见挺之曰：京所为，一如卿言。加挺之特进，仍为右仆射。"

② 《皇宋通鉴长编纪事本末》卷一二四："崇宁五年正月庚戌，大赦天下，轻第一等黄庭坚以下……李格非……并令吏部李格非与监庙差遣。"

③ 班婕好（前48—2），名班姬，西汉时人，成帝时选入后宫，始为少使，不久立为婕好。《怨歌行》亦名《团扇歌》，初见于《昭明文选》及《玉台新咏》，宋人郭茂倩《乐府诗集》载入《相和歌·楚调曲》中。据《玉台新咏·序》曰，班婕好初为汉成帝宠幸，后为赵飞燕所潜，失宠幽居于长信宫，乃作赋自伤，并为怨诗一首："新制齐纨素，皎洁如霜雪。裁作合欢扇，团团似明月。出入君怀袖，动摇微风发。常恐秋节至，凉意夺炎热。弃捐箧笥中，恩情中道绝。"

好梦，咂一口，却惊破了一杯碧绿的春景。唉，还是用心过好这个春天吧。可是，若两情还缱绻，自己出阁前住过的小楼，又怎会成为失意的人才去住的"长门"？

> 春到长门春草青，江梅些子破，未开匀。碧云笼碾玉成尘，留晓梦，惊破一瓯春。
>
> 花影压重门，疏帘铺淡月，好黄昏。二年三度负东君，归来也，著意过今春。

（《小重山·春到长门春草青》）

画堂无限深幽，小阁篆香空烧，日影西移，梅都开得那么好了，却是"无人到"。说是江梅落尽尚余香，这候人不来的滋味，也真是难言了。要知道你总不来，我又何必把自己早早开好呢？诗人何逊说，"应知早飘落，故逐上春来"①，可是到头来，陈皇后还不是照样废居长门宫？卓文君还不是照样见弃于司马相如？

> 小阁藏春，闲窗锁昼，画堂无限深幽。篆香烧尽，日影下帘钩。手种江梅渐好，又何必、临水登楼。无人到，寂寥浑似，何逊在扬州。
>
> 从来知韵胜，难堪雨藉，不耐风揉。更谁家横笛，吹动浓愁。莫恨香消雪减，须信道、扫迹情留。难言处，良宵淡月，疏影尚风流。

（《满庭芳·小阁藏春》）

虽说男子纳妾或发生些陌上故事，在本朝比比皆是，可夫妻生活里丛生的暗隙毕竟难与人言，她也只能托诸古人宫怨、登高、赏花这些典

---

① 何逊《咏早梅》诗："朝洒长门泣，夕驻临邛杯。应知早飘落，故逐上春来。"

故了。《多丽·咏白菊》里的"汉皋解佩""纨扇题诗"几乎是在直接指责丈夫出轨，自己被抛弃了。① 秋日里的白菊，清芬酝藉不输酴醾，此时也尽被夜气摧残，说来真有大不堪于其中。

> 小楼寒，夜长帘幕低垂。恨萧萧、无情风雨，夜来揉损琼肌。也不似、贵妃醉脸，也不似、孙寿愁眉。韩令偷香，徐娘傅粉，莫将比拟未新奇。细看取、屈平陶令，风韵正相宜。微风起，清芬酝藉，不减酴醾。
>
> 渐秋阑、雪清玉瘦，向人无限依依。似愁凝、汉皋解佩，似泪洒、纨扇题诗。朗月清风，浓烟暗雨，天教憔悴度芳姿。纵爱惜、不知从此，留得几多时。人情好，何须更忆，泽畔东篱。

（《多丽·咏白菊》）

至此，我们一直都在用她的诗词佐证她的生平，揣摩她的心绪，把诗词看作她生平的注脚。中国文学中"诗言志"的强大传统要求诗人做到言为心声，诗人可以成为写作者自身或一个时代的书记员，那么李清照写下的这些词呢？它们能承载起这样的使命吗？

在十到十一世纪的宋朝中国，词是口口相传的用于表演的文体。词作不像诗那样要求与作者关系紧密，也不存在特定的文本语境，词里的意象，词意的表达，有太多表演性质的东西，它可以在虚构和比拟中指向某种不明所以的情绪，却很难作为信史来引用。"以词证史"其实是危险的。

当欧阳修、晏殊这些男性作家用一种代入式的女子笔法写下一首词，我们不会把它直接解读成一个妇人的自传。但面对李清照这样的女

---

① 《太平御览》卷八〇三引《列仙传》云："郑交甫将往楚，道之汉皋台下，有二女，佩二珠，大如荆鸡卵。交甫与之言，曰：欲子之佩。二女解与之。既行返顾，二女不见，佩亦失矣。"此典故暗喻男子有外遇。

性作者填的词，为什么就要取消她们的生活与写作之间的界限呢？我们那么武断地认定她们不能虚构，不能创造一个角色，不能运用修辞术，是因为骨子里对女性作家的蔑视吗？还是因为有一种偷窥欲暗暗主宰着男性世界的阅读？毕竟，世人太想知道那重门背后、深闭的墙垣之内，一个写作的女性在想些什么、做些什么了。

或许，我们不必把这些词中的女子与历史上真实存在过的李清照完全对号入座，也不必把那些流露愁怨的情话当作是她对赵明诚的表白。作为一个女性写作者，她同样有着虚构的权利。

十一、家变

或许赵挺之已经看出了徽宗对蔡京大规模的政治迫害运动的不满，在他执政后开始有意识地顺应民意，放宽党禁，停止边境对外族的刺激和挑衅，稍稍让旧法回潮。赵挺之不是蔡京那样走极端的人，他的政治光谱多少显得有点摇摆不定。他站到新法或旧法的哪一边，更多地取决于对自身利益的考量。他的拨乱反正并没有进行多久，崇宁六年（1107）年初，在外游荡了近一年的蔡京又幽灵般翩然来归，荣登宰执之位。

对于蔡京能够迅速东山再起，重邀圣宠，一种广为流传的说法是他再次走了老搭档、宦官童贯的门路。蔡京这个人的厉害就在于，虽然他人不在皇帝面前晃悠了，却能让宫里的女人和宦官都帮着他在皇帝面前说好话。[1] 虽然这需要无数的金钱财物开道，但对蔡京来说这一切都是值得的。

回朝后的蔡京不知运用什么妙法，迅速恢复了他和皇帝的亲密关系，就好像他从没有离开过一样。一一〇七年春天，徽宗在自己的皇家花园里邀请了他的宰相大人前来做客，他们一起饮酒吟诗，蔡京还获赠

---

① 《宋史·蔡京传》："宫妾、宦官合为一词誉京。"

了皇帝的一条玉带，不久又加封太师。事实再次雄辩地证明，姜还是老的辣。重新掌握权力的蔡京迅速开始了对政敌的反扑，赵挺之不久就被攘夺宰相职位，回家闲居。

虽非皇族血脉、却时常有攀附之心的赵挺之，[①] 此番重挫之下再也没有了翻盘的希望。他已经六十八岁了，来日无多，只能认命了。[②] 这一次，徽宗再也不会像上次离朝时那样握着他的手说"待卿来归"了。失去了权力之杖的赵挺之回家十数日后就郁郁而终。[③]

但蔡京还是不想放过赵家，赵挺之去世刚三日，蔡京就唆使中书和门下两省的台谏官员收集黑材料，控告赵挺之在位期间力庇元祐奸党、交结富人、收受贿赂、贪赃腐败等罪状。大观元年（1107）七月，已经去世好几个月的前右相大人被追夺生前所赠司徒、观文殿大学士一应官职。[④]

此前得势时，赵挺之已把密州诸城的家搬到青州，[⑤] 此时，开封府与青州府合作办案，同时搜捕赵挺之的亲戚、子弟，"送制狱穷治"。为人峻刻势利的京东路都转运使王寀带领一个专案小组专门负责审理赵家

---

① 《崇宁藏·大般若波罗密多经》卷首，所载崇宁敕文有"右光禄大夫守中书侍郎上柱国天水郡开国侯赵挺之"署名，说明赵挺之曾被封为"天水郡开国侯"，这一封号是他对自己与皇族关系的巧妙认定。其女婿傅察在《代文帅贺淄守启》里，称赵明诚"议论冠于宗室"，亦可见一斑。转引自邓红梅《李清照新传》第48页。

② 《宋宰辅编年录》卷十二："挺之自崇宁五年二月入相，至是年三月罢，再入相凡一年，引疾乞罢，而有是命。"

③ 《宋史·赵挺之传》："正月，蔡京复为左仆射；三月丁酉，赵挺之罢右仆射，授特进观文殿大学士佑神观使，癸丑卒于京师。年六十八，谥清宪。"《宋宰辅编年录》卷一一同。

④ 《宋宰辅编年录》卷一一："（大观元年）七月，故观文殿大学士特进赠司徒赵挺之，追所赠司徒，落观文殿大学士。"

⑤ 《宋宰辅编年录》卷一二："始挺之自密州徙居青州。"又《续资治通鉴长编》引"挺之行状"："明年（崇宁五年）春，数乞归青州私第，诏许之，既办装将入辞矣。"均可为证。赵挺之举家从密州迁往青州的时间，史无明载，但其徙居的原因，或许跟当时的朝政和人事背景有关。苏轼曾在密州任州郡二年，在当地政声颇佳，赵、苏分属不同党派，苏轼因名列元祐奸党遭遇凄惨，赵挺之可能是因此感到难见桑梓，于崇宁年间举家迁往青州。

一案。赵明诚和他的两个哥哥先是被供职的寺、监除名①，随后银铛入狱。诡异的是，这场风暴来得急，去得也快。或许是赵挺之为官期间的清廉救了他的家人，有关贪赃腐败的指控因没有证据不久撤销了，因为几乎所有的供词都称，前右相大人所有的收入都是他在职期间合法的俸钱，"止有剩利甚微"。②

赵氏一门家变时，李清照二十四岁，也是她婚后的第六年。

赵家三兄弟身陷囹圄之际，赵氏家族的一个女性、赵明诚的生母、敕封秦国太夫人的郭氏站到了前台。郭氏是曾"遍历诸路提点刑狱"的郭槩的女儿，史传其父人品鄙陋，喜好功名，可能受乃父影响，郭氏也非常争强好胜，在赵挺之去世后不久，她就向皇帝公开讨要亡夫的谥号。或许她这么做更多是为儿女们的前途着想。陆游的《老学庵笔记》记载了这个故事：

赵挺之刚去世，徽宗前往吊唁，郭氏"哭拜请恩泽"，提出三个要求，其中之一是在赵挺之的谥号中请带一"正"字。徽宗恩准了前两事，唯独这赐谥事，说了三个字"待理会"。明眼人都看出来了，皇帝金口但凡说"待理会"这三字，就是不准。③结果只给了"清宪"这个次一级的谥号。尽管请谥没有办成，但郭氏为子女前途计所作的这一努力，还是为儿子们的复出铺平了道路，也使她赢得了家族里晚辈的爱重。

① 赵存诚于徽宗时登进士榜，崇宁二年（1103）除校书郎，四年赐卫尉卿，五年加集贤殿修撰，提举醴泉观。政和元年（1111），再起为秘书少监。高宗建炎元年（1127），除广东安抚使。赵思诚先以父荫封秘书少监，历任中书舍人等职。赵明诚由朝廷"三舍法"选官，时任鸿胪寺少卿。
② 《宋宰辅编年录》卷十一："抑令供析，但坐政府日，有俸钱，止有剩利甚微，具狱进呈。"
③ 陆游：《老学庵笔记》卷四："赵正夫丞相薨，车驾临幸，夫人郭氏哭拜请恩泽者三事：其一乃乞于谥中带一'正'字。余二事皆许可，惟赐谥事独曰'待理会'，平时徽庙凡言'待理会'者，皆不许之词也。"

十二、人远

赵挺之一死，赵家失了顶梁柱，再也无法待在京城。大观元年（1107）七月，案件审结，他们已经准备出京前往青州了。

此前，赵家三兄弟系狱时，他们的母亲郭氏已被送到淮东路的第一要镇金陵的亲戚处暂避。那是他们的父亲赵挺之发迹前短暂居留过的地方，元祐五年（1085），还沉沦下僚的赵挺之曾在淮东路的山阳郡做过不到一年的太守，赢得不错的政声，赵家在金陵还有一两门时常走动的亲眷。此番全家即将迁往青州，前去金陵接母亲的任务就落到了素称孝恺的三子赵明诚的肩上。

如果不是像伊世珍在《琅嬛记》里说的那样，赵明诚曾经"负笈远游"，如果李清照日后《〈金石录〉后序》里说的"后二年，出仕宦"，也不是某些人读解的出发到某个遥远的州具为官，而是"出而仕矣"之意，① 那么，赵明诚的这次金陵之行，可以说是他们夫妻结缡以来最长久的一次分离。但李清照本人从没有提起过这次别离。按照她自己的说法，他们一一〇七年年底前离开汴京，回到赵明诚亡父的旧居青州，然后在那里生活了十多年。在连接东京生活和青州生活时，她仅用了一个"后"字，一笔带过：

后屏居乡里十年……

（《〈金石录〉后序》）

这个"后"字之后，从一一〇七年夏天到这年年底（或次年年初）

---

① 黄盛璋《李清照事迹考辨》：《后序》的"出仕宦"，洪迈撮述作"从宦"，可知"出"当训"出而仕矣"之"出"，非外任之谓。细玩此段所记，"出仕宦"的地点显然就在汴京，故能传写政府馆阁中诸未见之书。

搬去青州居住，也许有意无意遗忘了什么？

几乎没有人注意到赵明诚的这次金陵之行，王仲闻、黄盛璋诸家笺说和年谱也都没有提到此事。对赵明诚这一行踪的披露，最早来自宋词专家邓红梅发现的号称"江西诗派临川四才子"之一的谢逸的一首诗《送赵德甫侍亲淮东》（此人还写过三百首咏蝴蝶的诗，人称谢蝴蝶）。这首赠诗中提到了赵明诚在这次旅行中一路行经的瞿塘峡和滟滪堆。按照谢逸在这首诗中的说法，赵明诚离开汴京后，并没有直奔金陵，而是先绕道西南陆路，经由四川，沿长江而下，穿过三峡再抵达金陵。

一个问题是，家族刚刚遭难，赵明诚出狱南下接母，为什么要绕那么大一个圈子，沿着长江一路观览后才抵达金陵呢（半路上他还要向南绕行数百里去临川拜访老友谢逸）？一种可能的情况是，抱着"穷遐方绝域，尽天下古文奇字之志"的赵明诚不想放过这次机会以广见闻，他拉长旅行的线路，是想尽可能多地收集碑刻铭文。

不管多么不合常理，谢逸的确在一一〇七年写下了这首赠别诗，而且准确地画出了赵明诚此次的旅行路线图:时间是"黄梅雨洗"时节（赵明诚七月具狱后出发，长江中下游六、七月份都是梅雨季节），上路后的赵明诚先是"驱车出门指太行"，而后"欹帆侧柁"，也就是说他离开汴京后一路西行，一直到了长江边，再沿着瞿塘峡和滟滪堆东下，"瞿塘滟滪一苇航"，再到远在"天末"的淮东路而去，去到母亲面前尽他的孝心。①

谢逸作为赵明诚的老朋友，同时也是一个仕途失败、以课业和写作墓志铭为生的乡村教师（谢逸年轻时曾到东京应试，不第），他暗示，他已经知晓赵家在政治斗争中落败的消息，所以他在诗中表达了对赵明

---

① 〔宋〕谢逸《送赵德甫侍亲淮东》:"茂陵少年白面郎，手携五弦望八荒。欹帆侧柁转天末，瞿塘滟滪一苇航。向来问字识扬子，年未二十如老苍。林花蜚尽春事了，粲然一笑西山阳。幅巾相从竟日坐，虚堂扫地焚清香。人物已共远峰秀，谈辩更与熏风凉。黄梅雨洗天界净，驱车出门指太行。朝侯暮烹不足道，人生离别安得常。丈夫许与重气义，儿女惜别徒惨伤。观君潇洒负奇气，恐是天厩真乘黄。愿言待价无速售，世间驵侩皆王良。"《溪堂集》卷三，《全宋诗》第二十二册。

诚的同情和对朝政的不满。所谓"林花蛮尽春事了"，他还是劝朋友要想开一些，对着落日大可以"粲然一笑"。眼下黑白颠倒，"驵侩"冒充伯乐，他希望朋友能够沉住气。人生一世，祸福相倚，"朝侯暮烹"的事多了去了，他相信，潇洒而负奇气的朋友是"天厩"里的一匹骏马。

在这里，我们真的很难把那个孝恺的儿子跟一个一路游山玩水的公子哥的形象重合在一起。"幅巾相从竟日坐，虚堂扫地焚清香"，他多洒脱啊，手挥五弦，谈吐镇定，与朋友谈话前先要在空屋子里点上一支香。这哪像是一个家里刚遭奇祸的男子该有的？有没有这种可能，来临川看谢逸的是另一个叫赵德甫的人？但那首诗明白地摆在那里，我们无法绕开去。而且从赵明诚的《金石录》收藏的金石文物的情况看，他也的确是先到山西、陕西、四川，再沿长江东下的。这成了一个文学史上的谜题，也是赵、李婚姻生活里的一个谜。

撇开死亡这一最大的别离不说，这几年里，李清照、赵明诚的婚后生活的确一直是聚多散少，对于一个一直在书写离情别绪的女词人而言，这或许是最令我们迷惑的地方。词中的女主人公和生活中的李清照，到底是不是同一个人？后世词家紧追不放，把这几首词系年在一一〇七年赵明诚的这次远游中。我们不能说这么做绝对正确，但也没有确凿的证据说他们不对。

> 玉瘦香浓，檀深雪散。今年恨、探梅又晚。江楼楚馆，云闲水远。清昼永，凭栏翠帘低卷。
>
> 坐上客来，尊前酒满。歌声共、水流云断。南枝可插，更须频剪。莫直待西楼、数声羌管。
>
> （《殢人娇·后庭梅花开有感》）

"今年恨、探梅又晚"，爱她就多留在她身边，请不要等到花瓣残落、随风化泥的时刻再惆怅吧。"江楼楚馆"一语，似在微讽，在长江之滨的楚地南天，错落矗立着无数亭台楼馆，那里可是赏花的好去处哦，你可别信手卷弄低垂着的翠绿色帷帘，乐不思归。

　　年年玉镜台，梅蕊宫妆困。今岁未还家，怕见江南信。
　　酒从别后疏，泪向愁中尽。遥想楚云深，人远天涯近。

（《生查子·年年玉镜台》）

　　她不无夸张地说，长年累月对着玉镜妆台，给自己装扮上最时髦的梅花宫妆，可是没有人看，我早已经厌倦了。至今还不见你回来，我既想收到书信，又怕信里报告不好的消息。我朝朝暮暮挂念着的那个人，他去的地方可比"天涯"还要远啊！

　　要是这样的话，赵明诚直到第二年梅花开落还没有回家。梅开得越好，在寂寞的人眼里看去，越是放大了良人不归的悲哀。一直到过了晚春，他才侍奉母亲从江南归来。所以赵家徙居青州故第的时间，大致会在大观二年（1108）的夏秋时节。

第三章 人生只合青州老

大观二年（1108）—宣和七年（1125）

青州—莱州—淄州

一、甘老

现在，故事的场景移到了汴京五百里外的青州。这里是帝国疆域的东北部。大观二年（1108）起，在这里，我们的女词人要和她丈夫一起度过十年平静的时光。"归来堂"十年，他们共同投身于金石事业，夫妇擅朋友之道，外界视他们如一对神仙眷侣，如果不是赵明诚日后又回到官场，李清照已甘老于此。这也是他们一生中最好的十年，日后漫长的余生里，她总要向这十年投去留恋的一瞥。

按照上古时代的地理志《尚书·禹贡》所说，"海岱维青州"，青州即大海和泰山之间这一片广阔的区域。杜甫诗歌"齐鲁青未了"中的齐鲁，大概就在这里。北宋时的青州，是镇海军治地，还是京东东路治所所在地，这一路，下辖青、密、沂、登、莱、潍、淄七个州，加上济南府、淮阳军，领三十八县。① 本朝欧阳修、富弼等曾先后出守此地。这里也是著名画作《韩熙载夜宴图》的主人公韩熙载的老家，这位机智的南唐大臣不想为一个没落的政权陪葬，邀请名流日日聚家夜宴，那樽俎灯烛、觥筹交错的"荒纵"场面，被皇帝派出的宫廷画师顾闳中用一支妙笔定格在画卷长轴中送呈御览，其中包藏的玄机，至今还让人猜测不透。

赵挺之几年前在与蔡京的政治角逐中置办下青州的这处府第作为退处之所，他去世后成了一大家子的避风港。正夫先生能够未雨绸缪，早作退计，也算是荫及子孙，让他们少吃了许多苦头。刚到青州时，一大家子"仰取俯拾，衣食有余"，应该不会为生计陷入困顿。赵挺之的两个女婿李擢和傅察，因为岳父的去世加失势，此时也都自请调任青州，李擢任青州司录，傅察任青州司法参军，官府里有人，想来这一大家子在地方上应该也很能周旋得开。

对于赵明诚这个本没有多少政治欲望的人来说，不去做鸿胪寺少卿这个闲官，他正可以把全部的时间和精力投入到他热爱的金石事业中去。当夫妻俩把他们青州的居所仿陶渊明《归去来兮辞》之意取名为"归来堂"时，赵明诚的心头或许曾掠过一丝重获自由身的轻松。官场太凶险了，十载寒窗难道就为钻进罾网去占一个位置吗？

而李清照这次离开京城回山东，可能会更多地回忆起当年带她进京的父亲，回忆起他写下的诗文，回忆起旅途中他曾经说过的某句话，或许还会想起父亲的朋友、前些年回山东金乡隐居、自号"归来子"的晁补之。② 她从青州时期起自号"易安"，把居室取名为"易安室"，既是借陶潜名句"倚南窗以寄傲，审容膝之易安"自况，也是出于对三年前

---

① 光绪《益都县图志》载："宋（淳化五年），改唐平卢军为镇海军，其节度使但以优勋戚，而分其兵于各州，曰厢军，又分禁军驻泊以镇之。其设于青州者，曰武卫军指挥五人，宣毅军指挥一人，皆禁军也。庆历二年初，设京东东路安抚使，常驻青州；熙宁七年，正式将京东路划分为东、西两路，青州为京东东路治所，管辖青、密、沂、登、莱、潍、淄七个州，加上济南府、淮阳军，领三十八个县。"
② 《宋史》卷四百四十四《晁补之传》："自号归来子，忘情仕进，慕陶潜为人。"

谢世的父亲的一份纪念吧。

山东文物之盛，后世清乾隆时做过山东学政的学者阮元有过一番评说："山左兼鲁、齐、曹、宋诸国地，三代吉金，甲于天下，东汉石刻，江以南得一已为钜宝，而山左有秦石二，西汉石三，东汉则不胜指数。故论金石于山左，诚众流之在渤海，万峰之峙泰山也。"① 他们屏居的青州，属于古齐国的腹心，更是古老的文物之邦，丰碑巨碣时常掩映在荒草丛中，带着锈迹的三代古器也时有出土，这给他们带来的巨大惊喜怎么形容都不为过。

不用去衙门上班应卯，也不用刻意应酬交际，夫妻俩在青州的日子变得简单而充实。除了侍奉家族中唯一的老人赵母郭氏，他们尽可以做所有喜欢做的事。弹琴、读书、烹茶、对弈、投壶，或短暂相伴出游。

住到青州后，已非官宦身的赵明诚也收拢了心，再不提蓄伎这一类事，夫妻生活中之前微生罅隙的感情深坑也在逐渐修复中。这是李清照出京时始料未及的。日子好像又回到了建中靖国元年他们的蜜月期，那时他们年岁小，受不得小别离，你爱谈天我爱笑，自比葛天氏之民，现在也算是经了一些事了，苦涩之后生活的回甘却让她更觉珍贵，甚至会生出这样的念头，就在这个地方终老吧。

　　甘心老是乡矣！

(《〈金石录〉后序》)

"故虽处忧患困穷，而志不屈"。历史上的哲人都是用挫折来磨砺意志。贫穷而听着风声也是好的，只要能够长相厮守。

---

① 〔清〕阮元：《山左金石志序》。

二、副本

把他们罅隙微生的感情之网修复如新并上升到别一境界的，是他们共同热爱的金石事业。看来金石不只永年，金石亦可怡情。当初离开汴京时，赵明诚把多年来搜集到的金石、碑版、图画全都装上了车，他肯定跟她讲过，现在有闲了，这多么好啊，他终于可以心无旁骛地从事研究了，他要写一部比欧阳修的《集古录》还要伟大的书，这部书将会比《集古录》更广博、更宏富，当然还要更准确。在他的设想中，这本书将是后世遨游文物之海的学者们的一盏导航明灯。

或许在共同的讨论中他也已经说到，欧阳前辈受限于他那个时代的视野，再加上自身眼光也有问题，对历代金石文物的真伪甄别是大有问题的。那些上自三代、下讫隋唐五季的古文奇字，鼎、钟、甗、鬲、盘、匜、尊、爵等器具上的款识，所有被时间掩藏的事迹，都等待着他去一一发现和指认，而这将是一项无比庞大的工作。

自然，他的妻子也投身到了这项事业中去。他们的所有积蓄，几乎都花在了买书和文物上。每得到一本奇书，就一同校勘，整集签题，得到珍贵的书、画、彝、鼎，亦一同摩玩舒卷，指摘疵病。他们是如此投入，以至到了晚上，不点完一支蜡烛，他们是不会停下手中的工作的。

夜尽一烛为率。

（《〈金石录〉后序》）

因为他们是抱着一份巨大的责任心在做这件事，更有一份热爱在里面，是以，他们所收藏的古籍，都纸札精致，字画完整，这是那些以射利为目的的收藏家望尘莫及的。

晚饭后，坐"归来堂"，一边烹茶消闲，一边猜书逗乐。他们的游戏规则是，对着堆积如山的古籍，要凭记忆力说出某事记在某本书的第几卷第几页第几行，说中的一个才可以喝茶：

> 指堆积书史，言某事在某书某卷第几叶第几行，以中否角胜负，为饮茶先后。中，即举杯大笑，至茶倾覆怀中，反不得饮而起。
>
> （《〈金石录〉后序》）

每一次赌书，猜中的总是她。她看着困窘的丈夫，得意地举杯，大笑，笑得茶都泼洒出来倒在怀里，害得自己反而喝不到一口茶。

这赌书泼茶的一幕，看得多少人眼热。古风妻如友，这最本真的夫妻人伦，竟然在这青州"归来堂"得以重现。以至几百年后，还有人评说，"自古夫妇擅朋友之胜，从来未有如李易安与赵德甫者，佳人才子，千古绝唱"①。比他们夫妻稍晚一点的作家洪迈，记述赵明诚《金石录》一书，说："其妻易安李居士，平生与之同志。"②

夫妻之乐，更有饮酒。"归来堂"收罗的古器，其中有一部分是青州苏埠屯出土的商周酒器，——磨洗辨认铭文，他们会惊叹，这个地方的酒风竟如此之盛。她善饮，有时工作到了夜深，提议喝上一点，丈夫自无不可。收到了好的金石文物，他们也会共饮以为庆贺。他们共同热爱的前辈作家欧阳修担任青州太守时曾留下过不少关于酒的诗文，欧阳公这些旷达又不失真趣的诗句，他们当不会陌生，"嘉客但当倾美酒，青春终不换颓颜"。一部记载了最早的酿酒术的百科全书《齐民要术》，很可能他们也一起研读过，因为这本书的作者贾思勰，就是北魏时期的青州益都人。

当然也会有龃龉。最初，可能是赵明诚过分强调这些金石字画的所

---

① 赵世杰：《古今女史》，《汇编》。
② 〔宋〕洪迈：《容斋随笔》卷五。

有权把李清照给惹急了。随着书籍字画越来越多，归来堂里起了十几间书库。他们给每个大橱里的藏书都编了甲乙丙丁的号码，排列好次序，中间放上登记"书册"方便查阅。这样一来，她如需阅读或讲评某本书，就须"请钥"，先拿来钥匙开橱，在簿子上登记，然后取出所要的书籍：

> 如要讲读，即请钥上簿，关出卷帙。
>
> （《〈金石录〉后序》）

这一套烦琐的规矩应该是赵明诚制定的。这真的是一个精细的男人。要是我们的理解没有发生差错，她"请钥"，是因为钥匙掌握在丈夫的手里。她请求他把书橱的钥匙给她，这意味着她是处于从属地位的，如果没有丈夫的允许，她是无法打开书库的门的。

刚开始，她心头或许会掠过一丝不快。读书是随兴适意的事，要那么多劳什子干吗？但这种一时的不快，她自己也会很快忘记。然而问题来了，一旦赵明诚发现大咧咧的妻子不小心弄污了书页，他就会疾言厉色给予批评，并责令揩完涂改。往昔，相对展玩时，他们一起"咀嚼"买来的"碑文果实"，任由水果的汁液在碑文上溅得到处都是，相互逗乐时还闹得茶水泼溢四散，可是这些先前给他们带来愉悦的事都被禁止了。她眼里的丈夫不再像过去那样平易和蔼了，开始变得陌生，甚至尖刻，这让她深感委屈。

> 不复向时之坦夷也。
>
> （《〈金石录〉后序》）

或许是赵明诚太爱他那个古物世界了，以致有了洁癖，发现书页弄脏了就去责备妻子。如果仅仅是因为他对于古物过于沉溺，就像一个大男孩不允许别人弄坏了他的玩具，他对妻子的"惩责"还能理解。但李清照分明感受到了一种别的东西，那就是他们婚姻生活中力量和权力的不均等。强势的一方开始寻找各种理由"惩责"弱势的一方。

收藏古籍碑碣本为寻求适意，如今反而弄得一场不愉快，李清照说，"余性不耐"，我实在忍不住了。他们的关系再一次由亲变疏了，起码她的感觉是这样。

> 是欲求适意，而反取憀栗。余性不耐。
>
> （《〈金石录〉后序》）

她爱书，爱金石，爱字画，把书和金石事业看作她和丈夫上演爱情情景剧的一个舞台，但现在，因为丈夫态度的变化，她的这种喜爱之情也发生了变化。我们感到里面掺杂进了某种焦虑。就像之前她担心丈夫会因为欢场里的某个女人夜不归宿一样，她现在开始担心丈夫过度沉溺在金石和书籍的世界里而忽略了自己。当然也会有更深一层的忧虑，她担心这些倾注全部心血收集来的东西有朝一日会散失，会离他们而去。她面对这些藏品的心情变得复杂了。

不止一个历史学家曾指出《〈金石录〉后序》叙事混乱，跳跃性大，在这件因阅读习惯不同所起的激烈冲突过后，李清照马上跳开去进入了另一件事的叙述，即他们夫妻俩对不同版本图书的收集。给人的感觉，她很快就忘记了丈夫"惩责"的不快，转头又说起了自己对古物和书籍的沉迷。

她说，遇到诸子百家的书籍，只要字不残缺、版本不假的，她都会马上买下，储存起来作为副本使用，他们家传的《周易》和《左传》，都是有两个版本源流，文字最为完备。把这些不同版本的书籍罗列在几案上，堆积在枕席间，反复摩娑，参详异同，对她而言，那是世界上最大的快乐了。

> 于是几案罗列，枕席枕藉，意会心谋，目往神授，乐在声

色狗马之上。

(《〈金石录〉后序》)

这样一种放松的阅读方式，即后世所谓的"躺读"，自然会与她丈夫严苛的读书方式发生冲突。但为了搞到副本书籍，她甚至自愿去过一种简单到了寒碜的生活，不吃第二道荤菜，不穿第二件绣有文彩的衣裳，头上取下了明珠翡翠之类的首饰，室内也没有了镀金刺绣的家具。她几乎是有点赌气地做给他看。

> 始谋食去重肉，衣去重采，首无明珠翡翠之饰，室无涂金刺绣之具。

(《〈金石录〉后序》)

美国汉学家斯蒂芬·欧文在《追忆：中国古典文学中的往事再现》中分析李清照和赵明诚在收藏金石书画方面的意见分歧，注意到了李清照日后写作《〈金石录〉后序》时的一个细节。他说的是《后序》里关于人称代词的问题。

欧文说，李清照在描写他们的初婚生活时，都是把自己与丈夫合在一起而省去人称代词的。因为所有的藏品都是他们一起凑钱买的，博古和学识是他们共有的激情，所以第三人称的单数"他"，与第一人称的复数"我们"，是没有区别的："他"就是"我们"。这是夫妻间共同爱好、亲密无间的表示。

但随着书库建成，藏品规模扩大，"他"的藏品与"她"的藏品，开始有了区别，人称问题变得敏感了——"省略它们既是用来掩饰，也是用来记载家庭矛盾"。上面说的购买图书副本，因为没有人称代词做主语，历代读者都理解为是夫妻两人的共同行为，但细读行文，我们会发现，这是李清照个人的行为。她之所以节衣缩食购买副本，是想拥有她可以自由阅读的书，是对他"惩责"的反抗。

阅读应该是快乐的，"几案罗列，枕席枕藉，意会心谋，目往神授"，何等快意！她不想仰人鼻息、靠人施舍才得到这份快乐，她有能力自己得到这份快乐，哪怕为此不得不去过一种简朴的生活。

她可以忍受丈夫的嗜癖，甚至纵容他，但她不能接受心为物役，人成为物的奴隶，还连带着伤害他们的感情。欧文说："当他们咀嚼着这些故旧的书画碑文时，赵德父越来越把它们当一回事了。他过于较真了，以致失去了原先觅得这些藏品的闲适之情，陷到对荣利的计较中去了，在其中，他失去了自己的生命，也几乎失去了自己的令闻广誉。"[①]

所以她明白无误地使用了第一人称的单数，把自己的感受说出来，把自己追求自由与真朴的初心说出来，以示与她丈夫的区别："余性不耐。"

我可不是你的副本。

三、笔削

个女人的这点心曲，赵明诚这样的直男不一定能懂。他真的是一个太过投入的作家和收藏家，他的世界里只有古物，他的藏品即是他的生平履历，一部《金石录》即是他的学术自传。赵明诚曾自言，从哲宗元祐年间（那时他十岁左右）开始喜欢收藏，"凡二十年而后粗备"。[②]可知屏居青州期间，他已大体完成了《金石录》这部关于三代彝器及汉唐前后石刻的著作。

政和七年（1117），《金石录》三十卷草成，这部书饱含着赵明诚对作为物质遗存证明的古物的迷恋，和对于建立有据可考的历史叙事的愿望，他内心自是极为看重。这年九月十日，赵明诚的好友、河间刘跂

① ［美］斯蒂芬·欧文：《追忆：中国古典文学中的往事再现》，第99页，第五章《回忆的引诱》，上海古籍出版社1990版。
② 赵明诚：《金石录序》。

为这部书写了序文，称"别白抵牾，实事求是，其言斤斤，甚可观也"。又说，"今德甫之藏，既甚富，又选择多善，而探讨去取，雅有思致，其书诚有补于学者"。^①他说很高兴自己的姓名能附于这样一本大书的篇末。

自号"读易老人"的刘跂在这篇序文中显得对赵明诚一家来到青州后的情况非常熟悉。他在序中称"东武赵明诚"，这乃是因为，诸城古东武是赵明诚乡里，他现在没有官身，就以乡里称之了。

刘跂，字斯立，河北东光人，家于东平，是北宋政治家刘挚之子。哲宗时，刘挚累官至尚书右仆射，其为人刚正不阿，时人比之名臣包拯。刘挚因身陷党争旋涡，被贬新州而卒，后来到了建中靖国元年，还是刘跂奔走力争，为父恢复了名誉。当初，赵明诚的父亲赵挺之去世后被追夺赠官，谏官们检举的其中一条罪名，是"身为元祐大臣所荐，力庇元祐奸党"，^②说的正是赵挺之曾为故相刘挚援引入政坛，与这个保守派大臣划不清界限（刘挚本是王安石擢用的改革派官员，后来立场渐转，站到了保守派阵营）。当《金石录》初稿告竣的一一一七年，政坛仍在翻覆，赵、刘的父辈却俱已在九泉之下，这部书由刘跂充当第一个读者，并给予"其言斤斤"的得体之语褒美，也算是两家旧谊的延续。

写下这篇序文的同时，刘跂还赠给赵明诚一首古体诗，《题古器物铭赠得（德）甫兼诸友诗》。"往者李龙眠，监河国城岸。家多古时器，罗列供客玩。爵觚屡饮我，鼎鬲贮肴膳。到今李侯书，一展如对面。迩来三十载，复向赵卿见。收藏又何富，摹写粲黄卷。沈酣夏商周，余嗜到两汉。铭识文字祖，曾玄成籀篆。颇通苍雅学，不畏鱼鲁眩。遂将传琬琰，索我序且赞。我衰心力薄，游不出里闬。孔怀忘年友，契阔异州县。深惭千里驾，请毕十日燕。诸贤共留连，更赖三语掾。"既表明他对金石学的热爱，也有对忘年友"赵卿"的激赏之语。赵明诚生于元丰

---

① 雅雨堂本刘跂《〈金石录〉后序》。
② 《宋宰辅编年录》卷十一："两省台谏交章论列：挺之身为元祐大臣所荐，力庇元祐奸党；盖指挺之尝为故相刘挚所援引也，遂追赠官，落职。"

四年（1084），时年三十七岁，而刘跂是元丰二年的进士，时已五十有余，金石事业上他们的确是一对"忘年友"了。

如同刘跂所说，赵明诚年纪轻轻就收藏宏富，且精通古文奇字，《金石录》出于这个俊才之手一点也不奇怪。据赵明诚自述，《金石录》搜集金石刻辞二千种，为目录十卷，辩证二十卷，采集范围"上自三代，下及隋唐五季，内自京师，达于四方遐邦，绝域夷狄"，[①] 举凡"所传仓史以来古文奇字，大小二篆，分隶行草之书"，钟鼎彝器上的铭文，词人墨客的诗歌、赋颂、碑志、叙记之文章，"名卿贤士之功烈行治，至于浮屠老子之说，凡古物奇器丰碑巨刻所载，与夫残章断画磨灭而仅存者"，"略无遗矣"——全都网罗其中了。

赵明诚感慨道，自从《春秋》秉笔直书的传统中断以来，后来的史家写史，对人和事的是非褒贬都是带着一己之"私意"，歪曲了历史的本相。而官修史书对于岁月、地理、官爵的记载，也往往有三四成错误。这一切都只有参证金石碑版，方能校正过来，因为刻词乃当时所立，"可信不疑"——石头不会说谎。所以，这些金石铭文即便风雨侵蚀，被樵夫牧童委弃道旁，一番磨洗后，还是可以辨认出被官方历史所涂改和遗漏的人和事，让它们在当世发出自己的声音来。

"余之致力于斯，可谓勤且久矣，非特区区为玩好之具而已也。"他希望后世的好古博雅之士能够鉴其心曲，正因为从一开始他就抱着一个强大的信念来做这件事，收藏并没有让他玩物丧志。

序文最后，赵明诚引述了《论语·阳货》里孔子的一段话："孔子曰，饱食终日，无所用心，难矣哉！不有博弈者乎？为之，犹贤乎已。是书之成，其贤于无所用心，岂特博弈之比乎？"文章起伏，其间隐约可见清照笔意。

一一一七年，当赵明诚这部著作初步告竣的时候，他应该会想起一个他敬仰的前辈，经常前往山冈和田野收集金石碑版的欧阳文忠公。正

---

① 赵明诚：《金石录序》。

是欧阳修最早告诉他，物质文化中寄寓着古代的理想，金石古物乃是了解过去的一把钥匙。青铜礼器盛行的夏商周三代，正是吾国文明的黄金时代，彼时，天下皆遵圣贤之道治理，对三代青铜器的重新发现，正意味着从源头恢复失落已久的那个黄金时代的知识及德政的机会，它可以"与史传正其阙谬者"，亦可"为朝廷决疑议"，①金石铭文不仅有着补正史之阙的历史学价值，也可作为解决现实政治问题的重要参考。

欧阳修醉心的埋没草间的铭文上的古书法，更是让他心驰神往。他瞩目于这种美已经许久了，那一笔一画之间，留存着古代那些模范人物的可触摸的记忆，对他来说，就像古圣贤的遗迹一般。

欧阳修还让他明白，金石古物不应是盗墓贼和文物掮客的猎物，它们应该走进学校、朝堂，走上士大夫的案头，对古器物的收藏、稽古、鉴赏、释读、编册，正是当世士大夫不辞不让之责。他走上酷嗜金石之路，而不仅仅把它们作为"玩好之具"，说起来要感谢两个人，一个是父亲赵挺之，再一个就是欧阳修。

随着他在这一行浸淫日久，他更加认识到，本朝起于五代衰乱之局，更需"作礼立制"，来改变制度和礼乐错误百出的情况。而要修正典籍，重订礼制，只有通过田野考察向古物中寻，所谓礼失求诸野也。他的这一朴素想法，正与本朝皇帝的文治武功相通契。

顾念徽宗御极以来十有七年，以三代圣王之治为终极目标教化臣民，铸九鼎，倡新乐，出版《宣和画谱》《宣和书谱》《宣和博古图录》等大型图录，②在皇城设立规模庞大的保和殿，贮藏古鼎彝器和汉晋隋唐历代法书、图画，哪一样不是在宣示古物之美、古物之用？哪一样不是在宣示大宋之威仪？他还没有见识过皇室收藏的古器物呢，如果有机会

---

① 欧阳修：《集古录目序》。

② 崇宁四年（1105）三月，"九鼎"铸造完工，安放于九成宫。是年九月，在方士魏汉津指导下，完成朝廷新乐"大晟乐"，设计了一套新的基于皇帝手指长度的钟律系统。政和三年（1113），《宣和博古图录》编成。政和七年前后，《宣和画谱》《宣和书谱》也已在编纂中。

重入汴京，他希望把保和殿里皇家收藏的古器和书画全看个遍。

在金石研究之路上"勤"且"久"之，十年如一日前行的，又岂是赵明诚一人？自不待言，这本书的背后，同样凝聚着他妻子大量的心血与才智。从大观二年（1108）屏居青州至政和七年（1117）书稿完成，李清照日复一日地帮着夫君整理、校勘堆积如山的金石文物，并"笔削其间"，[①]——"笔削"，乃亲手增删、润色之意。某种意义上说，这本书乃他们"共相考究"[②]而成，是他们共同孕育的子嗣。

到了南宋朝绍兴年间，学者朱熹读到《金石录》，为这本巨著考证精博所震撼，认为这本书承续了欧阳修《集古录》开创的传统又有所超越，忍不住夸赞："明诚，李易安之夫也，文笔最高，《金石录》煞做得好！"[③]奇怪的是，似乎他最早注意到的是李清照的文学，然后才把赵明诚作为她的丈夫来谈论。

四、灵韵

赵明诚大抵是采用古器物与拓墨相结合的方式，来展开《金石录》的写作。青铜、石碑与拓本之间的关系，应该会让我们联想到瓦尔特·本雅明在《机械复制时代的艺术作品》中关于"复制品"的一段著名论述：

"即便一件艺术品最完美的复制品，也缺少一样元素：它在时间和

---

① 〔宋〕张端义：《贵耳集》卷上："易安居士李氏，赵明诚之妻，《金石录》亦笔削其间。"
② 田艺蘅：《诗女史》卷十一："德甫著《金石录》，其妻与之同志，乃共相考究而成，由是名重一时。"
③ 朱熹：《朱文公文集》卷七十五，收撰于绍兴二十六年八月二十二日的《家藏石刻序》："来泉南，又得东武赵氏《金石录》，大略如欧阳子书（指《集古录》），然诠叙益条理，考证益精博。"《朱子语类》卷一百三十："明诚，李易安之夫也，文笔最高，《金石录》煞做得好！"

空间上的呈现，它恰巧产生于某地的独特存在。这件艺术品的此种独特存在决定了它在整个存在时间中作为主体的历史，包括它历经岁月和辗转于各个拥有者手中可能遭受的物理状况的变化。"[1] 在本雅明看来，复制品丢失的正是艺术品独特存在于某时某地的"灵韵"（aura）。

一个拓片的制作过程是这样的：将一张薄宣纸捶贴到古器的表面，使纸张与器物上的凹凸部分紧密贴合，随后将墨汁刷于宣纸，使表面突起的部分沾染较多的墨汁而凹进部分少沾或不沾墨汁。于是，古物表面凹凸的差异被转换为墨印图案。在这个过程中，一件古物表面的物理形态被转换成了纸和墨。也就是说，拓片是以墨印图案的方式记录青铜或石碑的历史。按照本雅明所论述的"复制品"，拓片保存的只是古物的某种物理性，它内在的生命，最精妙的"灵韵"是任何摹本也复制不来的。要找到转换过程中逝去的灵光，只能回到现场，去大自然的山野草泽。

或许对访古者赵明诚来说，日光从残碑滑落，手指尖触着的那一抹微凉，就是古物内里的生命气息。

赵明诚终于有了机会，跑遍京东东路下辖的七个州三十八个县，去收集山野之中掩藏着的无数金石碑版。《金石录》中的题辞详细记录了获得那些文物和碑铭拓片的时间、地点，说明他在尽量还原这些古物的"即时即地"。从这些题辞中我们还可以获知他旅行的路线，他离家外出的周期和时长。如果在地图上画一个圆，我们会发现，这些怀着收藏家的冲动所作的短途旅行，基本上都以青州为中心。有时他是带着妻子一起去的，有时旅途稍远，则是与兄弟或朋友们结伴。这些出游既可看山水美景，又探讨交流学术，还伴随着发现古器物的惊喜，想来都是十分愉悦的。

---

[1] Walter Benjamin, "*The Work of Art in the Age of Mechanical Reproduction*", in Benjakin, illuminations, Hannah Arendt ed, New York : Shocken, 1968, pp.218-220. 本雅明的这段话有多种译文版本，此处参考陈云倩著《金石：宋朝的崇古之风》，第 59 页，梁民译，李鸿宾校，社会科学文献出版社 2022 年 8 月版。

从《金石录》的记载来看，有许多金石刻词，他们都是在青州得到的：《戟铭》得于益都，《东魏张烈公碑》《大云寺禅院碑》得于青州老城，《北齐临淮王像碑》得于青州龙兴寺，《东魏贾思同碑》得于寿光，一些古觚、古爵，是在昌乐丹水岸出土的。

仰天山是赵明诚出游次数最多的地方，此山位于青州城西南一百二十里，景致以罗汉洞（又称千佛洞）最为出名。据说每逢中秋之夜，月光会从洞顶缝隙下射，照着崖壁佛龛数百，直似西方极乐世界，仰天山也因此得名。山上还有北宋开国皇帝赵匡胤敕建的文殊寺。这里高峻奇险的山崖和千奇百怪的洞穴对青州一带的士人有着巨大的吸引力。检索《金石录》，我们会发现他一共去了五次，其中三次，分别是大观二年（1108）的重阳节、大观三年（1109）的重阳节、政和元年（1111）的中秋节。因为这些时间正逢登高之佳节，猜测可能是规模较大的相伴出游，同去的人可能有他的两个哥哥、两个妹婿和表兄谢克家（字任伯）等其他亲友，他是否带了妻子同行，无法确认。赵明诚第五次往游仰天山，是宣和三年辛丑（1121）四月，这次旅行结束后，不久他就前往莱州赴任了。

除了仰天山，赵明诚另一个去得较多的地方是长清县方山脚下的灵岩寺。

中古时，沿泰山西侧，从徐州、兖州经郓州、长清到齐州，是贯穿南北的一条交通主线，灵岩寺位于泰山西北的一处支脉上，正是从济南去往泰山的必经之路。寺建于东晋，北魏孝明帝正光年间重修。至唐高宗李治与皇后武则天登山过访，已有秦始皇、西汉武帝、东汉光武帝封禅泰山。据说唐玄奘也曾住在寺内翻译经文，并留下了一株手植的摩顶松。唐李吉甫的《十道图》里，已将此寺与南京栖霞寺、浙江天台国清寺、湖北江陵玉泉寺并称天下"域内四绝"。①晚于赵明诚约七个世纪的

---

① 《读史方舆纪要》卷三十一"山东二"之"方山"条："山北有灵岩寺，唐李吉甫《十道图》以润之栖霞、台之国清、荆之玉泉，与此为四绝者也。"顾祖禹撰《读史方舆纪要》，贺次君、施和金点校，中华书局 2005 年版。

清嘉庆年间的一位学者官员曾在日记中如此记述此寺胜景："山翠扑人，峰攒万笏，浓绿间隐隐古寺，辟支塔、功德顶证明龛踞最胜处。入寺，古碑满目，不能数计。"①

"古碑满目，不能数计"，这样的情形北宋时可能更甚。至和二年（1055），约早于赵明诚半个世纪，秘书省著作郎张公亮来到灵岩寺时，还见"古堂殿基宛然"，唐人冶铸铁像的下体、装饰着佛本生故事浮雕的辟支塔石柱础等，都保存完好。

赵明诚往游灵岩寺三次，分别是大观三年（1109）九月、政和三年（1113）闰四月及政和六年（1116）三月。此时寺名全称，应是熙宁三年（1070）敕赐的"十方灵岩寺"。今存灵岩寺鲁班洞入口西壁的唐天宝元年（742）灵昌郡太守李邕撰并书《灵岩寺碑颂并序碑》，即寺志所谓"唐开元碑"，最早就是由赵明诚著录。②

据寺志称，此碑发现时，半埋在寺西北里许的荆棘中，沙淤过半，文字多磨灭不能读。李邕的碑文多称颂寺内景物与高僧事功，并记录了唐麟德二年（665）末至乾封元年（666）唐高宗李治与皇后武则天封禅泰山并驻跸灵岩一事，是研究唐朝佛教史的重要文献之一。由碑文可知，寺内还有唐高宗和武则天在此次封禅期间在灵岩寺兴建的一系列建筑和造像，如观音阁、舍利塔、报身佛卢舍那像等，最闻名者，应是武则天敕建的一尊纯铁铸造、形体巨大威猛的金刚力士像。此造像仅存的残块虽只保留了力士腰部至双膝部分，但铁自地涌出，高五六丈，重数千斤，还自气势不凡。此残件寺人视若珍宝，称"铁袈裟"，大观四年（1110）灵岩寺住持和尚仁钦作组诗《灵岩十二景》，特有《铁袈裟》一首，中有"我佛慈悲铁作衣，谁知方便示禅机"等语，赵明诚三次前往，当有机会寓目。

① 〔清〕黄易：《岱岩访古日记》,《嵩洛访碑日记（外五种）》，浙江人民美术出版社2018年版。
② 《金石录》卷七，《金石录校证》第129页，赵明诚撰，金文明校，中华书局2019年版。

政和三年（1113）闰四月六日，赵明诚第二次往游灵岩寺。闰四月八日，赵明诚返途中，顺道和朋友们一起登泰山访碑。泰山自汉以来，就被视作一座带有宗教色彩的灵山，北魏晚期以来，随着佛教流传中土，此地更是集中了无数佛教窟龛、摩崖刻经，赵明诚身入宝山，自不会空手而归。这次他一直走到山顶，得摩崖刻于山顶的《唐登封纪号文》二碑，[①] 还亲见了欧阳修《集古录》中提到过的著名的秦刻石。他的好友刘跂在大观二年（1108）也拓过此碑。《金石录》卷十三，《秦泰山刻石跋》："大观间汶阳刘跂斯立，亲至泰山绝顶，见碑四面有字，乃摹得之。文虽残缺，然首尾完具，不可识者无几，于是秦篆完本复传世间矣。以史传本纪考之，颇多异同。……此皆足以正史氏之误。然则斯碑之可贵者，岂特玩其字画而已哉。"

政和三年秋，刘跂第二次登泰山访秦碑，还给他寄过《汉张平之残碑》碑铭。[②]

政和六年（1116）的那次出行，正赶上安丘出土齐侯盘及匜，所以大概率他是奔着这些古器物去的，日后他将之收入了《古器物铭》中。[③]

他应该还去过几次东京，只是出发的时间和次数不明。《金石录》卷二十二《北齐陇东王感孝颂跋尾》记他访郭巨墓，就是在青州赴京师途中，"在今平阴县东北官道旁小山顶上……余自青社如京师，往还过之，屡登其上。"残缺不全的《汉祝长严欣碑》应该也是这一时期得到的："政和中下邳县民耕地得之，碑云：和平元年，年六十九。又云：讳

---

① 《金石录》卷二四《唐登封纪号文》碑跋："右唐登封纪号文，凡两碑，皆高宗自撰并书。其一大字，摩崖刻于山顶，其一字差小，立于山下，然后世颇罕传。政和初，余亲至泰山，得此二碑入录焉。"
② "右汉张平之残碑，政和中亡友刘斯立，以此本见寄，云其石新得于南阳，凡七十有二字。"《金石录》卷十四。
③ 《金石录》卷一二："右齐侯盘铭，政和丙申岁安丘县民发地得二器，其一此盘，一此匜也，验其文盖齐侯为楚女作。"

欣字少通。其后有铭，铭为五言，颇残缺，难读云。"①

赵明诚总体上是一个比较宅的人，闲居青州的十余年里，他总共只有过七到八次出行。从出行的记载来看，前期相对密集些，到后来数年才出一次门，而且里程不远，在外的时间也比较短。最远的一次，离家也不过三四百里。大观三年（1109）九月那次出行，《金石录》里说，"凡宿两日乃归"，那是因为先游仰天山，再上灵岩寺。政和三年（1113）闰四月那次旅行，外宿也有两到三个晚上，他是先去灵岩寺，再和朋友们一起登泰山访碑。这一切，《金石录》里述之甚详。

五、博雅

作为一个在当地已小有影响的收藏家，即便他不出门，还是会有一些文物商人、掮客和同好登门造访。大观三年（1109）仲冬，好友文及甫路过青州，特地拜访赵明诚。

文及甫字周翰，三朝宰相文彦博之子，曾官集贤殿修撰，提举明道宫，此时已因党祸牵连去职，不知他缘何到青州。赵明诚携前辈书家蔡襄的《进谢御赐诗卷》到官舍"简政堂"，邀他同赏。这蔡襄乃大中祥符五年（1012）生人，天圣年间累官龙图阁学士，工诗文，擅书法，楷行皆妙，尤以"飞白散草"为世人称道。文及甫特为此诗卷作题跋云："大观三年仲冬上休日，青社郡舍之简政堂观，河南文及甫。"②

说起来，这幅蔡襄诗卷称得上真正的赵家旧物了，它记录了赵家已经消失的一段荣光。崇宁四、五年（1105、1106）间，正是赵挺之权力之途最高峰的时候，赵明诚在京师当鸿胪寺少卿，多次邀请表兄谢克家来府上共赏文物碑帖，此卷就在其中。谢克家是河南上蔡人，他的父亲

---

① 《汉祝长严欣碑》，《金石录》卷十四。
② 《珊瑚网》卷三，《法书题跋》。

谢良弼与赵挺之都是郭槩女婿，他比赵明诚年长几岁，也喜金石字画，对赵家收集了这么多稀世之珍很是心羡。

就连大书法家米芾（字元章），也来丞相府邸观瞻这幅诗卷，时间当在崇宁四年（1105）或五年（1106）间。

生于皇祐三年（1051）的米芾是他那个时代的艺术天才，他本是吴人，世居太原，后迁襄阳，因此他众多的名号里又有一个叫"襄阳漫士"。米芾翰墨沉着飞翥，很得王献之笔意，又不践陈迹；他画山水树木，烟云掩映，意似便好，其大幅泼墨的独特技法，人称"米家山水"。米芾人长得眉目轩昂，又喜着唐人服饰，行事做派不蹈袭前人，这样的明星式人物，据说每到一处都会引起围观。他又自视甚高，自云"功名皆一戏，未觉负平生"，说起古人书法，眼里除了二王，竟无一个放得进去。只因米芾的生母年轻时曾在藩邸侍奉英宗高皇后，也就是后来的宣仁皇太后，米芾因此被神宗恩赐太学博士、秘书省校书郎，在禁中看了许多晋唐法帖，自己也收了不少，把斋名都叫作了"宝晋斋"，这世间有什么宝物他没有寓目过？但这次拜观后，米芾还是留下一款题跋以示歆羡之意："芾于旧翰林曾观右刻，今四十年，于大丞相天水公府始睹真迹，书学博士米芾。"[1]

就在共赏此卷后的第二年，赵挺之在与蔡京的权力角逐中败北，邈然去世，米芾也已于大观三年（1109）谢世。靖康后，李清照携古器文物一路南逃，此卷亦在其中，不慎在越州遇盗失落，后流入皇家内库。绍兴三年（1133），谢克家在专门安放皇家礼器的临安法慧寺曾亲见之，留下一段跋语，语调不胜凄怆之至，此是后话不提。

与他们夫妇一样有着金石之癖的博雅君子还真不少。政和元年（1111）二月，书法家、兖州陈留人王寿卿（字鲁翁）登门，为归来堂所藏徐铉小篆《千字文》真迹题跋。王寿卿是明诚布衣之交，曾拒绝为

---

[1] 《珊瑚网》卷三，《法书题跋》。《大观录》卷六，《式古堂书画汇考》卷十，均载蔡襄《进谢御赐诗卷》，附有米芾、文及甫及谢克家三跋。

王安石篆《字说》，却为他们摹篆了许多古器物铭碑。这件《千字文》真迹后来经靖康之变，流落他人之手，直到宋宁宗嘉定十七年（1224），由收藏家岳珂获得，郑重题云："故藏待制赵明诚家"。

两年后，政和三年（1113），鄂州嘉鱼县出土楚钟，"字画奇怪"，王寿卿特地给赵明诚寄来了楚钟铭墨本。这年前后，与赵家有通家之好的刘跂还把汉张平子残碑拓片送给了赵明诚。这两件好友的馈赠，赵明诚都郑重作跋，收入了《金石录》。[1]

年复一年，他们像鸟雀衔枝一样，归来堂的庋藏日益丰厚起来，原先的大橱不够用，又打造了好几架。后世有人歆羡他们搜尽"人间奇宝"[2]，却不知道这辛辛苦苦搜罗来的一切，都要成为来日里的不可承受之重。

六、为君

虽然不免寻常夫妇的口角、争执，相互较劲，暗生闷气，但共同事业中结成的那一份同心和默契，亦已是世间少有。再兼两人都是书痴史癖，她又是"不与群花比"的心气极高的女子，明诚若真是个深于情明于理的男子，又岂会不知爱惜。

政和四年（1114），他们屏居青州的第七年，许是为了向妻子表达感谢之情，赵明诚请人给三十一岁的妻子画了幅小像，还在画像上题了一段小跋。像中的李清照，内穿紧身小褂配长裙，外罩以对襟长袖褙子，褙子的袖口和前襟，都饰着漂亮的花边。跋云："清丽其词，端庄

---

[1] 《金石录》卷一一《楚钟铭》跋："右楚钟铭，政和三年获于鄂州嘉鱼县以献，字画奇怪，友人王寿卿鲁翁得其墨本见遗。"《金石录》卷一四《汉张平子残碑》跋："右汉张平子残碑，政和中亡友刘斯立以此本见寄。"

[2] 顾太清：《滂喜斋藏书记》引《金缕曲》："易安夫妻皆好古，夏鼎商彝细考，聚绝世人间奇宝。"

其品，归去来兮，真堪偕隐。政和甲午新秋德甫题于归来堂。"①

　　他爱她嫣然的风采，亦欣赏她学士才人方有的才华与格调，这私赠之语，不只是欢喜，亦还有一份敬意。

　　这几年丈夫屈指可数的几次短途出行，她在家中也会想念他，情感比起一个新妇还要浓烈。政和六年（1116）丙申三月四日，赵明诚第三次到长清县灵岩寺，写下一则题铭，说他于半个月前自青州出发时，气候尚冷，这或许是李清照这阕《木兰花令》缘何说"楼上朝来寒料峭"吧。"沉水香消""水微波""雪满东山"，满目意象都是冷的，"为君"一语，才见得种种安排，正因为种种深情。

　　　　沉水香消人悄悄，楼上朝来寒料峭。春生南浦水微波，雪
　　满东山风未扫。
　　　　金樽莫诉连壶倒，卷起重帘留晚照。为君欲去更凭栏，人
　　意不如山色好。

　　　　　　　　　　　　　　（《木兰花令·沉水香消人悄悄》）

　　梦中被林间的莺声唤醒，远忆征人，她也会泪流不止。但胸中的郁懑总得要排遣，于是就借酒浇愁。一怀愁怨，触绪纷来，却是"无一语，对芳尊"。准备就这样百无聊赖地挨到黄昏了，刚刚把灯油熬干，又听着一叶叶、一声声，雨打梨花。

---

① 四印斋刻《漱玉词》，前有李清照小像，上书"易安居士三十一岁之照"，后附明诚跋语。此易安小像系发现于密州诸城。但有人认为这幅画像的衣服陈设，都是明清体制，并且"易安室""易安居士"都是南渡后才用的，系后人伪作。四印斋刻《漱玉词》另附录有诸城王志修《易安居士画像题词》注："石高五尺，玲珑透豁，上有'云巢'二隶书，其下小摩崖刻'辛卯九月德父易安同记'，现置敝居仍园竹中。"此石刻或系后人附会。黄盛璋从《文学研究》一九五七年三期检得一段题跋云："像旧藏诸城县署楼中，贮以竹筒，今为邑人裴君玉樵所得。按易安嫁赵明诚，明诚诸城人而家于青，此图之在诸城固宜，画笔古雅，其为当时真本可知。"

枝上流莺和泪闻，新啼痕间旧啼痕。一春鱼鸟无消息，千里关山劳梦魂。

无一语，对芳尊。安排肠断到黄昏。甫能炙得灯儿了，雨打梨花深闭门。

（《鹧鸪天·枝上流莺和泪闻》[①]）

不知道是不是妻子的影响，搜罗金石碑版之余，赵明诚也在写诗。从日后他出淄川太守时妹婿傅察一首赠诗中的两句来看，"琳宫乞得十年闲，可但新诗胜畴昔"[②]，这一时期他的诗艺还是大有长进的。易安性喜与士人交游，士大夫圈子里的赠诗、酬唱，她也很积极地去参加，这段时间他们应该有不少唱和之作，可惜都没有保存下来。

夫妻间诗歌赓和，花朝月夕，相互注入对方的生命里，傅察才会羡慕地把他们的"归来堂"称作"琳宫"，即洞中仙府。日后到了建康，夫妻感情降温，也是为了弥补裂痕，易安才会有大雪天顶笠披蓑绕城寻诗、诗成后强邀明诚唱和的傻气举动吧。只是月行人随，人攀明月不可得，爱情终归是要凋落的，到那时他们已经再也回不去了。一直到丈夫去世数年后，触及这段往事，她心中还是不可抑止的哀伤：

十五年前花月底，相从曾赋赏花诗。

今看花月浑相似，安得情怀似旧时？

（《偶成》）

赵明诚去世是建炎三年（1129）夏，由此上推十五年，正是他们屏居青州时。一些词家把这几首词也系于这一时期。

---

① 此词作者存疑。汲古阁未刻词本《漱玉词》收此词，以为李清照所作。清代王鹏运四印斋本《漱玉词补遗》案语以为北宋词人秦观所作。《全宋词》归入无名氏作品。
② 傅察：《任伯、仲时、德升用均父韵送德父守淄川，邀余同赋》，《忠肃集》卷上。

萧条庭院，又斜风细雨，重门须闭。宠柳娇花寒食近，种种恼人天气。险韵诗成，扶头酒醒，别是闲滋味。征鸿过尽，万千心事难寄。

楼上几日春寒，帘垂四面，玉阑干慵倚。被冷香销新梦觉，不许愁人不起。清露晨流，新桐初引，多少游春意。日高烟敛，更看今日晴未？

（《念奴娇·萧条庭院》）

归鸿声断残云碧，背窗雪落炉烟直。烛底凤钗明，钗头人胜轻。

角声催晓漏，曙色回牛斗。春意看花难，西风留旧寒。

（《菩萨蛮·归鸿声断残云碧》）

萧条庭院，斜风细雨，丈夫的短暂出游带走了好天气，这情形应该是真的。可是出门只三五日，来信也不会那么快吧。雪落下，炉烟直，"钗头人胜轻"，[①] 倒不是说大雪纷飞的正月里，他人还在外头，让家中的妻子牵挂。但不管他出门多久，她等待那个人回家的心情都同样急迫和焦灼。所以，她可以想象并虚构这样一个女性：丈夫离去后，"她"举目望归鸿，无聊地写几首险韵的诗，正月初七日，大雪天里，香炉里的烟也好像冻住了，她戴上名为"人胜"的凤钗，心事那么重，钗子戴着也像不戴一样。

她现在是真正的作家了，而且是同时代女作家里公认写得最好的一个。我们应该承认她和男性作家一样有虚构的权利。而且事实证明，她也有虚构的能力。

---

① 人胜：唐宋妇女在"人日"这样的特定节日插戴的首饰。古时正月初七日为人日，剪彩为人形，故名"人胜"。《荆楚岁时记》："人日剪彩为人，或镂金箔为人，亦戴之头鬓，又造花胜以相遗。"李商隐《人日》诗："镂金作胜传唐俗，剪彩为人起晋风。"

一年春事都来几，早过了、三之二。绿暗红嫣浑可事。绿杨庭院，暖风帘幕，有个人憔悴。

买花载酒长安市，又争似、家山见桃李。不枉东风吹客泪。相思难表，梦魂无据，惟有归来是。

（《青玉案·一年春事都来几》[①]）

偶尔她也会想起汴京城里买花载酒的日子，可这又怎能比得上在故乡山里观赏桃李！她站在绿杨婆娑的庭院中，看春光浩荡来去，虽然那男子不在眼前，让她相思之情难表，梦魂也飘忽无依，她也庆幸归来得是。

"不枉东风吹客泪"——请不要责怪春风吹落异乡人的眼泪吧。

七、知词

当易安夫妇徙居青州的大观二年（1108），她文学上的伯乐晁补之已经闲居缗城（今山东金乡）六个年头。这一年，晁补之重修了他在金乡隐居的松菊堂，虽然没有确凿的记载，但我们可以猜测，就在这一年，或许是下一年晁氏五十七岁生日之际，李清照偕赵明诚前往金乡为父执辈的晁氏贺寿。他们青州的住处命名"归来堂"或许正来自晁补之的新号"归来子"的启发。[②]

这次金乡之行，她留下了一首调名为《新荷叶》的寿词：

---

① 此词或云欧阳修作。徐培均《李清照集笺注》云："大观元年（1107）秋，赵明诚、李清照夫妇屏居青州乡里。歇拍云：'相思难表……'当已回至青州。词云：'买花载酒长安市……'谓在京作官，不如在青州屏居可赏春光。据此，词当作于大观二年二三月初也。"

② 晁补之《归来子名缗城所居记》："读陶潜《归去来辞》，觉己不似而愿师之。买田古缗城，自谓归来子。庐舍登览游息之地，一户一牖，皆欲致归去来之意。"《晁补之年谱》，上海古籍出版社1991年版。

薄雾初零，长宵共、永昼分停。绕水楼台，高耸万丈蓬瀛。芝兰为寿，相辉映、簪笏盈庭。花柔玉净，捧觞别有娉婷。

鹤瘦松青，精神与、秋月争明。德行文章，素驰日下声名。东山高蹈，虽卿相、不足为荣。安石须起，要苏天下苍生。①

（《新荷叶·薄雾初零》）

她先是恭维晁先生老来偏瘦，精神头儿好，又赞誉他的德行和文章，"虽卿相、不足为荣"。在这个打小就赏识她的文学前辈面前，她可以把文学见解包括文学野心坦陈无遗，用不着作任何掩饰。

作为一个老资格的文学评论家，晁补之一直留意着词作为一种文体的发展和流变，并撰有词学专论《评本朝乐府》，"历评柳永、欧阳修、苏轼、黄庭坚、晏殊、张先、秦观七家词"，与本朝另一个词评家李之仪并称为当时评论界的双雄。应该是这次造访的触动，几年后，李清照写出了平生最重要的一篇文学专论《词论》，把她在文学上的独立不羁表露无遗。因这篇《词论》中所评述的十六个作家，范围不出唐末五代至北宋中叶，大约截止于哲宗朝至徽宗政和年间，日后崛起的重要词人周邦彦等人都没有涉及，似乎有理由让我们确定，它的写作时间应该是在青州时期。这是她一生中最宁静的一个时期，日子安稳，夫妻和乐，这样的环境自然也最宜于写作和运思。

另外可资佐证的是，《词论》后面说到，"又有张子野……晁次膺辈继出"。这个晁次膺名元礼，又名端礼，次膺是他的字，是北宋一个著名乐人。此人亦来自晁氏家族，为晁补之十二叔，历任单州城武主簿、泰宁军节度推官等低微官职，因得罪上司，废徙三十年之久。崇宁四年（1105）八月，朝廷以方士魏汉津发明的一套音阶系统用作道教仪式时

---

① 词见孔凡礼辑《全宋词补辑》。

的背景音乐，赐新乐名"大晟"，置府建官，置大晟府为音乐机关。晁元礼在政和三年（1113）因蔡京荐，进《并蒂芙蓉》词得徽宗称赏，以承事郎除大晟府协律郎。

由此我们大致可以推测，李清照写作这篇《词论》当在政和三年（1113）后。她在"归来堂"与闺中姊妹及女友们分韵作诗，也当是在这一时期。

乐府声诗并著，最盛于唐。开元、天宝间，有李八郎者，能歌擅天下。时新及第进士开宴曲江。榜中一名士，先召李，使易服隐姓名，衣冠故敝，精神惨沮，与同之宴所。曰："表弟愿与坐末。"众皆不顾。既酒行乐作，歌者进，时曹元谦、念奴为冠，歌罢，众皆咨嗟称赏。名士忽指李曰："请表弟歌。"众皆哂，或有怒者。及转喉发声，歌一曲，众皆泣下。罗拜曰："此李八郎也。"

自后郑、卫之声日炽，流靡之变日烦。已有《菩萨蛮》《春光好》《莎鸡子》《更漏子》《浣溪沙》《梦江南》《渔父》等词，不可遍举。

五代干戈，四海瓜分豆剖，斯文道息。独江南李氏君臣尚文雅，故有"小楼吹彻玉笙寒""吹皱一池春水"之词。语虽甚奇，所谓"亡国之音哀以思"也。

逮至本朝，礼乐文武大备。又涵养百余年，始有柳屯田永者，变旧声作新声，出《乐章集》，大得声称于世；虽协音律，而词语尘下。又有张子野、宋子京兄弟、沈唐、元绛、晁次膺辈继出，虽时时有妙语，而破碎何足名家！

至晏元献、欧阳永叔、苏子瞻，学际天人，作为小歌词，直如酌蠡水于大海，然皆句读不葺之诗尔。又往往不协音律者，何耶？盖诗文分平侧，而歌词分五音，又分五声，又分六律，又分清浊轻重。

　　且如近世所谓《声声慢》《雨中花》《喜迁莺》，既押平声韵，又押入声韵；《玉楼春》本押平声韵，又押上、去声，又押入声。本押仄声韵，如押上声则协；如押入声，则不可歌矣。王介甫、曾子固，文章似西汉，若作一小歌词，则人必绝倒，不可读也。

　　乃知词别是一家，知之者少。后晏叔原、贺方回、秦少游、黄鲁直出，始能知之。又晏苦无铺叙。贺苦少典重。秦即专主情致，而少故实，譬如贫家美女，虽极妍丽丰逸，而终乏富贵态。黄即尚故实而多疵病，譬如良玉有瑕，价自减半矣。

（《词论》）

　　这篇不长的评论，深谙叙事之道的李清照从晚唐时李八郎的一则故事入手，追踪词作为一种流行文体的源头。她描述了玄宗时代开元、天宝年间娱乐业竞相繁荣的年代里，一个歌唱家令在场听众闻之泣下的表现力，歌者李八郎低调登场，"及转喉发声，歌一曲，众皆泣下"。

　　一群新及第的进士在长安近郊的曲江举行宴会，有个名士约请了当时以歌唱闻名的李八郎，带他一同去赴宴。进场时，故意隐去他的姓名，让他穿戴破旧，作出一副懊丧的神态。名士一进场就说："这是我表弟，愿叨陪末座。"众人见来者其貌不扬，也没有人顾得上理睬他。酒宴开场，乐队奏起了音乐，歌手们陆续进场献唱，当时以曹元谦和一个叫念奴的宫妓唱得最好，[①]唱毕，大家都赞赏不已。这时，名士忽然指着李八郎说："请表弟歌一曲。"众人看着这个衣着寒酸的小子，皆哂笑不已，可是待到李婉转发声，唱完一曲，在场的人都感动得流下了眼

---

① 曹元谦，疑为曹不谦，王灼《碧鸡漫志》卷一云："古人善歌得名不择男女。……唐时男有曹不谦、谦子意奴、高玲珑、李龟年、米嘉荣、李衮……女有穆氏方等、念奴、张红红、张好好。"又元稹《连昌宫词》："力士传呼觅念奴，念奴潜伴诸郎宿。须臾觅得又连催，特敕街中许然烛。春娇满眼睡红绡，掠削云鬟旋装束。飞上九天歌一声，二十五郎吹管逐。"诗后自注："念奴，天宝间名倡，善歌。"

泪，为刚才小看了李八郎羞愧不已。

这自然是因为歌者的魅力，也是歌词的魅力。文中所说"李八郎"，即唐开元、天宝年间著名歌唱家李衮，据李肇《唐国史补》卷下，"李衮善歌，初于江外，而名动京师"。带他与宴的这个名士叫崔昭，博陵人，也是一个新科进士，日后代宗时奉使回纥，因功封邺国公。

李清照说，从这个故事发生的八世纪中期开始，词作为一种独立的诗歌类型已经风行天下了，并有《菩萨蛮》《春光好》《莎鸡子》《更漏子》《浣溪沙》《梦江南》《渔父》等多种曲调流传坊间（同时代人王灼追踪各种曲调历史的《碧鸡漫志》可以证实这一观点），但那时它的功能主要还是娱乐性的，时人不过把小歌词用来在社交场上侑宴佐觞，让歌女们演唱，用以调节气氛，所以多是"郑卫之声"，靡靡之音。所以在李八郎处身的唐朝，词主要是用来演唱而不是供人阅读的。

而后，李清照进入了对唐末五代迄今歌词历史的梳理。五代十国，因战乱频仍，四海瓜分豆剖，斯文一道如火种将熄，虽有南唐的李璟、李煜和大臣冯延巳等延续"文雅"，且语言清新，但"小楼吹彻玉笙寒""吹皱一池春水"等语，[①]奇则奇矣，亦不过是亡国之音。到了本朝，从政治到文化各方面的制度算是健全了，又涵养百余年，词坛总算出了个名气很大的"屯田员外郎"柳永，"变旧声作新声"，还出了一本《乐章集》，也算是带着这一文体进入新时代了。

在对多位前辈作家的词作一番不留情面的点评后，接下来，她宣称发现了一个秘密：

> 乃知词别是一家，知之者少。

词不是诗，也不是文章，词要从原先的歌词世界摆脱出来获得文学

---

① 《南唐书》卷二十一《冯延巳传》："元宗乐府词云，'小楼吹彻玉笙寒'，延巳有'风乍起，吹皱一池春水'之句，皆为警策。元宗尝戏延巳曰：''吹皱一池春水，干卿何事？'"延巳曰："未若陛下'小楼吹彻玉笙寒'。元宗悦。"

生命，就必须有它自身的文体特征，概言之，就是要"协音律"、有"铺叙"、有"情致""尚故实"，更要典雅庄重。而其中最体现一个词作家基本功的，乃是它的音乐性，也就是要"协音律"，因为它是要配乐吟唱的。"诗文分平侧，而歌词分五音，又分五声，又分六律，又分清浊轻重"①。她举例说，如近世所谓的《声声慢》《雨中花》《喜迁莺》既押平声韵，又押入声韵，《玉楼春》本押平声韵，又押上、去声，又押入声，本押仄声韵的，如押上声则"协律"，如押入声，那就不能歌唱了。

作为一个诗、词、文三种文体都能同时施为的文学多面手，李清照认同士大夫们的一种既成观念：诗，是事关社稷江山的，是可以兴、观、群、怨的，是一种"大叙事"；词呢，传达的往往是离愁别恨，伉俪情深，或者是生活私域里的某些隐衷，是一种"小叙事"。诗是自传性的，它的最终目的是传达一个人的内心之"志"，而词人可以把自己伪装成他人去写作，可以虚构，可以去探索想象中的经历并把它们写下来。

她说，在歌词的世界里，国家、功名、家庭似乎都可以不提，人们更关心的是失落的爱情，是一刻的悲欢，是一杯酒、一盏茶或者一棵开花的树。她的诗词写作，一开始似乎也严守着这条文体界限，愈到后来，词里的自传性愈强了，所谓以诗入词，文体的界限开始被有意无意打破了。

以她对词近乎严苛的标准来看，文坛上许多所谓的名家之作是根本不过关的。以经常出入瓦舍勾栏的浪子形象著称的词坛前辈柳永，虽懂曲律，其语言却庸俗低下，"词语尘下"。②接着又有张子野、宋子京兄

---

① 五音，指中国古音阶中的宫、商、角、徵、羽五个音级。五声，即阴平、阳平、上、去、入五种声调。六律，乐律有十二，阴阳各六，阳六为律，阴六为吕，合称律吕。六律即黄钟、太簇、姑洗、蕤宾、夷则、无射。

② 柳永放浪不羁的形象很可能是后世建构起来的。赵明诚的忘年交、比李清照年长约四十岁的作家黄裳（1044—1130）在北宋覆亡后撰文怀念嘉祐年间的太平气象，特地提到了柳永的《乐章集》，称，"如观杜甫诗，典雅文华，无所不有"，认为《乐章集》忠实地传达出了那个时代的气象。黄裳《书乐章集后》，《演山集》卷三十五。

弟、沈唐、元绛、晁次膺辈相继出现于词坛，[①]他们虽时有妙语警句，却不注意词的整体之美，因而显得破碎而欠浑成，怎能称之"名家"？到晏殊、欧阳修、苏轼等，都是才学极高之人，学际天人，穷研物理，按理说，他们创作歌词，就像在大海中取一瓢水一样，可是他们的词作，不过都是些句子长短不齐的诗罢了，最要命的是还经常不合音律，像苏轼的一些词，根本不适合在宴会场合上表演，比如他那首梦见亡妻的"明月夜、短松冈"的词。

还有王安石和曾巩，文章做得像西汉司马迁的《史记》一样好，若作一小歌词，必让人笑得不能自持。为什么？没法儿读啊！后来晏几道、贺铸、秦观、黄庭坚出现，才算稍微懂得了一点词到底为何物，但晏几道的词苦于无铺陈叙事，贺铸的词苦于不够典雅庄重，秦观的词，虽然比较讲究情韵风致，但缺少典故、史实，这就如同穷人家的美女，虽然长得不错，但终究缺乏富贵人家女儿的那种情态。黄庭坚对典故史实是重视了，但又有许多自带的小毛病，就好比一块美玉生了斑点，价值自然就少一半了。

这一番快人快语，笔锋所至，十六个被点到的名家无一免者，让同时代和后世的许多作家评论家坐不住了。在他们看来，区区一个妇人"开此大口"，岂止是对前辈的轻慢，简直是个"毒舌"酷评家。她怎么可以这般自恃其才、藐视一切？她难道以为自己真的是一个"乐府名家"？真是"其妄不待言，其狂亦不可及也"[②]。同时代作家、绩溪人胡

---

① 张子野（990—1078），名先，字子野。乌程人。天圣八年（1030）进士。以尝知安陆，故人称"张安陆"。治平元年（1064）以尚书都官郎中致仕，此后常往来于杭州、吴兴之间，与赵抃、苏轼、蔡襄、郑獬、李常、梅尧臣等名士交游。有《张子野词》三卷。宋子京（998—1061），名祁，安陆人，曾与欧阳修合撰《新唐书》。与兄长宋庠时称"大小宋"。沈唐，字公述，北宋词人，韩琦之客，曾官大名府签判，《全宋词》载词四首。元绛（1008—1083），字厚之，钱塘人，天圣八年进士，官至翰林侍读学士，除参知政事，《全宋词》载词二首。晁次膺（1046—1113），名端礼，彭城人，熙宁六年进士，废徙终生，晚年应召入京进《并蒂芙蓉》词，得徽宗称赏，以承事郎为大晟府协律。
② 〔清〕裴畅："易安自恃其才，藐视一切，语本不足供；第以一妇人能开此大口，其妄不待言，其狂亦不可及也。"《词苑萃编》卷九引。

仔也为被点评到的诸公叫屈，说李清照对他们的许多诟病和"谤伤"，既无分寸，也不符合事实，"此论未公，吾不凭也"。他还引用了唐朝诗人韩愈的诗"蚍蜉撼大树，可笑不自量"来讽刺李清照的不自量力。[①]一直到近代的梁任公，还在为王安石等鸣不平，说粗头乱服却不掩国色的贫家美女，也未必不如珠翠满头的富家千金。

这一切只是因为她是一个写作的女子，而不是一个歌女，所以她对什么是好的歌词要用一根标尺去度量。她理想中的词，既要建立在早先的歌词传统上，又能够从古典诗歌里汲取养分。她希望，词不应该仅仅是权贵和公子哥儿们云集的宴会上的开胃菜，也不应该受到道德家们的轻慢和指责，它应该走出歌词世界，成为可供世人阅读的一种独特的"文学"。

只是这篇文字实在太短了，一些她思考中的关键问题还没来得及展开就匆匆收笔了。比方说，词人写词是否应该像诗人写诗那样，把生活中的事物直接捕捉到他的笔下？一个女词人写词，她应该以自己的声音写作，还是可以在她的作品里扮演其他角色，进入某种虚构状态？

一些词人还在努力把词写得像词，她已经在为词这一文体争得文学的一份尊严，并探究到了写作的核心问题。日后，她再也没有写过类似的创作谈式的文字，但她的写作实践会把这些问题一一予以解答。

八、武陵

在青州的这些年里，赵挺之遗孀、太夫人郭氏一直没有放弃让赵家门楣重放光彩的努力，一次次地向朝廷申诉，试图让连坐废黜的三个儿子复出为官。到政和元年（1111），郭氏多年的呼吁终于有了回应，赵

---

① 胡仔《苕溪渔隐丛话》："易安历评诸公歌词，皆摘其短，无一免者。此论未公，吾不凭也。盖自谓能擅其长，以乐府名家者，退之诗云：不知群儿愚，那用故谤伤。蚍蜉撼大树，可笑不自量。正为此辈发也。"

家的政治前景开始拨云见日。

要让儿子们重新进入官场，首先必须给他们的父亲赵挺之恢复名誉，以扫除一切可能的障碍。大观三年（1109），权臣蔡京第二次罢相之后，郭氏感到机会来了，她以原秦国夫人的身份给朝廷写信，请求恢复故相赵挺之观文殿大学士加特进赠司徒的名位。政和元年（1111）五月，宋徽宗下诏，部分恢复赵挺之的官职品级，给了他一个"责降指挥"的名头，①也就是由原右丞相降一格。

朝廷虽没有满足郭氏的所有请求，但这一降格任命也算正式廓清了对于赵挺之的不实指控，给他平了反。也就在此后不久，赵明诚的两个兄长相继复职。政和二年（1112），长兄赵存诚以低于原官卫尉卿的秘书少监复出，也就是由卿监长官降为副职，②不久升任潍州太守。仲兄赵思存应该差不多同时复出。

宋朝官制，官、职、差遣是分离的，官用来定品位、俸禄，职用来优宠文臣，以提高资遇、威望，差遣才是具体担任的职务。值得附记一笔的是，高宗建炎元年（1127），赵存诚迁为广东安抚使，五年后的绍兴二年（1132）死在广东任上。赵思诚后来担任过温州知府、中书舍人兼添差兵马都监事等职，又曾出知南剑州，以治绩转一官，晚年充宝文阁待制、提举江州太平观。南渡后，这兄弟俩都把家安在了泉州。

当两个哥哥复出任职后，很长一段时间，赵明诚还住在青州。这或许是因为他天性就不那么热衷仕进，对所获的差遣又不太满意，或许是因为他全身心投入了他所热爱的文博事业上，《金石录》的写作到了关键时期，家中又有妻子相伴，故此也就不急着出来做事了。这就

① 《宋宰辅编年录》卷一二："政和元年五月丁亥，诏除落观文殿大学士特进赠太师赵挺之责降指挥，从其妻秦国太夫人郭氏奏请也。"案同书卷一一云："故观文殿大学士特进赠司徒赵挺之，追所赠司徒。"此云"太师"，当误，《宋史·赵挺之传》亦云赠司徒，非太师。
② 《宋会要稿》崇行四："政和二年七月十七日秘书少监赵存诚言：诸州所访遗书，乞委监官总领，庶天下之书悉归秘府。从之。"可见在这年七月赵存诚已任秘书少监，并就访求遗书上书言事。

有了前面说到的政和四年（1114）赵明诚为三十一岁的妻子画像题词一事。

　　一直到政和七年（1117）《金石录》三十卷书成，他也没有马上离开青州去东京。重和元年（1118）的一条跋记表明，他还在研读欧阳修的《集古录》，指摘错讹，并为已经完稿的《金石录》充实文献资料。如果我们把李清照自述生平的《〈金石录〉后序》作为信史来读，自大观二年（1108），"后屏居乡里十年"，往后推十年，赵明诚重入仕途当在重和元年（1118）前后。

　　日后李清照在《〈金石录〉后序》里说赵明诚起复后"连守两郡"，是从宣和三年（1121）出守莱州说起。之前三年，我们猜测他或许在京师附近的某个地方担任过一届州官副职之类的官职，因为按照宋朝的"磨勘"制度，文官正好三年一迁。① 具体去了何地担任什么职务，因为史载阙失，我们不清楚。当然他也可能去了汴京。要是这样的话，按照他的两位兄长复职的惯例，他只能担任比十几年前的原职鸿胪寺少卿低一个品级的官职。而这三年里，李清照一人在青州，并未随任。

　　自徽宗执掌天下，近二十年来，专制主义气氛愈加浓烈，蔡京、童贯等"六贼"当道，已使士气大受摧折。徽宗一朝的年号，由"建中靖国"而"崇宁"，由"崇宁"而"大观"，期待中的"大观"之治并未出现，只好从调和各方冲突和人事纠葛做起，"政和""重和""宣和"，一个个年号换着来。到赵氏兄弟复出的那几年，起码表面看来新旧党争已经平息，一些先前受打击的官员又重回朝廷中枢任职。赵氏亲友故旧里，他们的妹婿李擢和傅察已从青州回任，分别担任工部侍郎和吏部员外郎，成为天子近臣，他们的姨表兄弟谢克家和姑表兄弟綦崇礼也同朝为官。尤其是谢克家，他的一篇斥责权相蔡京的朝章，在汴京官场众口交传，风头可谓一时无两，② 这既为他自己积累了擢拔重用的政治资本，也预示

---

① 范仲淹《答手诏条陈十事》："文资三年一迁，武职五年一迁，谓之磨勘。"
② 陆游《老学庵笔记》载，宋徽宗宠信蔡京、童贯，致使大批良臣遭残害，谢克家数列蔡京之罪，"列圣诒谋之宪度，扫荡无余，一时异议忠贤，耕锄略尽"。

着一股新的政治力量即将在朝堂生成。

尽管从一开始我们就不主张把易安词当作她的生平作机械解读，但也不能一概而论，写作者总会把时代变革加诸己身的感受带入笔端。把李清照这首著名的《凤凰台上忆吹箫》系年于赵明诚复出的重和元年（1118），把它当作她的送行诗，或许可以解开那个时期她的心灵密码和夫妻生活中的一些隐情。

> 香冷金猊，被翻红浪，起来慵自梳头。任宝奁尘满，日上帘钩。生怕离怀别苦，多少事、欲说还休。新来瘦，非干病酒，不是悲秋。
>
> 休休，这回去也，千万遍《阳关》，也则难留。念武陵人远，烟锁秦楼。唯有楼前流水，应念我、终日凝眸。凝眸处，从今又添，一段新愁。
>
> （《凤凰台上忆吹箫·香冷金猊》）

我们看到了这样一幅室内情景剧的画面：饰着狻猊提钮的铜炉里，熏香已冷，红色的锦被乱堆床头，女主人也无心去收拾。自打一早起来，她就懒洋洋的不想梳头，任凭妆匣落满灰尘，任凭日光照上帘钩。

我们会问，她怎么了？她遇到什么烦心事了吗？一个声音说，我是生怕想起离别的痛苦，有多少话要向他说呀，可刚要说又不忍开口。他注意到我新近变得那么瘦吗？那可不是因为喝多了酒，也不是因为秋天啊。

"离怀别苦"又为什么说不出口呢？她心里一定有更担心的事吧，所以才会"欲说还休"。

她是打心眼里不赞成他出外觅官的。她不明白的是，受了那么多党争的祸害，看了那么多起起落落，都说官场凶险，丈夫为什么还要丢下"归来堂"的十年清梦，一有机会就巴巴地想跑出去做官呢？结婚十多年了，他们还一直没有子嗣，明诚的表外甥翟耆年就对表舅无后表示过同情，称"赵君无嗣"，[1] 这一直是他们的一块心病。当然问题有可能是出在丈夫身上，也有可能是她的问题，在他们那个时代，大概率是要归因于她的。他这一去，本来就暗生罅隙的夫妻感情会怎样呢？

她终于说出了最担心的事，"念武陵人远"。"武陵"原指"武陵源"，典出陶渊明的《桃花源记》，说的是晋太元中武陵渔人于桃花源乐而忘归事。这个典故的背后又系连着另一个神话故事，即刘义庆《幽明录》所载，汉明帝永平年间剡人刘晨、阮肇入天台山遇仙女并与之媾和事。发生这样的艳遇，是六朝以来的文人十分向往的事，所以他们才会一次次地从水路来到东南，巴望着这样的好事落到自己头上。但对一个妻子来说，她最恐惧的就是丈夫发生这样的"天台"之遇。

官员赴任又不是不能携眷前往，可是他为什么要把她一个人留在青州呢？哪怕她一次次地请求都不肯答应。"休休"，算了吧，算了吧。她也不想再求他了。

用这两个转折的典故说出了一段难言之隐后，她更多的是为自己"烟锁秦楼"的无奈现状感到悲哀。"秦楼"是传说中秦穆公女弄玉与丈夫萧史所居的凤台，弄玉和萧史一起生活十年后，一旦随风，比翼飞升，那么她呢？陪着丈夫屏居青州十年，到头来他得官飞升了，却把她孤零零地留在这里。她感到自己被抛弃了。

所以唐圭璋先生这样评这首词："此首述别情，哀伤殊甚。"[2] 这一次，她面对的不是小别离。这一步他要是跨出去了，就再也回不来了。

这就是为什么，太阳升得老高了她才起床，也不梳头，也不理一下妆容，任由床上的被子胡乱地散着。是因为你走了呀，你走了，我打

---

① 翟耆年：《籀史》上，"赵明诚古器物铭碑十五卷"条，守山阁丛书本。同时代人洪适也有类似记载："（赵）又无子能保其遗余，每为之叹息也。"洪适《隶释》卷二十六《金石录跋》。翟耆年是邢居实（邢恕之子）之甥，邢实又是赵挺之之甥，故翟耆年为赵明诚表外甥。

② 唐圭璋：《唐宋词简释》，上海古籍出版社 1981 年版。

扮得再好看又给谁看呢？她现在就是《诗经》里那个丈夫走了后头发乱糟糟也顾不得收拾的女子——"自伯之东，首如飞蓬。岂无膏沐？谁适为容！"

九、东莱

三年后，宣和三年（1121），四十一岁的赵明诚出任郡守级的官员——莱州太守。他能有这么快速的迁转，是因为时任吏部员外郎的妹婿傅察把他引荐给了一位重要人物。之前，明诚兄长赵存诚由秘书少监升任潍州太守，很有可能也是傅察起了作用。

傅察给赵明诚引见的这位当朝政要，是四朝宰相文彦博的儿子，他们称他"文帅"。说起来，这个文公子跟赵明诚的姨父邢恕（邢恕与赵挺之都是郭槩之婿）也是好友，[①]只不过赵明诚耻于这个姨父的人品，不会通过邢恕去找这个手握重权的文家后代。

傅察是孟州济源人，少时即有才名，十八岁中进士，是哲宗朝中书侍郎傅尧俞的从孙，在帝国官场一向有着良好的声誉和广泛的人脉。他还写得一手好文章，平常看上去一副温顺的模样，每遇大事却凛然不可犯（这也为四年后他出使金国为维护国体不屈而死埋下了伏笔）。据说傅察刚中进士不久，权臣蔡京就想把一个女儿许给他，但最终傅察还是做了赵挺之的女婿。

傅察与赵氏三兄弟一向交厚，从他答应替赵明诚引荐和日后赠诗来看，他与赵家季子的关系尤在其他二子之上。[②]"妙龄擢秀如黄童，藉甚词林振古风。澜翻千载常在口，磊落万卷独蟠胸。不将龟筮论从逆，独向诗书有高识。"傅察眼里的赵明诚，乃是一个学问蕴藉的"高识"之

① 《皇宋通鉴长编纪事本末》卷第一百零四："新除台官赵挺之乃邢恕妻兄。"
② 傅察：《任伯、仲时、德升用均父韵送德父守淄川，邀余同赋》，《忠肃集》卷上。

士。赵明诚以低于原职复出，只干满一届就得到了越级提拔，出任地方主官莱州太守，傅察的引荐可说是起了关键性的作用。

傅察死难后刊行于世的文集《忠肃集》（忠肃是傅察的谥号）中，有一封为赵明诚而发的信，《代文帅贺郡守启》。这封书启，是"文帅"对赵明诚上任莱州太守后写来的致谢信的回复，傅察虽是替"文帅"代笔，却也可见他对赵明诚的喜爱与推重。

> 恭承帝诏，出守侯藩。舆论翕然，休声藉盛。伏惟某官，深诚许国，厚德临民。学独造乎渊源，行不逾乎阃域。荐更事任，蔼者劳能。果奉宸恩，宠分郡守。

信中说，郡守的任命，是皇帝对赵明诚的特别恩宠，文大人本人只不过做了职分之内的事，"荐更事任"。信中称道赵明诚做事负责为人厚道，"深诚许国，厚德临民"，或许只是泛泛之言，但对他十年潜心金石事业，"学独造乎渊源"，则出于代笔人傅察真心实意的肯定。信中还说，赵明诚之所以能得到越级提拔，正是因为他十多年来甘于寂寞，和妻子一起汲汲于古器物的收集和文化整理。"阃"的原义是门槛，借指内室，"行不逾乎阃域"，是不是也在暗示，他妻子的词章盛名也传入了今上的耳中，以至对他有这一份特别的眷顾？

这次赴任莱州，赵明诚还是没有携家眷同去。对于赵明诚何以把青州十年相濡以沫的妻子留在家里，这一点确实让人费思量。赵明诚是一个把政治前途看得高于一切的人吗？生怕儿女私爱成为事业的羁绊？显然不是。他的事业在文章，不在事功，而且这十年来妻子都是他事业上的同志。那么，是家中老母需人照料才把她留下吗？显然也不是，存诚、思诚两位兄长比他早几年出来做官，也更有经济能力把老夫人接到身边。那么唯有一种解释，自从三年前他走出这个家，他们感情的距离又加大了。

在宋朝中国，一个数年在外年过四十的中年男子，解决生理需求不外青楼和娶妾两途。那些奔竞仕途的大小官员，不是都巴望着发生一场场的艳遇并以此为荣吗？他们邪狭的目光不是总盯着那些嫩妓并相互进行数目字的比赛吗？几乎可以确定，她最为担心的事情已经发生，有一个她不知道的女人已经和赵明诚生活在一起，不管他们是真有了感情还是逢场作戏。世风如此，这个离家三年的男子自也不能免俗。

她以前总是想象离别带给自己的忧伤，并用最喜欢的小词一次次地描绘它。但离别结结实实降临时，她觉得，没有一个女人受得住这份折磨。饮酒、填词，或许可以部分地抵消这份折磨，但事后只会让愁上更愁。雨声催着落红，庭花终究要凋零，"归来堂"生活的后期，已不复先前的融融泄泄。那个人已不在，她做什么都"只是无情绪"。

> 寂寞深闺，柔肠一寸愁千缕。惜春春去，几点催花雨。
> 倚遍阑干，只是无情绪。人何处，连天衰草，望断归
> 来路。

（《点绛唇·寂寞深闺》）

也许是妻子的坚请，也可能是来自家族内部的压力，一直到宣和三年（1121）秋天，李清照才获准前往莱州与丈夫团聚。她是一个人去的，丈夫并没有来接她。这份冷淡她岂会不知。前往莱州途中经过昌乐，夜宿驿馆，她填了一首《蝶恋花》，从中一点也看不到与丈夫再次聚首的喜悦。

这阕词，题作"晚止昌乐馆寄姊妹"，在元人选本《翰墨大全》发现这个题目前，一向被认为是她为赵明诚赴莱州上任而作。王仲闻先生作出的系年应该是可信的："此首殆为宣和三年辛丑八月间清照出青州至莱州途中宿昌乐寄姊妹所作。按地理图，由青至莱，须经昌乐。"[1] 精于考证的王仲闻先生还援引了李心传《建炎以来系年要录》中的一条记

---

[1] 王仲闻：《李清照集校注》，人民文学出版社。

载，来证明昌乐处于青州和莱州的中间位置。

> 泪湿罗衣脂粉满。四叠阳关，唱到千千遍。人道山长山又
> 断，萧萧微雨闻孤馆。
> 惜别伤离方寸乱。忘了临行，酒盏深和浅。好把音书凭过
> 雁，东莱不似蓬莱远。

（《蝶恋花·晚止昌乐馆寄姊妹》）

一个即将结束分居、前去与丈夫团聚的妻子，为什么要在途中给姊妹们写一首词，还声明是寄给她们的呢？她不应该满怀欣悦地扑入新生活吗？她的丈夫不应该是她的新词更合适的第一个读者吗？

这里的"姊妹"，应该是她在青州的闺中女伴。她与丈夫分离的这四年里，她们一起结社吟诗，短途出游，她们是诗友，是游伴，也是酒友。现在是秋天的夜里，下着雨，她是在青州与莱州中间的一个点上——昌乐，或许还喝了点酒，她忽然想起了她们来送她，分别时自己方寸大乱的窘状，当时被离情别绪搅得心乱如麻，竟不知饯行时姐妹们的送别酒是如何喝下去的，那杯中酒是深是浅，也都不知道了。

我们不要被开头的又是"泪"又是"罗衣""脂粉"的俗词给弄烦了，要知道，那只是一个宋朝女子的日常。接下来出现的场面，是大家一起含着眼泪唱歌。这时，她小心翼翼的笔墨变得豪宕了，四叠阳关，她们一起"唱到千千遍"。她们是多么舍不得她走啊！但她终归要去莱州与那个男人相见。最后她告诉姊妹们，要记得给我写信啊，东莱毕竟不像蓬莱那样遥远。

在异乡的客栈，下着雨的晚上，她最想与之交谈的，竟然不是她此行前往团聚的丈夫，而是陪伴她走过在青州的寻常日子的姐妹们，这终归有些反常。此时她的心还在青州，却又不得不朝前走。前面有什么？她要去投奔的那个男子还像以前那样值得信赖吗？还值得她以性命相托吗？她不知道，她只有对不可知的来日隐隐的恐惧。

十、静中

从青州出发时，她是算好了日子，打算和丈夫一起过这年的中秋节的。丈夫四年宦游，估计每年的中秋她都是一个人过的。苏轼先生说得好，"人有悲欢离合，月有阴晴圆缺"，既然这世上没有什么十全十美的事，那就从这个精心挑选的良辰重新开始吧。八月十日，她抵达莱州，住进了赵明诚给她安排的官舍里。

官舍的寒碜大出她的意料。屋子里空荡荡的，唯一的一张书桌还是破的。总是关不严实的窗子，风一吹就发出怪异的吱嘎声。平日里消遣的金石字画，这里一件都没有，除了一本《礼韵》，窗台和书桌上也没有一本熟悉的诗书或史集可供翻阅。这屋子冰冷的气息，一进来就知道赵明诚很少住在这里，很有可能，这是得知她来临时找的一个住处。

刚到莱州的第一夜，她写了一首诗。歌词太轻了，与这凝重的夜色太不相宜。只有诗，才承载得起她这天晚上的所思所想。诗的前面，她还破天荒地加了一个序文："宣和辛丑八月十日到莱，独坐一室，平生所见，皆不在目前，几上有《礼韵》，因信手开之，约以所开为韵作诗，偶得'子'字，因以为韵，作感怀诗。"

> 寒窗败几无书史，公路可怜竟至此。
> 青州从事孔方兄，终日纷纷喜生事。
> 作诗谢绝聊闭门，燕寝凝香有佳思。
> 静中吾乃得至交，乌有先生子虚子。[①]
>
> （《感怀》）

[①] 《全宋诗》卷一六〇二。

"平生所见，皆不在目前"，一个糟糕的陌生环境。诗起笔二句，"寒窗败几无书史，公路可怜竟至此"，用一则袁术的典故写环境的破败，就如同残兵败将走到了绝境。当袁术穷途末路的时候，士卒绝粮，询问厨下，军中只剩麦屑三十斛，时值盛夏，袁术欲得蜜浆，军中又无蜜，于是叹息："袁术至于此乎！"呕血数斗而死。[1] 她初到莱州的第一夜，丈夫丢下她就不管了，她感觉就像是战败的袁术走到了穷途末路。

是啊，婚姻就是一场战争，开始他们势均力敌，不相上下，后来年龄出卖了她。毕竟这一年宣和三年（1121），她三十八岁了。

"青州从事"指美酒，《世说新语·术解》载：桓温手下有一主簿，善于辨别酒的优劣，桓温饮酒前总是让他先品尝，该主簿称佳酿为"青州从事"，劣酒为"平原督邮"。"孔方君"指钱，古钱内方外圆，故有此戏称。此两句把满腹的怨怼发泄到了美酒和金钱上去。本以为来了可得夫妻团聚，没想到丈夫还要出去应酬，留她一个人枯坐空室，全身心投入金石事业的丈夫什么时候竟变成了一个利欲熏心的鄙官俗吏？她都要怀疑了，那个终日里忙忙碌碌喜生事的男子，到底还是不是赵明诚？

于是她在诗的最后说，写诗需要独处，在住处焚香静思，才会有好的构思。"静中吾乃得至交，乌有先生子虚子"，在平静中她结交到了两个好朋友，他们是西汉司马相如《子虚赋》中的人物，一个叫"乌有先生"，一个叫"子虚先生"。[2]

孤独带来的不是思念，而是让她爱上虚构。除了写作还能让她找到

---

[1] "（袁）术既为雷簿等所拒，留住三日，士众绝粮，乃还，至江亭，去寿春八十里，问厨下，尚有麦屑三十斛。时盛暑，欲得蜜浆，又无蜜。坐枨床上，叹息良久，乃大咤曰，袁术至于此乎！因顿伏床下，呕血斗余而死。"见《三国志·袁术传》裴松之注引《吴书》，《三国志集解》，中华书局1982年版。

[2] 《史记·司马相如列传》："上读《子虚赋》而善之，曰：'朕独不得与此人同时哉！'（杨）得意曰：'臣邑人司马相如自言为此赋。'上惊，乃召问相如。相如曰：'有是。然此乃诸侯之事，未足观也。请为天子游猎赋，赋成奏之。'上许，令尚书给笔札。相如以'子虚'，虚言也，为楚称；'乌有先生'者，乌有此事也，为齐难；'无是公'者，无是人也，明天子之义。故空藉此三人为辞，以推天子诸侯之苑囿。其卒章归之于节俭，因以风谏。奏之天子，天子大说。"

自己，她已经一无所有。

且慢，她并非物质女人，刚结婚时她就典当衣饰助他买书，青州十年，她不是早就习惯了"食去重肉，衣去重采，首无明珠翡翠之饰，室无涂金刺绣之具"的简朴生活了吗？那又为何到了莱州，对破败的官舍那么在意，生出满腹怨念来呢？作为一个随任的太太，她难道不应该安静地待在屋子里等待丈夫应酬完毕来和她聚首吗？

她得对丈夫有多大的失望才会说出这样的话来啊。她要他全部的爱，可是他已经心有旁骛，在"偎红依翠"中让身体和精神都背叛了她。是啊，那些长着"如描似削身材"①的娇媚女子，才会吸引他的目光，她们也是她最大的敌人。爱的付出与得到从来不是对等的。既然"子不我思"，那我就只有与"乌有先生子虚子"做伴了。

十一、星河

她爱上了传说中的虚构人物，成了一个耽于梦想的女人。她听着钟声入梦，踏着云霞，去天宫与他们相会。她一一叫得出他们的名字，年长的那位，是得道飞升位列仙班的千岁翁安期生，那个年轻貌美的，是一个叫萼绿华的仙女。

他们一起来到太华之巅，这里的玉井莲花开有十丈高。她一来，仙人们就殷勤招待，送上来的果品，有像一艘船那么大的莲藕，有瓜那么大的枣子，还有刚刚煎好的新茶，散发着淡雅的香气。座上的客人，也都一个个超尘脱俗，谈锋犀利。

梦中的这一切，又好像是青州"归来堂"习见的场景。朋友们在客厅中自由地交谈着，不时爆发出爽朗的大笑，而所有谈论的艺术和诗歌

---

① 柳永《斗百花》里描绘过一位"年纪方当及笄"的欢场女子的形象："初学严妆，如描似削身材，怯雨羞云情意，举措多娇媚。"

的话题，都是无用的，跟追求事功没有任何关系的，却也是最沁人心脾的。"人生能如此，何必归故家"，当时还以为这样的快乐可以一直延续下去呢，却没想到，梦醒后人就老了。这里到处只有太守衙门里满耳的喧哗。这尘俗的嘈杂，使她紧紧地捂起了耳朵。

晓梦随疏钟，飘然蹑云霞。
因缘安期生，邂逅萼绿华。
秋风正无赖，吹尽玉井花。
共看藕如船，同食枣如瓜。
翩翩坐上客，意妙语亦佳。
嘲辞斗诡辩，活火分新茶。
虽非助帝功，其乐莫可涯。
人生能如此，何必归故家。
起来敛衣坐，掩耳厌喧哗。
心知不可见，念念犹咨嗟。

（《晓梦》①）

还有一阕《忆秦娥》和一首《春残》诗，都是写荒凉环境下孤独落寞之心绪，与她初到莱州心境相仿佛：

临高阁，乱山平野烟光薄。烟光薄，栖鸦归后，暮天闻角。
断香残酒情怀恶，西风催衬梧桐落。梧桐落，又还秋色，又还寂寞。

（《忆秦娥·临高阁》）

山是"乱"的，酒是"残"的，听着黄昏里的角声，心情整个儿是

---

① 《全宋诗》卷一六〇二。

"恶"的。

> 春残何事苦思乡，病里梳头恨发长。
> 梁燕语多终日在，蔷薇风细一帘香。

(《春残》)

她病了。檐下的燕终日呢喃，都会让她眼热。欧阳修说"梁燕语多惊晓睡"，她宁愿梁下的那一对终日不要飞走。远远地，吹来蔷薇花的香气，相伴赏花的人却可能正陪着别人。还能去怪谁呢，也只有一句托词了，"病里梳头恨发长"。

她在青州作《词论》时，对小歌词的写作已有了清晰的文体意识，只是那些年襄助丈夫收罗金石碑铭占去了不少时间，又耽于夫妻之乐，她其实很少专注于写作本身。宣和三年（1121）秋到莱州后，陌生的环境，丈夫移情别恋的信号，促使她反观自身，重新认识写作对她生命的意义。

没有什么比幻游仙界更能让她走出苦闷的了。许是莱州湾自古以来就流传着一些仙人的传说，也可能是她读到的西晋作家张华《博物志》里一个故事的触动，她还做过一个神奇的梦。晋人故事说，天河与海相通，每年八月，天宫里就有仙槎来到人间，坐上这八月浮槎，就可以到天上去。梦里，她真的来到了天上银河，还见到了天帝。那一个晚上，她觉得自己比曾经在一场大雪后望见海上"三山"的苏轼还要幸运，[①] 比曾经梦游天庭的屈原还要得到上天的垂青，因为屈原并没有机会与天帝交谈，而她还得到了天帝的殷勤相问。

星河弥漫的云雾中，一个声音问她："归何处？"

这其实也是她进入中年以来彷徨于世界的自问。她的回答，不是祈

---

① 苏轼任密州太守时，曾到莱州观海，写下《过莱州雪后望三山》诗："参参太华顶，出入云涛堆。安期与羡门，乘龙安在哉。"三山，一般指蓬莱、方丈、瀛洲三座传说中的海上岛屿。

求丈夫回到她身旁，不是让日子穿越回到青州的故家"归来堂"（那曾经是她最愿意回去的年代和居所）。她的回答展露了文学上的信心，"学诗谩有惊人句"，她希望上天能让自己像九万里长空的大鹏鸟展翅高飞，希望星河里的风不要停息，要一直吹着她乘坐的小舟，往"三山"那仙人居住的地方去。这个梦中的国度，只有写作能带她抵达。

> 天接云涛连晓雾，星河欲转千帆舞。仿佛梦魂归帝所。闻天语，殷勤问我归何处。
>
> 我报路长嗟日暮，学诗谩有惊人句。九万里风鹏正举。风休住，蓬舟吹取三山去！
>
> （《渔家傲·天接云涛连晓雾》）

大鹏鸟，这传说中的神鸟，它作为想象力的极致，从先秦时代就出现在文学文本中。《庄子·逍遥游》载："鹏之背，不知其几千里也。怒而飞，其翼若垂天之云。……鹏之徙于南冥也，水击三千里，抟扶摇而上者九万里。"李白说，"大鹏一日同风起，扶摇直上九万里"（《上李邕》）。在李清照的这阕记梦词里，我们看到了庄子，看到了屈原，看到了李白，也看到了李清照自己。

她希望，自己的名字也缀入到这些文化英雄点亮的星河里去，而写作，是她进入那个世界的唯一舟楫。

十二、细君

她对丈夫心生怨怼，是因为他曾经把她捧得很高，又让她摔得很重。当初说什么"真堪偕隐"，事到临头他自己却抛下了偕老于金石世界的许诺，成为名利场上的一个奔竞之徒，这也太讽刺了。

她无法忍受他带着别的女人的脂粉香回到她身边，无法忍受一起生活的是一个不再爱自己的男人。但即便如此，她还是自怨多，指责少，她对丈夫的批评，一直都是轻微的。

"一股极为细弱的怨恨情绪的潜流，虽然有时冒到表面来，但始终同爱和尊崇交织在一起。"[1] 斯蒂芬·欧文在《追忆》中这样分析。

毕竟，他们的婚姻基础是牢固的，共有的志趣、一起经历的家难、二十年的相濡以沫，所以当赵明诚流露出回归家庭的愿望，她便又重新接纳了他，往日里耳鬓厮磨的温馨似乎又回到了他们中间。搬开隔阂、弥补感情裂缝的，仍然是他们共同热爱的金石事业。

莱州任职期间，赵明诚于公务之余，依然醉心于金石碑版的收集和整理，继续充实着他的《金石录》。宣和五年（1123）中秋节，赵明诚为东平人刘绎如赠送的《唐富平尉颜乔卿碣》写了一段跋语："右唐颜乔卿碣，在长安，世颇罕传，或云其石今亡矣。有朝士刘绎如者，汶阳人，家藏汉、唐石刻四百卷，以余集录阙此碣也，辄以见赠。宣和癸卯中秋在东莱，重易装标，因为识之。"[2] 把这些碑碣装卷签标，应该是李清照帮助他一起做的，李清照在《〈金石录〉后序》中以充满深情的笔触提到过这些事：

> 因忆侯在东莱静治堂，装卷初就，芸签缥带，束十卷作一帙，每日晚更散，辄校勘二卷，跋题一卷，此二千卷，有题跋者五百二卷耳。
>
> （《〈金石录〉后序》）

把这些刚刚装订成册的书，插以防虫蛀的芸签，束以缥带，每十卷作一帙，这是一项多么细致的活计。在莱州的"静治堂"，他们又像在

---

① ［美］斯蒂芬·欧文：《追忆：中国古典文学中的往事再现》，第110页，上海古籍出版社1990年版。
② 《金石录》卷二八。刘绎如，字成叔，有《金石苑》四百卷，刘跂为之序，见《学易集》卷六。

青州的"归来堂"一样工作到深夜了，每晚属吏散了，公务都忙完了，方着手工作，每日的任务是校勘两卷，题跋一卷，从不懈怠。

在莱州期间，赵明诚还在继续搜辑古碑。他带领僚属去过州城南面二十余里的天柱山（在今山东平度境内），爬上山顶观瞻北魏郑道昭（字僖伯，北魏开封人）记述其父郑羲事迹的摩崖刻石《后魏郑羲碑》。郑道昭的这一碑刻书法，兼具隶、楷二意，结字宽博，笔力雄劲，镌于山巅雄峰，可谓物景双绝，令他"徘徊碑下久之"，[①] 可见爱重之意。后得知这只是上碑，下碑在二十里外的文峰山，又特地遣人去胶水县访求，摹得下碑的碑文。[②] 宣和五年（1123），听闻青州临淄县古齐国宫城遗址出土古器物数十种，其中有齐钟十枚，赵明诚又亲往摹拓了钟上铭文。[③] 那一次，他还得到了与齐钟一同出土的一段戟铭。[④] 这些察访所得，《金石录》里都有详细著录。

宣和四年（1122）正月初六，是太夫人郭氏八十大寿，夫妻俩还相偕前去祝寿，和一大家子其乐融融。作为儿媳的李清照献上的一份特别贺礼，是一阕充满喜气的词《长寿乐》，[⑤] 赞颂太夫人的满室富贵。词中说：老太太啊，冬日里的暖阳照着，台阶前的薁荄都长出六片叶子了。今天是初六了，真是个好日子呀！多赖您主持家中一切，现如今，赵家

---

① 《金石录》卷二一《后魏郑羲碑》跋："……盖道照（昭）尝为光州刺史，即今莱州也。故刻其父碑于兹山。余守是州，尝与僚属登山，徘徊碑下久之。"

② 《金石录》卷二一《后魏郑羲上碑》跋："初余为莱州，得羲碑于州之南山，其末有云：'上碑在直南二十里天柱山之阳，此下碑也。'因遣人访求，在胶水县界中，遂模得之。"

③ 《金石录》卷十三："右齐钟铭，宣和五年，青州临淄县民于齐故城耕地，得古器物数十种，其间钟数十枚有款识，尤奇。最多者几五百字，今世所见钟鼎铭文之多，未有逾于此者，……今余所藏，乃就钟上摹拓者，最得其真也。"

④ 《金石录》家藏古器物铭下："右戟铭，其器得之古之益都。"疑此戟与齐钟等同出，而为明诚售者。临淄隋朝时为青州益都县。

⑤ 对《长寿乐·南昌生日》的作者一直存在争议。词最早是黄仲闻从《截江网》整理出来，撰名"易安夫人"。黄墨谷在《重辑李清照集·漱玉词》中认为词风不类李清照，故未收录。徐培均认为这阕词是李清照为韩肖胄母亲文氏所作。但也有学者认为，李清照因无嗣，心羡"南昌夫人"有两个好儿子，故在晚年作了这首词。

的儿郎们都出息了，一儿两婿进入了朝廷中枢，身佩金印绿绶位列三公，两个儿子持虎符、乘熊轼车，也成为地方郡守，他们的未来同样不可限量。看，兄弟们正穿着彩衣纷纷上前向您拜寿呢，向您敬献美食和美酒，恭贺您寿比松椿，千年不老。

> 微寒应候。望日边六叶，阶蓂初秀。爱景欲挂扶桑，漏残银箭，杓回摇斗。庆高闳此际，掌上一颗明珠剖。有令容淑质，归逢佳偶。到如今，昼锦满堂贵胄。
>
> 荣耀，文步紫禁，一一金章绿绶。更值棠棣连阴，虎符熊轼，夹河分守。况青云咫尺，朝暮重入承明后。看彩衣争献，兰羞玉酎。祝千龄，借指松椿比寿。

（《长寿乐（南昌生日）》）

宣和七年（1125），赵明诚莱州任上秩满已过一年，按照宋代官员三年一转的勘磨惯例，朝廷要他"移守近邦"，转任淄州太守。[1] 李清照随夫赴任。

淄州，也称淄川郡，治所在淄川，此处地近古齐国国都临淄，下辖四县，民物康阜，在当时可称上等州郡。李清照对丈夫的这一职务变动并没有太过意外，三年一迁，乃本朝惯例，再说她对淄州还是心存好感的，父亲李格非早年任教授的郓州就离此处不远，父亲在世之日，不止一次说过此地文物蕃盛，尤在青、莱之上。父亲的《过临淄》诗，几乎让她迫不及待要赶去一瞻古齐国风貌了："击鼓吹笙七百年，临淄城阙尚俨然。如今只有耕耘者，曾得当时九府钱。"[2] 已成耕田的旧宫城遗址，

---

[1] 《宋会要稿》选举卷三三："（宣和七年）十二月二日诏，朝散郎权发遣淄州赵明诚职事修举，可特除直秘阁。"黄盛璋《赵明诚、李清照夫妇年谱》按："明诚何时调守淄州，今虽不可考，但宋代制度，州守任期仅为三年，假令明诚宣和三年守青州，则宣和六年当满。调守淄州，或即在宣和七年初，诏称'权发遣淄州赵明诚'，亦可证明诚调守淄州，必距此时不远。"

[2] 李格非：《过临淄》，《宋诗纪事》卷二七。

说不定还有"九府钱"尚未捡尽，等待他们去捡漏呢。

赵明诚对这个平调的结果却深感失望，莱州三年余，他整顿吏治，教化生民，官声一向不错，这次三年届满，他是抱着"朝暮重入承明后"的幻想，想要成为天子近臣的，为此他还事先找了在吏部任职的妹婿傅察在朝中帮他运动。但这一次，傅察的推荐石沉大海，朝廷虽以美好的言辞肯定了他的能力和治绩，却没有让他称心如愿去做京官。

宣和七年（1125）中秋后①，赵明诚即将上任，一众亲友为他饯行，在座有赵明诚的两位妹婿傅察、李擢，姨表兄谢克家，福建名士张涛（字仲时）和江西诗人夏倪（字均父）等人。席间，傅察注意到了明诚垂着头一脸沮丧的样子（"疲氓安堵身暂休，黠吏垂头声不出"），他歉意地表示自己人微言轻，在明诚升职的事情上没有起到该发挥的作用，"我今作吏愧无补"，又安慰他暂且在淄州屈曲调护，相信终有鲤鱼化龙腾空飞去的一天。

但赵明诚的挫败感还是久久不能平息，他不复有莱州时做事的兴头，变得牢骚满腹。他一直记着妻子初到莱州时嘲笑他的一句诗，"青州从事孔方兄，终日纷纷喜生事"，还特意抄一份寄给曾经出守青州太守的黄裳②，估计是想在老诗人那里得着 份安慰。黄裳作诗答曰："余事谁能竞世纷？闲临风月戏为文。清时不作闲时乐，只恐樱桃口笑君。"③功名富贵都是偶然的，不要以为没获重用就是世道不公，做闲官也有闲的好处，开门览江山，游戏做文章，要不然，你家那位太太说不定还会怎么嘲笑你呢！

也许是妹夫和老诗人的劝慰起了作用，赵明诚再也没有表现出求官不得的愤懑。有了莱州三年主政地方的经验，他在淄州的工作变得轻车

---

① 傅察诗里对饯行情景的描写，"秋云漠漠向空飞，飒飒凉风生桂枝"，可知时已在中秋后。《任伯、仲时、德升用均父韵送德父守淄川，邀余同赋》，《忠肃集》卷上。

② 黄裳（1044—1130），字冕仲，号演山、紫玄翁，延平（今福建南平）人。宋神宗元丰五年（1082）举进士第一。著有《演山集》《演山词》等。崇宁年间出守青州时作有《青州学记》《青州坊门记》。赵明诚屏居青州时期开始与其交游。

③ 黄裳：《酬淄守见寄》，《演山集》卷十。

熟路，公务之余，他把更多的精力放到继续搜集考订古器物上来。

太守衙门有个同官叫李荛的，雷泽人，熟悉当地风情，在校勘铭文时帮他指出了许多地理上的差错。①大书法家李邕书丹的唐淄州开元寺碑，是他在知州衙门的一处破屋里发现的，拓下碑文后，他还特意吩咐人制作栏楯，保护了起来。②他还从淄川民间得来了"平陆戈"铭和"孟姜盥匜"铭，把它们收入了书中的《古器物铭》。③为了得到更大的收获，太守大人还会经常骑着马一个人出去，去他辖区内的村庄和集镇转悠。

在淄州的这两年，李清照几乎没什么怨言喷语。可能是赵明诚真的收拢心性了，也可能是因为他们住在淄州的时间太短了，不久后的战争使他们不得不分开了。从李清照日后的追忆文字来看，这尚称太平的两年里，她的心境总体还是放松而愉悦的。据此我们可以判断，从莱州生活的晚期开始，他们夫妻的感情修复得相当不错。即便日常生活里可能继续会有一些拌嘴和冲突，那也是做一份人家所不可免的。

淄州时期他们感情融洽的一个证据，是赵明诚在一个偶然的机缘里得到白居易手书《楞严经》后，他按捺不住兴奋，策马狂奔回家与妻子分享这一喜悦。近代诗人、金石学家缪荃孙在《云自在龛随笔》里载录了赵明诚的这条跋文。

赵明诚在这篇跋文里说，淄州辖下有个村子叫邢氏村，村中长者有一个叫邢有嘉的，也爱好文物，赵明诚对他印象颇佳，说他"好礼"，和自己一样都是"素心"之人，与之时有往来。某日，他坐在邢家开满繁花的庭院闲谈，邢有嘉拿出家藏的唐代白居易手书《楞严经》邀他观赏，赵明诚见之大喜，当即请求借阅三天。得到邢老者的允许后，他急

---

① 《金石录》卷十六，"汉成阳灵台碑跋注"："余为淄川，同官李荛，雷泽人，云冢正在城西南，盖《述征记》误也。"

② 《金石录》卷二十七"唐淄州开元寺碑跋"："右唐淄州开元寺碑，李邕撰并书，碑初建于本寺，后人移置郡廨败屋下。余为是州，迁于便坐，用木为栏楯，以护之云。"

③ 黄盛璋《赵明诚、李清照夫妇年谱》："薛尚功《历代钟鼎彝器款识》卷十七《平陆戈》：'右戈铭曰平陆，《古器物铭》曰藏淄川民间。'又卷十二《孟姜匜》下引《古器物铭》云：'此铭得于淄之淄川'，此两铭当皆为守淄川时所得。"

忙策马归家。

> 因上马疾驰归，与细君共赏。时已二鼓下矣，酒渴甚，烹
> 小龙团，相对展玩，狂喜不支，两见烛拔，犹不欲寐，便下笔
> 为之记。①

缪荃孙说，唐白居易书《楞严经》一本，共一百幅，三百九十七行，唐笺楷书，世所少见，赵明诚题跋的，系第九卷后半卷。卷上另有自序云："靖康丙午，侯守淄川。"从缪荃孙的描述来看，此残卷前后有绍兴玺，末幅只角上半印，存"御府"二字，后有"宝庆改元花朝后三日重装于宝易楼，逊志题"，当是明万历年间收藏家李维桢曾经寓目、几百年后进入皇家内库成为乾隆秘藏的那一卷。②缪荃孙说，"此册想见赵德父夫妇相赏之乐"。

对于这卷白居易手书《楞严经》，有信其为真的，也有斥其为伪的。怀疑论者如王仲闻先生说，白居易手书世上无存，缪氏到底是亲见了这幅乐天真迹，还是从别的书里转引，他并没有说清楚。"近人或云，白居易书《楞严经》并非真迹，缪氏未考。"③但另一位宋史研究专家黄盛璋先生相信它是真的："白乐天书《楞严经》真迹原虽为淄川邢氏所有，后盖赠明诚，故明诚得驰归与清照共赏，'狂喜不支'。此真迹后竟入御府，后盖又散出，据缪氏所记，定为真物，良非赝品。缪氏去今不远，

---

① 缪荃孙《云自在龛随笔》"唐白居易书楞严经赵明诚跋"条，《古学汇刊》本。缪荃孙载录的赵明诚的完整跋文为："淄川邢氏之村，丘地平弥，水林晶消，墙籬硗确布错，疑有隐君子居焉。问之，兹一村皆邢姓，而邢君有嘉，故潭长，好礼，遂造其庐。院中繁花正发。主人出接，不厌余为兹州守，而重余有素心之馨也。夏首后相经过，遂出乐天所书《楞严经》相示。因上马疾驰归，与细君共赏。时已二鼓下矣，酒渴甚，烹小龙团，相对展玩，狂喜不支，两见烛拔，犹不欲寐，便下笔为之记。赵明诚。"
② 李维桢记语云："万历庚戌仲夏二十日，江陵苏惟霖、夏邑彭端吾、金溪谢廷瓒、京山李维桢同观于阡沟舟中，维桢识。"《秘殿珠林》卷二。
③ 王仲闻：《李清照集校注》，第235页。

应可踪迹。盼研究书画者注意及之。"[1]

不管王、黄两公围绕它的真伪如何争论，赵明诚那段生动的跋语，那策马归家时"狂喜不支"的心情，却是怎么也做不来假的。赵明诚在邢姓老者那里得着了白居易的手迹，"上马疾驰归"，要拿与"细君"一同观赏。古称诸侯之妻为"细君"，赵明诚信笔称之，也可见心里的一份敬重。得着一件宝物，她依然是他愿意第一个与之分享喜悦的人，其情其景，似乎又回到了"夫妇擅朋友之胜"的新婚时期。

接下来的场景是我们熟悉的。就像在"归来堂"时期一样，夫妻相对展玩，到了夜深，"酒甚渴"，不知是谁提议，又一起饮酒烹茶，至蜡烛燃尽两根，还舍不得睡去，最后，"便下笔为之记"。这样一件宝物，这样一个难忘的夜晚，无论如何是值得纪念的。

这样的一个丈夫，也是她熟悉的，让她无论在哪里都有安全感。她终于不用担心丈夫把钱花在那些歌伎和来历不明的女人身上了，他的所有支出都是有账可稽的，全都用在了收集金石字画和购买写作所需的图籍资料上：

> 连守两郡，竭其俸入，以事铅椠。
>
> （《〈金石录〉后序》）

但这样的好日子快要到头了，一场从北方席卷而来的战争即将改变一切。

---

[1] 黄盛璋：《赵明诚、李清照夫妇年谱》。

第四章

恋恋红尘

靖康元年（1126）—建炎三年（1129）

淄州—青州—江宁—池阳

一、新君

一幅出于北宋某佚名画家之手的宋徽宗像，画中人正襟危坐，他没有倚在龙椅背上，而是坐在一把蒙着黄色锦缎、象征皇家威仪的极为方正的木椅上。他面颊饱满，甚至看上去有些圆润，留着细细的胡髭。他身体的大部分都掩在微微起着皱褶的袍服下面。画中的中年人正凝视某物，好像陷入了深思。[1]面对这幅画像，我们第一眼会感到，这是一个敏感而自信的人，同时也是一个容易自我满足的人。

元符三年（1100）年正月十二日，赵佶的哥哥哲宗皇帝赵煦因某种不明病症突然去世时，由于没有预先选定继承人，向太后（哲宗嫡母、神宗皇后）不顾大臣章惇、曾布等人的反对，指定了神宗的第十一子（哲宗五个在世的兄弟中排行第二）赵佶即位。那年赵佶十七岁，住在皇宫外独立的府第端王府里，在一群宫女们的簇拥下长大，热爱书法、

---

① 《徽宗像》，宣本水墨，118.2cm×106.7cm，台北"故宫博物院"藏。

绘画、骑马、射箭和蹴鞠，①尽管有着少年人的顽劣和诸般的不正经，但没有一个人看出他身上携带着的某种不吉祥的气息。当时，向太后和最终接受了他的大臣们都以为，此子身体强壮，孝义双全，将会是一个励精图治的好皇帝。

对青年赵佶来说，荣登大宝，对他的一生来说尚不知是幸还是不幸，但对于即将处于他领导下的帝国来说，无疑将展开一场深重的灾难。要是没有这场计划外的继位，这位放荡不羁的唯美主义者将一直安居在他的藩王府第里，创作精美细腻的花鸟作品，从事他终生迷恋的绘画、书法和其他优雅的艺术活动。他会以一个集创作者、鉴赏者、文艺资助者于一身的天才艺术家的身份千载留名，"天纵将圣，艺极于神"②，而不必顶着一个惫懒而无能的统治者的骂名，致使王朝在他手上几乎倾覆，他自己也悲剧性地死在中国北方的极寒之地。

他不喜政治，不玩权术，他的内心深处应该与文人士大夫们有着更多的共鸣，乐于和他们一样用商周铜器和法书名画滋养一种艺术化的人生。皇家的雄厚财力足以支撑起他的精致生活趣味而优游终岁。因为有着得天独厚的收藏条件，这位备受争议的皇帝艺术家还在位的时候，就已经与著名画家李公麟、前朝古文大家欧阳修一起成为北宋"尚古"运动中的三大主角之一。一一一三年，他亲自主持下的《宣和博古图录》成功编纂，大量图录无疑来自他自己的古青铜器藏品，以国家名义出版的这些大型书谱、图录与按照新的音阶系统编制的"大晟乐"一起，成了接下来展开的宋廷礼制改革的先声，宣示着帝国皇皇的文治之功。

这位新君登基之初用的是"建中靖国"的年号，其间释放出的与党争年代告别的信号，或许是出于对不赞成新法的钦圣太后的某种妥协。毕竟，要是没有向太后的支持，他的皇位的取得就会丧失合法性。他的

---

① "国朝诸王弟多嗜富贵，独祐陵在藩时玩好不凡，所事者惟笔研、丹青、图史、射御而已。"〔宋〕蔡絛撰《铁围山丛谈》卷一，中华书局 1983 年版。

② 〔宋〕邓椿：《画继》卷一，载卢辅圣主编《中国书画全书（三）》，上海书画出版社 2009 年版。

障眼法成功地蒙混住了摄政太后，为他自己树立起了"福寿""仁孝"的形象，终于，半年后向太后就放心地把权力交给了他。但一等到向太后去世，他完全掌控了权力，就迫不及待地扯下先前小心翼翼的伪装，表现出了对最初倡导新法的神宗皇帝的尊崇，改号"崇宁"就是一个明白无误的信号。

由于自小生长在皇家，赵佶从来就不是一个单纯的画家或艺术鉴赏家。他对他治理下的国家是有自己的规划和目标的，那就是在他的手上实现传说中的"三代"圣王之治，实现"道统"与"政统"的合一，"内圣"与"外王"的合一。赵佶亲政后，他的施政纲领的第一步就是在他的政府里驱逐那些保守派或立场界限不清的大臣，重用权臣蔡京一步步地恢复新法，并让神宗年代的改革家、故荆国公王安石配享太庙。但改革走到这一步实际上已经走入了死胡同，所谓的新法只是披着神宗时代的一件外衣，与王安石的最初设计已相去甚远，它的目的只为攫取民间财富和资源，成了从小老百姓头上薅羊毛、割韭菜的一把利器。

这个一开始以政治和解人面目出现的新君，乍一变脸，竟成了本朝自开国以来最大的党禁运动的策动者，这是九泉之下的向太后以及早先看好他的一班人臣们无论如何想不到的。徽宗朝的最初几个年头，在蔡京、王黼等一批钻营之徒变本加厉的推动下，一场大规模的政治迫害愈演愈烈，当权者把反对派全都流放到了充满雾瘴之气的南方，并使承接了汉唐余绪的蓬勃、粗放、昂扬的士气遭到从未有过的打击和摧残。整个国家的内转开始了。

二、危局

首当其冲的，是作为北宋朝文化象征的苏轼和他的文化圈。由于一向都站在新法反对派的阵营，这个松散的文化圈里的一批官员最先遭到清算。其中被祸及的就有李清照的父亲李格非，他的名字也被勒石于

"元祐党人碑"上。他遭到的处罚是流放广西象郡。苏轼本人因在建中靖国元年从儋州放归时病逝常州，算是避过了刑辱及身，但他的门人不是窜逐蛮荒，就是死于道途，当初洛阳纸贵的著作也遭到了封禁。

这个文化圈里最先去世的，是和乃师同遭贬谪的秦观，再接下来是陈师道和黄庭坚。这些人里最晚去世的是张文潜，他在这些师友去世后还孤零零地在这世上活了十余年，晚年颠沛流离，因酒精中毒，连话都说不利索了。

当然，新党内部也不是铁板一块。权力永远是最好的催化剂，对权力的角逐又促使了新党内部的分化与对立，像章惇和曾布这些对蔡京的地位构成太大威胁的大臣，都被毫不客气地赶走了，赵明诚的父亲赵挺之这样的不算太强劲的对手，也在跟蔡京几个回合争斗后饮恨去世了。

徽宗还是一位皇子时，就像《铁围山丛谈》的作者、蔡京的第四个儿子蔡絛观察到的，"学画，工笔札，所好者古器、山石"，是一位骨灰级的文艺青年。赵佶出阁就藩后不久，就跟随著名画家吴元瑜学画，与驸马都尉王诜、宗室子弟赵令穰等一班文朋画友相往来，据蔡绦所说，徽宗那一手著名的瘦金体书法，就是在多年钻研黄庭坚书法的基础上改造而来。①醉心于文艺在任何人身上都不失为一种良好的品行，不管他贵为皇胄还是下里巴人，文艺都能让他活得更像个人。但因一己之私爱而荒废国事，只能说错生了帝王家，就像日后元顺帝君臣对话时手下的一名大臣不客气地指出的那样，"独不能为君尔"②。

从徽宗执政的第二个十年起，他对复兴新法的热情衰减了，他的政治激情开始被一些别有用心者成功地转移到了道教信仰上来。徽宗惑于道士林灵素，笃信神仙，自号"道君"，令天下大行道法。他的首席大

---

① "（徽宗）初与王晋卿诜、宗室大年令穰往来。二人者，皆喜作文词，妙图画，而大年又善黄庭坚。故祐陵作庭坚书体，后自成一法也。时亦就端邸内知客吴元瑜弄丹青。元瑜者，画学崔白，书学薛稷，而青出于蓝者也。"蔡絛《铁围山丛谈》卷一。
② "帝一日览宋徽宗画称善，巎巎进言，徽宗多能，惟一事不能。帝问何谓一事。对曰：'独不能为君尔，身辱国破，皆由不能为君所致。人君贵能为君，它非所尚也。'"《元史》卷一四三。

臣蔡京积极引导他的这一爱好，鼓励他沉溺于道教仪式和音乐。一个叫刘混康的道士还撺掇皇帝不惜工本建造"艮岳"（因建于皇城东北、丑寅方位上，故名）。这是一个充满着奇花异草和珍禽异兽的规模庞大的皇家园林，由园林营造名家、户部侍郎孟揆按照余杭凤凰山的形制设计，征用役夫数十万人，历时六年方得建成。据说园内最为人称绝的，是从苏州和无锡运来的太湖石。

此石长于太湖之滨，因久受湖水侵蚀，石中脆弱部分早就剥落，被凿成一个个奇形怪状的石孔，堪称鬼斧神工。应奉局雇用数千名劳工，沿着运河把老百姓俗称为"花石纲"的大量巨石和奇卉异植运往汴京。"纲"，即是船队的意思。据在京中担任龙图阁直学士兼侍读的蔡绦说，因为运输速度奇快，船到京城时，那些花草的异香还没来得及散去。

负责督运的是蔡京亲自举荐的朱勔，一个来自苏州的性格十分暴戾的无赖子弟。此人在水路运输方面却是一个专家，为了防止太湖石在装运过程中受损，他将石孔和凹陷部位用胶填堵，并用黏土覆于石之表面，待其风干，就形成一个个类似于岩石的硬物，再起船装运就不怕被撞裂。最大的一块太湖石于宣和五年（1123）运抵汴京，这块巨型湖石，高四丈，载以巨船，用了数千名纤夫，历时数月方运输成功，这块巨石被徽宗赐名"神运昭功石"，还荒唐地封其为"磐固侯"。既然连一块顽石都能封侯，何况朱勔这样的利禄之徒，后来在童贯的暗中操下，此人冒领了军籍，被擢升为威远节度使。

于是，当徽宗喜欢的大臣们扮成戏子的模样混在宫女中逗乐的时候（据说大臣王黼和蔡京的长子蔡攸都参加了这样的宫中秘戏），当运送"花石纲"的船队由上千个纤夫拉着、沿着运河吃力地前行，负责督造"艮岳"的太监梁师成派出的士兵们在京城内外到处洗劫珍宝、拆卸建筑用材的时候，当后世说部《水浒传》里的好汉们啸聚山林与官府对抗、两浙路愤怒的农民在方腊的领导下拿起武器公开挑战朝廷的时候，北宋这辆大车加速了向着泥潭滑落。蔡京把控朝政的后期，官家夸富竞奢，民间负担的各种赋税、附加税、茶盐专卖税等层出不穷，国家实已财政拮据，显现出穷途末路的征兆来，可怜皇帝此时还自我感觉良好。

价值观的混乱导致共识的消失。对任何一件事的争论都会分成两派。社会被撕裂，官与民的对立开始加剧。为了不让各州各路散点式爆发的起义火种蔓延开来，朝廷不得不出动数以十万计的军队前去镇压，这些兵力本来是要用来制衡北方的辽国和西北的西夏的，不让他们越过边界，这样一来，北方、西北方战线的兵力更加捉襟见肘。但这还不是最致命的，造成这个王朝在劫难逃的，是一系列相互关联着的外交和军事的危机。当国者，不了解世界大势和历史逻辑就会把整个国家拖入泥潭，拖累百姓吃足苦头，看来真不是一句空话。

徽宗这位皇帝并不是一位只知道沉迷于奢侈的花园之乐的尼禄式的君王，出于极度的权力膨胀和自信，自即位以来，他一直梦想着夺回神宗和哲宗朝时被辽和西夏夺走的土地。比如燕云十六州，就一直是他的一块心病。为此，自他继位后一直在奉行一种军事和外交的扩张政策，说硬话，出狠招，不惜多方树敌，在边境地区主动寻衅。但很不幸，宋朝的政府军战力孱弱，不是擅长骑射的西夏和辽军的对手，打了几年仗都徒劳无功。

为了摘下光复失地这个欲望的金苹果，宋朝方面出了一个"以夷制夷"的昏招，想要与女真人建立的金国结盟，共同进攻辽国，以期能分得一杯羹。但当宣和四年（1122）金国对辽国发动大规模袭击，拿下其南京燕京时，宋廷却没有同时发动军事行动，因为他们的手脚被一桩意外拖住了，童贯的十五万精锐官军被派往南方去平定方腊之乱去了。这是一桩致命的意外，因为这实际上意味着，金国在没有得到宋朝任何帮助的情况下独自打败了辽，而宋廷违反了两国间的军事协定，未按约定出兵。

于是，当宋向金继续提出领土要求时，在金主完颜阿骨打（即金太祖，1115—1123年在位）看来就成了十分可笑的贪婪之举，毫不客气地予以拒绝。最终，宋与金达成一个浮士德式的交易，宋交给金国二十万两折银和三十万匹丝绸的岁贡，额外再加一笔一百万贯钱的一次性付给，金则归还燕云十六州中的七个州，即燕京及涿州、易州、檀州、顺州、景州、蓟州等周边六州。

宋廷征辽政策失败的后果，是把军事上的软肋暴露给了潜在的对手。在接下来的领土争议和外交谈判中，徽宗的使节更以一种不切实际的傲慢激怒了金人，招致了对方在宣和七年（1125）末的一次惩罚性进攻。虽然年事已高且双目失明的蔡京已在这年四月在侍郎白时中和监军童贯的共同施压下不得不辞职下台了，执掌朝纲近二十年的蔡、童联盟也被继起的王黼和梁师成取代，但恶因已经种下，先前在外交和军事上的一系列错误政策的流毒尚在。即便是神仙妙手，也已无法制止宋朝这辆大车跌跌撞撞驶入战争的泥淖，并最终遭到灭顶之灾。

三、雪城

宣和七年（1125）冬天，金国发动的那场闪电式进攻，由于之前投奔了宋朝的前辽国将领郭药师背叛宋朝，致使金国骑兵毫无障碍地驰过河北平原，前锋直指汴京。

但当时徽宗还没有意识到危险的迫近，十二月二十一日，他还和大臣们一起布置元宵灯节事宜。时腊月新霁，风日妍暖，已作春意，徽宗看着槛外的千叶桃花，还心情不错地说，"杪冬隆寒，花已盛开"，并让一班文学侍从之臣作诗为贺，"璿玑星回斗指寅，群芳未知时已春。人心荡漾趁佳节，灯夕独冠年华新"①。他不知道，这是他在御座上最后一次看到桃花了。

闻听金人再次入境，事已紧急，徽宗才发布了一份罪己诏，半心半意地同意废止臭名昭著的"花石纲"，号召周边地区的臣民迅速组成军队前来勤王。在女真军队离汴京只有七日路程时，他作出了"内禅"

---

① 王安中：《宣和七年十二月二十一日就睿谟殿张灯预赏元宵曲燕应制》。

的决定，把皇位传于长子赵恒，是为钦宗。钦宗以"日靖四方，永康兆民"之意改元靖康，而他那个把国家搞得一团糟的父亲则保留了太上皇的称号。

正月初七日金兵围城前，已成为太上皇的徽宗和一干老臣逃出汴梁，名义上是去亳州太清宫烧香，实际上是要南逃了。他先是坐汴河上的御舟，嫌水路太慢，又换乘了陆路的骡车，一直到符离，眼见得运河在望，这才放下心来。钦宗唯恐太上皇到了南方再搞出一个朝廷来，于是派右相李纲追赶，一直追到镇江，才召回了太上皇。自那以后，徽宗不得不称他的儿子为陛下了，自称也从"朕"变成了"老拙"。

徽宗亲信的大臣被毫不留情地铲除了，先是王黼和梁师成，接着是蔡京和童贯。一个叫陈东的太学生发起联合上书，请求朝廷诛杀"六贼"。"今日之事，蔡京坏乱于前，梁师成阴谋于后。李彦结怨于西北，朱勔结怨于东南，王黼、童贯又结怨于辽、金，创开边隙。宜诛六贼，传首四方，以谢天下。"[1] 本就对蔡京十分嫌恶的钦宗认为这句话代表了汹汹民意，而且国家混乱至此，也是需要有人顶缸的，于是同意把蔡京逐出京师。据说蔡京当初是反对徽宗废立太子的，对钦宗上位算是有功的，但恼怒的钦宗仍然没有网开一面，而且在蔡京死后还命人将其首级送来查验。

国家再次斥巨资（原先的岁贡之外，又加上一笔巨大的战争赔偿金）买来了和平。二月中旬后敌人已在开封城外退去，蔡京等"六贼"也都已遭到朝廷的惩处，沸反的民意也稍稍平息了。但这些小修小补已无法阻止灾难的最终到来。这一次，下台的徽宗逃不掉了，他身后的国家也逃不掉了。

毕竟缺乏治理国家的有效训练，新继位的钦宗皇帝和他的臣僚们在主战还是主和之间举棋不定，其外交上的无能再加上出尔反尔，惹得金军发动了再一轮的报复性反扑。靖康元年（1126）九月拿下太原后，金

---

[1] 《宋史》卷四五五，《陈东传》。

兵前锋再次剑指汴京。是年十一月初，第一支金军骑兵已经到达汴京城外。在他们的后面还有斡离不和粘罕两位将军带领的两支人马，共计十万余人。

从徽宗手里接过烂摊子的钦宗这才意识到，他和他的父亲一向自恃的帝国军队是如此不堪一击。他想不惜任何花费换取和平，甚至以黄河为两国分界线也硬着头皮答应了，为此还诏令河北和河东的数百万臣民停止抵抗。但金国方面拒绝了。于是，冰天雪地中，汴京的末日毫无悬念地到来了。

长达三十天的护城之役的最后阶段，城中的粮食、燃料皆已告罄。绝望的人们拥入竣工才四年的艮岳，捕食园中鸟兽，拆掉大部分建筑，把奇木异材用来生火做饭。艮岳的太湖石料则被用作石弩的炮弹射向城外。洪迈《容斋三笔》载："靖康金兵围汴，诏取（艮岳）山禽水鸟十余万，投诸汴渠，拆屋为薪，凿石为炮，伐竹为篱笆。大鹿数千头，悉杀之以啖卫士。"对于一心求道梦想长生不死的徽宗来说，这真是极具讽刺性的一幕。

大雪已经连下二十余日。长驱而下的寒流使得气温继续急遽下降。一片肃杀中，汴京城成了冰窖雪窟般的图圄，抹平了所有棱角和颜色。①风势回旋，飘雪响昼夜，如雷霆声，城头将士负盾而立，不寐达旦，冻栗堕指。战斗从一个城门转到另一个城门。纷飞的大雪使攻城者和守城者都付出了惨重的代价，但总体而言，是攻击的一方占到了便宜，就像女真大将粘罕对一名手下所说，"雪势如此，如添二十万新兵"。②

---

① 1127年金兵第二次南下围开封，是年冬天的极寒天气，《宋史》和《三朝北盟会编》《宋会要辑稿》等多有记载。"时天大雪，十一月初十日，风暴甚，守城官不能彀弓，凡二十余日不霁，雪深丈余。"丁特起，《靖康纪闻·拾遗》。乙巳（十四日），大寒，士卒噤战不能执兵，有僵仆者，帝在禁中徒跣祈晴。"《宋史》卷二十三《钦宗纪》。
② "是日，大雪，粘罕谓其下曰：雪势如此，如添二十万新兵。金人乘大雪攻城益急。时大雪二十余日未止，风势回旋，飘雪响昼夜，如雷霆声……将士负盾而立，不寐达旦，加以天寒大雪，平地深数尺，冻栗堕指。"《三朝北盟会编》卷六十九。

一些钦宗信任的文官被紧急起用，分任东、南、西、北四壁提举官，派到城头督战。但他们大多毫无军事经验，遇事迟缓不决，致使金兵在城下冰河架桥成功。战斗最危急的时候，钦宗戎装亲临城墙慰问前线将士，以御膳赐与他们，他还在皇宫里祈求雪停。但大雪丝毫没有停止的迹象，且北风继作，发屋折木，宋军睁不开眼，也拉不开弓箭，因为好多士兵的手指头都冻掉了。整个世界好像在黑与白中哀悼着王朝的覆亡。

至十一月二十五日午时，城陷。《靖康纪闻》记录城破之日奇异的天象："二十五日，大雪。未明。南壁有气若横青山，城上有赤气，横亘十里，其气如血，黎明不消。"①而城破之时的惨状，也有不著撰者姓名的《朝野佥言》记录无遗："二十六日早，城南百姓相惊，云向北，金兵下城，入五岳观。醴泉观、陈桥、南薰、封丘门皆有金人下城，杀人劫取财物，城中百姓皆以布被蒙体而走，士大夫以绮罗锦绣易贫民衲袄布裤，以藏妇女，提携童稚，于泥雪中走，惶急弃河者无数，自缢投井者万余，哭声彻天。军民逾城出走者十余万人，城外为番兵杀死者居半。是夜，上在小殿中抱太子，内侍止三四人，余皆遁。道君自龙德宫徒行入大内，诸王妃后、帝姬相聚哭，亦有遁于民间者。"

金兵拆毁了城墙上宋人的防御工事。十二月二日，钦宗在郊外原来祭天的青城向金国递表，宣布无条件投降。其时，已雪止转晴，唯受降时的青城上空，"日出无光，有飞雪数片"②。宋答应把河东路和河北路完全割让，同时，还要向金国支付一笔数额特别巨大的战争赔偿款，计绢和缎各一千万匹，金锭五百万条（每条为五十两），银锭一千万条。但过了新年，金廷旋即下达一份诏书，剥夺了徽、钦二宗的皇帝身份，继占领首都后彻底终结了北宋王朝。

先是金兵把钦宗在大营里扣留了十余日。传来的消息是，"元帅留

① 丁特起：《靖康纪闻》第四册。
② 汪藻著，王智勇笺注：《靖康要录笺注》，卷十四。

上打球，未得晴，俟打球毕，即还内"。城中百姓父老持香炉于雪中，每日御街上候驾。又请僧道作道场祈晴，大小道场自宣德门一直排到南薰门，时雨雪大，冻饿死者无数。军前索教坊内侍、露台妓女及宫女无数，都是开封府勒令牙婆、媒人追寻，哭泣之声遍于闾巷。金人好酒，从城中买酒，占领区的百姓故意把馊水卖给敌人，金人大怒，张榜告示，今后凡有以诸杂物博易者，一概军法从事。①

到二月初七日，未见钦宗放还，却把上皇徽宗与诸王后妃以下，用金铜车子拉到金军大营，并有诸王三十二人，驸马四十七人，内人、宦官多相携步从。百姓见了，都知皇帝要被废掉了，"惊忧战栗，心胆丧乱"。市上人相逢，皆张目相视，"色若死灰"。留守司官员怕城中军民作乱，给金军找了一堆纵兵的理由，出榜说，上皇并妃嫔、诸王诣军前，是去恳求放还皇帝车驾。但所有人都知道，这是睁着眼睛在撒谎。

史称"靖康之耻"的这出大戏的最后一幕是这样落下的：靖康二年（1127）三月，在占领汴京城四个月后，女真人洗劫了整个都城，抢走了国玺，掏空了皇宫内库里所有的珠宝、古玩、善本书籍、工艺品和一应祭祀礼器，把这些战利品装了一千余辆大车，带着一支超过一万四千人的俘虏队伍离开开封，渡过黄河北上。在这之前，金人扶植一个叫张邦昌的原北宋大臣建立了一个傀儡政府，国号"大楚"。

押解北上的这支俘虏队伍里，有曾经梦想"三代圣王"之治的徽宗和他的儿皇帝钦宗，有随行的皇后、嫔妃、皇子、公主、驸马等皇族成员和宗室贵戚，还有数不清的艺人、工匠、太监和宫中奴仆。在长达数月冗长而又屈辱的旅程结束后，"北狩"的两位前皇帝将以囚徒的身份在异域的森林和草原里度过余生，他们的家人和随从全都沦为了奴隶。

---

① 李心传：《建炎以来系年要录》卷一。

四、物哀

巨变发生得太过突然，那烈火烹油般的繁华之世就这么落幕了，许多人根本就没有心理准备。

在这之前，不只是徽宗，几乎所有的臣民都感觉良好，以为国威传播遐迩，震慑夷狄，"三代圣王"之治即将实现。整个国家陶醉在不切实际的幻觉中，边境的小胜被吹嘘为大捷，或瞒败为胜，花钱买和平的勾当被小心掩饰着，臣僚们的奏章里充斥着令人肉麻的阿谀之词，御用作家和诗人们的作品中频繁出现"太平无际多欢乐""升平歌管趁飞觞"等矫饰浮夸之语，"大晟乐"在皇城上空钟声悠扬，用二十万斤铜铸造的"九鼎"安放在新落成的九成宫中，正象征着这个国家万邦来贺的皇皇之仪。

汴京之变发生时，李清照四十四岁，丈夫赵明诚四十七岁。

金兵围汴梁，正是赵明诚出任淄州太守的第二年。其实自他到任，青、潍、莱、淄所在的京东东路已颇不安宁。宋、金在边境不断爆发小规模武装冲突，从前线溃逃的散兵游勇也不时窜入淄州境内，他们滋事扰民，烧杀抢掠，与盗寇无异，搞得地方上人心惶惶。靖康元年（1126），朝廷的一封敕书表明，刚到任不久的赵明诚率地方兵民弹压这些"遁卒"有功，得到了朝廷表彰，官秩也晋升一级。

积极主战的大臣、时任中书舍人许景衡在《横塘集》里载录了这道敕书《赵明诚转一官制》，从敕书所说的"尔为守臣，提兵帅属，斩获为多"，可知赵明诚虽不知兵，是一个没有多少战争经历的贵家公子，但颇具乃父的杀伐果断之气概，对付这些"狂悖"的乱兵毫不手软。①

---

① 《赵明诚转一官制》："敕：遁卒狂悖，惊扰东州。尔为守臣，提兵帅属，斩获为多。今录尔功，进官一等，翦除残孽，拊循兵民，以纾朝廷东顾之忧。惟尔之职，往其懋哉，可。"〔宋〕许景衡《横塘集》卷七，四库全书本。许景衡，温州瑞安人，字少伊，人称横塘先生。

战火虽暂未波及淄州境内，但南下的官道上，已挤满了逃难的人群。身为一州太守，赵明诚守土有责，此时再也顾不上他视若性命的金石碑铭，"拊循兵民"，以保地方安靖。他家老夫人年事已高，此时已由在京城做官的兄长做主，送到金陵的一家亲戚处暂避，总算是少了一个牵挂。就这样，惴惴不安中到了年底，终于传来了汴京陷落、满城生灵涂炭的消息。

由于记载资料的缺失，我们无从得知他们夫妻得知这个巨变时的反应，是震惊、痛苦、悲愤，还是如丧考妣？首都失陷，金兵铁蹄势必南下，朝着京东各路而来，但他们似乎也没有来得及为自身的安危着想。相对茫然中，他们第一件想到的事是，这些二十多年来辛苦搜罗的金石文物怎么办？数目如此庞大的这批古器物，"盈箱溢箧"，已经渗透进了他们整个的婚姻生活和生命里，而且对赵明诚来说，它们的重要性可能更高于生命。

这样一个揪心的时刻，他们肯定想起了熙宁十年（1077），苏轼在给好友、驸马都尉王诜的《宝绘堂记》里提到过的历史上那些因沉溺搜集珍宝而招致横祸的不幸故事。苏轼说鉴赏家们穷其一生心力财力聚拢藏品，到头来这些藏品总不免于颓坏。所以，"君子可以寓意于物，而不可以留意于物。寓意于物，虽微物足以为乐，虽尤物不足以为病；留意于物，虽微物足以为病，虽尤物不足以为乐"。[①]

苏轼还说，薄富贵而厚于书，轻死生而重于画，那都是"颠倒错谬，失其本心"。他的经验是从此走出对物的迷恋，碰到可喜的就收，碰不到也不气恼，被人取去也不感到可惜。之前，他们根本就没有意识到苏轼是以过来人的身份在作出告诫，这些年来，他们不只是"留意"于物，简直是自甘沉溺在古物的世界里了，现在看来，难道不就是"不知命"

---

① 苏轼《宝绘堂记》里记述了此文的写作缘由："驸马都尉王君晋卿虽在戚里，而其被服礼义学问诗书，常与寒士角。平居攘去膏粱，屏远声色，而从事于书画，作宝绘堂于私第之东，以蓄其所有，而求文以为记。"李之亮笺注《苏轼文集编年笺注》卷一一，巴蜀书社 2011 年版。

的两个傻瓜吗？

他们一定也会想起经常共同研读的欧阳修的《集古录》里的话，收藏古玩的危险在于，这些古器物的美会令人迷醉，以致移情动性，无法自持。但物"聚久而无不散"，"象犀金玉之聚，其能果不散乎？"①他们预感到，这些精心收藏的金石古籍也许将不为他们所拥有，很快就要弃他们而去了。因为国家正面临着不可预测的灾祸，没有人再为每个臣民的生命负责，离乱中肯定没有人会顾得上这些古物。明白过来这一点，他们的心情是复杂的，深深地陷入到了"物的焦虑"中：

且恋恋，且怅怅，知其必不为己物矣。

（《〈金石录〉后序》）

怎么办？或许苏轼说得对，物有限而欲无尽，生活中的"美恶""去取"又屡屡让人心不能平，②因而人总是生活在不快乐中，如果能做到既寓身物中，又游心物外，那么就能挣脱精神的束缚，无处而不乐。可是，他们真的能舍弃眼前这一切吗？

《〈金石录〉后序》写到他们命运中转折性的这一年时，再次省略了人称代词。从最初的闻寇讯，到后来的整理藏品，一路南迁，都缺失了一个主语。其实这个主语一直都是在场的，它隐含在自此以后通篇的叙事里，那就是：我们，我和他。自此以后，所有的决定都是他们共同商量后作出的，也是共同承担的。

另外我们会发现，当绍兴五年（1135）五十二岁的李清照追述往事，从这个时候开始，她对赵明诚的称呼里用上了敬词"侯"。"侯守淄川""侯起复知建康府""侯性素急"。"侯"是古代五等爵位的第二等，也是对士大夫的一种敬称，她这样称呼丈夫，不只是乱世中夫妻的一份

---

① 欧阳修：《集古录目序》，《居士集》卷四二。
② "美恶之辨战乎中，而去取之择交乎前，则可乐者常少，而可悲者常多。……余之无所往而不乐者，盖游于物之外也。"《超然台记》，《苏轼文集》卷十一。

敬爱吧。过早降临的死亡，使得他在她心目中的形象变得高大了，某种意义上，他的死亡拯救了自己。

五、载书

金陵那边传来了消息，前往金陵避难的太夫人可能是不堪背井离乡途中颠簸，也可能是年事已高又受惊吓，到了那边不久就去世了。消息传到淄州已是第二年年初，赵明诚的两个兄长在汴梁之围时已失去联系，赵明诚只得丁忧，南下金陵奔丧。

接下来的叙述中，由于《〈金石录〉后序》的作者省略了她自以为烦琐的过程，省略了必要的人称代词，致使他们的南下之行在后世读者眼里充满了巨大的谜团。"奔太夫人丧南来"，去金陵到底是赵明诚孤身一人，还是他们夫妇一起？

日后，赵明诚在他们的一件藏品蔡襄书《赵氏神妙帖》的跋语中有"老妻独携此而逃"的表述，据此，一种广为流传的说法是，因赵明诚素来孝恺，接到母亲在金陵去世的消息，他方寸已乱，匆匆忙忙就买舟南下奔丧了。妻子李清照则同时离开淄州，前往青州老家，处理"归来堂"中的金石书籍，装满十五大车，再前往金陵与他会合。但也有一种说法，青州"归来堂"的金石文物，赵明诚历官莱州、淄州太守的几年里，他们都是随身携带的，眼下情势紧急，李清照用不着孤身再往青州，赵明诚是和妻子一起把搬迁的文物做出安排后，从淄州出发前往金陵的。

且不说乱世将至，太平日子里，一个妇人"载书十五车"，从山东淄州前往金陵，就几乎是一项不可能完成的活计。以常理揣度，她要雇用这十五辆车的车夫，要沿途安排这一众人的餐宿，要指挥舟车接驳时的搬运，这些烦琐杂事，一个长处深闺的妇人何能胜任？更不必说这兵慌马乱之际，她还要应对途中的乱兵、盗匪和种种无法预测的危险。俗话说财不露白，乱世中一个妇人带着这十五辆显然是装载着珍宝的大车独自上路，难保没有人不起觊觎之心。接下来我们会知道，其实有许多双眼睛是盯着这些宝物的。

对赵明诚来说，奔母丧以尽人子之孝固然重要，妻子也重要，这些金石图籍或许更重要。所以，这段长长的陈述中虽然缺失了主语，导致对行动主体的多个想象，但从人之常情和夫妻人伦去揣度，赵明诚应该不会作出让妻子独自南运文物这一不负责任的决定的，这十五车文物很可能是他自己带到金陵去的。毕竟他是男人，还做过两任太守，尽管丁忧中，地方上还是有一些资源可供他驱策。从《〈金石录〉后序》上下文的语气来看，赵明诚也是从淄州出发前往金陵的。在他前往金陵奔丧的时候，他作出了安排李清照回青州的决定，因为"归来堂"里还有一大宗金石文物。他希望等到明年形势好转了，再设法把这些文物南运过去。

现在，到了他们离开淄州前整理行装的时候了，时间是"建炎丁未春三月"。李清照在写下这个时间的时候可能犯了点小迷糊，因为"建炎"是宋高宗的年号，要到这一年的五月才启用，所以，准确的纪年应该是靖康二年春三月，也就是一一二七年的春天。他们现在面对的问题是怎样来处理这些金石文物。全部带着上路肯定不可行，因为数量实在过于庞大，"盈箱溢箧"，运费过于高昂，那就只能挑珍贵的、价值高的、又容易携带的装车。

开箱整理这些金石藏品肯定是一个痛苦的过程，因为在物与人几十年的厮磨下，这些古器物已经渗进了他们的生命深处，与他们难分难舍了，舍弃任何一件，都是要他们与过往的生命作出切割。而这种切割在感情上是无法接受的。

但把这些古器物全部带着上路显然不切实际，作出必要的取舍刻不容缓，这难分难舍的心情，也真像前世五代时即将遭受灭国之灾的南唐君王"垂泪对宫娥"。夫妻俩只能狠一狠心，将金石文物中价值稍次或较为笨重者，先行剔除出去，其顺序是：

先去书之重大印本者，又去画之多幅者，又去古器之无款识者。后又去书之监本者，画之平常者，器之重大者。凡屡减去，尚载书十五车。

（《〈金石录〉后序》）

先剔除印本厚重的书籍，篇幅多卷的画本，没有款识又一时难以考辨年代的古代器皿。但这样还不行，行李仍然过于庞大，所以又只好将国子监印行的比较通行版本的书籍、艺术价值平常的绘画作品和一些笨重的器物再次淘汰出去。

即便经过这样一轮轮的淘汰，最后还是装了满满十五车。赵明诚驱着这十五辆大车上路，他的路线是：离开山东后，进入江苏，渡过淮河，再渡过长江，最终抵达建康，也就是我们前面说的金陵。因为李清照不是一起走的，她只能从丈夫事后的叙述里对这趟旅程撮其大概，所以记述至为简约：

至东海，连舻渡淮，又渡江，至建康。

（《〈金石录〉后序》）

我们今天习称的南京，在李清照笔下和她那个时代的文献中，出现了"金陵""江宁""建康"三种叫法。"金陵"是习惯性地以古都之名称之，"江宁"是某个历史阶段的正式称谓，李清照在写作《〈金石录〉后序》时称之为"建康"，是准确并且郑重其事的，因为之前的建炎三年五月八日，高宗驻跸"江宁"，已正式改名为"建康"了。①

靖康二年（1127）三月，赵明诚南下金陵，四月就传来汴京撤围、金人掳徽钦二帝北行的消息。再到五月，逃亡中的康王赵构即位于南京应天府（今河南商丘），改元建炎，其间还夹着一个金人扶植的短命的

---

① 李心传：《建炎以来系年要录》卷二三："三年己酉夏五月八日改江宁府为建康府。"

傀儡政权——前宰相张邦昌的"大楚"朝。日后，类似的伪政权还有一些，如金人扶持原济南知府刘豫在山东大名建立的"大齐"朝。很可能就是在一个人回到青州的日子里，李清照有感于时势急剧变化，魑魅魍魉竞相登台，写下了一些充满讥讽性和正义的火气的诗歌。在这些历史题材作品中，她把两汉喻作两宋，把张邦昌的伪"大楚"喻为两汉夹缝中建立的王莽的"新室"，称之为丑陋不堪的"赘疣"，期望新君能够像东汉的刘秀一样光复社稷。

> 两汉本继绍，新室如赘疣。
> 所以嵇中散，至死薄殷周。

（《咏史》）

后两句的"嵇中散"，即三国时魏末"竹林七贤"之一的嵇康。因曾官中散大夫，所以人称"嵇中散"。嵇康写《与山巨源绝交书》拒绝友人山涛，自称"每非汤武而薄周孔"。后两句的意思是说，身处乱世，是非不明，最好像嵇康那样，远名利，忘荣辱，含垢藏瑕，洁身自保。

朱熹把这四句看作同一首诗，他在《朱子语类》里说，嵇康批评汤、武得国，李清照以篡位的王莽比拟张邦昌之流，都是一种很高超的议论，尤其是这种大胆泼辣又有见识之语是出自一个女子之口，那更是世所罕见。他把李清照与人称写得一手好文章的前宰相曾布的妻子魏夫人并列，说"本朝妇人能文，只有李易安与魏夫人"[1]。但很可能朱熹在这里犯了一个错误，仔细阅读他所激赏的这些诗句前后衔接和语气转折，这四句似并非同一首诗，更可能是分属两首诗歌的残句。

我们接下来会发现，南渡后的李清照还会写作类似的观点犀利而又风格隐忍的短诗。毕竟，相比较于她时时流连的歌词，诗歌可以让她更

---

[1] "本朝妇人能文，只有李易安与魏夫人。李有诗，大略云'两汉本继绍，新室如赘疣。所以嵇中散，至死薄殷周'云云。中散非汤、武得国，引之以比王莽。如此等语，岂女子所能？"《朱子语类》卷一百四十。

直接地对着时代发言，对着她一直关注的士人的世界发言。但出于不为我们所知的原因，我们无法读到这些诗歌的全貌，只能看到一些残句。

六、煨烬

李清照是建炎元年（1127）秋冬时节动身前往建康的。三月，赵明诚从淄州出发时，他们夫妻已有约，青州老家还有没来得及带出的古物和书册，数目也颇庞大，堆满了十几间房屋，待第二年春天日子安靖些了，再设法一起把这些文物南运。

但金兵还没来，青州地方却发生了一场兵变。这年秋天，临朐土兵赵晟聚众为乱，年已七十九岁的京东东路经略安抚使兼制置使、青州太守曾孝序派手下将官王定率兵弹压，王定出师不利，"大衄而归"，曾太守下令不准入城，要他将功赎罪，不行还要军法从事。王定鼓动败卒夺门斩关而入，曾孝序不能制，因出据厅事，瞋目大骂，遂与儿子訐一起被乱兵杀死。[①]不久后，赵晟又被继任的京东东路安抚使刘洪道设伏杀死。

青州乱成这样，李清照自无必要在这里等下去，估计就在青州兵变刚得平定后不久，她就匆忙收拾了几件随身携带的金石书画，仓皇南下了。这就是赵明诚日后所说的"去年秋，西兵之变"。她离开青州不久，青州、潍州等城都被金兵占领了，抵抗派领袖之一宗泽也病死了。十二月，金兵攻陷青州，"归来堂"里十余屋的文物，全都化为了灰烬。

　　凡所谓十余屋者，已皆为煨烬矣。

　　　　　　　　　　　　　　　　　　　（《〈金石录〉后序》）

---

① 李心传：《建炎以来系年要录》："（建炎元年十二月壬辰）资政殿学士、京东东路经略安抚使兼制置使、知青州曾孝序为乱兵所杀。"

这一时期到高宗正式登基前后，不只山东，南方的襄阳、杭州、寿春、镇江也是乱象纷呈，一些地方武装都想浑水摸鱼捞上一把，个别拥兵自重的大佬还会对皇权生出觊觎之心，四处抢掠地盘。李清照到了南方仍没脱离险境。

当初赵明诚南来建康，是经东海（古郡名，今山东郯城以南，江苏邳县以东）渡淮，再渡江，也就是到了东海即改走水路，溯淮至楚州，取道运河南下，经真州（今江苏仪征，当运河入江之口，南与镇江隔江相望）、镇江然后达于建康，因为这样走最为便捷。李清照此番寻来建康，走的应该也是同一路线。

建炎二年（1128）正月，当她历尽艰辛到达镇江，正赶上张遇的乱兵攻打京口。这张遇，本是真定府马军，在山东兖州聚众为盗，人称"一窝蜂"，金人南侵时自淮西渡江，先占池州，后犯江宁，在江淮制置使刘光世追击下，再自真州率战船百艘入镇江。张遇乱军最嚣张的时候，距高宗临时驻扎的扬州不到六十里，[①]情势堪称凶险。镇江第二次陷落时，守臣钱伯言弃城而逃，皇族的一位大长公主和其儿子，也在乱军中被杀。这就是赵明诚后来所说的"江外之盗再掠镇江"。

也不知她吃了多少的苦头，得以冲出乱军阵中，进入江宁城和丈夫相见了。时间当在建炎二年（1128）正月末或二月初，距赵明诚南下奔丧正好一年。

依古制，丁忧期间，子女要在家中守丧三年，不赴宴、不婚娶、不担任政府公职，但自北宋真宗朝起，此制已有所改变，丁忧期间可不离任。眼下高宗接续大统，朝廷正在用人之际，南来后的朝散大夫秘阁修撰赵明诚已于建炎元年八月（九月系李清照误记）被高宗任命为江宁知

---

① 李心传：《建炎以来系年要录》："（建炎二年正月庚子）是日张遇陷镇江府。初，遇自黄河引兵东下，遂犯江宁，江淮制置使刘光世追击之，遇乃以舟数百绝江而南，将犯京口，既而回泊真州，士民皆溃，……翌日，遇自真州攻陷镇江。"

府兼江东经制副使。①

> 建炎戊申秋九月，侯起复知建康府。
>
> （《〈金石录〉后序》）

此时，赵明诚的两个兄长存诚和思诚也已南渡。赵存诚于建炎元年底除广东安抚使，知广州，在他们南渡之前，人已在江南。赵思诚出官较晚，不久也将重获起用（绍兴二年始以直秘阁主管江州太平观，守起居郎）。江山半壁人离乱，所幸人都跑出来了，赵母也已在金陵下葬，②赵明诚从山东运来的十五车金石图籍，也够他们检点一阵子的了。

建炎二年（1128）三月十日，夫妻俩重新检视南运来的金石文物，一件著名书法家蔡襄所书《赵氏神妙帖》引起了赵明诚特别的注意。这并不是因为这件书法价值不菲（蔡襄的书法承平时已售钱二十万），"神工妙翰"，而是因为它特殊的经历。最初，它并不在从淄州运来的十五车文物里，而是李清照在"西兵之变"独身南下时，从青州"归来堂"带出来的。此番妻子风尘劳顿而至，他郑重作跋，"老妻独携此而逃"，无尽的委屈、仓皇和体谅都在其中了。

> 此帖章氏子售之京师，予以二百钱得之。去年秋，西兵之变，予家所资，荡无遗存，老妻独携此而逃。未几，江外之盗再掠镇江，此帖独存。信其神工妙翰，有物护持也。

---

① 《景定建康志》卷十四大事表："建炎元年七月，翁彦国致仕，八月，起复朝散大夫秘阁修撰赵明诚知府事，仍兼江南东路经制使。"《建炎以来系年要录》卷七："（建炎元年八月）丁巳……仍起复直龙图阁赵明诚知江宁府兼江东经制副使。"

② 日后赵思诚迁居福建泉州，赵夫人灵柩也随之迁葬，时间当在赵存诚和赵明诚相继去世后。黄公度《知稼翁集》卷十一，《代吕守祭赵丞相挺之夫人迁葬》："中原燕梗，未返而殂。殡于他乡，金陵之墟。子持从橐，卜居晋水。"黄公度，字师宪，福建莆田人，绍兴八年（1138）进士第一，签书平海军节度判官，后被秦桧诬陷，罢归，为主管台州崇道观。晋水，即今之泉州。

日后，这件《赵氏神妙帖》到了南宋收藏家岳珂手中，岳珂特作一段跋语云："右蔡忠惠公《赵氏神妙帖》三幅，待制赵明诚字德甫题跋真迹，共一卷。法书之存，付授罕亲，此独有德甫的传次第……承平文献之盛，是盖蔚然可观矣。德甫之夫人易安居士，流离兵革间，负之不释，笃好又如此！所憾德甫跋语，糜损姓名数字。《帖》故有石本，当求以足之。嘉定丁亥十月，予在京口，有鬻帖者，持以来。叩其所从得，靳不肯言。予既从售，亦不复诘云。赞曰：公书在承平盛时，已售钱二十万，赵氏所宝也。题跋皆中原名士。今又一百年，文献足考也。易安之鉴裁，盖与以身存亡之鼎，同此持保也。予得之京口，将与平生所宝之真，俱供吾老也。"①

这批南运的书画古器，他们故去半个世纪后开始偶现峥嵘，有的成了皇宫庋藏，有的出没在市肆的古玩市场。虽换了不知多少任的主人，但古物永流转，也真应了昔年李清照在《〈金石录〉后序》里的故作旷达之语，"人亡弓，人得之"。

七、渡河

当金人对宋廷发起一连串惩罚性战争时，钦宗的弟弟、徽宗的第九个儿子康王赵构屡次被派去进行一场场徒劳的外交谈判。汴京第一次被围时，赵构和少宰张邦昌前往河北金营，作为宋朝履行割让三镇等议和条件的人质典押在金兵大帐里。但随即宋将偷袭金营，致使金帅斡离不怒而毁约，点名更换等级更高的越王作人质，钦宗以越王乃其叔父，不得已改遣肃王（徽宗第五子）、追加驸马都尉曹晟同为人质，皇弟赵构才获放归。在后世的官方叙述里，赵构能够从金营放归被视作是有神人护佑。

---

① 《宝真斋法书赞》卷九，引蔡忠惠《赵氏神妙帖》（三帖）跋。

靖康元年（1126）冬天汴京最后陷落时，赵构被钦宗任命为河北兵马大元帅派驻在外，是唯一一个不在京城的皇子，因此他幸运地逃过了金兵的抓捕，避免了与他的父亲和兄长一样成为草原部落的俘虏。当时，他以告和使的身份再赴河北金营，刚到磁州，守臣宗泽以肃王被拘为前鉴，阻其北上。他最终听从了宗泽的建议，他的副使王云在混乱中被截杀。据说当时有一支五百余人的金军骑兵部队一路追踪着他，幸赖善良的磁州百姓骗过了金军骑兵，他才得以逃脱南归。[①]

从磁州南下相州，经李固渡过黄河，官方史述里康王"履冰渡河"的故事就是发生在这里。日后孝宗朝的画院画家萧照所作的政治性宣传组画《中兴瑞应图卷》中有一幅《大河冰合》图，图中冰河千里，与雪同色，等到随从们都过了河，康王最后一个上岸时，身后的冰已大声坼裂，他的马也陷在了冰中。这个神迹故事后来在南渡后又衍化成了家喻户晓的"泥马渡康王"，以表明高宗是上天眷顾的真命天子。这组宣传画的另一幅《脱袍见梦》，场景是大元帅府的行营殿帐，帐外树木旌旗林立，帐内康王正在酣睡，他的哥哥钦宗入他梦来，脱下龙袍让他穿上，而后者在梦里正作推辞状。同时代文学侍从之臣曹勋以画旁的一段旁白复述了这个故事："上受命为大元帅，方治兵选将，应援京城。忽梦钦宗，如寻常在禁中，脱袍以衣上，上恐惧辞避之际，遂寤。"他的一段画赞"靖康之初，上为爱弟，连将使指，敌畏英睿。解袍见梦，授受莫避，天命有德，中兴万世"，正坐实了这位"神武"且"有德"的康王续统的合法性。

徽、钦二宗被押解北上后不久，赵构在宋朝的南京应天府（今河南商丘）被元祐皇后（即昭慈圣献皇后，宋哲宗的第一任皇后孟氏，汴京陷落时她已被废去名号，再加上所居昭华宫失火，临时居住在皇宫外的一处私人宅邸，因此成功逃脱，后被张邦昌迎入延福宫，上尊号为"宋

---

① 《三朝北盟会编》，帙卷三十九："王在磁州。知相州汪伯彦据探马回报：金人铁骑约有五百余人，自卫县西来直北，借问康王远近，虏执村人为乡导，望魏县路前去。"

太后")宣布册立为宋朝的新皇帝。在这之前，只过了三十三天皇帝瘾的张邦昌在众人反对下已不得不同意放弃"大楚"的皇位。四月初八日，元祐皇后遣其侄孟忠厚和一位从"大楚"反正的官员、吏部侍郎谢克家前往济州，以"大宋受命之宝"玉玺进呈康王，劝请他早正大位，接过重建王朝的重任。

"王恸哭跪受命"。这个二十一岁的青年接受了使命。

一一二七年五月初一日的册立仪式上，出自本朝股肱大臣之手的《手书告天下》有言："汉家之厄九世，宜光武之中兴；献公之子九人，惟重耳之尚在。兹惟天意，夫岂人谋？"①北宋共九帝，康王赵构是徽宗第九子，由康王奉天承运，合乎法统。事实上他们已经把赵构看作了光复汉室的汉光武帝这样的中兴之主。这边一即位，元祐皇后即撤帘，并被尊为元祐太后。

但是，这个在严重的政治危机中被仓促推出的年轻皇帝，读书虽多但偏隘，且从来没有治国理政方面的经验，眼下他羽翼未丰，想要坐稳江山，最要紧的恐怕不是主战派大臣们叫嚷的光复中原失地，而是首先要保住性命。尽管五月份在应天府举行的登基演说中，他当着太后和群臣的面"南向恸哭久之"，信誓旦旦地表示要"倡义旅""冀清京邑""复两宫"，其实内心里是虚弱而又惶恐的。

比如谈到首都南迁计划，像李纲这样的主战派大臣都认为汴京是天下根本，"敌可避，都不可迁"②，"舍汴都而都金陵，是一举而掷中州之地以资于敌矣"③。但赵构内心里其实早就有了打算，认定外连江淮、内控湖海的东南会要金陵，将是未来的国都。是以，他一方面重用李纲、宗泽等官员以安抚主战派大臣，任命李纲为他的第一位宰相，并交与统管御营使之权，另一方面则打定了主意向东南撤退，并把他更为信任的两位大臣黄潜善和汪伯彦提拔到重要岗位上。这两位都是和他一样不愿

① 《建炎以来系年要录》卷四。
② 《续资治通鉴》卷九八。
③ 《建炎以来系年要录》卷六，引"俞汝砺奏章"。

意回到开封去的。果然，李纲只做了两个半月的宰相就被罢免了，他的权力被黄、汪两位左右丞相分享。

下定了决心去南方的皇帝于建炎二年（1128）十月一日启程离开应天府，沿运河而下，经宿州和滁州，约一个月后到达扬州。金兵追赶的势头实在太猛了，建炎三年（1129）二月初，徐州、泗州相继失陷，韩世忠也兵溃沭阳，迫使高宗作出了一个决定，命御营军的一位将军刘正彦，带兵护送诸皇子和六宫先去有重江之阻相对安全的杭州。

金军游骑破了天长军，高宗只带了几个近身官员和内侍狼狈出城。当时的混乱情形是，高宗"介胄走马出门"，随行的只有御营都统制王渊、内侍省押班康履等五六骑。"过市，市人指之曰：'官家去也！'俄有宫人自大内星散而出，城中大乱，帝与行人并辔而驰。"[1]慌乱中，乘舆服御，官府文牒，全都丢弃了。跟随着逃亡的百姓，被马蹄践踏者不知凡几。高宗还在扬子桥下亲手击杀了一名出言不逊的卫兵。他们在瓜洲镇坐小舟渡江，至京口，再至镇江，晚上在府治下榻时，连寝具也找不到一件，高宗只得取出一张自带的貂皮，半卧半裹将就一夜。

一些官员在渡江时淹死了，还有一些死于乱军中，百姓堕江而死者，更不计其数。史书载："癸丑，金游骑至瓜洲，民未渡者尚十余万，奔迸堕江而死者半之。舟人乘时射利，停桡水中，每一人必一金乃济。比金兵至，皆相抱沉江，或不及者，金兵掠而去，金帛珠玉，积江岸如山。"[2]

御前护驾的一些官员和内侍，如王渊、康履、蓝珪等人太过张狂，激起了先行遣往杭州的刘正彦将军和扈从统制、鼎州团练使苗傅的对抗。刘、苗杀死了签书枢密院事王渊等几个宠臣，逼着高宗把内侍康履腰斩枭首。他们还对高宗继位的合法性提出质疑，要他让位给三岁的儿子赵旉，改年号为"明受"，同时提请元祐太后垂帘听政。高宗无奈，只得同意逊位，移居改称睿圣宫的显忠寺。孟氏也被迫再度垂帘听政，

① 《续资治通鉴》，卷一百零三。
② 《续资治通鉴》，卷一百零三。

她一面慰抚苗、傅等人，一面密召韩世忠之妻梁红玉，勉令韩世忠速来勤王。

虽然这场小规模的叛乱在后来赶至的韩世忠将军、御营使司参赞军事张浚的弹压下成功平息了，两位叛将也逃走了（他们后来被韩世忠在福建抓住，押解到建康一同磔杀），但"建炎政变"对高宗的内心伤害无疑是巨大的，加深了他对大臣们的猜忌和对世界的不信任。他几乎是带着一种嫌恶的心情逃离了杭州（这次政变后杭州被改名为临安府），在常州短暂停留后，建炎三年（1129）五月初四到镇江，五月初八到江宁。

很快，江宁被正式改名建康。这年五月二十七日，高宗搬入了仓促布置好的行宫。就在这个闹哄哄的时期，他唯一的儿子赵旉去世了。对于皇位的继承人问题，大臣们肯定要比皇帝本人更加焦虑，考虑到高宗不大可能再有子嗣，大臣们提出从年轻一代的宗室子弟中挑选品行优秀者养在宫中，由元祐太后带着宫中女眷把他们抚养成人。高宗同意把这件事交给他的宰相范宗尹去办。

建康既是高宗理想中驻跸的所在，安全防卫自然十分重要，江宁知府的人选因此成了一件颇需斟酌的大事。前面说到高宗宠幸的黄潜善和汪伯彦，他们对李纲很是不满，正好李纲的弟弟李维新娶了江东经制使翁彦国之女为妻，黄、汪就把仇恨转嫁到了翁彦国头上，必欲除之而后快。翁彦国于建炎元年（1127）七月因不明病因去世后，正在江宁守制丁忧的赵明诚随即进入了高宗的视野。此时，大量官员滞留北方，新朝体制未备，朝廷正是用人之际，赵明诚是故相之后，经术和吏才兼具，任职淄州时就有过平定地方叛乱的经验，身上又没有什么党派色彩，因此有了这次出任江宁知府的机会，"仍起复直龙图阁赵明诚知江宁府兼江东经制副使"[①]。

《建炎以来系年要录》说赵明诚于建炎元年（1127）八月到任，《〈金石录〉后序》说他"己酉春三月罢"，己酉年是建炎三年（1129），故知

---

① 《续资治通鉴》卷九十九。

赵明诚在江宁知府任上的时间，实足为一年零七个月。

八、江宁

当清照、明诚夫妇在江宁安身之初，高宗和他的心腹大臣们正在金兵的追索下辗转于长江下游各州府。

一一二七年春，高宗在南都嗣位，国中一时有中兴之气象，高宗本人又果敢敏毅，与臣民同甘苦，思艰崇俭，这一切都让李清照对这位年轻的君王大有好感。但高宗随后的行径却让她深感失望。奉行不抵抗主义，一路南窜，丢城弃地，罢李纲，杀太学生陈东，重用黄潜善、汪伯彦等奸佞之徒，不只寒了前方忠良之士的心，更使收复中原变得遥不可及。坏消息一个接一个传来，"北来消息"中，更让她愤怒的是济南守臣刘豫的投敌，当金人啖之以利时，这个曾被徽宗鄙薄为"河北种田叟"的前济南知府竟然甘作儿皇帝，为金人长驱南下充当起了马前卒。

胡马长驱，两宫北狩，君臣偷安南避，"归来堂"看来是回不去了。思念沦陷的北方家乡，她更难抑内心的深广忧愤。周辉《清波杂志》卷八记载了冬日里她一次称得上疯狂的举动："顷见易安族人，言明诚在建康日，易安每值天大雪，即顶笠披蓑，循城远览以寻诗，得句必邀其夫赓和。明诚每苦之也。"大雪天，一顶笠，一袭蓑，走到离城很远的地方去觅诗，寻的是绕树三匝的诗情，亦是内心悲愤的发泄。只是新上任的知府大人要处理繁忙的政务，哪顾得上跟她唱和，即便强打起精神，也是没心情。

想起燕太子丹易水设宴，送别荆轲，高歌"风萧萧兮易水寒，壮士一去兮不复还"，那个英雄辈出的大时代，终究是远去了。再想起北狩的二帝，吴江[①]之冷，更多的是心头的一片寒意吧。

---

① 吴江：指吴淞江，此处泛指江南。

　　南来尚怯吴江冷，

　　北狩应知易水寒。

（《佚句》）

　　她应该还会想起"新亭对泣"故事里的王导，和西晋"八王之乱"时坚持抵抗含冤身死的大臣刘琨。当渡江南来的一众大臣跑到新亭相对饮泣时，席中有人大放悲声，"风景不殊，正自有山河之异"，只有宰相王导站出来拍案而起，大声说："当共勠力王室，克复神州，何至作楚囚相对！"①眼下神州瓜分豆剖，可叹满朝士大夫，竟无一个是有血性的男儿了。

　　南渡衣冠少王导，

　　北来消息欠刘琨。

（《佚句》）

　　作于这一时期的政治讽喻诗，应该还有不少，可惜存世的只有这么两句了。就这两个残句，"忠忿激发，意悲语明，所刺者众"，②也把苟安避世的满朝文武给得罪了个遍。赵明诚的中表兄弟谢克家、妹婿李擢这样曾在张邦昌的伪"大楚"朝短暂效力的官员，读了怕是更要汗颜吧。

　　更多的时候，她是被思乡之情湮没的。夜里大醉，来不及卸妆就和衣而睡，发髻上还插着梅花的残枝，最后又是浓郁的花香将她熏醒。《诗经·邶风·柏舟》云，"忧心悄悄"；《毛传》说，"悄悄，忧貌"。醒后再也不能成眠，思乡又得不到安慰，愁闷无聊，手指徒劳地揉搓着花瓣和线香，这个有点孩子气又有点神经质的动作，怕也是有一肚子怨气要发泄吧。

---

① 刘义庆：《世说新语》卷上。
② 〔清〕俞正燮：《易安居士事辑》。

夜来沉醉卸妆迟，梅萼插残枝。酒醒熏破春睡，梦断不成归。

人悄悄，月依依，翠帘垂。更挼残蕊，更捻余香，更得些时。

（《诉衷情·枕畔闻梅香》[①]）

乱世之中，夫妻能于劫后重逢于江宁，也是上苍垂怜，所以这一时期她的心绪，大抵还算不错，"一枝喜得东君信"，她还能灵敏地捕捉到季候的变化。从后面说的要把梅枝折来，"插向多情鬓"看，这一阕《七娘子》似作于前词稍前数日。

清香浮动到黄昏，向水边、疏影梅开尽。溪边畔，轻蕊，有如浅杏。

一枝喜得东君信。风吹只怕霜侵损。更欲折来、插向多情鬓。寿阳妆鉴，雪肌玉莹。岭头别后微添粉。

（《七娘子·清香浮动到黄昏》）

这一阕《河传》，似也作于宁静而短暂的建炎初年的江宁城：

香苞素质。天赋与、倾城标格。应是晓来，暗传东君消息。把孤芳、回暖律。

寿阳粉面增妆饰。说与高楼，休更吹羌笛。花下醉赏，留取时倚阑干，斗清香、添酒力。

（《河传·香苞素质》）

---

① 陈祖美云："此首当系明诚守建康日，清照所作数首闺怨词之一。"徐培均认为基本可信。唯梅花乃腊尽春回时开花，词当作于建炎二年（1128）或建炎三年春初。词云"梦断不成归"，当为怀念故土而作，时间似以到建康之第二年为宜。

丈夫忙于公务，虽同在一城，也像出门远游去了一般，留她一个人坐对小园嫩绿。柳絮飞了，笋根上又长出了新竹了。唐王建《宫词》说，"树头树底觅残红，一片西飞一片东"，她觉得自己就是那个寂寞的宫女，只有在梦里，才穿越千里，来到老城墙背后的溪边。那时，她就像凌波仙子，曾长时间驻留在那人的眼帘，可是现在还有谁会顾她一眼呢？

零落残红，恰浑似、胭脂色。一年春事，柳飞轻絮，笋添新竹。寂寞幽闺，坐对小园嫩绿。

登临未足，怅游子、归期促。他年魂梦，千里犹到，城阴溪曲。应有凌波，时为故人留目。

（《品令·零落残红》）

九、庭院

从李清照的少女时代起，我们就在为她扑朔迷离的身世感到困惑。我们从她父亲和丈夫的履历、从她的婚姻里，一点点地想象、建构着她的生平，在借用她的文学作品的时候，我们还要警惕滑入"自传式解读"的泥淖，避免对诗词本事作过度阐释。但自从建炎二年（1128）春天她来到江宁起，我们发现，她的生平资料开始有所增多。

这一方面是因为她和丈夫一起被迫卷入了两宋之交的历史迁变，许多当时的文献都提到了他们，一个更重要的原因是，她改变了早年的写作习惯。她开始更郑重地对待写作。

或许是纷乱的岁月使她明白，写作是为了记住，叙述过了才可能永久存在，她开始有意识地对自己的作品标注写作时间。

建炎二年（1128）春天，上巳节①，她发起了一场亲属女眷聚会。参加这次亲族聚会的女眷，有她的两个姑子（一个是李擢的妻子，一个是出使金国不屈而死的傅察的遗孀），赵明诚的姨表兄谢克家、姑表兄綦崇礼此时也到了南方，他们的内眷应该也会参加。她母亲王氏一系的亲属在江宁的虽也不少，平日里殊少走动，倒不一定会来与宴。存诚、思诚已任新职，一赴广州，一赴泉州，他们的家眷估计也到不了场。②

这样劫后余生的聚会，大抵是悲欣交集的。女人们会带着夸耀的语气谈论她们夫君的新职务，交换一些八卦消息，谁升官了，皇帝对谁不满意了，谁被拿下了，等等。最后，作为一场酒宴的例行节目，会安排歌女出场演唱新词。她触景生情，新填一阕词：

> 永夜恹恹欢意少。空梦长安，认取长安道。为报今年春色好，花光月影宜相照。
> 随意杯盘虽草草。酒美梅酸，恰称人怀抱。醉里插花花莫笑，可怜春似人将老。

（《蝶恋花·上巳召亲族》）

词的上半阕说，漫漫长夜让她提不起一点精神，心情也郁郁不欢，只有在梦里，还能辨认出熟悉的京都的街道。像是为了报答眼下的好春色，花儿与月影也相互映照着。

下半阕简要介绍了宴席，菜品一般，酒却是美酒，味道也很合口，一切都让人称心如意。这不过是些应景话。接下来，出现了一个趁着酒兴的意外的举动，"醉里插花"。这动作故作洒脱，却难掩年华老去的落寞。她说，喝醉了将花插在头上，花儿不要笑我，可怜春天也要老了

---

① 上巳节：本指每月的第一个节日，后渐定为农历三月初三，是唐宋时女子欢聚的节日。

② 赵明诚兄赵存诚除广东安抚使、知广州，按《南宋制抚年表》引《广东通志》云："建炎元年十二月任。"

呀，就像人无可奈何走到老境一样。

是啊，留不住的春天，挽不住的华年，毕竟她四十有五，连丈夫都要开始叫她"老妻"了。

欧阳修有《蝶恋花》词，为一时之名作："庭院深深深几许？杨柳堆烟，帘幕无重数。金勒雕鞍游冶处，楼高不见章台路。 雨横风狂三月暮。门掩黄昏，无计留春住。泪眼问花花不语，乱红飞过秋千去。"一句连三字，既险且美，李清照用《临江仙》曲调，作"庭院深深"数阕，既流露人老不得归乡的担忧，也是向她心目中的大师致敬。

庭院深深深几许？云窗雾阁常扃。柳梢梅萼渐分明。春归秣陵树，人老建康城。

感月吟风多少事，如今老去无成。谁怜憔悴更凋零。试灯无意思，踏雪没心情。

（《临江仙·庭院深深深几许》）

这第一阕《临江仙》说，那么深的庭院，像是藏在无穷的转折中，云雾缭绕的楼阁门窗也经常关闭。骋目四望，柳梢返青，梅萼绽红，春天的景象越来越分明了。这古秣陵城的周遭，树木渐绿，似乎在宣告春已归来，但我却无家可归，看来要老死在建康城了。

"云窗""柳梢"，俱是初春景色，寒冬再怎么漫长，春天犹有归时，看到树越来越绿，她才会黯然神伤。想想过去多么幸福啊！吟风赏月，饮酒作诗，如今却人已老去，什么事也做不成了！年老了，还有谁会记得你青春的容颜，怜悯你的憔悴与衰败？元宵试灯也罢，踏雪赏景也罢，都没有心情去做了。"无意思""没心情"，白话入词，意蕴无穷，却比险韵作诗更难。

她是什么时候起对时间的流逝这么敏感了？这急景流年里，又要逃难，又要安家，她要操心的事儿太多，很多时候应该是无感的才对，因为把日子都过麻木了。为什么一个四十五岁后的妇人，还那么纠缠于

"人老""老去"，会说出"试灯无意思，踏雪没心情"这般情绪化的话来？难道仅仅是因为回不去故乡的"归来堂"了吗？

先前，她很少在自己的作品前写一些开场的介绍性的短语，这两阕《临江仙》词的开篇，却难得地有一段"序"。"欧阳公作《蝶恋花》，有'深深深几许'之句，予酷爱之。用其语作'庭院深深'数阕，其声即旧《临江仙》也。"这段序文，或许是解开她心情为何如此恶劣的一把钥匙。

"予酷爱之"。她说，她酷爱欧阳修的这首《蝶恋花》。这是真话吗？我们仔细读两遍欧阳修的这首《蝶恋花》，会发现他书写的对象是一个无比失意、落寞的闺中女子，这个女子想念意中人而不得见，盼望意中人而不得归，因为这个意中人流连的地方，是男人都懂的"游冶处""章台路"。这样一首词、这样一个丧气的女子的形象，怎么会让李清照"酷爱"，还郑重其事地记下来呢？

至此，我们或许会明白，她已经与欧阳修词中的那个闺中少妇发生共情，《蝶恋花》里的女子，《临江仙》里的女子，都是庭院深处同一个女子，她们正被爱情之箭伤害着。"无意思""没心情"，是因为受不了丈夫冷落心底发生的委屈，"予酷爱之"，也不过是把意思反着来说。自从来到这六朝金粉的古都，尤其是当上江宁知府后，他的丈夫又经常借故不回家了，他的身边又出现了各种各样的女人。而一个妻子眼里这诸般恶行，知府大人是不会稍加留意的，二十多年前，他还是一个小京官时就已经屡屡有故事传出，而这不过是每一个男人身上都会发生的故事。

于是我们读到了《临江仙》的第二阕，一首写梅花的词。

据说，花与风之间有一个古老的约定，即花信风，自小寒始，每五天应期而来的风，吹开一种花，开得最早的便是梅花。我们知道李清照是一个爱花人，尤喜梅花，写了很多小词为之留影。少女时她蹴罢秋千，见客入来，和羞走，倚门回首，却把青梅嗅。与丈夫婚后，共赏金尊沉绿蚁，明月庭院照白梅，梅都对应着她的一段心境。到江宁的第一个冬天，一个人踏雪狂走，说是寻诗，其实寻的也不过是雪中墙角的一抹红罢了。而这首词里的梅，却让我们感到了陌生。这也是让我们读了为红尘中的词人命运感到悲哀的一阕词。

> 庭院深深深几许，云窗雾阁春迟。为谁憔悴损芳姿。夜来清梦好，应是发南枝。
> 玉瘦檀轻无限恨，南楼羌管休吹。浓香吹尽有谁知。暖风迟日也，别到杏花时。

（《临江仙·庭院深深深几许》）

词的上片，云爬进了窗，雾升起，终日湿漉漉的天气，春天总是迟迟不来，梅还没有开。它后来或许是开了，却是在梦里，在梦里开得很灿烂。

而到了词的下片，梅却已经落了。它"玉瘦檀轻"，憔悴凋零，留在空疏枝头的只有"无限恨"。它的生命还没有开放就已凋零了，世上还有比这悲惨的事吗？为谁憔悴？花落又有谁知？开放与凋落的中间，只有一段空白。

十、兰亭图

金陵乃长江下游重镇，南北对峙的第一线，赵明诚在此开府，足见朝廷对他期待甚殷。南渡之后，明诚守江宁，存诚以广南东路帅臣的身份知广州，思诚不久也升任中书舍人，至此，赵氏一族已从当初的打击下完全缓过劲来。

我们找不到确切记载证明赵明诚在江宁知府任上的治绩，但以他历任莱、淄两守的从政经验，在江宁府上的表现应该也不至于太差。看起来赵明诚也是挺满意这个新职务的，至少他的心情很不错。安徽的当涂和芜湖地界是江宁府治下，他出城巡视到那里，两次碰到江西派诗人、江州知府韩驹，韩驹跟他开玩笑，说他的神采像天上的明月，朗朗照人。①

江宁是六朝文物荟萃之地，酷爱金石事业的赵明诚来到这里，肯定会有不少收获。可是除了建炎二年（1128）三月检视南运文物、为《赵氏神妙帖》题跋这件事，我们鲜有看到他继续从事文物研究的记载，但我们不妨想象，公务之余，他还在继续收集金石字画。赵明诚留观一个亲戚所藏唐阎立本名画《萧翼赚兰亭图》，很长时间都没有归还，许多人认为是他品格有亏的一个证据。

南宋历史学家施宿编写的《嘉泰会稽志》记载了这则故事②：

唐太宗雅好法书，他手下的御史萧翼，从王羲之第七代传人智永的嫡孙辩才手里，骗得了人称"天下第一行书"的《兰亭序》真迹。当时的名画家阎立本根据何延之所撰《兰亭始末记》，绘制了一幅《萧翼赚兰亭图》。画中，一书生状者是萧翼，一老僧状者，是智永嫡孙辩才和尚。此画笔画秀润，人物神采毕现，可谓神品。南唐时，这幅画为江南内府所藏，宋太宗平定江南，将此画赐给兵部员外郎杨克逊，杨传至其五世，后人归了了婿周氏，其孙周毅藏之甚秘。徽宗朝的人人监梁师成请以礼部度牒易之，也没有拿到手。后经扰攘，周毅将远行，这件宝物转到了同城收藏家谢伋手里。

这个谢伋，字景思，乃是赵明诚中表兄弟谢克家之子，曾官工部郎官，却生性不喜官场，唯好金石书画。赵明诚和谢克家同是郭槩的外

---

① 韩驹《芜湖戏赵德夫》："西来有客共征途，不恨维舟日日孤。爱子清明似秋月，当涂见了又芜湖。"

② 清代乾隆、嘉庆年间宫廷编纂的大型文献《石渠宝笈》也著录了这个故事，应该是从《嘉泰会稽志》转载而来，写到谢伋、赵明诚部分文字为："周氏传再世，其孙毅藏之甚秘。梁师成请以礼部度牒易之，不与。后经扰攘，毅将远适，以与其同郡人谢伋。伋至建康，为郡守赵明诚所借，因不归。绍兴元年七月望，有携此轴货于钱塘者，郡人吴说得之。后见谢伋，言旧有大牙签，后主亲题刻其上云'上品画萧翼'签，今不存。此画宜归太宗御府，而久落人间，疑非所当宝有者。"《石渠宝笈》卷十四，《御定佩文斋书画谱》卷八十一。

孙，他们的母亲是亲姊妹，赵谢两家的往来一直热络，南渡后也没断了联系。大表侄谢伋带了这卷《萧翼赚兰亭图》过江宁，明诚热情招待，说要借观此画，借去后就一直没有归还，大概他是想借着亲戚关系，厚着脸皮把这幅兰亭图留下。谢伋也一直没有好意思去讨还。赵明诚去世后，所藏金石字画散落外间，到了绍兴元年（1131）七月，有人携此轴在钱塘出售，被刚刚出任淮南转运司转运使、人称"吴紫溪"（因家居钱塘紫溪得名）的书法家吴说贱价购得。这自然是后话了。

或许，我们也不必就此对赵明诚进行严厉的道德谴责，那时候上流社会亲友之间，留画相观亦是常事。赵明诚留下这幅画，并不是打定主意不还了，只是他没想到死亡会来得这么快。赵明诚死后，宫中有人打这批南运来的文物的主意，谢克家出面阻止，足见他的保全之意。要是赵明诚的人品为他所不齿，他还会出面吗？另外，谢伋的《四六谈麈》说到江宁城里的赵、李夫妇，也从来未见其有不敬之语。

日后，李清照在丈夫故去后回忆他们共同拥有的藏品，它们怎样来到他们夫妻的身边，又怎样一点一点地散失，她的心绪无疑是复杂的。当初想尽各种办法、辛辛苦苦搜集来的东西，不是散失了，就是换了主人，可笑明诚在世时，身为物役，心无旁骛地沉浸在自己的世界里，就好像全然为这些古物而活似的。而她兴兴头头地跟在后面，也陷得不浅，回想起来真是愚蠢啊——"何愚也耶"。刚到江宁时，明诚给《赵氏神妙帖》题跋时，庆幸地说若有神物护持，那么这些物次第散去，莫不是也出于神的旨意？

到底人是物的主人，还是这些物反过来成了他们的主人？这真值得好好思量了。

十一、弃守

赵明诚被罢江宁知府的原因，李清照在《〈金石录〉后序》里没有明说，仅以"己酉春三月罢"一语带过，似有难言之隐。参阅同时代人文献，他的丢官似与一起玩忽职守案有关。历史学家李心传的《建炎以来系年要录》里记录了此事。

建炎三年（1129）二月，御营统制官王亦率京军驻扎江宁，图谋发起一场叛乱，相约以夜间纵火作为起兵的信号。这一消息被江东转运副使李谟获悉，李谟急驰奔告守臣赵明诚。按李心传的说法，"时明诚已被命移知湖州"，同时他对李谟的消息也不太相信，就把此事压下了。李谟只得自己暗中准备，命令部属率地方民兵，埋伏在乱军必经的巷弄口，同时在路口设置了军事障碍。

夜半，叛军果然在城中天庆观放火，鼓噪而出，企图冲进城中掠劫。但因为李谟事先设置了防务，叛军无法冲进城内，只得砍开南城门逃离。到天明，忠于职守的李谟再次前往拜访赵明诚时才发现，赵明诚已和通判毋丘绛、观察推官汤允恭连夜翻越城墙逃跑了，——"缒城宵遁矣"。事后朝廷追究责任，毋丘绛和汤允恭都受到了处罚，赵明诚也被罢职。①

或许我们可以相信李心传所说，叛乱发生前，赵明诚已经接到移知湖州的调令，只是因为接任江宁知府兼江南东路安抚制置使的黄潜善尚未赶来办理交接，是以他还暂摄知府一职。赵明诚接到奉调湖州的命令，或许对这一调动可能还会心怀不满，但不管怎么说，下一任知府到任前，他毕竟还是全城的主官，获悉御营军兵变消息时竟然没有任何应对，叛军冲城时又连夜弃城逃跑，这实在是一件不可饶恕的事。从事后朝廷对毋丘绛和汤允恭连降二官以抵罪的处置来看，高宗也是大为光火的，赵明诚这官丢得一点也不冤。至于李清照日后写《〈金石录〉后序》

---

① 《建炎以来系年要录》卷二十："（建炎三年二月）甲寅……御营统制官王亦将京军驻江宁，谋为变，以夜纵火为信。江东转运副使直徽猷阁李谟觇知之，驰告守臣秘阁修撰赵明诚，时明诚已被命移知湖州，弗听。谟饬兵将所部团民兵伏涂巷中，栅其隘。夜半，天庆观火，诸军噪而出，亦至，不得入，遂斧南门而去。迟明访明诚，则与通判府事朝散郎毋丘绛、观察推官汤允恭缒城宵遁矣。其后绛、允恭皆抵罪。"

时不说破，也是认为此事大失体面，为尊者讳，有意省略了吧。

这样一个弃城而逃的官员，跟我们之前所认识的在混乱中捕捉逃卒的淄州太守的英武形象，可以说是大相径庭。他怎么就变成了一个胆小鬼了呢？但凡他有一点责任心，他完全可以在接到李谟报信后调兵遣将，把叛乱的火花先行掐灭，让叛军闹不成事。要是他担心御营军实力太大，区区一个江宁府对付不了，那也有死在青州的曾孝序这样的榜样在前，死在乱军手里，他也还可以做一个烈士。

那么，或许他在官场上真的受了什么委屈？但那都不是他逃跑的理由。当赵明诚以一个旁观者的目光看着江宁城里的火光升起，带着几个亲随抖抖索索地溜下城头，他是打定主意不去做烈士的。他还不到五十岁，正是奋发有为的壮龄，却明哲保身，稀里糊涂作出了逃跑的决定。

江宁叛乱发生时，高宗正在一路惊惶南逃中。二月甲寅（初五日）至常州，乙卯（初六日）至无锡，丙辰（初七日）至平江府。稍事休息，又继续南下，壬戌（十三日）至杭州。他要在杭州平息一场叛乱后，于五月八日才抵达江宁。

十二、宗器

赵明诚挨了处分丢了官，没脸再在江宁住下去了。他想走得越远越好，于是备办了舟船，想要和妻子一起前往江西，在赣江岸边随便找个什么地方隐居起来。

> 具舟上芜湖，入姑熟，将卜居赣水上。
>
> （《〈金石录〉后序》）

出发时，船里装上了他们在江宁府所有的财产，日常用品之外，应该还有赵明诚自己从淄州带来的十五车金石文物，李清照从青州带出来的部分书画图册，宗庙祭祀的青铜礼器，《金石录》的全部手稿。他们的行箧中应该还有一部他们向来秘不示人的《哲宗实录》，那是赵挺之任礼部侍郎时为主修撰，最后由蔡京领导完成的一部大型皇帝实录。

三月，他们离开江宁，沿长江西上，一路经芜湖、姑孰①，向着江西境内而去。春日里的一天，舟过和州乌江县。昔年项羽西渡伐秦，就是在这里过的江。他们去看了乌江东南凤凰山上的项羽庙。李清照那首评说项羽的著名绝句，应该就是在看了庙壁题诗后写的。

> 生当作人杰，死亦为鬼雄。
> 至今思项羽，不肯过江东。

（《乌江》）

《史记·项羽本纪》写项羽突出垓下之围，被汉兵追击到乌江，再至赠马亭长、短兵接战、受伤自刎一节，自是荡气回肠："于是项王乃欲东渡乌江。乌江亭长权船待，谓项王曰：'江东虽小，地方千里，众数十万人，亦足王也。愿大王急渡。今独臣有船，汉军至，无以渡。'项王笑曰：'天之亡我，我何渡为！且籍与江东子弟八千人渡江而西，今无一人还，纵江东父兄怜而王我，我何面目见之？纵彼不言，籍独不愧于心乎？'"历代诗评家都认为这首诗写的是对高宗小朝廷偏安江南的不满，未免陈义过高，其实它讽刺的就是丈夫那次不光彩的逃跑行为。这一行为不仅让他自己蒙羞，也使他在她眼里失去了敬重。他最后要以死亡重新赢回这份敬重。

五月，当他们行至池阳（今安徽池州）的时候，从刚刚改名为建康的江宁，忽有御旨追来。驻跸建康的高宗任命赵明诚为湖州知府，眼下正在"行在"等待他前去"过阙上殿"，进行官员正式就职前的例行召对。

从一个丢城弃地遭到处罚的罪官，到重获起用，只短短两个月时

---

① 姑孰：即今当涂县城，是安徽历史最久的古城之一，因城南姑孰溪而得名。

间，很可能是赵明诚的两个正处于仕途上升期的兄长起了作用，当然也不排除赵家其他在朝中做官的亲戚故旧施了援手。

考虑到赵明诚到建康面圣后还要赶去湖州，夫妻俩商议后，决定暂时把家安在池阳，赵明诚单身匹马，沿长江东驰建康，这样也可节省时间。"缒城宵遁"事件后他一直生活在强烈的自责中，他已经迫不及待地要赶去建康了。他希望这次重新任命可以洗刷掉承受了三个多月的羞辱。嫌船行太慢，他决定骑马走陆路。

毕竟此去数百里路，且战火已蔓延到了南方，前途殊不可料，李清照执意要送他一程，先坐船，水路尽了再上岸换乘坐骑。

这一次逃离建康城，完全是赵明诚玩忽职守被罢官而引起，对一向心高气傲的李清照也是一次不小的打击。所以即便他复官有望，面对着即将到来的离别，李清照的心情也是十分恶劣。日后她在自述这段往事时也毫不讳言：

> 余意甚恶。
>
> （《〈金石录〉后序》）

从李清照多年后的回忆来看，池阳离别的一幕深深地镌进了她的脑海，让她日后一回想起来就既悔且痛，百感交集。他舍舟登岸，即将骑马远去了。她在船上看着丈夫。他好像换了一个人，一扫近三个月来的阴郁之色。岸上的赵明诚葛衣岸巾，就好像年轻时一样神采俊逸。我们知道，是即将到手的权力使他重新变得年轻。他的目光里重新充满了对前景的渴望，散发出异样的光。

> 精神如虎，目光烂烂射人，望舟中告别。
>
> （《〈金石录〉后序》）

这一天，是建炎三年（1129）六月十三日。

看着岸上人，她心中突然升起一种不好的预感。她被抛下了，就好像主人随便掷出一个不再需要了的器物，把她丢在了陌生的池阳。这一次分别后，还会见面吗？红尘滚滚中，兵荒马乱，她守得住丈夫丢给她的这一大堆东西吗？她负不负得起这份责任？

于是，一个在船里，一个在岸上，隔着中间的流水，他们有了一番对话：

> 余意甚恶，呼曰："如传闻城中缓急，奈何？"
>
> 戟手遥应曰："从众。必不得已，先弃辎重，次衣被，次书册卷轴，次古器；独所谓宗器者，可自负抱，与身俱存亡，勿忘之！"
>
> 遂驰马去。
>
> （《〈金石录〉后序》）

她强抑着心头的不快，望着岸上那个已经等得不耐烦了的男子，几乎是用全身仅存的力气在喊了："要是碰上紧急事情，我一个人可怎么办？"

她那个英姿勃发的丈夫，"戟手"——曲肘如戟形——一手叉在腰间，一手遥指船里的妻子，匆匆说出两个字："从众。"意思是说，随大流，别人怎么办，你就怎么办呗。似乎觉得这样说太过含糊，妻子不一定能理解，稍一停顿，他又吩咐道："到了必不得已的时候，先放弃包裹行李，其次衣服被褥，再次放弃书册卷轴，最后是古董器皿，只有祖宗灵牌、青铜祭器这些宗室器物，你一定要随身携带，与它们共存亡！"

不等她说什么，他已经纵马驰出了，还不忘告诫一声："勿忘之！"

赵明诚临行前向她匆匆交代的这几句话，对于万不得已时应该丢弃的家产和藏品的次序作出了一个安排，由轻到重依次为：辎重，衣被，书册卷轴，古器，宗庙礼乐之器。在这个秩序里，这个堪称自私透顶的安排里，没有她的位置，人是被忽略的。对她的安排，是她必须守着这些宗庙礼乐之器，必要时亲自负抱，"与身俱存亡"。

李清照是在丈夫去世几年后透露临别之际他们夫妻的这番对话的。建炎三年（1129）以后一大堆离乱的日子里，她记住了这个对她来说值得纪念的日子，"六月十三日"。记下了即将策马远去的丈夫的英武形象，"葛衣岸巾，精神如虎，目光烂烂射人"。我们可以想象，她望向他的目光，是敬仰的、信赖的、带着赞赏的。但丈夫给出的这个安排，却让她感到了一丝彻骨的寒意。

那些物，那些藏品，再次显露出了它们不受人控制的丑陋的一面。它们不再是快乐的源泉，反而要爬到主人的头上来，让主人甘心受它们的奴役。她丈夫不就是这样要求她的吗？必要的时候，为了这些"宗器"，要做好牺牲掉自己的准备。

赵明诚这样说的时候，内心里其实已经把妻子牺牲掉了。他像一个勘破红尘的老僧一样，把情逐出了他的世界，而不管他的妻子还多么留恋他。惯于从中国古典文学中"往事再现"的斯蒂芬·欧文说：

"她是带着骄傲把这件事告诉我们的，但是，如同好多讲到恋人之间炽烈爱情的故事一样，一种苦楚感不时露到表面来。"①

---

① ［美］斯蒂芬·欧文：《追忆：中国古典文学中的往事再现》，第五章《回忆的引诱》，上海古籍出版社1991年版。

第五章

建炎三年的逃亡

建炎三年（1129）—绍兴元年（1131）

建康—越州—明州—温州—越州

一、解舟

被功名炽念熊熊燃烧着的罪官赵明诚，像一支箭一样飞过溽热的江淮大地，把自己射进了建炎三年（1129）夏天的建康城。但还没来得及等他飞到金銮殿上，他突然掉落了下来。这一年，赵明诚四十九岁。

顾念靖康国难以来，他都没有好好安生过。先是淄州任上，听闻汴京陷落，惶惶不可终日，乱兵啸聚，他这个地方官要出手平定。再是老母病逝江宁，他又驱策堆积如小山的十五车金石文物南下奔丧，混乱之中，一路所吃苦头，也不知有多少。好在南渡以后，皇恩浩荡，让他办毕母丧就出任江宁知府，来年年初，她那个能干贤良的妻子也转道青州，渡江南来，与他在这金陵城中再做一份人家。叹只叹，皇帝不知听信哪个小人谗言，让他离开江宁，就任湖州，致使他在御营军将士将要发动一次叛乱时错判了形势，稀里糊涂地弃城而逃，为世人耻笑，也断送了自己的政治生涯。

建炎三年三月罢官以来，他溯江西上，本想江湖间了此残生，多赖兄弟亲友勠力相助，又蒙圣上恩擢，复官起用。这一新的任命消息如同一剂烈药，让他行将颓败的精神又重新振作了起来。

六月的江淮，溽热难耐，赵明诚一个北人，自是不惯这种南方天气。再加心火炽盛，顶着酷暑，骑马急驰，途中染了疟疾，又没好好调理，到了建康行在，就一病不起了。

> 途中奔驰，冒大暑，感疾。至行在，病痁。
>
> （《〈金石录〉后序》）

"痁"，疟疾。《说文段注》："有热无寒之疟也。"

到了七月末，身在池阳的李清照接到建康来信，方知赵明诚病危的消息。这让她既惊且惧。她粗通药理，知赵明诚这人素来性急，得了疟疾浑身发热发烫，很可能会胡乱服用凉药，要是这样的话，不但于事无补，反而会让病情更加严重。慌乱之下，她决定马上买舟东下，赶到丈夫身边去。

> 遂解舟下，一日夜行三百里。
>
> （《〈金石录〉后序》）

一日夜行三百里，可见去心如箭。等她急匆匆地赶到建康，果不出所料，赵明诚因大量服用柴胡、黄芩等凉药，疟疾与痢疾并作，上吐下泻，人都瘦脱了形，看气色已经病入膏肓，来日无多了。

她用尽了各种办法想要丈夫好起来，衣不解带，亲侍药石不说，还托人请来了人称"王医师"的宫中御医王继先。此人号称"神医"，自有一些手段，据说曾多次用偏方治好高宗和后宫诸妃的暑疾，应该是个懂药理寒热之人。但赵明诚已到油尽灯枯，这王御医又是个庸医，病情一点也没有起色。眼看回天乏术，此时的她茫然无措，只知道悲痛饮泣了。

八月十八日，赵明诚从昏迷中醒来，精神似是振作了些，要求取笔作诗。但这不过是死亡降临前灵明的一次返顾，等他哆嗦着写完诗，就掷笔而终了。那首绝笔诗，他妻子并没有记录下来。

二、分香

她为亡夫写了一篇语调凄切的祭文，《祭赵湖州文》。赵明诚虽然没有正式就任湖州知府，但他最后"被旨知湖州"，皇帝也的确颁布过这样一个任命，称赵湖州也算是让他死后象征性地上任了。

这是一篇由华丽的骈体写成的文章，所传达的却是人世间最为痛切的生离死别。有时为了告慰死者，都需要这种华丽的文辞或仪式去点缀。我们今天已看不到这篇祭文全貌了，要不是赵明诚的表兄谢克家之子谢伋，那个带着阎立本《萧翼赚兰亭图》路过江宁的收藏家留下了一笔，我们可能连下面两个残句也无法读到。

> 白日正中，叹庞翁之机捷；
> 坚城自堕，怜杞妇之悲深。

（《祭赵湖州文》）

当赵明诚去世时，谢伋的父亲谢克家正在建康做兵部尚书，谢伋可能陪同父亲参加了赵明诚的葬礼，得以亲见李清照的这篇祭文。谢伋虽无过目不忘之能，却也记住了文中最耀眼的两句。

"赵令人李，号易安，其祭湖州文曰……"谢伋写道。以后，他一直恭敬地称她"赵令人"。"令人"指品德美好的女性，也是有爵位的官员的封号，这说明，日后，即便经历了众说纷纭的再嫁和离异的风波，谢伋仍然把李清照视作家族中的一位值得尊敬的长辈。谢伋的《四六谈麈》绍兴十一年（1141）刊印，专评有宋一代骈体文学成就，谢伋把李清照的这篇祭文评为有宋一代女性作家赋体文学最佳者之一："妇人四六之工者。"①

这两句残句，前句用的是唐朝庞蕴父女的典故。宋释道原《景德传灯录》载：襄州道士庞蕴临终之际，让女儿灵照出门看天时，灵照听父亲说要入灭，赶紧去外边看了看日头，回来对父亲说，现在太阳已经升到中天，不过有日蚀。等到庞蕴跑到外面观望时，她已经坐到了其父的位置上，双手合十坐化了。庞蕴回屋见状，笑着夸女儿："我女锋捷矣。"锋捷，禅语，即机捷、快速的意思。庞蕴为了安葬女儿，推迟七日方去世，可谓洞达禅宗，识破先机，死前对来问道的襄州刺史说："但愿空诸所有，慎勿实诸所无。"此句是叹丈夫英年早逝，竟如灵照一般先她而去了。

"杞妇"，即杞梁妻，或谓孟姜女。汉刘向《列女传·齐杞梁妻》："杞梁之妻无子，内外皆无五属之亲。既无所归，乃枕其夫之尸于城下而哭，内诚动人，道路过者莫不为之挥涕。十日而城为之崩。"又，晋崔豹《古今注·音乐》："《杞梁妻》，杞植妻妹明月之所作也。杞植战死，妻叹曰：'上则无父，中则无夫，下则无子，生人之苦至矣。'乃抗声长哭，杞都城感之而颓，遂投水而死。其妹悲其姊之贞操，乃为作歌，名为《杞梁妻》焉。"这两句是借孟姜女故事，极写丧夫之哀伤，诉说了自己的坚贞，也暗示丈夫没有给她留下子嗣。

"坚城自堕"，自是对赵明诚死后声名的拔高。她说，在世之日，丈夫是她可以倚靠的坚固的长城，更是国之坚城。我们知道，事实并非如此。建炎三年二月发生那桩可耻的逃跑事件后，她已经很不待见他了。现在，过早降临的死亡让他残损的形象得以弥合，在对往事的追忆中，他的形象重新变得高大，成了值得家庭乃至国家倚赖的"坚城"。

存者且偷生，死者长已矣。在死亡面前，还有什么不能原谅的呢？

---

① "赵令人李，号易安，其祭湖州文曰：'白日正中，叹庞翁之机捷；坚城自堕，怜杞妇之悲深。'妇人四六之工者。"〔宋〕谢伋《四六谈麈》卷一。

她甚至还原谅了他感情上的不忠，把所有的原因都归结为一个中年妇女的疑神疑鬼。原谅了在他那个充满着古物和宗器的世界里，没有自己的一席之地。原谅了这个自私的男人直到死神敲门，都没有对她的将来作过任何安排。

取笔作诗，绝笔而终，殊无分香卖履之意。

（《〈金石录〉后序》）

"分香卖履"，这是来自东汉末年曹操的故事。曹操造铜雀台，临终前吩咐诸妾："汝等时时登铜雀台，望吾西陵墓田。"又云："余香可分与诸夫人。诸舍中无为，学作履组卖也。"晋陆机《吊魏武帝文》序说，他读到魏武帝遗令，怆然叹息，为曹操这样一个大人物临终时英雄气短儿女情长"伤怀者久之"。

一世之豪到末了，对自己的女人还充满着爱恋之情，《遗令》中连分香给诸夫人这样的小事都考虑到了，怕妻妾们在他死后失了依托，还吩咐她们学作履组卖（做鞋子卖钱）。不管世人是不是把曹操看作奸雄，在她看来，如此男人才是真豪杰。可叹赵明诚，这个在生前对自己的藏品那么在意的人，临行之际再三叮嘱关照她管好那一大堆破铜烂铁，临到快死了，对她的将来竟无一字提起。

"殊无"，一点也无，这也真够绝情的了。他只知道让妻子自觉自愿地负抱着这一大堆青铜礼器去死，却根本没有想到，乱世之中，一个弱女子，怎么活下去才是最紧要的。诚然，正如后世的人们乐意看到的那样，他的妻子最终原谅了他，但因为他没有对相濡以沫二十年的妻子作出任何遗嘱安排，我们还是可以认定，这个人，他至少在人性方面是有缺陷的，他先前夸示的对妻子的爱也是值得怀疑的。

但古汉语的用词简洁也给后人解读留下了巨大的想象和揣测空间，有时候，同样的字面得出的语意会完全相反。"殊无分香卖履之意"，会不会是李清照在为死去的丈夫作辩解，使她心目中的"坚城"形象更加牢不可摧？

你们看，他都快死了，也没有交代除了她还有别的女人。这样一个男人，尽管有这样那样的缺陷，但在夫妻关系中，他自始至终都是忠诚的，虽偶有逾轨，但终究没有移情别恋。

过早到来的死亡使他不得不半途抛下她，但她终于说服了自己，并从中得着了一点安慰。如果我们采信了第二种读解，我们会更为李清照感到悲哀。

三、上江

如果说，之前的靖康国耻、仓皇南渡，已使李清照的人生蒙受了巨大的挫伤，但毕竟，北宋朝的覆亡是一个时代的集体性创伤，不须一个个体生命去承受。且随着时日推移，这创伤也会渐渐转移、平复。对人到中年的李清照来说，这丧失亲人和同志之痛，才是哀极蚀骨的。

她日夜兼程，从池阳东来建康，护理病中的丈夫，丈夫去世后又强忍哀伤办理葬务，待到诸事已毕，李清照在建康生了一场大病，一度气若游丝。赵明诚的去世，连带这年夏天之后的身世之变，成了困扰她下半生的一个巨大的心灵症结。

美国精神分析学家、心理史学开创者埃里克·埃里克森曾提出两个概念，"心理创伤"和"认同危机"，埃里克森所说的"心理创伤"，是人受到"特别突然，或者特别强烈，或者特别奇怪的影响"，又无法化解这一影响所造成的阻障，它"就像一个无法排出也无法吸引的异物，从一个生命阶段保留到另一个生命阶段"，引发不断的"重复与刻板"，给当事人的神经、心理和行为造成多方伤害，甚至将其压垮。[1] 我们看

---

[1] ［美］埃里克·埃里克森：《甘地的真理：好战的非暴力起源》，中央编译出版社2010年版。

到，自建炎三年（1129）八月后，这一"心理创伤"纠缠了李清照的一生。在她的余生里，她不得不利用往昔生活里的"有效残余"和"对未来的期许"，求得"自我认同"，度过这一危机，以实现她的"第二次出生"。

　　葬毕，余无所之。

（《〈金石录〉后序》）

　　把丈夫安葬完毕，她茫茫然不知到什么地方是好。此刻的她，上无父，下无子，顾念天地之大，竟没有她的去处了。

　　但她已经没有时间悲伤了。建炎三年闰八月，金兵以长驱直入之势再度南下，南宋朝廷岌岌可危，先是把六宫嫔妃全部分送出去，让元祐皇太后携带太庙神主一应礼器（不只赵明诚看重这些宗器，皇室更加看重），在建武军节度使杨惟忠护卫下前往豫章（今江西南昌）。[1]高宗自己也在一支忠于他的人马护卫下逃出建康，奔向浙西的丘陵地带而去了。城中传言一日三变，有人说，长江也要禁渡了。

　　她不得不强撑病体为下一步着想，这兵荒马乱中，该去投奔谁？谁又能帮她护住丈夫生前视若性命的这批金石文物？

　　她赶紧坐船，回池阳之屋收拾行李。此时家中的财物，用她自己的说法，尚有书二万卷，金石刻二千卷，所有的器皿、被褥加起来，约可接待上百位客人，其他物品，数量亦与此相当。赵明诚池阳赴召前往金陵时，想到过这些金石器物日后会成为他妻子余生里的不可承受之累吗？若早知如此，聚之何益？他又何必那么急匆匆地赶往建康？

　　赵存诚已前往广州任职，赵思诚也暂时联络不上，当初商议南渡后赵氏家族迁到哪里去，存诚和思诚都看中了泉州。但不知是何缘故，赵

---

[1] 《建炎以来系年要录》卷二十五："（建炎三年秋七月）壬寅，诏迎奉皇太后率六宫往豫章，且奉太庙神主、景灵宫祖宗神御以行，百司非预军旅之事者悉从。……仍命龙、神卫四厢都指挥使建武军节度使杨惟忠将卫兵万人从行。"

明诚在世时，这一重大计划他竟未与闻。泉州这座东南古城，隋唐时以其地少寒，别称"温陵"，又因城中遍种刺桐树，别名"桐城"，它自古商贸繁华，又有着当时世界上最大的港口，不失为乱世中避居的一个好所在，但她不想去泉州。赵明诚故去后，她已经不想和赵氏族人住在一起了。她应该清楚地记得，当初她请求赵挺之救她父亲，公爹的拒绝何等坚决。

泉州既不可去，这时她想到了两个人或许可以帮自己，一个是赵明诚的妹夫、兵部侍郎李擢。此时李擢正和龙、神卫四厢都指挥使、建武军节度使杨惟忠一起率士卒万人护卫着隆祐太后（即元祐太后，因元字犯其祖父孟元名讳，故改为隆祐太后）前往洪州（今江西南昌）。万军丛中，又跟着太后，想来安全不会成问题。[1] 另一个是自己的亲弟弟李迒，正在高宗的小朝廷里做着秘书工作，担任敕局删定官[2] 一职。只是皇帝刚刚逃离建康，他那个小朝廷也不知道漂泊到了哪里。看来还是去投李擢稳妥些。

她找了两个值得托付的人，"故吏"，可能是丈夫生前的下属，也可能是忠心的老管家，让他们把当年赵明诚连舻渡江运出来的绝大多数文物，先从池阳运送到李擢所在的洪州去。

两年前在淄州，赵明诚南下奔丧前，他们经历过一次与藏品的分别，当时还为带哪些不带哪些大感纠结，这一次，她决绝多了。或许她以为，把这些劫后幸存的文物，存放在正护卫着隆祐太后的李擢那里是绝对安全的，再说之前赵明诚也说过，不管仗怎么打，赣江两岸至少目前看来不会有战火。所以她一点也没有犹豫，就把这些南运文物大多装运了，身边只留下几件病中把玩的轻便卷轴书帖，手写本的李、杜、

---

① 《〈金石录〉后序》云："念侯有妹婿，任兵部侍郎，从卫在洪州。"未载这个"妹婿"系何人。已知赵明诚至少有两个妹婿，傅察和李擢，傅察已死于使辽，猜测这个应为李擢。《建炎以来系年要录》卷二十九，载洪州城陷后，"元祐皇太后退保虔州……徽猷阁待制权兵部侍郎李擢等皆遁"，可为印证。

② 宋朝官职，为敕令所提举的下属官员，负责敕令的删定工作。

韩、柳文集，《世说新语》《盐铁论》，数十轴汉唐石刻副本，十几件上古时的鼎鬲古器和几箱南唐写本书。她想着等病好些了，她可以亲自去洪州找李擢，把这些东西都要回来。

没想到金军的进兵路线飘忽不定，把广阔的江淮平原视作随意来去的牧马场无异，为了给残存的宋朝军队以致命性的打击，金军兵分两路，主力在金国名将完颜宗弼（女真名兀术）将军的率领下一路南下，破了和州与黄州后，在建康上游西侧的马家渡强渡长江，南窥建康。另一支金军则穿过江州逆流而上，从大冶避开兴国军，径趋洪州。

身为兵部侍郎的李擢是一个没有多少军事经验的文弱书生，当年汴京保卫战时，身为京城南壁提举官这一重要职务的他就误过事，每日只知在城头与一众僚佐饮酒烹茶，弹琴燕笑，卖弄他的名士风度，以致将士们啧有怨言。更不必说让他在这里以疲弱之师抵抗金人了。[①]十一月初八日，李擢等护卫隆祐太后退保虔州（今江西赣州），同日，江西制置使王子献弃洪州出逃。九日，金人以迂回战术，陷临江军（今清江县）。十四日，围攻洪州，洪州权知州事李积中献城，洪州不战而陷，金军继续溯赣江而上。[②]

也不知道李擢有没有收到李清照托人带去的那一船金石文物，因为在洪州失陷前，李擢和几个护卫大臣已经带着皇太后逃往了虔州方向。事后李清照得知消息，她派人送去洪州的那一船字画、古器，都在战火中化为了灰烬。

　　　　遂尽委弃。所谓连舻渡江之书，又散为云烟矣。

　　　　　　　　　　　　　　　　　　　（《〈金石录〉后序》）

---

① 《三朝北盟会编》卷六十七："初，中书舍人李擢为南壁提举官……擢于城楼上修饰坐卧，处如晏阁宾馆，日与僚佐饮酒烹茶，或弹琴燕笑，或日醒醉……将士莫不扼腕者。"

② 《建炎以来系年要录》卷二十九："（建炎三年十一月）戊午……金人犯洪州，权知州事李积中以城降。"

等她得知金兵改道攻打江西，这才为先前的冒失之举后悔起来，但已经来不及了。这就是日后《〈金石录〉后序》里说的"上江不可往"。好在池州分别时赵明诚一再交代的"宗器"还在，留下的书籍器物也件件是精品。

位于上江的洪州已经沦陷，敌骑又随意东西，谁也不知道下一个打击目标会是哪儿，那就只有改道向两浙路，投奔跟随高宗的流亡朝廷的弟弟而去了。

她的弟弟李迒担任的敕局删定官，从属于朝廷的秘书机构敕令所，只是一个卑微的官职。所司的职责是从历朝的敕令中删修、节录适用于本朝的法律和条文，日后南宋朝的诗人陆游和《夷坚志》的作者洪迈也担任过类似职务。眼下朝廷到处流亡，想来也没他一个小官多大事儿，只是跟着御驾逃命吧。兵连祸作，既然贵为兵部侍郎的李擢都自顾不暇，李迒一个小小的文官，又怎能护她周全？她说是去投靠弟弟，实是另有一番苦衷。

> 上江既不可往，又虏势巨测，有弟迒，任敕局删定官，遂往依之。
>
> （《〈金石录〉后序》）

此时的李迒跟着一路南窜的高宗，人都不知道到了哪儿。

四、玉壶

据李清照回忆，当初赵明诚在建康辗转病榻，有一个叫张飞卿[1]的学士，带了一样古董前来，说是探望病况，其实是想要赵明诚帮着鉴定

---

[1] 据王仲闻考证，张飞卿确有其人，据王选画《梦游瀛山图》田亘跋，乃阳翟人，曾授直秘阁之职。王仲闻《李清照事迹作品杂考》。

手上这把玉壶的真伪。赵明诚告诉他，这不是玉壶，只不过看上去比较像玉，实际上是一把价值不高的珉壶，也就是玉石壶。张飞卿便带着这把壶离开了。

过了些日子，有传言说，这个张飞卿投了金人，投效的见面礼就是赵明诚鉴定过的那把壶，即所谓"玉壶颁金"之语。这一下把赵明诚也给牵涉了进去。通敌，那可是个大罪名。据说已经有人暗中向朝廷检举弹劾了。李清照听到外面流传的这些真真假假的消息，大感惊恐，又不敢抗辩，于是决定把家中剩下的所有铜器和古董，全都奉献出来交给朝廷，以表心迹，洗刷去别有用心者泼给亡夫的一头脏水。

清朝历史学家俞正燮认为，"玉壶颁金"就是贿赂通敌之意，在一篇李清照的非正式传记里，他说，建炎三年夏，赵明诚回到建康行在，这个自称学士的张飞卿找上门来，"以玉壶示明诚，语久之，仍携壶去；时建康置防秋安抚使，扰攘之际，或疑其馈璧北朝也。言者列以上闻，或言赵、张皆当置狱。易安方大病，仅存喘息，欲往洪不能，闻玉壶事，大惧"①。李清照担惊受怕之下，这才尽以其家所有，挣扎着病体赴越州行在投进。

促使她下定这一决心的，还有"玉壶事件"之前发生的另一件事。一个叫王继先的宫中御医，也就是李清照曾经请来给丈夫看病的那位，早就对他们夫妻南运来的宝物生了觊觎之心。这个王继先乃是高宗最宠信的御医，世居东京开封府，出自一医学世家，以黑虎丹自名，自称"黑虎王家"。《建炎以来系年要录》载："继先开封人，时年三十余，为人奸黠，喜谄佞，善亵狎。建炎初，以医得幸，其后浸贵宠，世号王医师。"高宗一路奔窜，时常感疾，王继先随驾调护，虽然他的医术时常受到大臣们的质疑，但一些偏方也歪打正着地治愈了高宗和嫔妃们的病。

有一次，高宗打算拜谒郊宫，仅剩两日，头顶之上，长出一瘤，无

---

① 〔清〕俞正燮《易安居士事辑》。

法加戴冠冕。王继先应诏问诊，笑道：无须多虑，来日即好。随即用药。次日，头顶之上的瘤移至肩膀，慢慢消退，高宗即正常拜谒郊宫。还有一次，他用"食瓜"偏方治好了高宗的泻疾。①但据《三朝北盟会编》的说法，王继先获宠是因为他用一味叫"仙灵脾"的药治愈了好色的高宗的"痿腐"之症，这种药还有一个臭名昭著的名字叫淫羊藿。年初在扬州，某晚高宗正行房事，金兵袭营，导致不举，王继先献上的春药让高宗重振了雄风。王继先得了一个"和安大夫"的封号，愈发飞扬跋扈起来。据说他还性喜囤积古玩、字画、财宝，财产总额甚至超过了某些皇室成员。

当初，李清照闻听赵明诚得病，从池阳火速赶至建康，手足无措之下，慕名请来了太医局的这个医官给赵明诚治病。哪知道此人浪得虚名，实系庸医一个，不懂药性寒热，胡乱下药，反而加速了病人的死亡。病没治好，却让王继先惦记上了赵家艰辛南运来的文物古玩，赵明诚去世不久，他就向李清照开价黄金三百两，说要买下赵家这批收藏中的全部古器。

对一个刚刚遭受失夫之痛的妇人如此开口，这一行径无异于趁火打劫。王继先这么做是出于自身的贪欲，还是其背后另有他人指使？考虑到他是高宗宠信的医官的身份，我们猜测后者指使的可能性更大。很有可能，他是在高宗直接授意下，开出了这个试探性的价格。毕竟，即使承平之际，黄金三百两也不是一个小数目，何况战时？而当时的王继先刚刚发迹，尚未富埒王室，一下子也不可能拿出这么多钱来。

为什么猜测是高宗指使？因为身为艺术家皇帝徽宗之子的高宗，他对人文器物、对床笫之欢的热爱丝毫不逊色于他的父亲。高宗身体强健，又喜骑射，据说可以挽弓至一石五斗，有旧宫人到了金庭后回忆三个皇帝之异同，说是道宗（徽宗）五七日必御一处女；少帝（钦宗）贤，务读书，不声色；康王（高宗）"目光如炬，好色如父，侍婢多死者"。

① 事见《宋人轶事汇编》卷十六引《四朝闻见录》。

不唯如此，高宗对艺术品的热爱也是从他父亲那里遗传下来的。他刚从商丘南下时，吃的东西可以一点不讲究，但走到哪里，身边必须要有书，即便南渡后在金兵的追击下日子过得动荡不安，他也没有放弃这一爱好，车驾到处，他一直在不遗余力访求法书名画，并给献书献宝者赠官。

他一直在处心积虑地想要重建大宋的皇室收藏，固是因为这些礼器和古物乃是国家威仪的象征，[①]却也是真心实意地爱好之，于是千方百计想要占有之。

五、颁金

事情的结果我们都知道了，王继先的强买没能得逞。王继先一个奸诈之徒，按理说李清照不会是他的对手。关键时刻，赵明诚的表兄、身居要职的谢克家出面阻止，才使这桩买卖没有成交。

谢克家为人孤忠自奋，见义勇为，知识才具都是上乘，进士及第后，深为天子倚重，曾官吏部侍郎，出任股肱之郡平江府太守。靖康之祸作后，高宗南京即位，谢克家是从龙之臣，曾奉太后之命进玉玺，除礼部尚书。此时高宗避乱建康，他的职务是兵部尚书。

早年在东京，赵明诚经常邀谢克家去家观赏古画名帖，一有宝物入手，就"屡以相示"。前几年，赵明诚在江宁知府任上昧下了谢克家的儿子谢伋的阁立本画《萧翼赚兰亭图》，留观不还，谢克家没说过一句过头话，可能那个时候亲戚间留观不还也是常事。得知王继先要强行购买表弟家藏品中的全部古器，谢克家立即向高宗奏请止其事。

---

① 高宗在逃难中系念文物的事，宋朝的文献中已有大量记载，王明清《挥麈录》卷一："太上（高宗）警跸南渡，屡下搜访之诏，献书补官者凡数人。"周密《齐东野语》卷六："思陵（高宗）妙悟八法，留神古雅，当干戈俶扰之际，访求法书名画，不遗余力……故四方争以奉上无虚日。"

历史学家李心传在关于高宗朝的编年史中记载了事件的始末："（建炎三年闰八月壬辰）和安大夫开州团练使致仕王继先，尝以黄金三百两市古器物，兵部尚书谢克家言：'恐疏远闻之，有累盛德，欲望寝罢。'上批令三省取问继先，因依。"[①]

谢克家说，他担心这桩买卖要是成交的话，外边的人知道了，将会起到非常坏的影响，"有累盛德"。让谁的声誉受到损害呢？是皇帝，还是这批古物原先的主人，他的表弟赵明诚？

赵明诚生前跟谢克家关系很好，经常邀他观赏藏品，年轻时他们还一起登泰山搜集金石，无论是出于对赵家的感情，还是对这批文物的珍视，谢克家都不希望这样的事情发生。他生怕刚刚经受了丧夫之痛的李清照禁受不住王继先这个小人的怂恿，贱价卖掉这批文物古器，损害死者的清名与盛德。所以他迫不及待地要去阻止。另外，谢克家是知晓了王继先出的价格才奏请的，那时他很有可能已经猜到，王继先的背后就是高宗本人，所以"有累盛德"，也是在含蓄地提醒高宗，不要去觊觎一个丧夫未满一月的弱女子的财物。

且不说谢克家对李清照的指责是否成立，也不说李清照是否有过贱卖手上文物的念头（黄金三百两其实还是一个不错的价格），事情的结果我们已经看到，由于谢克家的上疏，交易终止了。朝廷还在逃难中，朝不保夕，兵部尚书也算是位高权重了，高宗不能不卖他这位股肱大臣一个面子。

不管高宗本人有多么渴望得到这批文物，谢克家疏中的"恐疏远闻之"提醒了他。赵家乃故相之后，毕竟不是泛泛之家，且不说眼前的这位兵部尚书是赵家眷亲，赵明诚的两个哥哥存诚和思诚正蒙朝廷重用。其他几位，不久前由起居郎升为中书舍人的綦崇礼（字叔厚，山东高密人，高宗时授中书舍人，除翰林学士，知绍兴府）是赵明诚表兄，被分派出去护卫隆祐太后的兵部侍郎李擢是赵明诚妹夫，都是眼下需要仰

① 《建炎以来系年要录》，卷二十七。

不是王继先本人，而是皇家。她担心人们误会她奇货可居，嫌王继先的出价不够高，这一来就成了她向皇室敲一笔。"密论列"里的"密"字，说明朝廷已经在秘密调查此事，而她又无从分辩，所以她才会胆战心惊。

让我们感到奇怪的是，如果谢克家知道王继先出面要买这批藏品，他作为赵明诚和李清照的亲戚，他大可以当面阻止，或采用私下协商的办法，以免赵明诚辛苦积累一世的这些文物旁落，玷污了死者的"盛德"，根本用不着报告给朝廷，动用"三省取问"这么高规格的司法介入。那么是不是还有一种可能，李清照被王继先斯缠不过，恳求谢克家向高宗进言，打消王继先的这一念头？而谢克家在明诚死后，曾对遗留下来的这批金石字画"览之凄然"，显见依依之情，为图保全这批古器，遂有密奏之举。

我们现在看不到谢克家上高宗的这篇奏疏，但可以猜想，他应该会采用一种比较策略的措词，检举王继先趁火打劫的强买行为，而不是劝谏高宗收手。于是高宗也就佯作不知情，顺水推舟，得，这事朕知道了，你们就"三省"出面，问问王继先是怎么回事儿吧。

> 尽将家中所有铜器等物，欲赴外庭投进。
>
> （《〈金石录〉后序》）

经了这两桩事，这些古器文物都要压得她喘不过气来了。无论是外界的谣言，还是朝廷展开的秘密调查，都让她觉得，她已经无法凭着一己之力携带这些古物了。她只有如数把这些器物献给朝廷，才能洗刷某些人对她死去的丈夫莫须有的指责，同时也证明给他们看，她一个乱世里的孀妇，保得一条命就不错了，能有什么坏心思呢？

六、入海

高宗在他喜爱的建康行宫只待了三个月。由于金兵在建炎三年（1129）夏天对南宋发起了又一轮新的进攻，负责北方防务的宗泽的继任者杜充放弃了旧都城开封，以致南下门户大开，高宗不得不于这一年的八月二十六日离开建康。行前他作出了一项重要的军事部署，命韩世忠掌管镇江一线，刘光世负责建康的上游地区。

高宗一行于九月初抵达平江府（今江苏苏州），然后在镇江停留了约四十天。在这里他安排了部分宗室人员由兵士护送前往福州。十月初八日，高宗到达刚刚改名为临安的杭州。但出于一种逃亡者固有的警觉的心理，他在临安只待了七天，然后在十月十七日跨过钱塘江，向东行进越州，于十二月初二日到达明州。

从建康开始，完颜宗弼率领的一支金军先头部队就对高宗紧追不放。剽悍的女真骑兵在南方的丘陵、田野上全速推进，罕遇敌手。他们几乎打败了在镇江的韩世忠，迫使他退往江阴，继而于十二月初七日拿下了常州。兵锋南指，临安守军几乎没做什么抵抗就开城投降了。金军前锋四千余人进抵越州，也是所向披靡。但他们在向明州进发时遭遇了宋军激烈抵抗。这几乎是一个信号，告诉金军"大鱼"就在前面，刺激着金军骑兵愈加猛烈地冲杀，要不是御前右军都统制、浙东制置使张俊率军在明州拼命抵抗，一人拼命，给了高宗喘息的机会，恐怕明州就是高宗此次逃亡的终点了。

从越州奔往明州途中，高宗早已有了从海上逃亡的打算。其实这项计划自春初就已进行。至于逃往何处，是浙南的温州还是更南的闽中，还要看形势而定，但福州肯定是在他最早的计划之中。他在镇江时就募集海船，分批次把宗子和妇女送往福州避兵，并下令把一路随带着的祖宗"神御"即历代帝王遗像提前迁往福州。

束了，前面是茫茫海路。漫长的中国历史中，作为一个在位的皇帝离开率土之滨出海避难，高宗还是破天荒第一个。

高宗的船队在定海昌国县停留了七日，于十二月二十六日起锚，引舟南下。闻知高宗已安全，张俊的人马撤出明州，按着先前君臣密议的计划向着台州方向而去。高宗的船队航行了十余日，抵达台州港，已是新年的正月初二日，元祐老臣晁补之的儿子、台州知府晁公为亲自到章安来迎接。在章安镇休整了十余日，他们与弃守明州前来投奔的张俊将军的部队会合，继续移舟南下，于建炎四年（1130）二月二十一日抵达温州。[①] 御舟至温州江心寺驻跸，更名龙翔。后军报金兵不再追来，高宗一行遂停止了向着更远的闽广奔窜，先在温州看看形势再作决定。

七、投进

建炎三年（1129）十二月中旬，当高宗从越州赶往明州时，李清照也只身离开建康，开始从陆路南逃。她带上了所有能带上的文物和古器，这些都是要向朝廷"投进"的，她去投奔仓皇南逃的皇帝，只是为了把这些青铜礼器献给他，以恢复故夫的名誉。所以这不仅仅是一次逃亡，更是一次义无反顾的投奔。但由于离开得过于仓促，她的一把古琴遗落在了建康。此琴伏羲式，她一向珍爱异常，随处携带，琴身上还镌有她自撰的一则琴铭："阳山之桐，斫其形兮。冰雪之丝，宜其声兮。……，和性情兮。广寒之秋，万古流兮。"[②]

就在她离开后不久，建康陷落了。

---

① 李正民：《乘桴录》："（建炎三年）十二月五日，车驾至四明，十五日大雨，遂登舟至定海，十九日至昌国县，二十六日移舟之温、台。……正月二日，北风稍劲，晚泊台州港。三日早至章安，知台州晁公为来。……十四日张俊自台州来。十八日移舟离章安。……二十日泊青澳门，二十一日泊温州。"赵彦卫《云麓漫钞》卷七。

② 据徐培均先生考证，此琴到了近代为著名花鸟画家南京张正吟所藏。《李清照集笺注》，第 421 页，上海古籍出版社 2013 年版。

应该是事先做了足够的功课，她走的，大体上就是高宗离开建康后的那条南逃路线。只不过，她的出发比皇帝离开建康晚了三个多月，比追着皇帝跑的金军正好快一步。如果不计高宗在镇江和临安停留的时间，他们的行程大约相差半个月的时间。由于金军骑兵追赶极快，高宗朝廷的逃跑速度极快，于是出现了这样的一幕，李清照跟在高宗后面跑，却总是一次次地扑空。

战火中她首先要保全性命，活下去，一切才有可能。但这不是她唯一要面对的难题，她还要把这些仅存的古器完整无缺地带到皇帝面前。即使没有这个她自作主张加上去的使命，还有丈夫的遗命在，在池阳送别他的时候（那其实就是永诀了），丈夫就叮嘱她，以后的时世不管如何艰难，都要把宗器随身携带，"与身俱存亡"。无疑，这句嘱咐此时已成为她沉重的负担，这句话就像魔咒一样与她形影相随。

我们可以想象，一路南奔中，她要时时操心不让这些藏品被水火吞噬，被乱兵抢去。由于她带着这么一大堆东西，身边又没有一个成年男子护持，她很容易成为小偷和盗贼的目标，为了不让这些别有用心之徒有机可乘，她甚至睡觉时都要睁一只眼盯着它们。这些叮叮当当的铜器拖累了她的行程，使得她不仅赶不上前面的高宗，也很有可能落入紧赶上来的金军的手中。这时，她一定会为丈夫毫无人道的这句嘱托感到悲哀。他只是简简单单的一句话，却要她用整个的余生去负累。

当她一路南来追到越州时，皇帝又不在了，听说已经"移幸四明"，往东面的明州方向去了，而后面的金军正在步步追来。她不敢再独自带着这些准备献给朝廷的铜器和古董了，无奈之下，她把这些古器和自己的一封辩白书信托人带往安全些的剡中，这批古器的最后命运——据她自己说，先是落入一批叛军手中，官军平定叛乱之后，又据说落入了一位姓李的将军手里。

后官军收叛卒取去，闻尽入故李将军家。

（《〈金石录〉后序》）

托两个故吏带往洪州的一船文物被毁后，剩下的这些金石文物，经此一劫，又去十之五六。当时以为可以"岿然独存"，哪想到也是这么经不起折腾。她再也不敢让这些金石文物离开她的视野了。

她说她是去投奔在高宗那里当小官的弟弟去的，但我们最终也不清楚，她到底有没有与弟弟李迒会合。当她一路经临安、越州追到明州时，得知半个月前皇帝已经从这里登舟南去。以她的财力，肯定出不起价钱雇一只大船，遂决定从陆路追去。于是她从明州开始折向南行，一路沿剡溪经奉化、嵊县，自黄岩雇舟入海，奔向台州章安的行朝。

这幅乱世里的流亡图至此已近尾声。可能由于一路跋涉，身心劳顿，她的前行速度明显放慢了。有时为了调养病体，还不得不在一些经过的村子里短暂停留数日，暂时恢复体力。据她自己说，由于行李太过沉重，在嵊县境内她不得不忍痛丢弃了部分衣被。但据我们所知，在这一段陆行路上，她有一部分书画也丢失了。一百多年后的元代历史学家袁桷（奉化籍）曾经题跋的兰亭写本《定武禊帖》，就是她在奉化的旅途中丢失的。袁桷在他的著作《清容居士集》里收录了这则题跋，说"明诚之妻李易安夫人避难寓吾里之奉化，其书画散落，往往故家多得之"[1]。丢弃的字画应该不止这一件，日后，以书写明末忠义和乡邦文献为职志的清代历史学家全祖望在《鲒埼亭集外编》里也多有类似记载。

八、行人

或许是在旅途中的某一个晚上，她喝了点酒沉沉睡下。半夜梦醒，听着滴漏微弱的声音，僵卧荒村的她心头更添忧愁，以至于后悔，酒既

---

[1] 〔元〕袁桷：《清容居士集》卷四十六，《跋定武禊帖·不损本》："赵明诚本，前有李龙眠蜀纸画右军像，后有明诚亲跋。明诚之妻李易安夫人避难寓吾里之奉化，其书画散落，往往故家多得之。后有绍勋小印，盖史中令所用印图画者，今在燕山张氏家。"

不能消愁，昨晚为何贪杯？好不容易倚着冷枕，挨到天色渐亮，晨光洒在翠屏之上。她喃喃自问，门外，是谁在打扫昨夜凋落一地的花瓣呢？俄顷又自答，是从夜里就刮起来的风吧。

悲伤就在这时汹涌而至，"春又去，忍把归期负"，又是一年了，你怎么就忍心撇下我，一去不回！可是阴阳两隔的人又怎能再见面？看来，也只能把心事托付于行云，让它去问问将至的日神了。

> 梦断漏悄，愁浓酒恼。宝枕生寒，翠屏向晓。门外谁扫残
> 红？夜来风。
> 箫声断人何处。春又去，忍把归期负。此情此恨此际，拟
> 托行云。问东君。

（《怨王孙·梦断漏悄》）

此时，台州的形势已岌岌可危，州守晁公为已弃城逃遁，皇帝的御舟数日前也已从先前驻跸的章安前往温州了。她便又雇舟追往温州。无论对高宗还是李清照而言，温州，都是他们此行东南逃难路线的终点了。

这一路追赶行朝，至此正值隆冬，她在途中，当见早梅已开。诗有云，"汶水滔滔，行人儦儦"，一路辗转来此，她早已是"行人"一个：

> 看看腊尽春回。消息到、江南早梅。昨夜前村深雪里，一
> 朵花开。
> 盈盈玉蕊如裁。更风细、清香暗来。空使行人肠欲断，驻
> 马裴回。

（《春光好·看看腊尽春回》）

担心战线拉得过长遭到后方的宋军截杀，完颜宗弼决定放弃这次漫长的追击。建炎四年（1130）的春节刚过，金军离开占领了七十日的明

州，在城内放了一把火，而后一路经越州、临安，逐步收缩兵力，向北退却。在镇江焦山，完颜宗弼与浙西制置使韩世忠的水军发生了一场互有输赢的遭遇战，韩世忠和他英勇的妻子、和国夫人梁红玉在黄天荡一战中亲执枹鼓督战，试图全歼这支金军，但因有另一支金军完颜昌的支援，还是让完颜宗弼在这年夏之前成功退回了北方。而渡江而来的另一支西侵的金军，则穿过整个江西地区一直打到湖南南部，并一度占领了一个著名的银矿所在地郴州。

金军北撤后，建炎四年（1130）三月十七日，高宗谒温州开先寺，拜别九庙神主，而后，在吕颐浩、范宗尹、綦崇礼、王绹、赵鼎等一干忠心大臣簇拥下登御舟北还。途中，他追忆靖康之变及近来神州板荡，生民流离之苦，对遭受迫害的元祐大臣们生出一股愧疚，下了一道诏书，对死去的晁补之和张文潜追赠官职，朝奉郎黄庭坚、宣德郎秦观等为直龙图阁学士。

舟次台州松门寨商议下步目标时，大臣们有说西去入蜀的，有建议北上关陕的，高宗看中的是富庶的越州，可用淮、浙榷货盐钱以赡军费，又可运江、浙、荆、湖之粟以为军食，他准备把这里作为规复中原的战略基地。

北归途中但见满目疮痍，尤以定海县和明州下辖几个县的受损最为严重。高宗叹息他"为民父母，不能保民"的愧疚之意，并对大宋立国百余年来偃武修文的国策有所怀疑并试图改正。当初金人焚明州城，唯东南角数佛寺与僻巷居民未受冲击，高宗睹此，心怀恻然，以为有神物护佑。御舟只在明州经停一日，复向西行，经余姚后，河道变窄，舍海舟改乘小舟，七日后抵达越州。

《建炎以来系年要录》载："（建炎四年三月）己未（十六日），……是日上御舟复还浙西。……辛酉（十八日）上御舟发温州。……壬戌（十九日）御舟次章安镇。……乙丑（二十二日）上次台州松门寨。……辛未（二十八日）上次定海县。……夏四月甲戌（三日）上御舟至明州之城外。……乙亥（四日）上发明州。……丙子（五日）次余姚县。癸未（十二日）上次越州，驻跸州治。"[①]

一一三一年初，高宗在改名为绍兴的越州庆祝了辛亥新年，带领群臣向远行北方的两位皇帝遥遥叩首，把年号改为了绍兴，同时赦免元祐罪臣、抚恤死难将士，出台了一系列税收新政。这时他思念起了当初带着六宫分赴洪州后又逃往虔州的隆祐太后，听说她逃亡途中兵众溃散，窘迫到了雇用农人抬轿的地步，恨不得马上就把她接来越州。他对近侍说："朕初不识太后，自迎至南京（应天府），爱朕不啻己出。今在数千里外，兵马惊扰，当亟奉迎，以惬朕朝夕慕念之意。"旅途劳顿再加迭受惊吓，隆祐太后来绍兴两个月就"不豫"，高宗为她主持了隆重的葬礼，上其谥号昭慈献烈皇后（绍兴三年改谥号为昭慈圣献皇后），以表彰这位扶持他上位有功的妇人。

高宗在绍兴一直住到绍兴二年（1132）一月，方率朝臣前往临安。比之绍兴简陋的府衙，他自然更喜欢西湖边宽敞的吴越国的旧皇宫，那里只需稍作改造和扩建，就丝毫不逊于汴京的皇城。尽管他一直宣称临安只是个临时都城，但事实上他和他的王朝此后一直安居于这个享乐主义之风炽盛的南方城市，直到一二七六年，循环一般的历史带来的蒙古骑兵把他的后代们驱离皇城，押解北行。

九、之越

李清照对这段动荡岁月的回忆，都记录在她于绍兴二年（1132）所写的《〈金石录〉后序》里。某种意义上，她写下了一个女人记忆中的战争经历，写下了战争给她造成的久久不能平复的心理创伤，以及她努力从记忆的废墟中重建余生的努力。

[①] 《建炎以来系年要录》卷三二。

但我们通读这篇建构她南渡后生平的最重要的文献，却发现，或许是因为她的叙述主要围绕金石文物由聚到散的主线所展开，条理时有混乱，且常作旁枝逸出，年代上也经常连贯不起来。这或许是因为，《金石录》的第一个版本龙舒郡斋刻本，本无李清照后序，据洪迈《容斋四笔》说，他是在一个叫王顺伯的朋友家里看到了这份原稿，"撮述大概载之"。而明以来转相抄录，以致沿讹踵谬，弥失其真。

近世学者黄盛璋和王仲闻等人早就发现了《后序》明显的地点顺序的错误，并指出文本的一些语句曾被篡改，一些地名也可能存在讹误，比如后序里的这一段话：

> 到台，台守已遁。之剡，出睦，又弃衣被走黄岩，雇舟入
> 海，奔行朝，时驻跸章安。从御舟海道之温，又之越。
>
> （《〈金石录〉后序》）

"剡"为嵊县，"睦"为建德，嵊县为自明州、奉化赴台州所必经，建德则无须经达，到台州后，更无须再返嵊县、建德，且与后面的"弃衣被走黄岩，雇舟入海奔行朝"之语不能相按。

她毕竟不是一个严谨的历史学家，她对战争和追随逃难中皇帝踪迹的记述，更多的是基于一路上的个人经历。由于记忆本身易发生位移，若干年后她追忆这段经历，某个地点或某条线路记错，发生的事件有所遗漏、脱误，有时也在所难免。但凭着她的这份私人回忆录，我们还是可以大致拼接出她离开建康城一路南奔的线路：建康—临安—越州（绍兴）—明州—奉化—黄岩（入海）—台州—章安—温州。

她带着仅存的五六箱书画砚墨，终于在温州追上了皇帝的御舟，时间当在建炎四年（1130）二月。从她后来的逃亡途中一直携带着这几箱书画来看，她并没有找到机会面见高宗"投进"。但她至少与弟弟李迒团聚了。

在这个气候相比建康和临安宜人得多的地方，高宗见追兵不再赶

来，也就安心住下。约一个月后，得知金军已从明州退兵的消息，高宗才决定回驾北上。建炎四年（1130）三月十六日，高宗船队离开温州，张帆北上，一直到四月十二日抵达越州，李清照和那个担任敕局删定官的弟弟，应该都是一路跟随着御舟。如前所述，历史学家李心传的《建炎以来系年要录》已把他们的行程记录无遗。

从御舟海道之温，又之越。

（《〈金石录〉后序》）

一个"又"字，是说她第二次来越州了。第一次还是上年十二月，她渡钱塘江来此，却听人说，皇帝往东边的明州去了，情急之下，她就由奉化、嵊县、台州一路陆行而去。转眼三个月过去，冬去春来，"南来尚怯吴江寒"，这里比吴江更南，寒意却有过之。

这次南来，是她所到中国疆域的最南方。尽管在宋朝，这块日后中国最富庶的地区之一当时还处于权力的边缘地带，但自魏晋及隋唐以来，它清幽的风景一直吸引着诗人和艺术家们的注意。越州至天台一带，自王勃、李白、王昌龄至晚唐的陆龟蒙、皮日休等，写下了数百篇带着游仙性质的浪漫主义诗篇而被后人誉为浙东"唐诗之路"，更不必说李清照此次南来的终点温州，自谢灵运任永嘉太守在此吟咏不休，它崔巍的山石和浩荡的大河已然成为中国山水诗歌的滥觞。

我们感到非常遗憾的是，李清照来到此地的建炎三年（1129）冬天至建炎四年（1130）四月，这近半年里她没有写下一首有关此地山水和人文的诗歌。或许是她一路追赶着，实在太累了，都没有心情抬眼看看渐变的物候，有句话叫"国家不幸诗人幸"，事实上国家的安定才能给诗人一个好的创作环境。一个成天疲于奔命的人是没有心情去推敲诗句的。

十、海角

但还是有几首词作，我们可以把它们系年于建炎三年（1129）八月后至建炎四年（1130）春。它们或许写于建康时期，赵明诚死后不久，是悼念爱人之作，也有可能是她在南逃途中思念家乡而作。

> 藤床纸帐朝眠起，说不尽、无佳思。沉香断续玉炉寒，伴我情怀如水。笛声三弄，梅心惊破，多少春情意。
>
> 小风疏雨萧萧地，又催下、千行泪。吹箫人去玉楼空，肠断与谁同倚？一枝折得，人间天上，没个人堪寄。
>
> （《孤雁儿·藤床纸帐朝眠起》）

词牌名《孤雁儿》，即含孤雁失伴之意。这一词调原名《御街行》，《花草粹编》卷八引宋代杨湜《古今词话》录无名氏词有"听孤雁声嘹唳"句，因此得名。据查，整个宋朝词人创作的题作"孤雁儿"的词共三首，李清照这首最早，她把词调作这一改动，自有深意藏焉。

词前有小序："世人作梅词，下笔便俗。予试作一篇，乃知前言不妄耳。"可知这是一首咏梅词。她写了太多以梅为吟咏对象的诗词，唯独这一首浸透了深深的绝望。"笛声三弄"，用的是桓子野为王子猷吹笛的故事。[①] 桓子野三调吹毕，便上车去，客主不交一言。"梅心惊破"，这心情，敏感到了听到花开的声音都会吓一跳，但为花开，心里毕竟是喜悦的。只是良人既逝，人去楼空，纵有梅花好景，又有谁与自己倚阑

[①] "王子猷出都，尚在渚下。旧闻桓子野善吹笛，而不相识。遇桓于岸上过，王在船中，客有识之者云：'是桓子野。'王便令人与相闻，云：'闻君善吹笛，试为我一奏。'桓时已贵显，素闻王名，即便回下车，踞胡床，为作三调。弄毕，便上车去。客主不交一言。"《世说新语·任诞》。

同赏呢？今天折下梅花，找遍人间天上，四处茫茫，也没有一人可以寄赠了。

> 楼上晴天碧四垂，楼前芳草接天涯。劝君莫上最高梯。
>
> 新笋已成堂下竹，落花都上燕巢泥。忍听林表杜鹃啼。
>
> （《浣溪沙·楼上晴天碧四垂》①）

晴日里登上高楼，湛蓝的天空如帷幕垂落在四面八方的地平线上，楼前芳草，一片青绿，与天相接。伤心人最怕登高，怕的是触动乡愁。堂下的新笋，都已长成竹子了，落花也化成泥土，作了燕子筑巢的新泥。此时，又怎忍心听林外杜鹃声声啼鸣？

> 揉破黄金万点轻，剪成碧玉叶层层。风度精神如彦辅，太鲜明。
>
> 梅蕊重重何俗甚，丁香千结苦粗生。熏透愁人千里梦，却无情。
>
> （《山花子·揉破黄金万点轻》）

甚至八月里的金桂，那黄金一样的花儿，论风度精神，简直是晋人乐广一样的人中之龙，②也因为香气太过馥郁，惊扰了她的千里思乡梦，被看作"太无情"。

> 帘外五更风，吹梦无踪。画楼重上与谁同？记得玉钗斜拨火，宝篆成空。
>
> 回首紫金峰，雨润烟浓。一江春浪醉醒中。留得罗襟前日

---

① 此词作者有周美成、李清照两说，为存疑之作。

② 晋人乐广，字彦辅，《晋书》本传称其"神姿朗彻，当为名士"。

泪，弹与征鸿。

（《浪淘沙·帘外五更风》）

至于五更时分帘外的寒风，也只有她这样新寡的妇人才会有切身的体会吧。醒来后就再也睡不着了，只记得当年的一幕幕，其中有一次，她无聊地用玉钗拨弄着香火，而如今，宝篆香也已经燃烧殆尽。她现在应该已经知道，梦醒后，人就会老。青春与衰老，也就隔着一场梦的宽度。像那首梅花词里一样，她是想把罗襟前的泪水与思念，托天上的大鸟带给丈夫的，可是那鸟是怎么也不会飞到地下去的。

晏几道说，"梦魂纵有也成虚，那堪和梦无"[1]，她要做个梦来安慰自己，竟也不能了。

风定落花深，帘外拥红堆雪。长记海棠开后，正伤春时节。

酒阑歌罢玉尊空，青缸暗明灭。魂梦不堪幽怨，更一声鹧鸪。

（《好事近·风定落花深》）

抒发伤春心情的《好事近》，述说歌舞已散，酒杯已空，"青缸"之光忽明忽暗，灯红酒绿的美好时光转眼成过去，孤寂愁苦之状，应该也是南渡后安定下来所作。她爱梅，亦爱海棠，早年《如梦令》词中，晨起试问卷帘人，问的便是海棠，当时虽预知绿肥红瘦，生命的酒杯尚是满的，于今风定，落花如往事的残骸，红红白白堆满帘外，深得就像一片死海。欲在梦里寻去，更奈何一声子规！

另有一首《清平乐》，因词里"今年海角天涯"一语，我们把它系

---

[1] 晏几道《阮郎归·旧香残粉似当初》，全词为："旧香残粉似当初，人情恨不如。一春犹有数行书，秋来书更疏。　衾凤冷，枕鸳孤。愁肠待酒舒。梦魂纵有也成虚，那堪和梦无。"

年到李清照南奔途中，建炎三年（1129）冬天在黄岩雇船出海前后，可能会更确切些。

年年雪里，常插梅花醉。挼尽梅花无好意，赢得满衣清泪。

今年海角天涯，萧萧两鬓生华。看取晚来风势，故应难看梅花。

（《清平乐·年年雪里》）

她坐在颠簸的船上，放眼望去都是浑黄的海水。除了三国时曹孟德的一首《观沧海》，传统中国诗词里，几乎还没有人对大海有过很好的书写，要不要把它们入词，她肯定是有过犹豫的。但最后她退回到了安全的界限里，她继续选取了梅花，这永恒的想象之花。

梅与她的终生系连，它曾经是美丽的韶华，露水般的欢乐，带着天才的光芒，骄傲而冷艳，它也是欲寄无人的伤感，而现在，它就是她，一个四十七岁的孤独妇人的写照。"萧萧两鬓生华"（以后白发更生，她还会说"病起萧萧两鬓华"），这样的日子一天天过下去，"晚来风势"，凄神寒骨，镜中容颜怕是越来越不堪看了！

十一、雅贼

建炎四年（1130）冬，形势已稍稍平静。因天气寒冷，再加担心越州城里积存的粮食供应不上临时朝廷的用度，高宗作出了一个决定，给跟随了他一年多的官员们集体放假，除了贴身侍卫和台谏官员外，所有官员都就近找地方居住，待明年春暖再赴行在。[①]

① 《建炎以来系年要录》卷三九："（建炎四年十一月）壬子……诏放散行在百司，除侍从台谏官外……余令从便寄居，候春暖赴行在。"

李远不是侍从台谏官，也在放散之列，李清照便和弟弟一起去了浙西的衢州。他们在衢州的时间并不长，第二年春三月，她和李远又回到了高宗暂时驻跸的越州。此时的越州府城已正式升格为临时都城，年号也已改为绍兴了。《后序》对此的记述，条理甚是清楚：

> 庚戌十二月，放散百官，遂之衢。绍兴辛亥春三月，复赴越。
>
> （《〈金石录〉后序》）

她租了城中一户钟姓人家的房屋，暂作栖身之处。在这里她遭遇了一次明火执仗的偷盗，而且令人匪夷所思的是，这事就发生在她的眼皮子底下。

奉化、嵊县一路陆行时，她随带的书画文物多有散失，剩下的几个筐箧，她再也不敢让它们脱离视线了，就放在自己房间的床下，平素也不大敢拿出来，夜深人静时才开箱暗暗观赏。某天夜里，家中忽然遭贼，小偷趁她熟睡不知，挖墙而入，盗走了其中的五箱。她悲痛不已，于是倾尽所有，悬赏收购这批被盗的物品。过了两天，果然有个邻居拿着十八轴画卷来领赏金了。天下竟有如此厚颜无耻之徒，她记下了这个邻居的名字：钟复皓。

盗贼应该就是村里人，甚至是与房主串通一气，房东贼喊捉贼也有可能，但她一个远道而来的妇人，到了这里人生地不熟，又能拿他们怎样？十八轴画卷是赎回来了，其他被盗去的器物，她千方百计寻求，却再也回不来了。她就像一个丢失了孩子的母亲一样，一直关注着这批被盗物品的线索。后来她到了杭州才打听到，这批失窃的金石文物，被家住杭州紫溪的淮南转运司转运使吴说贱价买走了。赵明诚从谢伋那里留观的那幅阎立本画《萧翼赚兰亭图》就在其中。唉，这吴说好歹也是个书法家，以一手独创的"游丝体"博下过不小的名头，但愿他好生对待这些物事罢。①

日后，似是为了回应李清照在《后序》中所说，"今知尽为吴说运使贱价得之"，吴说为这幅阎立本画《萧翼赚兰亭图》写了一段跋语，意为，此图乃江南李后主故物，周穀以与同郡人谢伋至建康，而为郡守赵明诚所借，"因不归"。又说他自己于绍兴元年（1131）七月购于钱塘云云。大概是为此画得之无道自作解脱吧。

这里衍生出了另外一个故事。故事说的是明万历时，大学士张居正柄政，他是李清照的忠实粉丝，读了《〈金石录〉后序》，对易安晚年遭际深感同情，对绍兴人也愈加嫌恶，某日，见部吏里有一个浙江口音的钟姓者，便问他，你是会稽人吗？对方恭恭敬敬答道，是。这一听，张居正脸色就变了。部吏连忙解释说，我家是新近从湖广迁到会稽去的。但张居正还是愤愤不平，找个由头把这个部吏贬谪了。②

这个钟家村的盗贼把李清照一路护持的书画砚墨几乎都偷光了。大致估算一下，她此行南携的全部家当，"乃十去其七八"。至此，她和赵明诚辛苦南运的这批金石文物，已经历了洪州的兵火、剡溪道中的丢失（不知是抢劫还是别的原因）、绍兴钟姓人家的偷盗。若论大宗藏品散失的开始，或许还应该加上她离开青州后的那把大火。她一路追赶的过程，也是一个不断失去它们的过程。到现在，剩下一二件残余零碎的，不过是不成部帙的三五种书册而已。

对此，她不禁要愤怒了！

> 平平书帖，犹复爱惜如护头目，何愚也耶！
>
> （《〈金石录〉后序》）

---

① 吴说（约1092—约1170），宋代书法家。字传朋，号练塘，杭州钱塘人。政和七年（1117）入仕。曾知盱眙，守信州。南渡后，因家居钱塘之紫溪，人称吴紫溪。其书楷、行、草及榜书均佳，《翰墨志》称："绍兴以来，杂书游丝书，惟钱塘吴说。"
② 〔清〕俞正燮：《易安居士事辑》，转引《玉茗琐谈》。

这真是一段充满讽刺的行程，她抱着这些铜器、字画、书帖一路南来，把它们当作比眼睛和大脑更重要的东西，却无可奈何地看着它们一样样地失落。当这些物品快要散落殆尽的时候，她蓄积多日的愤怒爆发了。这一次，她把讥讽的目标对准了自己，她自责，并且痛悔：那些铜器、字画、书帖，哪一样不是平平常常的东西，我还像保护头脑和眼珠一样爱惜它们，多么愚蠢呀！

十二、舍得

她甚至还想到了历史上两个有藏书癖的失国之君，梁元帝和隋炀帝。昔年梁元帝萧绎在都城江陵陷落的时候，他不去痛惜国家的灭亡，而放火焚毁十四万册藏书带到天上去。同样，隋炀帝杨广出游到江都为部将所杀之际，不以身死为可悲，执意要把三十万卷图书付之一炬。他们的心智一定是被什么东西给蒙蔽了。难道人性真是这样的吗？只要是他们所专注所喜爱的那些东西，即便到了生死关头还是念念不忘？

她没有直接批评当今的皇上，但实际上都有所指。高宗那个朝不保夕的小朝廷都在东躲西藏中摇摇欲坠了，他还游心旁骛，一心想着多多地占有古器，全神贯注地沉浸在他的收藏品世界里，这又岂是人君该有的样子！器物毕竟是器物，它再怎么珍贵，也不能凌驾于国家的命运之上、凌驾于亲人和亲情之上吧，要是这样的话，那才是丧失人性呢。

> 或者天意以余菲薄，不足以享此尤物耶？抑亦死者有知，犹斤斤爱惜，不肯留在人间耶？
>
> （《〈金石录〉后序》）

这里她用了女性作家笔下很少出现的"尤物"这个词，用来指称他们藏品中特别珍贵的书和器物。这个词一般用来形容姿容特别出色且带有危险性的女人，还有某种带给人声色犬马感官享受让人沉溺其中的物品。对凡人来说，它们太美了，也太危险了，上天把它们夺走或许才是最好的归宿。

她自问，是不是天意认为我资质菲薄，不足以享有这些珍奇的物件？抑或是明诚死而有知，到地底下还对这些东西"斤斤爱惜"，犹自割舍不下，死了也要把它们带进坟墓里去？要不然的话，为什么得来异常艰难而失去又是如此容易啊？！

何得之艰而失之易也！

（《〈金石录〉后序》）

没有人能回答她的诘问。她熟读历史，但从梁元帝、隋炀帝到本朝的欧阳修、苏轼，历史的经验也给不了她一个答案。或许她是想以过来人的身份告诫未来的学者和收藏家，物比人更长久，所以该放手时且放手吧。

人有病，就在不舍得。爱而不舍，尘世马牛。

第六章

制造李清照

绍兴二年（1132）

临安

一、桂子

绍兴二年（1132）正月，高宗御驾从绍兴前往金军劫存后的杭州。正月甲寅（十日）发，丙午（十四日）至。他准备在这里重建他的政府机构，恢复科考，任免官员，颁布法令，减免赋税，慢慢积蓄力量，以期与北方的金国相抗衡。

一些大臣建言，与六朝故都建康相比，杭州并不是理想的建都之地，一则腹地狭窄，不利地域扩展和向纵深发展；二则此地已经挤满了从北方和江淮逃难来的百姓，恐惊扰了圣驾。集英殿修撰、提举杭州洞霄宫卫肤敏就特意指出，"余杭地狭人稠，区区一隅，终非可都之地，自古帝王未有作都者"。[①] 先前钱氏在这里立国，实属迫不得已，最理想的王者之都还是倚山带江、可以控扼险阻的建康，为今之计，只能在钱塘少作停留，最后还是要到建康去。当然，数千里的长江防线，也一刻

---

① 《续资治通鉴》，卷一〇三。

不能疏于守备。

但高宗特别中意杭州这座出了名的富庶之城。众所周知，整个十世纪里，有长达七十年（907—978）它是吴越国的都城，而吴越国是十国时期存活得最久的、也是经营得最成功的国家。高宗还看中这座城市正好处于一个巨大海湾的喇叭底，有码头和港口，遇有急变即可乘船逃离。经过建炎三年（1129）的这次海上逃亡后，提前作这样的规划显然很有必要。当然，为了给一心收复失地的主战派大臣和前方将士一个交代，他一再宣称这只是一个临时国都——"临安"。

一个多世纪后，南宋小皇帝和一干高官被蒙古骑兵押解北行，宋末元初一个叫刘一清的学者检视得失，认为失败的起点就在于高宗错误地定都临安。"高宗不都建康而都于杭，大为失策。士大夫湖山歌舞之余，视天下事于度外，卒至丧师误主，纳土卖国，可为长叹息也。"[1]那已是后话了。

李清照是和随驾的弟弟李远一起，于1132年正月后来到临安的。"壬子，又赴杭"，一个"又"字，说明她不是第一次来了。建炎三年冬天她一路急追高宗时曾匆匆路过这个城市。此番跟随高宗来此，她是准备长住了。

一个人长时间处于精神高度紧张状态，稍一得闲，紧绷的弦松懈下来，就有可能招致病魔来袭。此后我们将会看到，病，将是她流寓江南后半生的常态。前番在江宁，建炎二年（1128）八月里，明诚殁后，悲伤和劳累使她病得"仅存喘息"，此番杭州得病，其情势汹汹，怕是不在江宁之下。毕竟，她是快五十岁的人了。

病中状况，用她自己后来的话说是"欲至膏肓，牛蚁不分"，连后事用的棺材的石灰和铁钉都准备好了。《世说新语》里说，晋人殷仲堪父病虚悸，"闻床下蚁动，谓是牛斗"。她都病得出现幻觉了，都已经命

---

[1] 刘一清：《钱塘遗事》卷首题识。

悬一线了，稍一好起来，谈论起自己的病，还是忍不住带着一种戏谑的语气。这个人禀性里天生的乐观和刚健，再怎样的困苦也泯灭不了。

一首《青玉案》，据说是这一时期她写给弟弟李远的：

> 征鞍不见邯郸路。莫便匆匆去，秋风萧条何以度。明窗小酌，暗灯清话，最好流连处。
>
> 相逢各自伤迟暮，犹把新诗诵奇句。盐絮家风人所许。如今憔悴，但余衰泪，一似黄梅雨。

（《青玉案·征鞍不见邯郸路》）

"邯郸路"，犹言邯郸道，是一条求取功名之路。唐传奇《枕中记》中，卢生黄粱一梦的故事，就是发生在邯郸道的旅舍中。"盐絮"，在这里指的是美好的诗句，典出东晋才女谢道韫咏雪事。[①]

她是在用这个故事劝慰小弟，这么多年了，你都征鞍劳累，难道还没看清，这一切都是虚幻的？还是不要再这样匆匆奔忙了吧。你这一走，我病中的日子会愈发难过起来。最留恋的还是我们刚重逢的时候，"明窗小酌、暗灯清话"，白日里明窗净几，我们相对浅酌，到了晚上，就着灯盏闲谈话旧。她又说，我们都老了，有空的时候我给你读读新写的诗，就像小时候一样，那该多好。

三月，新朝举行南迁后第一次科考。新科状元张九成，字子韶，学出名门，乃人称龟山先生的理学家杨时之徒，靖康南渡时从开封徙居钱塘。眼下南北对峙，朝廷急用人，考试仍按熙宁年间的以策论取士。这张九成所作策论，大胆剖析宋金形势，说"金人有必亡之势，中国有必兴之理"，又慷慨陈词，说中兴之本，在人主以刚大为心，"去谗节欲，远佞防奸"。此论一出，连他的老师都说好，难怪擢为廷试第一，皇帝

---

① 《晋书·列女传·王凝之妻谢氏》："谢安侄女道韫，才思敏捷，尝居家遇雪，安曰：'何所似也？'安兄子朗曰：'撒盐空中差可拟。'道韫曰：'未若柳絮因风起。'"

又钦点状元。《建炎以来系年要录》载张九成对策事甚详:

> (三月)甲寅(二十三日),上策试诸路类试,奏名进士于讲殿,上谓辅臣曰:"朕此举,将以作成人才,为异日之用。若其言鲠亮切直,他日必端方不回之士。自崇宁以来,恶人敢言,士气不作,流弊至今,不可不革。"因手诏谕考官:"直言者,置之高第;谄佞者,居于下列。"当时有监官进士张九成,对策曰:"祸难之作,天所以开圣。愿陛下以刚大为心,无遽以惊忧自阻。……臣窃谓:前世中兴之主,大抵以刚德为尚,去谗节欲,远佞防奸,皆中兴之本也。今闾巷之人,眈隶之伍,皆知有父兄妻子之乐,室家聚处之欢,陛下虽贵为天子,富有四海,徒以金人之故,使陛下冬不得其温,夏不得其清,昏无所于定,晨无所于省,向寝之私,何时可遂乎!在原之急,何时可救乎!日往月来,何时可归乎?望远伤怀,何时可释乎?每感时遇物,想惟圣心雷厉,天泪雨流,思欲扫清蛮帐,以迎二圣之车。……"[①]

高宗读了这份对策,十分感动,于是擢张九成为第一,余杭凌景夏为第二。尚书左仆射吕颐浩想以凌景夏为第一,说:"景夏之词,实胜九成。"但高宗坚持他对这个士子的欣赏:"九成对策虽不甚工,然上自朕躬,下逮百执事之人,无所回避,擢置首选,谁谓不然。"

李清照听说张九成的对策里有"桂子飘香"之语,忍不住要开一开这新科状元的玩笑,把他庄严的廷试策论与欢场里传唱的柳永的情爱小词相互比照,吟出这么个对子来:

> 露花倒影柳三变,桂子飘香张九成。

---

① 《建炎以来系年要录》卷五十二。

其实也不过学学苏轼学士的"山抹微云秦学士，露花倒影柳屯田"之类，本无讥诮之意。南宋诗人陆游大概是觉得这个事情好笑，也钦佩易安有急智，把这个对子记到了笔记《老学庵笔记》里。[①]

张九成要是得知自己的对策被女诗人这样调侃取笑，怕也只有苦笑吧。那个让他得意的对策里确实有"桂子飘香"这等语句，不过意思完全是反着来的，他是要劝谏皇帝打消享乐主义的念头。"子韶对策曰：澄江泻练，夜桂飘香，陛下享此乐，必曰：西风凄动，两宫得无忧乎？"[②]您如果非要在西湖边行乐，那就多想想北方凄烈的西风里的两位前皇帝吧。哪知道这断简残篇到了诗人笔下，整个意思都给弄拧了。不过张九成是个理学家，理学家都以圣人为念，想来不会太计较一个女诗人的莫名火气吧。

黄承璋先生就说他不明白，要说话里有话，语带讥讽，张九成的"夜桂飘香"实与她的"南来犹怯吴江冷，北狩应知易水寒"几乎是同一个意思，"不审清照何故嘲之？"

其实她就是觉得好玩。春天来了，西湖的风让缠绵病榻的她觉得又活过来了，病中蛰伏的思绪这时也跃动起来，正好碰上绍兴二年的黄榜放了，正好碰上状元张九成，传闻中张状元的"澄江泻练，夜桂飘香"，又让她想到了柳永《破阵乐》里的名句，"露花倒影，烟芜蘸碧，灵沼波暖"，她就逗一逗一时之机巧，纯属戏谑之制。"应举者传诵而恶之"，结果传得满城皆知，是因为这两个句子确实写得好，士子们一边传一边骂：呸，这个妇人，怎的如此毒舌？

二、骗婚

她心头的一点春意，或许来自一个男子，一个在她丈夫故去两年零

---

① 陆游：《老学庵笔记》卷二："张子韶对策有'桂子飘香'之语，赵明诚妻李氏嘲之曰：'露花倒影柳三变，桂子飘香张九成。'"

② 《宋名臣言行录》，此据黄承璋《李清照事迹考辨》转引。

八个月后出现的男子。这个人名叫张汝舟。

当她被病痛折磨得奄奄一息，身边只有一个应门的老仆，什么也差遣不了。在敕令所上班的弟弟李远过来送药尝汤，这个家里才有了点人气。就在这个时候，这个男子出现了。他对于李清照的才华，闻名已久，对于她南渡以来的不幸遭遇，也深表同情。而且他没有家室之累，还是一个官身，他的俸禄足够他去承担一个家庭。在病人情绪最低落的时候，他或许已经不止一次来看望她、安慰她，并寻找机会向她表白，他愿意一直照顾她，一起度过下半辈子。

这个人吐露的那些动听话儿，从一开始她就无法抵挡。她都四十九岁了，丈夫离开也快三年了，以为是心如古井了，却原来心底里也是向往着一份温暖的，是想在人世间再要一份爱怜的。

这个叫张汝舟的男子点燃起了她生的希望，她几乎是迫不及待地答应了，把余生交给这个人来保管。"信彼如簧之说，惑兹似锦之言"，她心甘情愿做了他的甜言蜜语的俘虏。只是她那时不知道，这个人开始的话有多甜蜜，日后他的面目就有多丑陋。

平生里最大的耻辱，就在人生晚境的入口等着她了。

关于她这次仓促的改嫁，她与这个叫张汝舟的男人结婚数月后又反目成仇，以及她为了离婚不惜付出身陷囹圄的代价，这一整个事件，比她稍晚一辈的文人圈里都是当作笑话讲的。他们嘲笑她都一把年纪了还不甘寂寞，有眼无珠，以一个素负清望的大臣遗孀的身份再嫁一个品级低下的无耻之徒，是失去了"检操"，以至"晚节流荡无依"。①

---

① 大概有近十种宋人著作记述了李清照的再嫁事件，要者有："易安再适张汝舟，未几反目，有启事与綦处厚云：'猥以桑榆之晚景，配兹驵侩之下材。'传者无不笑之。"胡仔《苕溪渔隐丛话》前集卷六十。"易安居士，京东路提刑李格非文叔之女，建康守赵明诚之妻。……赵死后，再嫁某氏，讼而离之。晚节流荡无依。"王灼《碧鸡漫志》卷二。"右皇朝李氏，格非之女，先嫁赵明诚。……然无检操，晚节流落江湖间以卒。"晁公武《昭德先生郡斋读书志》卷四。"绍兴中其妻易安居士表上于朝。赵君无嗣，李又更嫁。"洪适《隶释》卷二十四《跋赵明诚金石录》。《漱玉集》一卷：易安居士李氏清照，名士李格非文叔之女，嫁东武赵明诚德甫。晚岁颇失节。"陈振孙《直斋书录解题》卷二十一。

除了历史学家李心传在《建炎以来系年要录》里记下了这个骗婚者的名字，"右承奉郎监诸军审计司张汝舟属吏"，其他同时代作家诸如胡仔、王灼、晁公武、洪适等人，在他们的笔记里提及此事，除了发出几声干瘪的笑声，再也没有更详细的记载了。

而李清照费尽周折走出这桩婚姻后，写给某位在她入狱期间施以援手的高官亲戚的感谢信《投内翰綦公崇礼启》，是用一种高贵雅致的文体写就，骈文里充斥着历史上的各种繁复典故，偶或交织着她自己的激愤意气之语，也给我们知悉这桩婚姻的始末设置了许多障碍。但我们还是可以剥开一个个典故之核，穿过那些情绪化表达的雾障，再参以宋人笔记里留下的蛛丝马迹，来最大程度地还原绍兴二年（1132）的这场婚案。

这封信不长，最初收录在宋宗室赵彦卫的《云麓漫钞》里，兹录如下：

> 清照启：素习义方，粗明诗礼。近因疾病，欲至膏肓，牛蚁不分，灰钉已具；尝药虽存弱弟，应门惟有老兵。既尔苍皇，因成造次，信彼如簧之说，惑兹似锦之言。弟既可欺，持官文书来辄信；身几欲死，非玉镜架亦安知。僶俛难言，优柔莫决，呻吟未定，强以同归。视听才分，实难共处，忍以桑榆之晚景，配兹驵侩之下材。
>
> 身既怀臭之可嫌，惟求脱去；彼素抱璧之将往，决欲杀之。遂肆侵凌，日加殴击；可念刘伶之肋，难胜石勒之拳。局地扣天，敢效谈娘之善诉；升堂入室，素非李赤之甘心。外援难求，自陈何害？岂期末事，乃得上闻，取自宸衷，付之廷尉。被桎梏而置对，同凶丑以陈词，岂惟贾生羞绛灌为侪，何啻老子与韩非同传？但祈脱死，莫望偿金。友凶横者十旬，盖非天降；居图圄者九日，岂是人为？抵雀捐金，利当安往？将头碎璧，失固可知。实自谬愚，分知狱市。

此盖伏遇内翰承旨，搢绅望族，冠盖清流，日下无双，人间第一。奉天克复，本缘陆贽之词；淮蔡底平，实以会昌之诏。哀怜无告，虽未解骖；感戴鸿恩，如真出己。故兹白首，得免丹书。清照敢不省过知惭，扪心识愧？责全责智，已难逃万世之讥；败德败名，何以见中朝之士？虽南山之竹，岂能穷多口之谈；惟智者之言，可以止无根之谤。

高鹏尺鷃，本异升沉；火鼠冰蚕，难同嗜好。达者共悉，童子皆知；愿赐品题，与加湔洗。誓当布衣蔬食，温故知新。再见江山，依旧一瓶一钵；重归畎亩，更须三沐三薰。忝在葭莩，敢兹尘渎。

（《投内翰綦公崇礼启》[①]）

第一个问题是？这个张汝舟，究系何人？

在李清照生活的年代里，据查，有两个叫张汝舟的官员。这两个同名者的履历分别如下：

第一个张汝舟：毗陵（今江苏常州）人氏。神宗熙宁年间太学上舍生，徽宗崇宁五年（1106）进士，宣和二年（1120）任殿中侍御史，后因忤上意，于宣和五年降授宣教郎，直秘阁权知越州绍兴府。建炎年间，为朝奉郎守明州知府。建炎三年（1129）冬，高宗南逃至明州，这个明州知府在迎接皇帝銮驾时"应奉简俭，粗完而已"，被表扬为能够关心民间疾苦，得迁一官，与高宗护卫军刘洪道对调，刘暂知明州，张则改任直显谟阁中书门下省检正诸房公事。建炎四年，复被任为直显谟阁兼管内安抚使知明州。后，张汝舟在致仕前请求奉祠，被改为主管江州太平观。由神宗熙宁年间太学上舍生的资格来看，至绍兴二年（1132），其年龄在六七十岁间。

第二个张汝舟：浙江归安人，崇宁二年进士，北宋时期仕履不详。

---

① 赵彦卫《云麓漫钞》卷十四，《宋诗纪事》卷八十七。

绍兴元年，以承奉郎特迁一官往池州措置军务；绍兴二年，他调回临安，以右承务郎之衔，任监诸军审计司。按此履历，他应该与李清照的亡夫赵明诚年龄相仿。

读者一眼便能辨明，当过明州知府的那个张汝舟，是一个正直的官员，再说他都快致仕了，自不可能向李清照求婚。那么看来是第二个张汝舟了。

此人做过一任池阳小吏，建炎三年春天李清照夫妇放舟西上到池阳，和后来赵明诚在建康染病的往事，他应该是有所耳闻的。更重要的一个证据是，绍兴二年，此人已调回杭州，正担任右承务郎、监诸军审计司一职。这一官职算是军队里的文职人员，专门负责审核检查军队粮草调拨的券历、支拨的俸禄数目是否符合禄令法式等，职级虽低，权力却不小。

从日后李清照脱困后写给綦崇礼的那封感谢信来看，她的"弱弟"李远也是受了蒙骗的。很可能，敕令所的小官员李远把两个张汝舟给搞混了。轻信的李远看了此人迁官文书上的名字，就想当然地把此人认作了崇宁五年的进士、在明州知府任上有着不错官声的张汝舟。

他这个孤苦伶仃的姐姐，国变后从山东南下江宁，与姐夫团聚，孰料好景不长，丈夫身死，她又仓皇南逃，追着高宗御驾到温州。眼下御驾回转，她历尽坎坷由越州而衢州而临安，好不容易安顿下来，却又生了一场大病。李远"尝药"递汤，专心服侍，但他自己也有家室，为长久计，他内心里也希望有一个对姐姐倾心相待的男子。赵明诚去世已近三年，他希望姐姐尽快从悲伤中走出来。现在这个男子出现了，他理应为姐姐感到高兴。此人论儒雅博学虽不及姐夫赵明诚，但只要他真心相待，可怜的姐姐也算是后半生有托了。

信的开头，李清照用两个暗藏的典故，说明自己是被骗婚的：

> 弟既可欺，持官文书来诳信；身几欲死，非玉镜架亦安知。
>
> （《投内翰綦公崇礼启》）

所谓"持官文书",援引的是七世纪王适的一则故事,典出韩愈《试大理评事王君墓志铭》①,说的是王适托人去侯高家提亲,侯高声言,其女非官人不嫁。时王适尚未当官,让媒人伪造了一卷官方文书,侯高信以为真,遂将女嫁之。

"玉镜架",典出《世说新语·假谲》,温峤的姑姑为女儿觅婚,托温峤做媒,其实温峤早就看中了这个表妹,遂以玉镜台为聘物,骗娶了表妹。而这个玉镜台,是温峤跟随姨父刘琨北征刘聪时所得,仍是刘家旧物。

当时的清照姐弟,已经被张汝舟的如簧巧舌给迷惑了。信中,她没好气地说,这个人拿着官方文书来,我们自然相信他是政府的人了,我都病得快要死的人了,哪里还分得清是不是"玉镜架",哪里还辨得清他说的是人话还是鬼话? 于是,几乎是被这个人半求半催着,就稀里糊涂答应了这门亲事。

由"玉镜架"这个典故,我们甚至可以推测,这个张汝舟连正式的婚庆之礼都没举行,所下的聘礼也有可能是假的,他只用一辆车马,就把李清照和她的劫后余物给载走了。

三、驵侩

这个张汝舟到底安的是什么心? 他为什么要费尽心机去迎娶一个年近半百的寡妇呢? 他骗婚的动机是什么?

张汝舟是崇宁二年(1103)的进士,没有确切史料证明他是由州学还是太学生入仕,如果他是由太学内舍生入仕,那么很有可能跟赵明诚是同学。昔年,李清照以词名轰动汴京,"文章落笔,人争传之"②,此人

---

① 《韩昌黎文集校注》卷六。
② 赵彦卫:《云麓漫钞》卷十四。

很可能就是一个传抄小词的好事者。

建中靖国元年（1101），李清照嫁吏部侍郎赵挺之季子赵明诚，金童玉女风头一时无两，这是当时汴京城文艺圈里的大事，张汝舟如果没有亲见，应该也是耳闻的。新娘不凡的才华，新郎显赫的出身，再加上新婚夫妇灼灼照人的形象，这一切很可能会在一个自身条件不那么好的青年进士心里激起逆袭奋斗之心。但张汝舟的官运不太好，一直到绍兴元年（1131），他也不过是池阳军中一个小吏，任监诸军审计司，虽有承奉郎之衔，但在帝国三十级官阶中排在倒数几位。

建炎三年（1129）春天，赵明诚罢江宁知府，心灰意懒之际，携妻子雇船去上江，想在江湖间终老。正是在池阳，本已心灰意懒的他接到了移知湖州的御旨，赵明诚领官心切，紧急赶赴行在，要妻子在池阳等候消息。这一节建炎初年的往事，因赵明诚的遽尔去世，南宋官场乃至皇族，可谓人人皆知，张汝舟任职池阳期间，可能在当地听到了更多关于他们夫妇的传说，特别是关于那艘装载着古器字画的船。

眼下的李清照，虽非复青春容颜，但能娶这个女词人为妇，也能稍稍满足他的虚荣心吧。当然，比之那具正在走向衰老的身体，他更感兴趣的是传说中的那些古器宝物。想当年，连皇帝都要对这些古器生出觊觎之心，差遣御医王继先探问价格，想要占为己有。要不是大臣力阻，说不定那些金石古器早就成了皇宫庋藏了呢！

到现在为止，我们尚不知道李清照的身边还留着多少金石字画。由于她一再宣称，南来途中一再遭遇惨重的损失，我们或许会认为，洪州那一船文物毁于兵火后，再经过剡溪道上的丢失、越州邻家之盗的趁火打劫，她的手上真的已经所剩无几了。但也许，她在写作《〈金石录〉后序》的时候为了突出她和夫君搜集这些文物的不易，对她的损失是有所夸大的。起码，还是有一些贴身的藏品被她带到了临安。而张汝舟正是在窥见这些藏品精华后，才会不择手段地想要占有它们。

张汝舟显然低估了李清照想要保护这些仅存的藏品的决心。我们不知道这批最后的藏品里还有没有青铜礼器，也就是赵明诚池阳临别时反复交代的事关家族荣誉的"宗器"，但这已经不重要了，不管有没有，这些带着亡夫的手泽、带着她生命中最美好一段记忆的物件，已经成为她余生里最重要的东西。

如果说，先前她对丈夫的临别嘱托感到委屈，甚至不解，现在，她是主动担当起了守卫者的职责。只有留住它们，她才能够一次次地重返往昔。所以，无须谁去叮嘱，她也是抱定主意"与身俱存亡"了。

于是我们可以想象，当张汝舟发现嫁过来的李清照并无多少财产，对古物字画看管又严，自己的索求不能得到满足，他精心修饰起来的伪装就撕下了。

婚后没多久，他们就爆发了剧烈的冲突，他甚至对她动了粗。"视听才分，实难相处"。日后，她在那份羞愧的婚姻自陈书里说，我与这个人实在是难以相处啊。一桩从一开始就是一个骗局和陷阱的婚姻，一对陌生的男女，又怎么能长久处下去呢？至此，骗婚者完全暴露了丑陋的面目。他恼羞成怒，继而拳脚相加。她实在忍不住了，痛悔并且自责：我前世造了什么孽啊，怎会在自己的晚年，以清白之身，嫁给一个这么肮脏低劣的市侩之徒？

> 忍以桑榆之晚景，配兹驵侩之下材。既怀臭之可嫌，惟求脱去。
>
> （《投内翰綦公崇礼启》）

"驵侩"，又称"马侩""市侩"，是市场上从事牲畜交易的捐客。"怀臭"，沾上狐臭气。《吕氏春秋·遇合》："人有大臭者，其亲戚、兄弟、妻妾、知识，无能与居者。"人生的晚境，应该宁静而美好，奈何闯进这幅晚境图来的，是"驵侩"下人，是无耻的"怀臭"之夫。

这封信中，密集的典故和华丽的修辞交织在一起，但语言的涂饰术依然掩不住一次次被虐待、被家暴的场景。或许，文学典故和修辞术的运用，正是为了在事后以一种尚不失体面的方式说出这段不堪的遭遇。

在写给翰林学士綦崇礼（很可能他帮助了李清照尽快走出诉讼期间的羁押程序）的信里，她援引了《左传》里一则"杀汝，璧将焉往"的故事①，说自己因为带着这批古器成了怀璧之身，明确指认张汝舟有图谋杀人之心。张汝舟这个骗婚者因为如意算盘落空，反以为自己受了骗，对她"遂肆侵凌，日加殴击"，存了心要把她虐待至死："彼素抱璧之将往，决欲杀之"。

于是，在婚姻的外衣下，施虐被合法化了。暴徒像对待私有财产一样随意处置她。这个"怀臭"之夫这么做，既解心头之恨，顺便还能逼迫她吐出财产。

> 可念刘伶之肋，难胜石勒之拳。局天扣地，敢效谈娘之善
> 诉；升堂入室，素非李赤之甘心。

（《投内翰綦公崇礼启》）

"刘伶之肋"的典故，出自《世说新语》里的一则故事，刘伶是一个著名的酒徒，一次惹恼了一个俗士，那人想动粗，刘伶从容说道："鸡肋岂足以当尊拳！"②

"石勒之拳"，指的是毒辣的殴击。《晋书·石勒传》说，石勒是后赵的开国君主，小时候经常与李阳打架，称帝后，石勒对李阳说："孤往日厌卿老拳，卿亦饱孤毒手。"

"谈娘"，又作"踏摇娘""踏谣娘"，唐代流行剧目，讲述的是一个妻子备受丈夫虐待的故事。据唐代崔令钦《教坊记》及《乐府杂录》载，北齐时，有河朔人苏某，丑貌而好酒，常自号郎中，醉归必殴其妻。苏妻貌美善歌，将满腔悲怨谱为词曲，倾诉不幸，因女主人公诉苦时不断

---

① 《左传·哀公十八年》："（卫庄公）曰：'活我，吾与汝璧。'己氏曰：'杀汝，璧其焉往？'遂杀之，而取其璧。"
② 《世说新语笺疏》卷四，六十九条："伶尝与俗士相忤，其人攘袂而起，欲必筑之，伶和其色曰：'鸡肋岂足以当尊拳！'其人不觉废然而退。"

地摇动身体，故称"踏摇娘"。她也是后世滑稽喜剧中的一个典型角色。[1]

李赤的故事来自唐朝柳宗元，李赤，江湖浪人，游宣州被厕鬼所惑，把恶鬼当作了美妻，他跟着恶鬼步入溷厕，还以为身处华美富丽的洞房，最终掉入厕中死去。[2]

这番释义后，我们就明白了信中这句话的意思：可怜我像刘伶一样瘦弱的身体，怎能抵挡住他钵儿一般大的拳头。踢天踏地，我要效仿谈娘（踏摇娘）控诉这等恶夫，不能像李赤那样，甘心死在厕所那样臭不可闻的地方。

她要从这个流氓身边逃开去。"既怀臭之可嫌，惟求脱去"。这辈子已经够倒霉了，为了早日脱身，哪怕要戴上脚镣手铐，哪怕要与这个无耻小人当堂对质，她也心甘情愿。

四、讼离

她决定反击，通过司法程序，向官府提出控告。要跨出这一步，她着实需要鼓起极大的勇气，冒极大之风险，因为一般而言，宋朝的法律制度下，男子可休妻，妻子一方是不允许随便提出离婚的，除非发生其他重要案由，比如乱伦，比如丈夫杀了人，法官才会判离。不只如此，《宋刑统》还规定，妻子告发丈夫，即使事实确凿，妻子也需服刑二

---

[1] 《教坊记》："踏摇娘，北齐有人，姓苏，䶵鼻。实不仕，而自号为郎中。嗜饮酗酒，每醉辄殴其妻。妻衔悲诉于邻里，时人弄之。丈夫着妇人衣，徐步入场行歌，每一叠，旁人齐声和之云：'踏摇，和来，踏摇苦，何来。'以其且步且歌，故谓之'踏谣'。以其称冤，故言'苦'。及其丈夫至，则作殴斗之状，以为笑乐。今则夫人为之，遂不呼郎中，但云阿叔子。调弄又加典库，全失旧旨。或呼为谈容娘，又非。"又《旧唐书·音乐志》："踏摇娘，生于隋末。隋末河内有人貌恶而嗜酒，常自号郎中，醉归必殴其妻，其妻美色善歌，为怨苦之辞。河朔演其曲而被之弦管，因写其妻之容。妻悲诉，每摇顿其身，故号踏摇娘。"

[2] 柳宗元《李赤传》，《柳河东集》卷十七。

年，"虽得实，徒两年"。①

但她显然再也不能忍受下去了，即使付出多大代价也在所不惜。就像她日后写给帮助过自己的綦崇礼信中所言，"外援难求，自陈何害，岂期末事，乃得上闻。取自宸衷，付之廷尉"。

由于有着合法婚姻的外衣，家暴是很难引起外界的注意的，这种所谓的家事也很难获得别人出手相助，她也不敢奢望，这等小事能够上达天听，让皇帝大发慈悲，派下廷尉来详细勘问。但她实在是不愿同这样一个丑类生活在一起了，"岂惟贾生羞绛灌为伍，何啻老子与韩非同传"②，只祈求能尽早脱离死地，连一分钱的补偿都不要了："但祈脱死，莫望偿金。"

她向法庭控告的理由，是张汝舟曾用欺骗手段获取官职。也是这个小人太得意忘形了，为了显示自己有门路，婚后不久他曾向李清照炫耀，他得任京官是动用了一些非常规的手段的。宋朝官员的入职、考核、升职，各有一套严格的制度规定，尤其是在官员初次入仕、一般散官任为真正的职事官、外任转为京官这三个关口，要求更为严格，不仅要有足够的任职资历，也要有一定数量的荐举人，即所谓"举主"。因为"举主"与被荐举人之间有着连带关系，出了问题会牵连进去，所以若是一个私德有亏甚至品行很差的官员，就很少会有"举主"来举荐他。张汝舟是一个钻营之徒，在官场上口碑很差，像他这样的情况要从外任转为京官，的确很少会有人来举荐。

这个惯于坑蒙拐骗的家伙，显然是钻了帝国官场的空子，才到手了

---

① 北宋窦仪等所编《宋建隆详定刑统》（即《宋刑统》）卷二十四《斗讼律》："诸告周亲尊长，外祖父母，夫，夫之父祖母，虽得实，徒二年。……被告之者，与自首同，各者各徒二年。"

② 贾生，即贾谊。绛、灌，即绛侯周勃和灌婴。贾谊既不见容于诸人，诸人亦不将贾谊视作同类。《史记·屈原贾生列传》："天子议以贾生任公卿之位，绛、灌、东阳侯、冯敬之属尽害之。"南齐建元中，大臣王俭羞与王敬则同列，《南史·齐史·王敬则传》："（王敬则）与王俭俱即本号开府仪同三司。俭曰：'不意老子遂与韩非同传。'"李清照用这两个典故强调了她要尽早脱离张汝舟的决心。

这么一个肥差。他利用候选官员众多、监察人员疏于细察的漏洞，或者出钱行贿要害部门的某些官员，"妄增举数入官"，堂而皇之地混进了京城的官场。[①]而一些原先荐举过他的官员，虽然也听说了此人的一些劣迹，生怕他出事后连累自己，也都睁一只眼闭一只眼。

但这一次，他没有那么幸运了。李清照之所以敢当庭指控后夫有舞弊之罪，并诉讼要求离婚，显然掌握了足够的证据。很可能，她那个担任敕令所删定官的弟弟李远利用工作的便利帮助她找到了这些证据。"举主"荐举官员升职或者转任的档案，都是由政府的专门机构保管的，李远很轻松就能发现，这个张汝舟转为京官的呈报材料上"举主"的人数，与实际得到的并不一致，这属于伪造履历，是严重的欺蒙朝廷的行为，一经发现，必会受到严厉的惩处。

经过刑部官员仔细勘问和审查，张汝舟舞弊造假的罪行确凿，刑部把他的罪行论定为"私罪"，按律是要坐牢或发配的。最后，张汝舟被除名，发配偏远的柳州。历史学家李心传在《建炎以来系年要录》里记录下了这桩讼案的结果：

> （绍兴二年九月戊子朔）右承奉郎监诸军审计司张汝舟属吏，以汝舟妻李氏讼其妄增举数入官也。其后有司当汝舟私罪，徒，诏除名，柳州编管。（自注：十月己酉行遣。）

生怕世人不知这个"李氏"为谁，李心传特意补充说明："李氏，格非女，能为歌调，自号易安居士。"[②]

---

① 这里关于"举数"和宋朝官员荐举制度的分析，援引了宋词研究专家邓红梅的观点。参见邓著《李清照新传》，第153页。另一位研究专家陈祖美则对宋代官员选拔赐官制度另有解释，她认为，按宋制，考进士多次不中的举子到了一定年龄，都可以上奏朝廷，由皇帝赐予"特奏名"来获得官衔，想要获得"特奏名"的举子须如实填报年龄、出身及应试次数，虚加扩大应试次数即为"妄增举数"，一经发现就要受到严厉查处。见陈著《关于易安札记二则》。
② 《建炎以来系年要录》卷五八。

李心传的《建炎以来系年要录》因写作者态度诚实，材料来源可靠，历朝都将之当作南宋中国的一部信史来看待。嘉定三年（1209），曾瞳等奏请宣取其书时，离绍兴二年（1132）李清照讼张汝舟事不过七十七年，其所记应确凿可信。

五、囹圄

李清照说她遭受后夫凶暴对待的时间总共"十旬"。一旬为十日，她的再婚生活总共维持了共约百日，也就是三月有余。

九月初，张汝舟即被讼定罪（十月流放柳州编管），可知她再嫁的时间，当在绍兴二年五、六月间。

张汝舟被审查期间，李清照作为被告人也被羁押。从她事后自述的"被桎梏而置对，同凶丑以陈词"来看，她很可能还同堂受审并作证。张汝舟舞弊的罪行一待确定，按宋律成法，"已成婚而移乡编管，其妻愿离者听"，她终于如愿以偿解除了与张汝舟的婚姻关系。而按照本朝律令，这事还没完，人妻告发丈夫，即使坐实了丈夫的罪行，人妻还须受到监禁两年的处罚。这在她应该是早在预料之中。通过告官揭发丈夫阴私来达到离婚的目的，即使胜了，也是惨胜，而且很可能名誉扫地。但为了脱离死地，她也只有破釜沉舟了。

按《宋刑统·斗讼律》："诸告周亲尊长、外祖父母、夫、夫之祖父母，依名例律，并相容隐，被告之者，与自首同。各者各徒二年。"照此法条，妻子揭发丈夫之罪，视为丈夫自首，可减免其罪责。张汝舟最后还是受到开除公职、发配柳州的处罚，可见法官并没有严格按照《宋刑统》来裁定。

李清照在狱中并没有被关两年。"居囹圄者九日"，她在狱中只关了九日，就被开释了。这或许是因为，在北宋徽宗朝，妻告夫罪基本上已成为一项存而不论的罪名，"虽得实，徒二年"的立法在实际的司法过程中并没有被官家正式执行。《宋刑统》里许多法条都存在这样的情形。

她没有坐牢，也没有遭受脊杖之类更轻微的处罚，九天诉讼羁押期结束就还归自由身。案子能这么快就审结，显然是有人替她说了话。从这年秋天出狱后她写给綦崇礼的这封感谢信来看，她能够在短短时间里重获自由之身，不是她亡夫的两位兄长存诚和思诚的面子够大，也不是她外家的亲戚故旧帮了忙，而是这位赵明诚的远房姻亲在关键时刻施了援手。

"感戴鸿恩，如真出己；故兹白首，得免丹书"，所谓"丹书"，是以红笔书写的罪犯名册。正是这位"綦公"的干涉，使她得以无罪释放，晚年免去被录为囚籍，脱离牢狱之灾。这样的"鸿恩"，自须深谢。

李清照与綦崇礼，原本是远到八杆子都打不着的关系，因为她死去的丈夫赵明诚，他们才沾亲带故起来。綦崇礼元丰六年（1083）生人，原籍高密，政和八年（1118）的太学上舍生，调淄州淄县主簿，秩满，改太学正，迁博士、宣教郎、秘书省正字，建炎二年（1128），除工部员外郎，迁起居郎，摄给事中。綦、赵的亲姻之谊，是这样一层关系：綦崇礼有女嫁谢克家之孙、谢伋之子，谢克家与赵明诚为中表兄弟，同为郭槩外孙，而谢伋有弟杰字景英，为赵氏之甥。[①]

赵明诚的二哥赵思诚非常推崇綦崇礼，据日后赵思诚为綦崇礼写的一篇祭文称，綦崇礼少年早慧，十岁就能为人写志铭，阅读量更是惊人。"博习诗书六艺之文，旁通诸子百家之编，下逮传记小说"。又通晓音律，"酒酣气振，议论风生，长歌慷慨，旁若无人"。建炎年间，綦为侍从帷幄之臣，入翰林五年，制诰数百篇，皆文简意美，不私美，不寄怨，深获高宗嘉许，说他"知体"，"语言轻重得宜"，几乎不需一字增删。

那么，李清照陷于诉讼时，出手相助的为什么不是当年那位曾向高宗帮赵家说过话、阻止御医王继先强买古器的谢克家呢？

---

① 《宋宰辅编年录》卷十六《秦桧上高宗札子》。

因为此时的谢克家已经失势了。建炎三年（1129）九月，谢克家罢为徽猷阁学士知泉州，后虽然再度回到中央，出任礼部尚书、参知政事，但到了绍兴元年（1131）罢参知政事，以前执政提举洞宵宫，寓居黄岩灵石寺，他已经不像从前能说得上话了。而他儿子谢伋的儿女亲家綦崇礼，此时正为高宗所信任，九月乙亥，由兵部侍郎兼直学士院，御笔除为翰林学士，不久又兼侍读。①可谓圣眷正隆。

李清照的这封信称綦崇礼为"内翰承旨"，"内翰"就是翰林学士。黄承璋先生认为，这一称谓正跟綦崇礼此时的官职相符。宋翰林承旨不常除官，有时候学士官久者也给他这个头衔。綦崇礼为翰林学士，"承旨"虽未见记载，也许当时曾经给他这个头衔，要不然就是书翰的尊称。②

此时正是綦崇礼仕途最风光之时，他的政敌，观文殿学士、提举江州太平观秦桧这年九月落职，罢免令跟褫职的诏书就是出于綦崇礼之手。高宗之所以这么信任綦崇礼，是因为他们曾经共过患难。当建炎三年冬天金军在后头使劲穷追，高宗在明州被迫入海的时候，护卫张宝带头闹事，好多近侍和官员都不愿意跟他入海受苦，丢官不干，或干脆投了金军。只有綦崇礼、吕颐浩等几个人还忠心耿耿地追随着他，一路相从入海，替他掌管朝廷公文诏令。

因了这段从龙之臣的经历，綦崇礼在绍兴年间的官场才有这般宠遇。也正因为其特殊地位，他才能够说服朝廷对李清照法外施恩，让她过了九天诉讼期就重获自由——"居图圄者九日"。

六、碎璧

绍兴二年（1132）八月，当李清照刚决定控告张汝舟的时候，她肯

---

① "九月……乙亥，御笔：尚书兵部侍郎兼直学士院綦崇礼为翰林学士。自靖康后，从官以御笔除拜自此始。"《续资治通鉴》卷一百十一。
② 黄盛璋：《李清照事迹考辨》。

定不会知道，日后还会有綦崇礼这样一位厚道人出手相助。她在明知道自己可能会坐两年牢的情况下，仍然决意要起诉那个名义上是她丈夫的人，由此更可见她对待这桩婚姻的决绝态度。

她是铁了心要离开那个无赖了。她说过，那种人，只配与骡马牲畜为伍。

"抵雀捐金，利当安往；将头碎璧，失固可知。"用金子弹击鸟雀，可能到头来落不得一个好，那就只有用头撞碎玉璧同归于尽了。"实自谬愚，分知狱市"，我明明知道法庭是个不可轻易沾惹的是非之地，也少不得要闯一闯了！

信的最后，终于出现了人称主语，她自己的名字，"清照敢不省过知惭，扪心识愧？"她说，经历了这件事，我怎能不扪心自问呢？她让自己的名字在这封谢启的正文部分出现，是表示她愿意正视自己的过错，并承担相应的后果。

我们可以感受到，她对这场再嫁和离异风波的无比羞愧。尽管信中的措辞与她以往的文章一样雅驯，好用典故，字里行间却处处是自责、自惭之意。"责全责智，已难逃万世之讥；败德败名，何以见中朝之士"，从这些沉痛的感慨里，我们也感受到了她噬心的痛苦。她是一个爱惜名誉的人，因为这事败坏了道德和名声，她已经没有脸面去见朝中的士大夫了，而且从操守和理智上看，她已经预料到这事肯定要沦为后世的笑柄了，虽有"南山之竹"，也写不尽这些好事者对这件事的谈论了。

她承认，是她缺乏明智，才铸成大错，以致引得众人纷纷责备。她请求"綦公"，这位她心目中像唐代的名臣陆贽和李德裕一样的大人物，运用他的影响力，为她说几句公道话，制止世人对她的诽谤。"惟智者之言，可以止无根之谤"。这件事也许并不像你们世人议论的那样，我在其中也有这样那样的苦衷。她表示，今后自己一定会牢记过去的教训，重新回归隐士生活：过简朴的日子，守住自己的心性，做一个清白的人。

> 誓当布衣蔬食，温故知新。再见江山，依旧一瓶一钵；重
> 归畎亩，更须三沐三薰。

（《投内翰綦公崇礼启》）

最后她以八个字结束了这封信，"忝在葭莩，敢兹尘渎"。葭莩，芦苇茎中的薄膜，本意为疏薄之亲，也泛指亲谊。[①]我有幸是綦公您的远亲，说了这么多废话希望没有冒犯到您。

结束监禁后，为了感谢綦崇礼的再造之恩，李清照在寄出这封谢启的同时，还送了他一幅画。这幅唐代画家吴道子的《天龙八部图》稿本，是南渡以来仅存的书画文物里的一件，因太过珍爱，时时放在身边观摩，故得以幸免。

綦崇礼表示这么贵重的礼物他不能收，何况这是赵明诚留下来的东西，他不忍心让李清照割爱相赠。但这幅画他实在太喜爱了，因此请求把这幅画"留观于家"，待足了眼瘾，就交与原主人。就像当年赵明诚留下谢伋带来的那幅阎立本的《萧翼赚兰亭图》，宋朝时候，亲戚故旧留画观赏本是常事。

这年冬大一个深夜，綦家发生人火，书物被烧去不少，就在綦崇礼以为这幅名画也葬身火海的时候，一个现场参与救火的老兵抢救出了几轴画，其中一幅正是吴道子的《天龙八部图》。綦崇礼欣喜若狂，愈发认定这幅画是"神物"，它的失而复得肯定是有神灵在暗中扶持。为此他特地写了一段题跋：

> 绍兴壬子秋，赵淑问出此画相示，因得留观于家，过时未
> 还。冬十二月甲午，夜大火，所居被焚，书室中物皆不及收。一
> 老兵独携数卷轴来，此画在焉。信神物所护持者耶！綦崇礼叔厚。

---

① 《汉书·中山靖王传》："今群臣非有葭莩之亲。"师古注："葭者，芦也，莩者，其箄中白皮，至薄者也。"

李清照写这封信的目的，一为感谢綦崇礼古道热肠施以援手，让她重获自由之身，二是由于她的闪婚、闪离伤害了一部分人的感情，已使她成为公众嘲讽与奚落的对象，她有苦难言，故希望"綦公"这样的大人物能够为她说几句话，"愿赐品题，与加湔洗"，洗去负面影响，对她的形象稍加挽回。綦崇礼的这段题跋，亦可看作是对她这一要求的回应。

关于这幅《天龙八部图》的来源，綦崇礼明确无疑地说，是来自"赵淑问"。"淑问"，指美好的名声，对女子的册封一般都会用到这样的品评之语，如"淑问常彰，贞柔自固""发为淑问，著为芳猷"等唐人语。[①]李清照吃了一场官司，又离了婚，世人对她讥刺有加，綦崇礼用"赵淑问"这一称谓，意在宽慰李清照，尽管吃了那么多苦，你仍然妇德无亏。另外，他也在用他翰林学士的身份向皇室和上流社会作一担保：她仍然拥有令德和美名。

日后，一些亲戚故旧仍然把她看作赵明诚的妻子，谢伋一直称她"赵令人李"，淳佑元年张端义作《贵耳集》，也称"易安居士，赵明诚妻"，不知道是不是綦崇礼最初的这番话起了作用。

七、传者（一）

李清照写给綦崇礼的谢启，收录在南宋赵彦卫的一部笔记作品《拥炉闲话》里。

赵彦卫，字景安，宗室子弟，据说是太祖四弟魏王赵廷美的七世孙。他这样的宗室到南宋已多如牛毛，所以为了自寻出路，他后来又参加科举，于孝宗隆兴元年（1163）中了进士。经过短暂的幕僚生涯后，

---

① 《诗·鲁颂·泮水》："淑问如皋陶，在泮献囚。"孔颖达疏："所囚者，服罪之人。察狱之吏当受其辞而断其罪，故使善听狱如皋陶者献之。"

正式授官乌程县令，后通判台州。

赵彦卫仕途生涯的最高点，是在开禧元年（1205）以朝议大夫知徽州，做了新安郡守。在徽州这个充满着潮湿的空气和种种荒诞不经传说的地方，他于公务之余完成了笔记作品《拥炉闲话》。这部记述唐宋典章制度兼及名物考证的文集里，抄录了不少时政消息、坊间杂事、墙头无名氏题诗、前朝政府邸报文牍以及流行一时的文案，李清照致綦崇礼的这封谢启也在其中。

由于这封谢启大量用典，读来佶屈聱牙，再加赵彦卫的这部书本身的影响力也不大，所以当时读过这封信的人很少。直到开禧二年（1206），赵彦卫在新安郡任上重订这部书，扩展到十五卷，并以《云麓漫钞》之名再次刊刻，经南来北往的新安客商大力推广，新书的销路突然好了起来，读到这封信的人也多了起来。①

由于信件内容事涉著名女诗人被骗婚、再嫁、诉讼、拘禁、离异等一系列个人事件，它的私秘性使人们对之充满好奇。在收录这封信的同时，赵彦卫唯恐世人不知，还对李清照作了一番简单介绍："李氏自号易安居士，赵明诚德夫之室，李文叔女，有才思，文章落纸，人争传之。小词多脍炙人口，已版行于世，他文少有见者。"②

其实在赵彦卫之前，已经至少有六七位作家注意到了绍兴二年（1132）李清照的再嫁和离异案，并对之有一些不痛不痒的评论。除了前面说到的历史学家李心传，这些作家包括并不限于以下几位：胡仔、朱彧、王灼、晁公武、洪适、谢伋、陈振孙。

最早提到这封信的是自号"苕溪渔隐"的胡仔（字元任）。胡仔是安徽绩溪人，以父荫授迪功郎，宣和间，随父居泗上，后任两浙转运司干办公事，又随父居岭外七年，为广西经略安抚司书写机宜文字。绍兴十三年（1143）前后，胡仔的父亲遭秦桧陷害身死，他开始了在浙江

---

① 《四库全书总目》评《云麓漫钞》为"颇为赅博"，"记宋时杂事者十之三，考证名物者十之七"。

② 赵彦卫《云麓漫钞》卷十四。

吴兴苕溪长达二十年的隐居生活，临流筑屋数椽，日以渔钓自适，并写作融小说、诗话、诗评及所闻所见实录为一体的百卷大书《苕溪渔隐丛话》。尽管在这期间他一直没有放弃复出的努力，但直到垂老，他才出去做了一任常州晋陵知县，卸官后又回到湖州，继续写作他的丛话大书去了。

绍兴十八年（1148），在李清照再嫁、离婚案十六年后，胡仔在刚刚完成的《苕溪渔隐丛话》前集里突然发声：

> 近时妇人，能文词如李易安，颇多佳句。小词云："昨夜雨疏风骤，浓睡不消残酒。试问卷帘人，却道海棠依旧。知否，知否，应是绿肥红瘦。""绿肥红瘦"，此语甚新。又《九日》词云："帘卷西风，人似黄花瘦。"此语亦妇人所难到也。易安再适张汝舟，未几反目，有《启事》与綦处厚云："猥以桑榆之晚景，配兹驵侩之下材。"传者无不笑之。①。

这段话一上来就称道李清照是近来文坛出现的一位卓越女词人，还从她的词里摘录了广为人知的两句，并以一个内行人的口吻论定这些词句用语新奇，"此语亦妇人所难到也"。然后话锋一转，他忽然以一种很八卦的口吻说到了李清照的再嫁和离异一事。胡仔说，"传者无不笑之"，显然他和朋友们是把这一事件当作一个话题经常轻松地谈论的。

考虑到胡仔此时闲居在吴兴苕溪，这些"传者"，显然也不是同僚，而是和他一样饱食终日无所事事的仕途失败者。显然他对这封信非常熟悉，因为接着他又引了这封信里最体现李清照蒙羞事实的两个句子，"猥以桑榆之晚景，配兹驵侩之下材"。我们先前已经知道，李清照信中的这两句话是用来向綦崇礼解释她为什么会卷入这一羞辱性的事件，

---

① 胡仔《苕溪渔隐丛话》前集，卷六十。

以及她与一个不是同道人生活在一起的不甘和愤怒，但在胡仔这些袖手空谈者看来，这乃是一个天大的笑话。

任何一个时代里，一个有才华的写作的女子总是很容易成为谈资，如果这个女子在私生活方面再出点什么状况，她会遭到更多的飞短流长。那些传播并且谈论这一事件的男人们的好奇心和优越感，也因此被调动起来了。

胡仔"传者无不笑之"的话音刚落，一个自号"萍洲老圃"的叫朱彧的作家接腔说，李清照这人，诗词都作得好，可惜晚节不保，真是可惜啊！

朱彧的父亲朱服，曾在宣和年间以直龙图阁学士的身份出任莱州、润州太守，所以他对李清照的情况可能了解得比别家更多些，比如能够完整地说出她"所著有文集十二卷，《漱玉集》一卷"，是那个时代最优秀的女作家，"近未见其比"，但他说出来的话也更刻薄："然不终晚节，流落以死。天独厚其才而啬其遇，惜哉！"[1]

"天独厚其才而啬其遇"，这些貌似同情唏嘘的话的背后，却掩不住暗暗的窃笑。试想，一个年老的寡妇，竟然执意再嫁，再嫁三个月后又起诉后夫，这到底是个怎样的女人啊！他们兴奋的是，这样一桩丑闻，竟然会降临在一个才女的身上。而她之所以会有这么悲惨的遭遇、落得个孤苦伶仃、"流落以死"的结局，乃是因为她没有守住贞操，没有按照社会所要求的道德准则来行事。

胡仔、朱彧这样的文人以一种双管齐下的方式建构起了他们的评论模式，一方面是盛赞其文学才华，"诗之典赡，无愧于古之作者，词尤婉丽，往往出人意表"，另一方面则谴责其私德堕落、咎由自取。一般的妇道人家，他们才不会置评呢，正因为她是一个有社会知名度的女人，他们才有谈论的兴趣，他们的道德优越感由此得到了极大满足。

---

[1] 朱彧：《萍洲可谈》，转引自王仲闻《李清照集校注》。

八、传者（二）

宋朝文献中对李清照再嫁事件的嗤评之声，基本上出现在她去世前几年。那时，与她年辈相近的亲戚故旧都已纷纷离世，知情人綦崇礼、谢克家都已在绍兴年间去世，存诚、思诚两兄弟，存诚早死，思诚也已于绍兴十七年（1147）去世。[①]同辈亲戚中活得最久的李擢，也已在绍兴二十三年（1153）十二月卒于四川合州。再也没有像綦崇礼这样有影响力又有是非观的官员来为她洗刷耻辱，她自己在晚境的蹉跎中又无暇自辩，人家怎么说、说什么，好像已与她无关了。

"博物洽闻、雅称海内"的版本目录学家晁公武（字子止）是京东西路人氏，出生于济州巨野，是李清照的文学前辈晁补之的堂侄。其父晁冲之，受师于江西诗派宗师级人物陈师道。说起来，晁、赵两家还有间接的亲戚关系，赵明诚的中表兄弟谢克家的儿子谢伋为晁补之之甥。[②]晁氏随宋室南迁后，族中很有几个人在朝廷供职，《〈金石录〉后序》里说到的那个遁逃的台州太守，就是晁公武的堂兄晁公为。

可能因为靖康之变后晁公武一家去了四川，再加上他的仕宦生涯基本在四川境内，所以他知晓的李清照再嫁事大多来自道听途说。李清照的早年作品，他应该都是读过的，并对其"才藻"钦佩不已。但即便如此，绍兴二十一年（1151）晁公武在四川荣州任上写成的《郡斋读书志》初稿，提到李清照时还是丝毫不给情面，在叙述其出身、经历、才华，并引述了一个著名的残句"炙手可热心可寒"后，马上来了一句，"然无检操，晚节流落江湖间以卒"，将她打落泥潭。

那时晁公武还没有致仕还乡，闭塞的地理阻断了信息的有效流通，

---

① 赵思诚绍兴十七年（1147）卒，据《建炎以来系年要录》卷一五六。
② 此据《挥麈后录》。另，谢伋的《四六谈麈》也有"外家晁氏"之语。

晁公武对江南和朝廷发生的事一知半解，他写下此事时，想当然地以为李清照已经不在这个世界了。[①] 后来他的门人将此书刊刻行世时（初刊本问世时间当在孝宗淳熙七年至十一年间），晁公武也没有将未刊初稿细加修订，以致书中多有错讹。如果我们联想到《风月堂诗话》里所说，晁补之对少女时代的李清照特别欣赏，逢人就夸李家女儿了不起，"多对士大夫称之"，他的这个自负"博物洽闻"的侄子对李清照未免严苛了些，其实他知道的并没有自己想象的多。所以他后来对这本书又作了大量修订和补充，并在死后由弟子推出了两个新的版本。

南宋年间名满天下的"三洪兄弟"之一的洪适（字景伯，隆兴年间任尚书右仆射、同中书门下平章事，兼枢密使），也是一个金石爱好者，对秦汉隶书尤有精深研究，三十年以摩挲诵读为乐，写过一本研究碑石文字的《隶释》。他非常推崇赵明诚，把欧阳修和赵明诚视作研究金石碑版的两位重要先驱。在这本著作里，他把《金石录》有关汉隶的题跋录为三卷，亲作题跋，称赞"赵君之书，证据见谓精博"。《金石录》因有李清照"笔削其间"，某种意义上，洪适也算是李清照的一个读者。

绍兴十三年（1142），洪适以优异成绩在临安中博学鸿词科，供职秘书省，职掌图籍，其时，李清照也正在临安，与一些朝廷命妇一起参加皇室举办的献诗活动。日后，洪适在尚书右仆射任上写作《隶释》这部书时，因为早年这段工作的关系，他很清楚李清照把《金石录》投书朝廷这件事，且很有可能，他读到的《金石录》就是李清照献于朝廷的那一部，他觉得很有必要把金石史上这件重要的事记下来，故郑重记述道："绍兴中，其妻易安居士表上于朝。"在这篇跋的最后，又以惋惜的语调记了一笔："赵君无嗣，李又更嫁，其书行于世，而碑亡矣。"[②]

---

① 晁公武《昭德先生郡斋读书志》卷四下："《李易安集》十二卷。右皇朝李氏格非之女，先嫁赵明诚，有才藻名。其舅正夫相徽宗朝，李氏尝献诗曰：'炙手可热心可寒。'然无检操，晚节流落江湖间以卒。"
② 洪适：《隶释》卷二十四，《跋赵明诚金石录》。

史载洪适"与人诚实，无浮礼"①，他不像别的游手好闲之徒对李清照的再嫁品头论足横加道德指责，只是记述了"更嫁"的事实，再无置喙，而把注意力放到了书和碑上。"其书行于世，而碑亡矣"，让他扼腕叹息的，不是那个流言蜚语包围中的女人，而是"碑"，是那些快速消亡中的文化遗存。

金石碑版之学到了宁宗、理宗年代，出了一个叫陈振孙（号直斋）的大家，此人还是个著名藏书家，集书五万余卷，创造出了一套新颖的图书编目方式，他晚年在临安做国子监司业的时候，仿照前辈晁公武《郡斋读书志》的体例写了一本《直斋书录解题》。书中谈到《金石录》时，肯定其"考订详洽"的同时，也指出"大抵好附会古人名字"的弊病，用他的说法是，赵明诚的金石学著作的水平也就那样，"余尝窃笑之，惟其附会之过，并与其详洽者，皆不足取信矣"②。

但他后面又说，这本书的跋尾作得很不错，他妻子易安居士为他作的《后序》，非常值得一读，这个易安居士，必是个"好古之通人"。他主张把李清照的学术和文学分开来看待，谈到她的词作时，只以"晚岁颇失节"③一语带过，似乎因为她在晚年失了贞节，她的文学成就也不必提起了。

九、传者（三）

最初的传播圈还比较小，不外是赵李两家的亲友、爱好金石的同道和一些消息灵通的文人，但除了洪适比较厚道，这些人几乎都在异口一词地指责李清照晚年的再嫁。

---

① 周必大撰，《宋宰相赠太师魏国文惠公神道碑铭》。
② 〔宋〕陈振孙：《直斋书录解题》卷八。
③ "《漱玉集》一卷，易安居士李氏清照撰。元祐名士格非文叔之女，嫁东武赵明诚德甫。晚岁颇失节。别本分五卷。"陈振孙《直斋书录解题》卷二十一。

他们的大致套路是，先称许女作家不凡的文学才华，再摘编她作品中的一些重要句子和段落，以证明其文采斐然，然后把重点转到她晚年的失节上。把作品与其身世及言行相比照，是中国古代文学批评的惯常模式，下面说的王灼，也不外乎如此。

王灼是李清照和赵明诚的同时代人，且年岁相差不会太远，因他没有入仕，也就没有人为他写墓志铭之类记载其生平，但他通过自己的两部书在历史上留下了名字。他写过一本《糖霜谱》，详细记述了从甘蔗熬制糖和冰糖的技术，据说这种技术是唐朝一个和尚发明的。但他更为世人所知的是音乐家的身份，曾写过一本论述上古时代至唐宋歌曲演变史的著作《碧鸡漫志》。

可能经历过多次科场失利的挫败，王灼一生以幕府为生。晚年更是厌恶尘世樊笼，唯求与友人诗酒自适，沉湎于碧鸡坊妙胜院的清歌曼舞，他把后半生所有的热情都投入到了这本书的写作上。他每次饮酒而归，就信笔记述，把当日歌曲记录下来，并一一考证习俗和歌词流变，日积月累，竟达百十纸，于绍兴十九年（1149）约六十岁时集为五卷《碧鸡漫志》刊印于世。在这本音乐史论中，王灼对唐末五代以来文学衰落而小歌词一休独大的状况作了详尽记录，论王安石、晏殊、欧阳修、苏轼、柳永、晁补之、黄庭坚、秦少游诸家，笔墨率直大胆，不在李清照《词论》之下。

本书的第二卷，有一篇《易安居士词》，可说是宋人文献中关于李清照着墨最多的一篇：

> 易安居士，京东路提刑李格非文叔之女，建康守赵明诚德甫之妻。自少年便有诗名，才力华赡，逼近前辈。在士大夫中已不多得。若本朝妇人，当推文采第一。赵死，再嫁某氏，讼而离之。晚节流荡无归。作长短句，能曲折尽人意，轻巧尖新，姿态百出。闾巷荒淫之语，肆意落笔，自古缙绅之家能文妇女，未见如此无顾忌也。陈后主游宴，使女学士、狎客赋诗

相赠答，采其尤艳丽者，被以新声，不过'璧月夜夜满，琼树朝朝新'等语。李戡尝痛元、白诗纤艳不逞，非庄士雅人，多为其破坏，流于民间，子父女母，交口教授，淫言媟语，冬寒夏热，入人肌骨，不可除去。二公集尚存，可考也。元与白书，自谓近世妇人，晕淡眉目，绾约头鬓，衣服修广之度，匀配色泽，尤剧怪艳，因为艳诗百余首。今集中不载。元《会真》诗、白《游春》诗，所谓'纤艳不逞''淫言媟语'，止此耳。温飞卿号多作侧词艳曲，其甚者：'合欢桃叶终堪恨，裹许元来别有人''玲珑骰子安红豆，入骨相思知不知'，亦止此耳。今之士大夫，学曹组诸人鄙秽歌词，则为艳丽如陈之女学士狎客；为纤艳不逞、淫言媟语如元、白；为侧词艳曲如温飞卿；皆不敢也。其风至闺房妇女，夸张笔墨，无所羞畏，殆不可使李戡见也。①

正如王灼的这篇作家专论所言，李清照少年时即以文名世，她的许多诗文在名士中备受赞许，"才力华赡，逼近前辈"。王灼甚至断言，李清照是这个时代最优秀的女作家，无人可以匹敌，"若本朝妇人，当推文采第一"。在李清照的所有作品中，王灼最倾心的是她的长短句，誉之为"能曲折尽人意，轻巧尖新，姿态百出"。但在吐完这些溢美之辞后，他说，他对这些词作的内容、风格和流露的倾向感到了道德上的某种担忧："闾巷荒淫之语，肆意落笔，自古缙绅之家能文妇女，未见如此无顾忌也。"

后世流传的《漱玉词》，所收易安词大抵感情纯粹，虽有"肆意落笔"，却绝无"荒淫之语"，王灼这话的确令我们好奇，或许在宋朝存在着另一个版本的李清照？那是一个作家在经典化之前的作品样貌，当然也有可能存在一些托名之作。但也许，这个王灼只是个有审美瑕疵的

---

① 〔宋〕王灼：《碧鸡漫志》卷二。

评论家，他不喜欢口语化的写作风格，不能接受诗句中出现俚俗的、放任情感的句子，所以他看不得李清照词中那个倚门嗅青梅的卖俏的少女形象，也会觉得那个说出绿肥红瘦这般带有性意味的玩笑话的女子太过放言无忌，他把易安词中所有描写男女情爱的词作都看作了"闾巷荒淫之语"。

但王灼这么说的用意，实际上是就一个女作家的才和德是否一致提出他的质疑。作为那个时代最渊博的音乐史研究专家，他在这里例举的历史上创作淫辞丽句的文人，应该都是他熟悉的，比如陈后主游宴时为迎奉上意写艳体诗的大臣们，被李戡批评过的元稹和白居易的诗，还有温庭筠的那些广为人知的"侧词艳曲"。但在他看来，这些"淫言媟语"也只是不够雅正，措辞有所不当而已，——"止此耳"，比之当下歌词的淫秽程度，那都是小巫见大巫。

他说，现在的士大夫学曹组、曹勋父子填词，尤其是那个曹组，一生潦倒无成，专作淫词杂曲，唯以逗人笑乐为业，可称滑稽无赖之魁，学之者戏谑百出，浅俗艳冶，已经带坏了整个文坛风气，而且这股创作淫词艳曲的鄙俗之风已经波及"闺房妇女"，让她们写出没有羞畏之心连李戡见了都要脸红的文字，而李清照正是写作中的妇女的一个。

这么说对李清照自然是不公的。要一个女子为一个时代的浮泛习气买单，岂非责人太过？难道一个女性因为写作，她就是不洁净的了吗？但王灼坚持认为，一个作家写出什么样的文字都是跟他的品行和经历有关的，正是因为李清照妇德有亏，才使她写出这样卑俗的歌词，到了晚年还闹出这样的丑闻，她那些污秽的词作，正是为晚年的遭遇提前打下的一个伏笔。这样一个女人，她难道不是在为时代的道德滑坡推波助澜吗？所以，王灼在他的艺评集《碧鸡漫志》里说起李清照的晚年，是一副更加不屑的语调："赵死，再嫁某氏，讼而离之。晚节流荡无归。"他断言，她晚年的恓惶无归，正是一个不道德的女性应得的报应。

实际上，王灼在这里掌握的是两套话语标准。我们读《碧鸡漫志》，会发现他对写作爱情题材的男作家们显然要宽容得多。唐五代以来，士大夫们以男子作闺音的掩饰手段创作了不少艳冶的诗词，比如一向享有清誉的欧阳修。但王灼从来都没有承认过欧阳修写过艳情诗，他说欧阳修集子中那些稍带情色意味的作品都是他的政敌为诋毁他故意掺进去的，总体来说，欧阳先生仍是道德君子，"风流蕴藉，一时莫及，而温润秀洁，亦无其比"。再比如黄庭坚，写有不少直白的爱情诗词，他也只温和地批评说，"黄晚年闲放于狭邪，故有少疏荡处"。包括对于秦观，也只说他"少游屡困京洛，故疏荡之风不除"。

为什么一个男性作家写什么都可以被原谅，而一个女性作家写了几首直露的情爱之作就要被看作不知羞耻呢？她遭受王灼辈这些无端的指责，只是因为她蓦然闯入了士大夫掌控的文学世界。

这批对李清照最早的记述文献中，唯有李心传的《建炎以来系年要录》的记录客观而清楚，它记录了绍兴二年（1132）的李清照讼张汝舟案，短短数十字的篇幅，举凡案由、案情、审结情况皆记录无遗，不但年、月、日明确，张汝舟定罪以及在哪一天行遣，都有明确记载，而且记录时冷静不动声色，纯以事实为指归：

> 事主双方：男，张汝舟，右承奉郎监诸军审计司；女，李氏，格非女，自号易安居士，歌词作者。
> 案由：汝舟妻李氏讼其妄增举数入官。
> 审结情况：有司当汝舟私罪，徒，诏除名柳州编管。
> 发遣时间：十月己酉行遣。

这段简洁的记述真正体现了李心传作为一个历史学家的素养和职业道德。在一片谴责和奚落声中，这样的声音尤足珍贵。出生于一一六六年的李心传是隆州井研（今乐山市井研县）人，是宗正寺主簿李舜臣之子，他十四五岁时随父官临安，喜欢从长老前辈访问故事，"曾窃窥玉牒所藏金匮之副"。但李心传的科举之路并不平坦，因青年时代的一次科场失利，他发誓再也不踏入考场一步，闭户著书。一直到宝庆二年

（1226），他才被荐举为史馆校刊，赐进士出身。回川后，他历任成都府通判、迁著作佐郎，兼四川制置司参议官，同时仿司马光《资治通鉴》编年体的体例，以国史日历为主，又参考家乘志状、案牍奏报、百官题名，专撰中兴四朝帝纪及十三朝会要。书成，召为工部侍郎。他后来因发表不适当言论，罢官居湖州，淳祐四年（1244）七十八岁时死于湖州。

李心传另撰述有《高宗系年录》二百卷、《读史考》十二卷、《旧闻证误》十二卷、《建炎以来朝野杂记》甲乙集各二十卷。《建炎以来系年要录》的写作虽非官命，但记高宗一代，自建炎元年（1127）至绍兴三十一年（1161），洵为宋史研究之信史。故在后世史家如王士禛的眼里，他的著作"大纲细目，粲然悉备，为史家之巨擘"，《四库提要》更是称他，"心传长于史学，凡朝章国典，多所谙悉"。接下来我们的叙述中还会多次引用他的记录。

十、辨诬（一）

爱情至上论者认为，所谓爱情就应该从一而终，情到深处，就应该像后世的汤显祖在《牡丹亭》里写的那样，令生者可以死，死者可以生，真正的爱恋必能穿透时间，生死如一。怎么可以发生李清照再醮张汝舟这种事？那不是色迷心窍是什么？①

后世的读者因此陷入了焦虑，他们不知道，到底是应该倾慕李清照的才华，还是去非难她荒唐的再嫁。晚明一个叫张娴婧的女诗人就为这个问题深感纠结，她读了《漱玉集》，感评说："从来才女果谁俦，错玉编珠万斛舟。自言人比黄花瘦，可似黄花奈晚秋？"②和张娴婧一样的纠

---

① 〔明〕郎瑛：《七修类稿》卷十七。"其妻李易安，又文妇中杰出者。亦能博古穷奇。文词清婉……诸书皆曰与夫同志，故相亲相爱之极。予观其叙《金石录》后，诚然也。但不知何为有再醮张汝舟一事。呜呼，去蔡琰几何哉！此色之移人，虽中郎不免。"
② 张娴婧：《读李易安〈漱玉集〉》，《翠楼集》。

结者应该不在少数，他们多么希望，她可以经受住晚年守寡的寂寞，什么再嫁、讼离，这些乌七八糟的事从来都没有发生过。

对一个写作者而言，最好的情形似乎应该是这样，他的作品随着时间的流逝一直保持着鲜活的魅力，不断刊刻再版，拥有一代接一代的读者，而记载作家生平的一些为数不多的文献则在时光中尘封，成为没有什么价值的断烂朝报。但事实上，一个作家走向经典化的过程中，关于其生平的文献也在呈几何级数增长。关于李清照晚年遭遇的讨论中，一种否认她晚年再嫁的声音一直没有停歇过。

我们无法辨清那个声音的源头。在时间的纵轴线上，我们发现了看起来像第一个表态的人。这个人叫徐㶿，字维起，万历年间的著名诗人兼藏书家，福建闽县人，晚年旅食四方，曾与文坛宗盟钱谦益相往来。徐㶿是在他的八卷本考据学著作《徐氏笔精》中发出这一声音的。

徐㶿说，宋人胡仔记载李清照"更嫁"的那段话完全是鬼话连篇。他声称，没有人比他更懂李清照，而且他手上掌握着一些别人不知道的东西。他所说的别人不知道的东西，就是他家藏五万册藏书中的一册宋本《〈金石录〉后序》。他说，你们所看到的《〈金石录〉后序》的版本，不管是来自南宋洪迈的《容斋随笔》，还是本朝胡应麟的《少室山房笔丛》和陈继儒老先生主编的古文选集《古文品外录》，都是不完整的，只有他家"所藏旧本"，版本最为完整。从这个家藏的非常古老精善的版本，他发现宋人胡仔所引的信中那两句话，"猥以桑榆之晚景，配此驵侩之下材"，根本不可能是李清照所写，再嫁遇人不淑的话也根本不是李清照自己说的，倒有可能是篡改者空穴来风，诽谤中伤。

他的观点建立在这样一个立论基础上，即一个年老妇女是不可能去追求所谓的幸福的。他说，李清照都那么老了，怎么还会动改嫁的念头？再加上她公公和丈夫的官阶那么高，一个是丞相，一个是郡守，她就更不可能再嫁了。据徐㶿推测，像李清照这样品级的大臣遗孀，朝廷是会给予生活抚恤的，她根本不需要为年老无人照料而犯愁。①

徐𤊹还摘录了李清照诗文中提到自己年华逝去的句子，以此来证明她对赵明诚即使在他死后仍有着深深的爱恋。"更嫁之说不知起于何人，太诬贤媛也。"

徐𤊹是一位诗人，还是一位喜欢标新立异的学者，从他的著作《徐氏笔精》里可以看出，他喜欢带着偏见看问题，这种非传统的视角有时候的确可以令人耳目一新，却总是夹杂着对历史事实的误解。《徐氏笔精》这部书在明崇祯年间就有了刻本，但直到一个多世纪后，才有一个人去回应他。

这个人叫卢见曾（字澹园，号雅雨），因形貌矮瘦，坊间人称"矮卢"，是清朝乾嘉年代文化圈的一位大佬，也是帝国的一名盐政官员，做过长芦、两淮盐运使。卢雅雨长年任官扬州，是扬州风雅的积极推动者，是当时学术界和出版界一位举足轻重的人物，主持编纂有大型丛书《雅雨堂丛书》。一七六二年，卢雅雨重刻了赵明诚的《金石录》，并收入了李清照作于绍兴四年（1134）的《后序》。正是在其新刻的《金石录》序文里，卢雅雨讨论了李清照晚年的再嫁问题。短短数百字的序文，谈论再嫁的篇幅远远多于对《金石录》的介绍及校雠说明，未免本末倒置，却也可见他对此事的热情。

卢见曾说，"相传以为德夫之殁，易安更嫁。至有'桑榆晚景''驵侩下材'之言，贻世讥笑。余以是书所作跋语考之，而知其决无是也"。他说以情度之，改嫁事必不会发生。接下来他详细考证了这段历史：赵

---

① "李易安，赵明诚之妻也。《渔隐丛话》云：'赵无嗣，李又更嫁非类。'且云：'其《启》曰：猥以桑榆之晚景，配此驵侩之下材。'殊谬妄不足信。盖易安自撰《〈金石录〉后序》，言：'明诚两为郡守，建炎己酉八月十八日疾卒。'曾云：'余自少陆机作赋之二年，至过蘧瑗知非之两岁，三十四年之间，忧患得失，何其多也。'作《序》在绍兴二年（实为绍兴四年），李五十有二，老矣。清献公之妇，郡守之妻，必无更嫁之理。今各书所载《金石录序》，皆非全文，惟余家所藏旧本，序语全载。更嫁之说不知起于何人，太诬贤媛也。《容斋随笔》及《笔丛》《古文品外录》俱非全文。"《徐氏笔精》卷七。

明诚去世时，李清照已四十六岁，再六年，写下《后序》，年已五十有二，此时的李清照依然不忘赵明诚，对那些历尽劫难保存下来的残缺卷轴犹复爱惜，如获头目，如见故人，并在《后序》里写下了她对前夫的生死不渝的爱恋之情。

卢见曾说，试问，这样一个深情女子又怎会嫁给一个不是同类人的男子？"其惓惓德夫，不忘若是，安有一旦忍相背负之理？"①

他说，她都五十二岁的人了，还想嫁一个品行、才藻都输于往日的赵明诚的男人吗？大失所望后又后悔不迭，后悔又不自悼，还唯恐世人不知，洋洋洒洒到处写信宣扬，此常人所不肯为，聪慧明达如李清照，岂会做出这样的事？易安父李文叔，是著名的《洛阳名园记》的作者，文叔之（继）妻，是宰相王拱辰孙女，有这么显赫的家世，更嫁之事，"尤不应尔"。卢见曾说，他重新刊刻《金石录》，就是要为李清照正名，不让她千年之后还蒙着"恶声"。和徐燉一样，他也断言，所谓再嫁事是仇家恶意中伤。

十一、辨诬（二）

这时出现了另外一位大学者的声音。他的名字叫俞正燮（字理初），徽州黟县人氏，前近代社会仅有的几位百科全书式的作家之一。

除了在边疆史地上极有研究，俞正燮的学问还涉及经学、哲学、天文学、算学、医学及制度史、刑法史等等，对宋代文献也用力颇深，参与过辑佚《宋会要》的部分工作。这位出身贫寒的作家留下的两部著作《癸巳类稿》《癸巳存稿》，被称作是清代中国最富于学术价值的读书笔记汇集。此人还是中国妇女解放运动最早的鼓吹者，反对缠足陋习，反对夫尊妻卑的旧礼法，在一篇为寡妇再嫁辩护的文章里，他说，要是

---

① 〔清〕卢见曾：《重刊〈金石录〉序》。

《礼记》所说"一与之齐，终身不变"成立的话，那么男人也不应当再娶。

这样一位不为世俗偏见所左右的学者，在李清照再嫁事实的认定上显出了他可爱和固执的一面。俞正燮是李清照的忠实仰慕者，收在《癸巳类稿》中有一篇《易安居士事辑》的万字长文，这篇长文被附于一系列关于女性议题的批判性文字的后面，其对史料的灵活运用，证明了俞正燮对宋代文献的熟悉已经到了游刃有余的地步。

《事辑》用一半以上的篇幅摘录了李清照的词作、文章和几首长篇叙事诗，间或穿插着他真心实意的一些评论，不外是他仰慕的这位女诗人有着多么出色的文学才华，她的诗行多么精巧而率直，她对政治和文学的见解又是多么不同凡响。在回顾了李清照的一生及其伤口之后，他不得不面对李清照晚年的再嫁问题了，这时候，这个一贯以理性的声音呼吁女性解放的大学者说了一句听上去很不可思议的话："余素恶易安改嫁张汝舟之说。"①

这句话的意思很明白，他在情感上无法接受这样一个事实：这么优秀的一位文学女性，不得不妥协，嫁给一个品级很低人品也很差劲的家伙。如果把李清照再嫁看作一个案件的话，他这个法官怎么可以带着如此强烈的情感倾向去介入？当然，像俞正燮这样的学者是不会满足于仅仅靠着直觉作出是或否的判定的，他希望凭着他对宋代史料的熟悉为李清照作一场具有学术高度的辩护。

俞正燮不否认赵彦卫《云麓漫抄》收录的那封谢启的存在。但他又认为，这封信中的某些词句就文学标准来看是低劣的，"文笔劣下，中杂有佳语，定是窜改本"。显然，通行文本是被别有用心者篡改过的。

他说，李清照写这封信的目的，是为了感谢綦崇礼介入了一桩所谓与张飞卿有关的玉壶事件，并为李清照恢复了名誉。因为当时的确有过传言，说李清照和赵明诚打算将这只玉壶献给入侵的金军，以保证他们

---

① 〔清〕俞正燮：《易安居士事辑》，《癸巳类稿》卷十五。

的安全。但一些被李清照得罪过的人——俞称他们为"无学者"——为了达到诋毁的目的，篡改了信件中的一些内容，如改"张飞卿"为莫须有的"张汝舟"，以"玉壶"为"玉台"，"谓官文书使易安嫁汝舟"，使得这封信看起来好像是在说李清照错嫁了一个叫张汝舟的男人。俞正燮认为，绍兴二年（1132）李清照的确曾经在临安涉身一桩司法案件并参加过庭审，但当时调查的是她有没有献玉壶（"颁金"）的叛国行为，与控告后夫并要求离婚一事毫无关系。

就算退一万步——俞假设道——李易安真的改嫁了，但她一个老命妇，会把这等事告与官？至于那封信里说到的欺凌和家暴细节，那都是关起门来的事，更不可能上达天听了。试想，当高宗海山奔窜、舟车戎马相接之时，哪还有心思去管这档子事，"宋之不君，未应若此"。

俞正燮说，赵彦卫、胡仔、李心传这些记录李清照再嫁的宋朝人，被当时流传的恶毒谣言蒙蔽了，他们都是"不明是非"的人。正是由于他们的错误记载，"至后人貌为正论"，使得李清照死后还要蒙辱。

他尤其痛恶李心传的《建炎以来系年要录》，认为这本书"采鄙恶小说，比其事为文案"，乃是充满了道听途说和漫无边际想象的一个不负责任的东西。他说，当时李心传人在四川，去天万里，轻信社会上一些传言随手记下，难道会可信吗？最后他说，作为一个妇女解放运动的倡导者，他作这番考证，"非望易安以不嫁也"，只是为了还她一个"公道"。

他甚至想，这封信要是根本没有出现过，或者只是某些好事之徒的游戏之作，那该多好。宋时梁灏八十二岁中状元，据说写下了一封谢启，中有"白首穷经，少伏生之八岁；青云得路，多太公之二年"等语，实际上不过是无名之辈游戏之作，李清照的谢綦学士启，难道不会这样吗？①

①　俞正燮：《癸巳存稿》卷八"书《宋史·梁灏传》后"条。"宋有梁灏《谢及第》、李清照《谢綦学士》二启，皆无名子何人游戏作。"

这当然不是一个历史学者应有的严谨态度。尽管俞正燮的名头很大，还是有人对他的说法提出了质疑。这个人就是人称"皕宋楼主人"的湖州人陆心源。他是晚清最为著名的金石学专家和宋版书专家，他的"皕宋楼"与江苏常熟瞿氏"铁琴铜剑楼"、山东聊城杨氏"海源阁"、浙江杭州丁氏"八千卷楼"并称"四大藏书楼"，所藏宋元版本数量之众，可说海内罕有其匹。

陆心源说，俞正燮的说法太想当然了，"张汝舟"怎么可能是为了替换"张飞卿"假想出来的一个名字？李清照控告张汝舟渎职，那都是明明白白写入史书里的呀。而且对俞正燮攻击李心传和他的《建炎以来系年要录》的做法，陆心源也表示非常不理解。

为了证明"张汝舟"确有其人，陆心源搬出了《咸淳毗陵志》《会稽志》《四明图经》（对他这样级别的藏书家来说，这自然不是难事），历数这个"张汝舟"的出生地、中进士年份和在绍兴明州任职的经历，以证明这个名字不是随意编造的。但我们发现，陆心源把宋代文献中的两个张汝舟弄混了，他说的是年纪比较老的那个张汝舟，而不是做过池阳小吏的那个。而前面一个张汝舟要比后一个的官阶高得多，人品也要好很多。

陆心源认为，张汝舟就是张飞卿，也就是那个玉壶的主人。"汝舟"是他的名，"飞卿"为其字。

张汝舟摸准了高宗跟其父徽宗一样，性好古玩，于是以进奉得官。张汝舟把他的玉壶交给赵明诚，请赵为玉壶估价，但赵明诚不小心把玉壶给弄丢了，张愤恨之下，于是散布了赵李夫妇把玉壶献给金军的谣言，诬他们"献璧北朝"。恰在此时，赵明诚寒热症发作在江宁去世，留下李清照独自应对诽谤。李清照的反击方式是向有司控告张汝舟舞弊，"妄增举数入官"，故而有了绍兴二年（1132）的那场庭审，最后的结局是张汝舟遭夺职编管，流放广西。

陆心源说，这个张汝舟就是那封信的篡改者。篡改的目的是报复李清照揭发他舞弊渎职。张通过某种卑劣手段，把李清照写给綦崇礼的感谢信中的一些句子和段落作了改动并广泛散发出去，这样一来就显得信的内容好像是在说李清照曾经再嫁，而且他张某人就是娶她的那个男人。"汝舟无可泄忿，改其谢启，诬为改嫁，认为伊妻。"①

陆心源不知道有第二个张汝舟的存在。他所说的这个张汝舟，与建炎四年（1130）冬天在明州以简单的仪式迎驾高宗的张汝舟实在是大相径庭。以常理揣度之，即便是这个张汝舟，他也不会黑化得如此厉害吧？不知道陆心源为什么会脑洞大开说这番话，他不会是在编故事吧？

陆心源拉拉杂杂列出了五条证据，来证明张汝舟就是那个篡改者，多是站不住脚的孤证，自无必要一一罗列。但他为李心传辩护，说《建炎以来系年要录》决非采自"鄙恶小说"，还算说了一句公道话。

陆心源此论一出，一个尖锐的反对声音就出现了。发声者与陆心源年岁接近，乃是以《越缦堂日记》闻名天下的李慈铭。李是绍兴人，一生官途坎坷，晚岁落魄京师，又自恃才高，一开口就带着绍兴人的三分火气。李慈铭写了一篇长文，几乎逐条驳斥了陆心源的观点。有一点需要说明一下，李慈铭也是李清照的忠实拥趸，深深着迷于《〈金石录〉后序》的文学魔力，据他自己说，无事时他常常默写《后序》，并把这篇作品看作是宋代以降最优秀的女性文学作品。

李慈铭首先以小学专家的身份指出，"飞卿"之字并不相配"汝舟"之名。接着他又说，据李清照的自述，张飞卿带来的这把所谓玉壶，其实不过是一把石壶，这把壶后来张飞卿自己拿回去了，并不在赵明诚府上，他又怎么会向朝廷妄告？而且李清照说她并不知道"颁金"谣言是谁最早散布的，要是张飞卿散布的，李清照一定会知道，还会在《后序》里直接说出来。他还提请陆心源注意一点，高宗这个人性好书画，确有其事，但说他还喜欢器玩，倒不一定是真的，且张飞卿玉壶事发，是在建炎三年（1129）九、十月间，其时赵明诚刚刚去世，高宗又从建康出逃，为金人所迫，流离奔窜，即便他再怎么荒唐，也断断不会"留

---

① 陆心源:《仪顾堂题跋》卷十三。

心玩好"，"令人以进奉博官"。

至于陆心源说的张汝舟篡改了给綦崇礼的信，使得世人都以为李清照嫁了他，李慈铭说，他特别不能接受这样的说法。张汝舟再怎么不堪，也是进士出身，试想，一个取得了这样一个社会地位的人会说自己"驵侩下才"吗？还这么详细地记载自己怎么殴打老婆，他犯得着这样作贱自己吗？

当然，他也肯定了陆心源为李心传的辩护是正确的。李心传作为一个历史学家绝对是靠谱的，《建炎以来系年要录》中那段文字的记录非常忠实，非常客观，而且这个文本的原始状态保存得很好，没有人对其进行过哪怕是一个字的改动。那么问题来了，按常理说，增举入官，欺罔朝廷，此等事唯家人才能得知，故一告一个准，李清照如果不是张汝舟的继妻，她又怎么知晓这种细节？

李慈铭如同老吏断狱，把目光死死盯在了《建炎以来系年要录》中的一行字上："右承奉郎、监诸军审计司张汝舟属吏，以汝舟妻李氏讼其妄增举数入官也。"

李慈铭推测，李清照写给綦崇礼的信与再嫁讼离无关，与玉壶事件也毫无瓜葛，而与赵明诚死后御医王继先强买古器一事有关。王继先顶着个"和安大夫开州团练使致仕"的名头，其时正以一手饱受争议的蹩脚医术大受高宗宠幸，这个奸黠小人为了达到目的，必有欺蒙加恫吓之事，綦崇礼阻止了这件事，故李清照写了这封信表示感谢。而李心传《建炎以来系年要录》中的"汝舟妻李氏"，李慈铭认为另有其人，这个人很可能是李清照的一位族人，嫁给了张汝舟，"与夫不咸，讼讦离异"，是一些别有用心者就把这两件事嫁接在了一起。

谁会这么做呢？李慈铭提出了一个嫌疑人名单，排在第一位的是秦桧的一位兄长秦楚材（秦桧之兄，名梓），此人忌惮李清照的才华由来已久。另一位，是曾被李清照作诗讥讽过的状元郎张九成。但李慈铭也担心这一说法过于巧合，没有说服力，所以又补充说，也有可能这个"李氏"是跟李清照毫不相干的一位女性，只是碰巧她也姓李，又是一个很有写作才能的作家，把被丈夫欺凌殴打之事都记了下来，李心传写《要录》毕竟离事发隔了几十年了，所以才弄混了。"俗语不实，流为丹青，遂以漱玉之清才，古今罕俪，且为文叔之女，德甫之妻，横被恶名，致为千载宵人口实。"[1]

前面我们都以为陆心源在编故事了，没想到李慈铭编得更加离奇，在熟悉宋代文献的读者看来几乎成了一个笑话。看来历史学家都有成为小说家的冲动。但问题在于，即便把它作小说讲，李慈铭也讲得漏洞百出。我们只消提出两个问题，他肯定回答不上来。

第一个问题，李清照给綦崇礼的这封信是写于绍兴二年（1132），王继先强买赵家古器是建炎三年（1129），如果她是要感谢綦崇礼在制止王继先这件事上的帮忙，她为什么要在整整三年后才寄出这封信？

第二个问题，在李清照的时代里，尽管也有不少有文学才华的女子，但到底有几个人能写出这样的一封信来？我们姑且假定存在这样一位女性，那为什么整个宋代文献里都没有关于这个才女的记载？

十二、造神

女性写作在任何一个时代都是令人惊奇的。读者好奇的是，写作会在一个女性的生活里占据什么样的位置，写作对她们的性情、对她们一生的命运会发生什么影响？她们通过什么样的途径发表、传播自己的作品？

要是一个禀赋异于常人的女作家因为写作而致身世飘零，她更容易成为男性社会茶余饭后的谈资。

在宋朝这样一个民气尚称活泼的年代里，写作的女性一定不少，但今天我们所知道的宋朝女作家也就魏夫人（魏玩，哲宗朝权臣曾布之

---

[1] 〔清〕李慈铭：《书陆刚甫观察〈仪顾堂题跋〉后》，《越缦堂乙集》。

妻)、李清照、朱淑真、张玉娘等有数的几个，大多数女性作家连带着她们的作品都湮灭无闻了。但这未必是最坏的结果。有一种根深蒂固的观念认为，一个完美的女性应该生前热爱修辞学，去世前把所有的作品付之一炬，写作对女性来说只须是雪泥鸿爪，根本用不着是揳入生命深处的某种东西。不然她会活得很难，死得很惨。

比如比李清照晚一辈的理学家程颐，他说他的母亲侯氏就是如此。程颐的母亲是一个很有才华的文学女性，但程颐说，更令他骄傲的是，其母平生作诗不超过三十首，且都不存于世。[①] 或许在那个时代的人看来，女人可以识字，可以画画、练琴，可以去做一切有利于陶冶情操的事，但唯独写作一事是危险的，不能轻易沾染。女性最合适、也是最安全的角色是做一个读者，在闺房里阅读她们心仪的男作家的诗文，如果她们把自己的诗稿散布到自家的墙垣外，可能会引发严重的后果。

但李清照是个孤例，她从这些沉默的女性写作者中突围了。她凭着不世的才华，不仅成为女性写作的典范，其作品散发的持久魅力也折服了文人士大夫圈子。他们惊叹，这怎么可能是女人写出来的句子！"岂女子所能"[②]，这句话的意思也就是说，他们也承认了，好的文学是不存在性别之分的。

于是围绕着她灾难性的第二次婚姻，出现了两种截然不同的声音，一派人认为是她的文学之才导致了晚年的屈辱经历，是咎由自取。另一派人则无法忍受他们心目中一位古今罕俪的才女竟然有过一段明珠暗投的经历，于是他们要竭力为她开脱，为她洗白，否认第二次婚姻的存在，以"制造"出一个更符合他们期望的李清照。

在这里援引英国文化史家彼得·伯克发明的"制造"这个概念，是要说明传播过程对于历史人物形象塑造的重要性。诚然，我们每个人都在自我塑造，李清照的与众不同，在于几个世纪里的人们，从宋朝的胡

---

① 程颐:《上谷郡君家传》,《河南程氏文集》卷一二。"夫人好文，而不为辞章。见世之妇女以文章笔札传于人者，深以为非，平生所为诗，不过三十篇，皆不存。"
② 《朱子语类》卷一百四十。

仔、王灼一直到晚清，人们都在按照自己的愿望塑造她的形象。而且在这一过程中，制造者为了左右读者和听众，为了使人物的形象符合所谓正确的"意识形态"，于惯用的臆测、附会手法之外，甚至会有人像李慈铭一样不惜冒着丧失清誉的风险陷入学术臆想。

他们需要的是一个什么样的李清照？那是一个对爱情忠贞不移的妻子形象，一为夫妇，便为终身。承平岁月，她与丈夫两情相悦，是丈夫事业上的同志和助手。乱离之际，她又勇敢地担负起责任，"怀抱"丈夫最后交付的"宗器"，护之如头目。丈夫死后，又默默地承受着苦难，自我克制着外在的诱惑，继续保持着对丈夫的专情。从俞正燮、陆心源到李慈铭，他们力图将李清照再婚之事洗白，为她"辨诬"，正是为了把她驯化、规范到主流价值观中去。这些学者要树立起李清照的这一新形象：她是一位有着超群不凡才华的女词人，也是一位蒙受了几个世纪的不白之冤最终获得了平反的女性。她是一位真正的道德英雄。

这些人无一不是文献大家，但又无一不是睁着眼睛在说瞎话。如李慈铭所言，他特别爱易安，爱其词，更爱其人。其他诸人亦是如此。"制造"李清照，实出于男性们爱的偏见。事情的结果正如他们所愿，有一份地方县府的材料证明，一八四一年所修的《济南府志》把李清照事迹收入了官方史志的"列女传"。一个以文学辞藻出名的女作家，终于进入了道德楷模的行列，这真的令人啼笑皆非。而一般来说，像她这样的女作家是应该收入"文苑传"的。

不只如此，她还被供奉进庙里，成了一个女神。这事发生在同治年间。济南大明湖畔先前有一座藕神祠，因年代久远，谁也说不清里面供奉的是哪路神圣，一个绅商将这庙宇翻修，当地一帮热爱李清照的文人把她的神位请了进去，把她比拟为传说中的洛神。他们认为，即便李清照受过什么不白之冤，明湖之水也足以为她洗去耻辱。而她的精魂将护佑后世的文学之士获得写诗的灵感。

或许真的不是如后世所想象的那样，在宋代，像李清照这样的涉讼和离异是一件多么惊世骇俗的事。《两般秋雨庵随笔》的作者、钱塘人梁绍壬就说过类似的话，你们千方百计为易安辩白，说她没有再嫁，这不过为才人开脱，"其实改嫁本非圣贤所禁"①。以子之矛，攻子之盾，以圣贤之名反对道德家们的刻意制造，不失为一记好招。但不知是不是梁绍壬名气不够响亮，这么理智的声音一直没有得到重视。但即便是在宋代，像司马光这样门规森严的道德主义者也说过这样的话：夫妇以义合，义绝则离。

《宋史》里有个故事，一桩再嫁案背后的财产纠纷，把三个宰相都给牵涉了进去。柴氏是故相薛居正的儿媳妇，是薛的儿子薛惟吉的续弦，薛安上、薛安民两兄弟的继母。薛惟吉四十二岁突然死亡，此后柴氏守寡六年。这薛家兄弟是一对不成器的祖宗，又不愿节俭度日，跟时任宰相向敏中达成了一项私下交易，把薛家大屋低价出售。薛家兄弟坐吃山空，除了卖宅还盯上了继母柴氏的嫁妆和体己钱，柴氏一看不对，急着想把自己嫁掉。前任宰相张齐贤闻讯前来提亲。说起这张齐贤，乃是个一等一的大英雄，太宗朝曾两度拜相，雍熙北伐失败后还曾率兵边关，在代州多次大战辽军，柴氏心慕张齐贤是个大英雄，就答应了。

颁布于宋初的《宋刑统》规定，女子居丧不得更嫁的期限为二十七个月，哲宗时，更把难以维持生活的寡妇的居丧期缩短为一百天，《宋刑统》又云，"妇人财产，并同夫为主"，"寡妻妾无男者，承夫分"，也就是说按照法律规定，寡妇改嫁有权带走自己的嫁妆及夫妻共有财产。薛安上、薛安民兄弟俩急红了眼，于是一纸诉状，将柴氏告到开封府。子女当然无权反对继母再嫁，他们告柴氏私藏薛家的财产并准备带到张家。因事涉两位前宰相，开封府把案子上报给了宋真宗赵恒。真宗不想把事搞大，命司门员外郎张正伦私下问询柴氏。

柴氏矢口否认对她的指控，反而指责薛家兄弟许多不是。私下问事不能解决，案件上送到了御史台。柴氏认定，薛氏兄弟对她的控告一定是受人指使，买薛家祖宅的向敏中嫌疑最大。于是柴氏开始反控，揭发

---

① 梁绍壬：《两般秋雨庵随笔》卷二。

向敏中垂涎自己美色，求婚被拒后恼羞成怒，唆使两兄弟诬告自己。真宗亲召向敏中询问，向敏中一口否定，说妻子新丧，伤悲还来不及，怎会去娶一个寡妇。

御史台彻查之下，案情果然有了进展。柴氏供认，告向敏中是张齐贤长子张宗诲的主意。御史台同时查明，柴氏确实贪占隐瞒了薛家财产，将两万缗财宝偷埋在地下。官府搜查时又意外获取了薛氏兄弟私自交易故宅的买卖合同。而且有人检举，向敏中向皇帝撒了谎，他在妻亡不久就下聘了驸马都尉王承衍的女儿，只是还没有来得及下聘礼。

案件的结果，没有一个是赢家。薛安上违诏变卖宅院，被判鞭笞。柴氏被罚铜八斤，私藏财宝充公。张宗诲教唆柴氏诬陷向敏中，被发配海州。张齐贤因暴露了他迎娶柴氏的目的在于贪图钱财，用意猥琐，被打发到西京赋闲去了。向敏中宅院没买到手，王家女也没有娶进门，只当了一年半宰相，就被一纸诏书贬任永兴节度使去了。学者程颐、一个积极鼓励女子守节的理学家，认为两相争一女也太不成体统了，对此有一番讥评："向敏中号有度量，至作相，却与张齐贤争娶一妻，为其有十万囊橐故也。"①

"囊橐"，盛物的袋子，有底面的为囊，无底面的为橐，借指财物。再嫁再娶的背后，实则都是金钱利益的算计。不只是理学家程颐看出来了，其实时人都明白，向敏中、张齐贤两大宰相"争取一妻"，闹得不可开交，甚至惊动皇帝，他们所激烈争夺的与其说是一个寡妇，倒不如说是这个女人背后的巨额财产。程颐并不反对女子再嫁，因为在他的时代，士大夫娶寡妇或寡妇再嫁，都是正常不过的事，他只是看不得这些人不加掩饰的欲望，即便贵为宰执大臣，也不例外。其实我们会发现，程颐对帮助妇女再嫁的行为一向是鼓励有加的，在其父的一篇传记《先公太中家传》中，他称道父亲在生前操持外甥女再嫁之事是"慈于抚幼"，赞扬父亲"嫁遣孤女，必尽其力"。

---

① 《河南程氏外书》卷十。

从这个故事里我们还可以看到，宋朝的财产法保障了女子可以改嫁。宋朝人约定俗成地认为，妻子带到夫家的嫁妆是她的个人财产，且妻子可以用自己的名义购置田产，日后因丧夫或离婚离开夫家，不论是选择再嫁还是回娘家，这些嫁妆和田产都可以带走。这使得女人再嫁在宋朝并非难事，如果她有一笔钱，像向敏中和张齐贤这样的"争欲得之"者大有人在。从财产法的制定来禁止女子再嫁，继而约束其争取幸福之权利，是元朝以后的事了。这是柴氏再嫁这个故事得以成立的背景，也是李清照在绍兴二年（1132）再婚与讼离案的大背景。

当唐宋之际，民风浩荡无缺，粗粝重利，无论宫廷还是民间，视改嫁一事，本极寻常，并不以为耻，与明、清人观点大不相同。有唐一代，公主二百一十人，除去早死、入道、情况不明者外，已婚公主一百三十人中，再婚者三十人，[①] 这或许还可以用朱熹的"唐源流出于夷狄，故闺门失礼之事不以为异"[②] 来解释，及至宋朝，对夫妻一伦的淡漠程度已远远超出现在读者的想象。像这个柴氏故事里这样，围绕财产大做文章者所在多有，"作妻名置产，身死而改嫁，举以自随者亦多矣"。[③] 甚至有的人丈夫刚死，就急着他适了。"膏粱士俗之家，夫始属纩，已欲括奁结橐求他耦者多矣。"[④]

南宋学者洪迈《夷坚志》一书，虽取材传闻，略似小说家言，但对社会层面的反映而言，小说比历史犹为真实，其中所载宋代妇女改嫁的事例竟达六十一例，其中再嫁者五十五人，三嫁者六人，改嫁的时间可考者凡四十一例，且大多集中于南宋。[⑤] 以致南宋末有士子应俊惊呼，夫妇人伦大坏，忽离忽合到了可怕的地步："今尔百姓婚姻之际多不详审，闺闱之间恩义甚薄，男夫之家视娶妻如买鸡豚，为妇人者视夫家如

①　张邦炜：《婚姻与社会（宋代）》，第 66 页，四川人民出版社 1989 年版。

②　《朱子语类》卷一三六《历代三》。

③　袁采：《袁氏世范》卷一，《睦亲·同居不必私藏金宝》。

④　江少虞：《宋朝事实类苑》卷五十四。

⑤　《婚姻与社会（宋代）》，第 72 页。

过传舍。偶然而合，忽尔而离。淫奔诱略之风久而愈炽，诚可哀也！"①
庄绰《鸡肋编》所载，更是荒唐到了可笑地步："两浙妇人皆事服饰口腹，
而耻为营生。故小民之家不能供其费，皆纵其私通，谓之'贴夫'。"

　　就像陆九渊责备在临安为妓女建鸳鸯楼有愧于理学，谢伋夸张地反
驳所说，宋朝乃是一个阴盛阳衰的年代。②宋朝流传下不少可笑的惧内
故事，就连苏轼这样的大学者都不得幸免，"河东狮吼"的故事就是说
他因"饱参禅学"被妻子骂得失魂落魄，朋友写诗劝慰他。我们猜想，
或许是因为由于女子控制了家政权，才使得她们对自己婚姻有了一份自
主权，连子女、亲戚都不得借故干涉。黄盛璋先生在对南宋叶适《水心
文集》的分析中，也谈到书中各墓志铭于改嫁事，皆直书不讳。

　　叶适属于经世务实的永嘉学派，尚有异于程朱之理学派，但即便理
学派内部，除前述程颐对改嫁持宽容态度，另一位理学开山人物朱熹所
撰《荣国夫人管氏墓志铭》，亦载其有五女，次适承直郎沈程，再适奉
议郎章驹，足见当时并不讳言改嫁。朱熹尚且如此，他人可知矣。

　　由此可知，值此中国由外转向内在之际，理学派所树立的伦理标
准，实还没有深入人心。而且一个士气活跃的年代，思想多元且混乱，
"各自论说，不相统摄"③，"学脉旁分，攀援日众"，甚至一度理学还
被视作"伪学"，属于禁绝之列。当然，这是中国思想史上的另一桩公
案了。

---

① 应俊：《琴堂谕俗编》。
② 谢伋《鸳鸯楼记》："自逊、抗、机、云之死，而天地英灵之气，不钟于世之男子，
而钟于妇人。"
③ 《四库全书总目》卷一，《经部总叙》。

第七章

欲将血泪寄山河

绍兴三年（1133）—绍兴二十一年（1151）

临安—金华—临安

一、取书

靖康后，密州诸城赵氏家族是高宗的忠实追随者，出于对他们忠心的嘉许，高宗让赵氏三兄弟出任了重要职务。稍早，赵明诚于建炎元年（1127）八月出任江宁知府，是年底，长兄赵存诚除广东安抚使。赵思诚出官稍晚，绍兴三年（1133）试中书舍人，以直秘阁主管江州太平观，守起居郎，绍兴四年，起知台州。[①]

赵存诚出任广东前，曾与老三赵思诚商议，如果恢复中原无望，将来把家安于何处。因高宗已经有意把福州作为驻跸之处，并把宗人宫妇陆续迁往，他们决定也把家迁往距福州较近的泉州，一来此地有海港可通，二来又民风淳朴，[②] 而且，此去存诚供职的广州也方便。日后，赵

---

① 《建炎以来系年要录》卷六二、六三、七九。
② 《福建通志·人物志》："赵思诚，字道夫，高密人。父挺之，崇宁宰相。思诚与兄存诚相继成进士，弟明诚亦有学问。建炎南渡，存诚帅广东，与思诚谋移家所向，以泉南俗淳，乃自五羊抵泉，因家焉。"

明诚早死，到了绍兴二年（1132），赵存诚也死于广东帅臣任上，三兄弟仅存思诚。大概在存诚死后不久，思诚独力主持了赵老夫人灵柩迁葬。朋友黄公度的《知稼翁集》里，收录有他为这次迁葬所写的一篇讣文："中原燕梗，未返而殂。殡于他乡，金陵之墟。子持从橐，卜居晋水。"①

赵存诚去世后不久，政府公文里对赵家的郡望，已由密州正式改为泉州。绍兴二年十一月二十三日，人称"豫章四洪"之一的江西诗派诗人、时任秘书少监洪炎②（他是黄庭坚的外甥）向朝廷建议，向福州故相余深、泉州故相赵挺之、严州前执政薛昂等家征收"家藏国史实录善本"。③朝廷采纳了他的意见，各路转运使派差官分赴福州、泉州、严州，并赴太平州芜湖县僧寺收取蔡京寄放书籍。

此事令人稍感奇怪的是，赵氏三兄弟，只有赵明诚以藏有大量金石图籍出名，存诚、思诚都不是藏书家，朝廷何以派人去泉州取书？那就只有一个可能，洪炎提出这个征书建议的时候，并不知道李清照就在临安，他想当然地以为，赵明诚死后，保管赵明诚古器图籍的李清照跟随赵氏一族迁居福州了。

李清照并不知晓此事。经历了绍兴二年这一场噩梦般的闪婚与闪离，又差点身陷牢狱之灾，此时的她已是心力交瘁。十月初，张汝舟发配广西柳州，这个带给她身体和精神双重伤害的男人虽然不在临安了，但心底里的创伤又怎能一时愈合。本以为得遇良人晚境有托，没想到与这个恶魔共处的一百余日带给她无尽的耻辱，连她都觉得自己脏了，但她又无从辩白。

---

① 黄公度：《知稼翁集》卷十一，《代吕守祭赵丞相挺之夫人迁葬》。

② 洪炎（1067—1133），字玉甫，南昌人，黄庭坚外甥，与洪朋、洪刍、洪羽四兄弟，都是江西诗派诗人，人称"豫章四洪"。

③ "（绍兴二年）十一月二十三日，秘书少监洪炎言：'福州故相余深、泉州故相赵挺之，家藏国史实录善本。严州前执政薛昂，收书亦广。太平州芜湖县僧寺寄收蔡京书籍，望下逐州，谕令来上，优加恩赉。内有蔡京寄书，乞令本路转运司差官前去根取。'从之。"《宋会要辑稿》，崇儒四。

很可能，她在绍兴二年秋天又得过一场大病。病中的她在羞愧、愤怒和感激的交织中，写了一封感谢綦公帮她脱罪的谢启。除了弟弟李远和应门的老仆，身边再也没有一个叫得应的人，大多时候她僵卧家舍，想着这余生也只有布衣蔬食，草草打发了。前往泉州取书的转运使差官一无所获，方知道她人在临安，等到朝廷再要派人找她，她已经不在临安了。

二、上诗

当她在噬心的负疚和痛苦中打发时日时，一桩改变王朝未来走向的事正在悄悄发生。建炎元年（1127）派到金国的使臣王伦，在扣押五年后放归临安，带来了金国政坛的重要人物完颜宗翰释放的一个重要信号，那就是金国愿意议和。而在这之前的五六年里，宋金之间已经断绝了所有外交往来。

这王伦，乃是本朝极具传奇性的一个外交人物，出身世家大族（北宋名相王旦之弟王勖的玄孙），却快意任侠，年四十余尚与市井恶少群游汴中，①——二六年汴京被围时，他在宣德门以布衣之身解决了一桩暴发性危机事件，开始获得钦宗赏识，由此走上政治舞台。高宗在江南刚刚立足，向金国求和，王伦"独慷慨以请行"，②但那时的金国一味采取军事行动想让宋朝屈服，他和先前入使的宇文虚中、魏行可、洪皓、崔纵、张邵等人都被扣押了起来。此番受战局影响，金人决定改变对南宋的策略，这对一心偏安的高宗的确是个好消息，宋金既成对峙之势，和平共处的政治选择终于成为可能。

八月，派去议和并探望两宫的使节带着国书和王伦的荐信已经出

---

① 《宋史》，列传第一百三十。
② 《三朝北盟会编》。

发，王伦也被高宗敕封右朝奉大夫、右文殿修撰，主管万寿观，算是对他敌营系囚五年忠心不改的一份补偿。①

由左承议郎、假吏部侍郎潘致尧率领的第一个外交使团，去了大半年才带回来一个信息，金人要求宋廷再派一个高级别的官员与他们和谈。之前的潘致尧使团，金人认为品级不够，竟连和谈的资格都不给他们。这样的事也不是第一次发生了，身为使节的王伦不也在北地被关押了五年吗？高宗在接到潘致尧带来消息的第五日，就选定了北上议和的第二批钦使团队。充大金奉表通问使正使的是端明殿学士、同签书枢密院事韩肖胄，副使是政和二年（1112）上舍生出身的给事中、试工部尚书胡松年。

这两位都是素负清望、能力超群的官员，尤其韩肖胄，乃仁宗、英宗、神宗三朝宰相韩琦的曾孙、徽宗朝宰相韩忠彦之孙，徽宗朝时曾充任贺辽生辰使出使，有着丰富的外交经验。行前，韩母文氏鼓励儿子当受命，勿以老母为念，高宗诏特封其为荣国太夫人。②高宗对两位使节更是寄予厚望，给他们的任务是尽快与金国达成和议，并让带上香药、果茗、缣帛、金银等物，慰问囚禁在北方的徽、钦二帝。

韩肖胄入辞时，对高宗另有一番慷慨陈词，大意谓，当下和战未定，即便订立了和议，也不过权宜之计，要之还在于整顿武备，收复故土，"军声大振，另当别图"；③若此行半年不复命，金人必别有所谋，到时宜速进兵，千万不可投鼠忌器，"不可因臣等在彼间而缓之也"。

高宗接受了他的临行陈奏。为示和谈诚意，韩肖胄出访前，高宗还命在淮北与刘豫的伪齐傀儡政权作战的宋军停止一切军事行动。

---

① "九月，辛酉……朝奉郎、充河东大金军前通问使王伦至行在。帝嘉其劳，诏：'伦去国五年，奉使有称，特迁右朝奉大夫、充右文殿修撰、主管万寿观。'"《续资治通鉴》卷一百十一。
② "肖胄母文氏，闻肖胄当行，为言：'韩氏世为社稷臣，汝当受命即行，勿以老母为念。'帝闻之，诏特封荣国太夫人以宠其节。"《续资治通鉴》卷一百十二。
③ 《建炎以来纪年要录》，卷六五。

对于经历了再嫁和离异的李清照来说，这是她最消沉的一个时期。先前的穷途奔波，苦则苦矣，因有着一个"投进"的目标，还能强提着一口气，此番遭受愚夫骗婚，自己竟不知不觉入了圈套，待到醒悟过来，已然遍体鳞伤。

五月，韩肖胄使团将北上，临安城里对这件事议论纷纷，有赞扬和议的，有主张北伐的，因形不成一个共识，闾巷之人之间也形同撕裂，这事也把她飘飘渺渺的一缕神思牵了回来。

钦使北上，代表大宋与金国进行外交谈判，这自然是一件大事。说起来她的父亲李格非和祖父，李氏两代曾获韩琦和韩忠彦的赏识与荐引，韩、李两家也算得上世交。而胡松年做过潍州教授，与她父祖也有往来。这一切都吸引着她这个弱女子投身于当下关于宋金关系的激烈争论中。

沉睡了几年的诗思又活跃了起来，她写下了两首诗送韩、胡两公北上以寄意。从少女时代起，她身体里就一直有两个声部，一为女声，一为男声，女声发而为歌词，缠绵婉约，男声发而为诗，诗言志，皆为正大之音。经此一番乱离与坎坷，这个男声部突然高昂了起来。她可能自己也没有意识到，作为作家的她至此进入了一个最具创造力的阶段。

如果说她此前写下的文字都是一种自言自语，那么从绍兴三年（1133）起，她更多呈现的是一种面向公众的写作姿态。她终于摆脱了那件事带给自己的羞耻感，她将通过写作把自己重新塑造成一个自信而且智慧的女性。

这两首诗能够保存至今，我们仍然要感谢十二世纪末的宋宗室子弟赵彦卫，他把这两首诗完整地抄录在笔记《云麓漫钞》里。[①]

第一首是八十行的长诗。诗前小序，交代写作缘由，说是在"贫病"中获知此讯，不敢追随敬拜二公车驾，但自己神志尚清，对这么大一件事，"不能忘言"，故作古、律诗各一章，"以待采诗者云"：

---

① 赵彦卫：《云麓漫钞》卷一四。

　　绍兴癸丑五月，枢密韩公、工部尚书胡公使虏，通两宫也。有易安室者，父祖皆出韩公门下，今家世沦替，子姓寒微，不敢望公之车尘。又贫病，但神明未衰落。见此大号令，不能忘言，作古、律诗各一章，以寄区区之意，以待采诗者云。

　　她表示不理解，高宗视朝听政也好多年了，为了尽一己之孝道而一味向金人乞和，岂人主之所能？这不是愚孝是什么？靠一年比一年丰厚的岁贡来维持苟安的局面，"土地非所惜，玉帛如尘泥"，反正不拿老百姓的钱当钱，可是"币厚益卑"能换来真正的和平吗？什么时候能有窦宪、桓温这样的一代名将出现，收复失地，勒石纪功，让我们这些失去了家园的中原人重见旧地杨柳？

　　她心目中的韩肖胄，乃是"中朝第一人"，一个身负着重要使命的杰出人物，她想象，这样的人中俊杰一到金国，必能让金人像当年的匈奴害怕王商、吐蕃人害怕郭子仪那样，慑服于大宋之威仪。她都要迫不及待替领命出使的韩肖胄道表态誓辞了，"家人安足谋，妻子不必辞。愿奉天地灵，愿奉宗庙威"，他必以国家利益为重，公而忘私，手捧紫泥诏，直入黄龙城，让胡虏见识什么是真正的大宋威仪。而胡松年也甘心做好配角，"谋同德协心志安"。她甚至还想象了自己送韩、胡两钦使出发的悲壮场面，大风急雨中，车声辚辚马萧萧，一众送行的人的眼里都噙着泪水。

　　她说自己虽然是一个蓬头垢面的"闾阎嫠妇"，对二公仍有几句"刍荛之言"，金人像虎狼一样凶暴，一定要心存警惕，小心行事。她请求二位钦使，家乡沦亡六七年了，望多多带回一些中原人民的消息。故人坟前已是什么景象（"草中翁仲今何若"）？百姓尚能继续从事农事否（"遗氓岂尚种桑麻"）？再有，旧日胜迹而今如何了？故人是否还用重兵镇守着中原城郭？最后，她请求二位钦使记住一个流亡妇人的心愿——"欲将血泪寄山河，去洒东山一抔土"。

三年夏六月，天子视朝久。

凝旒望南云，垂衣思北狩。

如闻帝若曰，岳牧与群后。

贤宁无半千，运已遇阳九。

勿勒燕然铭，勿种金城柳。

岂无纯孝臣，识此霜露悲。

何必羹舍肉，便可车载脂。

土地非所惜，玉帛如尘泥。

谁当可将命，币厚辞益卑。

四岳佥曰俞，臣下帝所知。

中朝第一人，春官有昌黎。

身为百夫特，行足万人师。

嘉祐与建中，为政有皋夔。

匈奴畏王商，吐蕃尊子仪。

夷狄已破胆，将命公所宜。

公拜手稽首，受命白玉墀。

曰臣敢辞难，此亦何等时。

家人安足谋，妻子不必辞。

愿奉天地灵，愿奉宗庙威。

径持紫泥诏，直入黄龙城。

单于定稽颡，侍子当来迎。

仁君方恃信，狂生休请缨。

胡公清德人所难，谋同德协心志安。

脱衣已被汉恩暖，离歌不道易水寒。

皇天久阴后土湿，雨势未回风势急。

车声辚辚马萧萧，壮士懦夫俱感泣。

闾阎嫠妇亦何知，沥血投书干记室。

夷虏从来性虎狼，不虞预备庸何伤。

衷甲昔时闻楚幕，乘城前日记平凉。

葵丘践土非荒城，勿轻谈士弃儒后。

露布词成马犹倚，崤函关出鸡未鸣。

巧匠何曾弃樗栎，刍荛之言或有益。

不乞隋珠与和璧，吸乞乡关新信息。

灵光虽在应萧萧，草中翁仲今何若。

遗氓岂尚种桑麻，残虏如闻保城郭。

嫠家父祖生齐鲁，位下名高人比数。

当时稷下纵谈时，犹记人挥汗成雨。

子孙南渡今几年，飘零遂与流人伍。

欲将血泪寄山河，去洒东山一抔土。

（《上枢密韩肖胄诗（其一）》）

开头"三年"等句，是说天子视朝已久，仰望南来之云，不禁忆起被掳北去的两宫。"如闻"等句，说朝中群臣，虽不乏贤能，但时运乖厄，又将如何？再接下去"勿勒"两句，是说现在的形势下不宜用兵，并不是国无大臣，不识霜露之悲。此处的"燕然铭"，典出东汉窦宪破北匈奴、登燕然山刻石纪功事。"金城柳"，典出东晋桓温北伐事，《晋书·桓温传》："温自江陵北伐，行经金城，见少为琅邪时所种柳皆已十围，慨然曰：'木犹如此，人何以堪！'攀枝执条，泫然流涕。"

韩肖胄使团六月初四日陛辞，往返不到半年，十一月就回到了临安，同时带来了金国官员回访，以示两国正式确立外交。由于金国要求将长江作为宋和"大齐"的边界，会谈没有达成实质性协议。但这毕竟是高宗即位六七年以来与金国的第一次外交接触，和议的大门肯定不会就此关上。

使团到了北地，金人皆知韩肖胄家世显赫，"甚重之"。[①] 但此行出访，两位钦使中真正应答得体、不辱使节身份的却是副使胡松年。话说韩、胡两人到了已作了"大齐"首都的汴京，刘豫要求他们以臣下的礼节拜见，韩肖胄不知所措，胡松年则立即针锋相对，拉他一起共祷"圣主万寿"。意思是说，你刘豫原是宋朝皇帝任命的济南知府，大家一起都是宋臣，投靠金人卖身求荣实为世人不齿。刘豫又问，皇帝的意向是什么？胡松年答："定当恢复故国疆土。"[②] 到了金庭，对方炫耀武力，盛称甲兵之盛，胡松年不卑不亢地引用了《左传》里的一句话，"兵犹火也，弗戢，将自焚"，意思是说，发动战争就像玩火一样，不及时止息，就会焚毁自己。

归途中，胡松年还有《石州词》二首自剖心曲："月上疏帘，风射小窗，孤馆岑寂。一杯强洗愁怀，万里堪嗟行客。乱山无数，晚秋云物苍然，何如轻抹淮山碧。喜气拂征衣，作眉间黄色。役役。马头尘暗斜阳，陇首路回飞翼。梦里姑苏城外，钱塘江北。故人应念我，负吹帽佳时、同把金英摘。归路且加鞭，看梅花消息。"[③]

此次北访归来后，韩肖胄因应对失仪，遭大臣朱胜非等人批评，在中央待不下去了，主动提出以旧职知温州，提举临安府洞霄宫。日后，他又复任签书枢密院事，在宋金和议中发挥重要作用。胡松年南归后拜授吏部尚书。此是另话不提。

> 想见皇华过二京，壶浆夹道万人迎。
>
> 连昌宫里桃应在，华萼楼前鹊定惊。
>
> 但说帝心怜赤子，须知天意念苍生。

---

① 《宋史》卷三百七十九，《韩肖胄传》。

② "至汴京，刘豫令以臣礼见，肖胄未答，松年曰：圣主万寿。豫曰：圣意何在？松年曰：主上意，必复故疆而后已。"《宋史》卷三七九，《胡松年传》。

③ 赵彦卫：《云麓漫钞》卷十四。

圣君大信明知日，长乱何须在屡盟。

（《上枢密韩肖胄诗（其二）》）

她是反对宋金和议的。这第二首的态度更明朗些。她用先扬后抑的语气说，两位钦使出使北上，途经的南京（今河南商丘）、东京（今河南开封）百姓，必将壶浆夹道来欢迎，就是连昌宫里的桃树、花萼楼里的鸟鹊都会以惊喜万分的心情迎候两位大人的光临。[①] 这话从她口里说出总透着一股讥诮。

"但说帝心怜赤子，须知天意念苍生"，但是，假如皇帝对人民有怜悯之心，上天也同情受苦的老百姓，那么以皇帝的圣明如日，就应该知道《诗经·巧言》中所言，"君子屡盟，乱是用长"，愈是一次次地结盟讲和，就愈是助长祸乱。

三、镜中

至此，她已经历了两次婚姻，却没有诞下一个子嗣。反观她与赵明诚二十余年的婚姻生活，无嗣应该是他们的一大心病。新婚之初，他们不会意识到无嗣是一个麻烦，等他们意识到，面对家人、同僚、朋友不解的眼光，他们应该也有过求医问药，只是无甚效果，才灰心放弃了。在丈夫的眼里，从那时起她就是个病妇了。

在历来重视传宗接代的古代中国，出现这种情况，社会是支持丈夫休妻再娶的。赵明诚在世之日除了染有章台之癖，他们的婚姻总的还算

---

① 连昌宫，唐宫名，高宗时置，在洛阳。元稹《连昌宫词》："连昌宫中满宫竹，岁久无人森似束。又有墙头千叶桃，风动落花红簌簌。"华萼楼，即花萼相辉楼。徐松《唐两京城坊考》："开元二十四年十二月，毁东市东北角道政坊西北角，以广花萼楼前地。置宫后，宁王宪、申王捴、岐王范、薛王业邸第相望，环于宫侧，明皇因题花萼相辉之名，取诗人棠棣之意。"

稳定，这或许是因为婚姻的后半期他们名为夫妻，情谊实为朋友，虽无琴瑟谐美，却也志同道合，"夫妇擅朋友之胜"[1]，共同的志趣弥补了无嗣的遗憾。

如果无嗣的问题出在她身上，过于消瘦、气血亏或者某种生理性的挫伤，都有可能导致她无法生育。建炎三年（1129）闰八月赵明诚殁后，病，在她已是一种生活常态。"余又大病，仅存喘息"（《〈金石录〉后序》），"近因疾病，欲至膏肓，牛蚁不分，灰钉已具"（《投内翰綦公崇礼启》），三年间两场大病，已使她的健康情况急遽恶化。贫困、劳累，再加上心理上的创伤，让她走向老境的身体不堪承受。如果她对病中情状的描述没有夸大的话，刚到临安时的那场大病，一度使她处在死亡的边缘，最后是一线虚幻的爱情的光把她拉了回来，却让她受到更大一轮伤害。

要是我们认同苏珊·桑塔格说的，疾病是通过身体说出的话，是一种用来戏剧性地表达内心情状的语言，她的病已先于她自己说出，经历了丧夫、逃亡、骗婚、讼离等一连串打击后，她实已生无可恋。如果说疾病之于患者就像刑罚施于罪犯，经此大病，她已经毫不怀疑这是上天对自己的责罚。

但在绍兴三年（1133）秋天，她的身体和精神各方面看起来都恢复得不错了。她终于有了心情去看看镜中的自己。昔年苏轼有句，"苒苒中秋过，萧萧两鬓华"，有可能她看到的也是这么一张陌生的脸，两鬓稀疏，白发也新添了。但这说明她的意志力在慢慢苏醒。人患病，是肌体连带着意志出了问题，要从病中康复，就要先收复意志。弦月升起来，照在窗纱上，大病初愈的她只能卧在床榻上将就着看，釜里煎煮着豆蔻熟水[2]，

---

[1] 江之淮：《古今女史》卷一："自古夫妇擅朋友之胜，从来未有如李易安与赵德甫者，佳人才子，千古绝唱。"

[2] 陈元靓：《事林广记》别集卷七之《豆蔻熟水》："夏月凡造熟水，先倾百盏滚汤在瓶器内，然后将所用之物投入。密封瓶口，则香倍矣……白豆蔻壳拣净，投入沸汤瓶中，密封片时用之，极妙。每次用七个足矣。不可多用，多则香浊。"

一大罐药要喝，倒也省去了"分茶"①这一听来很雅做来实烦的那一摊子事儿。

> 病起萧萧两鬓华，卧看残月上窗纱。豆蔻连梢煎熟水，莫分茶。
>
> 枕上诗书闲处好，门前风景雨来佳。终日向人多酝藉，木犀花。

（《山花子·病起萧萧两鬓华》）

病中得闲，可以闲翻诗书。经史、小说、诗歌、狐鬼故事，轮番着看去，一会儿工夫眼睛也累了。好在门前风景尚佳，尤其下雨的时候，院子里的木樨花开了，一簇一簇的花朵，温柔敦厚，那可是"暗淡轻黄体性柔"的花中少女啊，足以慰藉她因病寂寥的心情。只是现在人老了，花亦老了。这长日里，也不知道是她看花，还是花看她了。

俞平伯说，这首词"写病后光景恰好"，又说"说月又说雨，总非一日的事情"。②真是解语人。"终日向人多酝藉，木犀花"，一个仍在为情所困、为病所苦的女人是感受不到大自然对她说的话的。她的精神头儿一天天好起来了，如同经冬的野草重焕生机。

但这也不过是为新一场逃难做着体力上的准备。

四、钓台

在宋金题材小说中常以反派角色出现的"大齐"皇帝刘豫，出身低

---

① 分茶：宋代流行的茶百戏，有煎茶、点茶、分茶、斗茶等。分茶是宋人品茶的一种方式，其法是用茶匙取茶汤分别注入盏中饮食。陆游《临安雨晴》："晴窗细乳戏分茶。"杨万里《澹庵坐上观显上人分茶》："分茶何似煎茶好，煎茶不似分茶巧。"

② 俞平伯：《唐宋词选释》，第247页，人民文学出版社1979年版。

微，是景州阜城的一个农家子。此人少时就品行不佳，在太学读书时偷过同舍生的白盂、纱衣。元符年间刘豫中进士，政和二年（1112）官拜殿中侍御史，他对朝廷礼制局事喋喋不休，搞得哲宗很烦他，说他一个"河北种田叟"哪懂什么叫礼制，[①]把他黜为两浙察访打发出京了。这个人很善钻营，到宣和六年（1124），又重回汴京，判国子监，除河北西路提点刑狱。

当初金军南下，刘豫弃官避难，好友张悫（字诚伯）当时正跟随河北兵马大元帅赵构募兵勤王，举荐他做了济南知府。但他嫌山东地面盗贼太多，要求改任太平一点的州府，要求没给满足，金军攻打济南的时候，他就献城投降了。金主授他为东平府知府，兼任京东、京西、淮南等路安抚使，节制大名、开德两府及濮、滨、博、棣、德、沧等州。投靠新主人后，刘豫做了一件很让宋人切齿痛恨的事，掘开宋朝宗室皇亲的陵寝，偷了许多价值连城的陪葬品。当时金主急需扶植一个傀儡政权与宋周旋（因为张邦昌早就提出不当"大楚"皇帝了），遂在建炎四年（1130）把他册封为"大齐"皇帝，建都大名，使用金朝"天会"年号，不久奉金国命令，改元阜昌，把首都迁到了汴京。

刘豫杀了许多反对他降金的人，又助金为虐，为金军打开南方通道甘为马前卒。当时刘豫完全占有梁、卫之地，屡次与宋朝军队冲突。当时朝廷也有赞成和议之声，翰林学士綦崇礼提醒说，刘豫父子倚重金人，提出划江为界，实则是窥伺我国疆土，恐怕一通使，人情定会懈怠，应告诫将帅更要严守边防，即使和议成，亦不可放松防御。

绍兴三年（1133）十月，刘豫命手下最为强悍勇猛的将军李成（曾是宋朝官员，累迁升至淮南招捉使，后聚众为盗，败后降齐）出兵攻打汉江上游的重要城市襄阳，并攻占唐州、随州、扬州一线，以期为金军南下长江流域和荆湖路打开通道。绍兴四年（1134）五月，宋朝大将岳飞在一场激战中大败李成，收复了襄阳和附近的几个州，迫使李成把

[①] 《宋史》卷四百七十五，《列传》第二百三十四。

"大齐"军队撤到了河南境内。九月,刘豫怂恿金兵再次南侵,合兵犯淮上,并派子刘麟、侄子刘猊及叛将李成、孔彦舟等人为先导,试图抢回襄阳等地。

金右都监完颜宗弼、右副元帅完颜昌领导的金齐联军渡过淮河,分两路南下,攻滁州、亳州、濠州等地。朝廷商议应敌之策,有人建议军队南撤长江一线,并让高宗赶紧逃走,在宰相赵鼎的坚持下,高宗同意御驾亲征,[①]并决定把行在从临安转移到建康城。三十余艘御舟从临安府出发,船里装上了祖宗神御,高宗难得地没有把古器玩好随船带走,热爱阅读的他只带了一些常读的书籍。出发时为防不测,还派出快骑通知滞留在温州的六宫从海道径往泉州。[②]

在接下来的战斗中,金、齐联军沿着大运河入侵到了扬州,还拿下了淮河流域的一些重要城市,但他们遭到了韩世忠和岳飞率领的宋军的顽强抵抗。完颜昌驻扎泗州,完颜宗弼屯兵于竹墪镇,都无力再前进一步。南方潮湿阴冷的雨夹雪天气明显是来拉偏架的,让金军大感不便,再加供给线拉得过长,军粮供应不上,金军营中已到了杀马而食的地步。完颜昌想要快点结束战斗,向宋军大将、淮东宣抚使韩世忠下书约战。韩世忠只是闭营不战。十月二十三日,高宗御驾至平江府(今苏州)。十二月丙戌夜,月犯昴北斗四星,过几日,又有日食。高宗君臣正在对这怪异的天象惊疑不定的时候,传来了金太宗完颜晟病重的消息。十二月二十六日夜,金军连夜撤退,完颜宗弼把兵马部署到淮河以北,自己率将军们回去选举新的领袖。

此次声势汹汹的南侵因金太宗病危戛然而止,贫弱的南宋又逃过一劫。《建炎以来系年要录》记录了这戏剧性的一幕:

---

① 《宋史·高宗纪》:"冬十月丙子朔,与赵鼎定策亲征。"

② "九月……戊戌,帝登舟,发临安府,奉天章阁祖宗神御以行,主管殿前司公事刘锡、神武中军统制杨沂中皆以其军从。帝不以玩好自随,御舟三十余艘,所载书籍而已。帝既发,乃命六宫自温州泛海往泉州。"《续资治通鉴》卷一百十四。

绍兴四年，十二月庚子（二十六），金人退师。初，右副元帅完颜昌在泗州，而右都监宗弼，屯于竹墅镇。尝以书币遣淮东宣抚使韩世忠约战。世忠方与诸将饮，即席遣伶人张钤、王愈持橘茗为报，报书略曰：元帅军士良苦，下谕约战，敢不疾治行李，以奉承指挥也。时金师既为世忠所扼，会天雨雪，粮道不通。野无所掠，致杀马而食。蕃汉军皆怨愤，监军又为飞书，掷于帐前云，我曹被驱至此，若过江必擒尔军，以献南朝。俄闻上亲征，且知金主晟病笃，将军韩常谓宗弼云：今士无斗志，过江不叛者，独常尔，他未可保也，况吾君病笃，内若有变，惟速归为善。宗弼然之，夜引归。[①]

当一一三四年金军的这次南侵发动时，临安城和周边几个州府的百姓陷入了一片混乱。

以往历次金军南下，都把临安视作首要的军事打击目标，此番高宗仓促离开临安，诏书说是御驾亲征，只因他即位以来一直都在逃跑，百姓也吃不准他是不是借机弃城保命。警讯传来，不只是临安，绍兴、明州的民众都陷入了慌乱，城中人民抱头鼠窜之状，如李清照日后在《打马图经序》中所说："今年冬十月朔，闻淮上警报，江浙之人，自东走西，自南走北；居山林者谋入城市，居城市者谋入山林，旁午络绎，莫卜所之。"

诗人陆游这一年十岁，日后也有如是回忆："绍兴中，某甫成童，见当时士大夫言及国事，无不痛哭，人人思杀贼。"[②]

显然，此时的临安已非久留之地，病体稍愈的李清照也加入了出城逃亡的大军。这一次，她的目的地是三百里外的婺州（今浙江金华）。之所以不就近躲藏，要去离临安这么远的地方，是因为上年十月，护驾

---

① 李心传：《建炎以来系年要录》卷八十三。
② 陆游：《跋傅给事帖》。

太后有功的明诚妹婿李擢以礼部尚书、徽猷阁直学士身份出为婺州知府，现在是那里的地方长官了。①

她再一次用几个地名连排罗列的方式，告诉了我们这一次的行动路线：

易安居士自临安溯流，涉严滩之险，抵金华，卜居陈氏第。

（《打马图经序》）

应该是在绍兴四年（1134）十月初，金军南下的警报传至临安时，她于匆忙间雇得一舟，沿富春江而上。一路经山川形势险峻的严子陵滩，到达金华，借住在酒坊巷一户陈姓人家。我们不知道这次避难，她在金华待了多久，但起码她一直住到次年，直到战争警报解除，她才于一一三五年回到临安。

关于她这次逃亡路上的详情，我们无法知道得更多。她是独自上路，还是和弟弟一家同行？如果是和李远同行，他应该有儿女了吧？这些我们都无法确证。我们猜测她选择寓居金华是因为明诚妹婿李擢在此任郡守，而之前她确曾向他求助过，但到了金华她为什么又借居在一户陌生人家呢？但有一点她告诉了我们，陈家的居住条件不错，轩窗明亮，让她"意颇适然"。也就是在这样的环境下，她写作了一组气势非凡的作品。

《钓台》一诗，又名《夜发严滩》，是此次赴金华途中经过严子陵钓台有感而发。东汉高士严光，字子陵，余姚人，曾与汉光武帝刘秀同学，刘秀称帝后请他出来做官，他拒之不受，跑到富春江隐居起来，其垂钓之所，亦名严滩（今桐庐县东南）。台高七十米，下临七里泷峡谷，山崖陡峭，江流潆洄。范仲淹于北宋景祐年间贬居睦州时，建严光祠于

---

① 《建炎以来系年要录》卷六九："（绍兴三年）壬寅，礼部尚书李擢为徽猷阁直学士知婺州。"

台下，并作《严先生祠堂记》，中有"云山苍苍，江水泱泱，先生之风，山高水长"等句，盛赞其不慕荣利之光辉人格。

> 巨舰只缘因利往，扁舟亦是为名来。
>
> 往来有愧先生德，特地通宵过钓台。
>
> （《钓台》，又名《夜发严滩》）

我们相信确如李清照所言，船是在夜间过的钓台。可能是因为警情严重，也可能富春江的这一段水势平缓，夜间行舟亦是常事。李清照在诗中说，她此番过钓台，不像严子陵那样是为了躲开名利而隐居此地，而是为了保全性命于乱世，才不得不加入逃难的人群，想到前辈高士的高风亮节，她深感愧疚，没有勇气白日里过滩，所以特意选了晚上往来于钓台。这是自嘲，而一个人能自嘲是因为知耻。她承认自己身为俗人一枚，既脱不开名缰利索，也不愿为之驱策。"特地通宵过钓台"，她这么说，其实是给临安行都里那些卑怯自私的大臣们打脸了，国家一有事，你看他们坐着"巨舰"都逃到哪里去了啊！

五、打马

"婺，婺女，星名"，一本成书于北宋初年的语言学著作《广韵》这样说。[1] 婺为二十八宿之一，玄武七宿的第三宿。"婺"这个字，后世也用作对有德行的女性的颂辞。

自绍兴四年（1134）十月卜居金华，这座有着浓烈的女性气质的浙中小城给了李清照难得的安宁。在这里没有一个人知晓她的过去，她可以和城中野老闲谈历史，也可以拿出博具和女孩儿们玩玩闺房雅戏。陈

---

[1] "婺，婺女，星名"，《广韵·遇韵》。

家房子所在的酒坊巷，应是开有酒坊而得名，从她后来写到的"沥酒一呼"来看，这倒也称了她的心。早年她有《晓梦》诗记梦中仙境，"人生以如此，何必归故家"，到此或恐亦有此叹。

绍兴四年（1134）十二月庚子，金人退师。这年十一月二十四日，李清照在金华陈氏第完成了一组"打马"题材的作品。

"打马"，或称打双陆，双陆棋子称马，故称"打马"，是宋代民间流行的一种博弈游戏，可两人对弈，亦可三五人共弈。它是在格子式棋盘上进行的一种类似于领土争战的游戏。以金钱作彩头，玩家在博弈中时见盈亏，多人共弈时，小小弈局呈万马争先之势，争战异常激烈，令人血脉偾张。这种游戏明清时尚有人见之，明万历年间金华籍学者胡应麟曾说他亲眼看到过《打马图》，习此技的多是"吴中好事者"。①

博，是局戏；弈，是围棋。如果我们追溯一下弈棋的历史，最初发明它的人可能就是一群好事者。孔子就曾说，弈棋至少要比浪费光阴强。② 在春秋或更早的时代，它还仅仅只是一种娱乐，但渐渐地，它被赋予了特殊的含义。东汉历史学家班固盛赞弈棋有利于培养人的品行，另一位学者马融在一篇骈体作品《围棋赋》里首次把弈棋与兵家谋略联系在一起，把"三尺之局"视作"战斗场"。我们应该不会陌生《世说新语》上的一则故事，当淝水大捷的消息传来，谢安正在和侄子弈棋，以一幢别墅为注，但他听到捷报不动声色，坚持着下完手中的棋。在类似的故事里，将军手中的棋子和战场上的棋局合二为一，总是被用来衬托他们在狂喜或溃败时的气定神闲。

按照李清照自己的说法，当时有三种打马：一为"关西马"，每方一将十马；一为"依经马"，每方二十马，无将；一为"宣和马"，由前两种综合而来。李清照独爱斗智斗勇的"依经马"，但嫌其无文采，于

---

① "《打马图》今尚存传，吴中好事者习之，迩年颇有能者。"胡应麟《少室山房笔丛》卷二十五。

② 《论语·阳货》："子曰：饱食终日，无所用心，难矣哉！不有博弈者乎？为之，犹贤乎已。"

是在"依经马"的基础上,"取其赏罚互度,每事作数语,随事附见,使儿辈图之",自作命辞,成《打马图经》,于是新创了第四种打马,"命辞打马"——我们或许还可以称之为"易安马"。她自豪地说:"不独施之博徒,实足贻诸好事,使千万世后,知命辞打马,始自易安居士是也。"俨然以游戏发明人自居了。

李清照的这组作品由《打马图经序》《打马赋》《打马图经命辞》组成,一文、一赋、一图经,连缀成篇,其不凡之处,乃在微言大义,以弈局对应时局,以打马影射宋金战情,与她同一时期的诗作互见互补,正可见出她在绍兴初年所经受的挫折和仍然没有泯灭的希望。这组作品以刚健的文风征服了后世读者,被评为一洗南渡后的腐气,[①]而李清照也由此塑造了一个全新的自我,她是一个游戏者,同时也是一个指挥若定的领导者,一个洞悉天下形势的智者。

　　慧则通,通则无所不达;专则精,精则无所不妙。故庖丁之解牛,郢人之运斤,师旷之听,离娄之视。大至于尧舜之仁,桀纣之恶;小至于掷豆起蝇,巾角拂棋,皆臻至理者何?妙而已。

　　后世之人,不惟学圣人之道,不到圣处。虽嬉戏之事,亦得依稀仿佛而遂止者多矣。夫博者无他,争先术耳。故专者能之。予性喜博,凡所谓博者皆耽之,昼夜每忘寝食,但平生随多寡未尝不进者何? 精而已。

　　自南渡来流离迁徙,尽散博具,故罕为之。然实未尝忘于胸中也。今年冬十月朔,闻淮上警报,江浙之人,自东走西,自南走北;居山林者谋入城市,居城市者谋入山林,旁午络绎,莫卜所之。易安居士亦自临安溯流,涉严滩之险,抵金华,卜居陈氏第。乍释舟楫而见轩窗,意颇适然。更长烛明,奈此良

---

① 〔明〕毛晋:《诗词杂俎》。"非止雄于一代才媛,直洗南渡后诸儒腐气,上返魏晋矣。"

夜乎？

于是乎博弈之事讲矣，且长行、叶子、博塞、弹棋，是无传者。打揭、大小、猪窝、族鬼、胡画、数仓、睹快之类，皆鄙俚，不经见。藏酒、摴蒲、双蹙融，近渐废绝。选仙、加减、插关火，质鲁任命，无所施人智巧。大小象戏、弈棋，又惟可容二人。独采选、打马，特为闺房戏。

长恨采选丛繁，劳于检阅，故能通者少，难遇劲敌。打马简要，而苦无文采。按打马世有两种：一种一将十马者，谓之关西马；一种无将二十马者，谓之依经马。流行既久，各有图经凡例可考。行移赏罚，互有同异。又宣和间，人取两种马，参杂加减，大约交加彻幸，古意尽矣，所谓宣和马者是也。予独爱依经马，因取其赏罚互度，每事做数语，随事附见，使儿辈图之。不独施之博徒，实足贻诸好事，使千万世后，知命辞打马，始自易安居士是也。

绍兴四年十一月二十四日，易安室序。

（《打马图经序》）

"更长烛明，奈此良夜乎？"这个疑问句，更似一声感叹。她感叹避居金华山城，夜晚总是那么漫长，时间多得像满手的牌一样总也走不完。最好的消遣也只有"博弈之事"了，本来，游戏的发明都是为了打发时间。

序文里，她以一种博物学的方式将她所知的博弈游戏一一罗列：长行、叶子、博塞、弹棋，打揭、大小、猪窝、族鬼、胡画、数仓、睹快、藏酒、摴蒲、双蹙融、选仙、加减、插关火、大小象戏、弈棋、采选，林林总总，不下二十种。在此略作考释：

"长行"，又名双陆、握槊。此种游戏，系从天竺流入中原。明曹安《谰言长语》："双陆盘中，彼此内外，各有陆梁，故名双陆。双陆最近古，号为雅戏，始于西竺，流于曹魏，盛于梁陈、魏齐、隋唐间。"其玩法，据张淏写于宋宁宗嘉定五年（1212）的《云谷杂记》引《双陆谱》："双陆局率以六为限，其法：左右皆十二路，号曰梁。白黑各十五马。用骰子二，各以其采行。白马自右归左，黑马自左归右。以前六梁为门，后六梁为宫。马归梁，谓之入宫。"唐时博戏，长行最盛。

叶子之戏，起于中唐，欧阳修《归田录》载："叶子格者，自唐中世以后有之，说者云，因人有姓叶号叶子青者，摆此格，因以为名。"唐世士人宴聚，盛行叶子格，五代后渐废不传。

"博塞"，又名"格五"。《庄子集释》云："投琼曰博，不投琼曰塞。"此游戏创于春秋战国，唐时盛行，杜甫《今夕行》有句："咸阳客舍一事无，相与博塞为欢娱。"

"弹棋"，或说创始于西汉，为宫中游戏，至王莽倡乱，西京倾覆，由宫人带出世间，东汉魏文帝时盛行。沈括《梦溪笔谈》曾记述发现唐代弹棋之局："弹棋，今人罕为之，有谱一卷，盖唐人所为。其局方二尺，中心高如覆盂，其巅如小壶，四角微隆起，今大名开先寺佛殿上有一石局，亦唐时物也。"

"打揭"，起于何时，盛于何时，皆不可考，北宋时尚有打揭之戏，黄庭坚鼓笛令，戏咏打揭："酒阑命友闲为戏，打揭儿，非常惬意。各自输赢只赌是，赏罚采，分明须记。小五出车无事，欲跋翻和九底。若要十一花下死，那管十三，不如十二。"

"猪窝"，又名"除红"，据说为南宋时一个叫朱河的人所创，讹传为猪窝。明李日华《紫桃轩杂缀》卷四："骰色，朱窝，本名除四，以除云四红而算点也，乃南宋宰相朱河所造，俗讹称为朱窝耳。"参加游戏者人数不限，少则两三人，多则六七人，亦可作酒席上的一种酒令。因玩法简单，比拼的是各人的手气，故李清照有些看不起，认为它"鄙俚不经见"。

"大小""族鬼""胡画""数仓""睹快"，均不详。

"藏酒"，可能是藏驱之戏，一作"藏钩"。相传汉昭帝母钩弋夫人少时手拳，入宫，汉武帝展其手，得一钩，后人乃作藏钩之戏。游戏方法，分为两队，猜测藏钩之人，以较胜负。

"摴蒲"之戏，起于汉，盛于晋。这款游戏用枰、栖、矢、马等物弹掷，以较胜负，得采有卢、雉、犊、白等称，视掷出的骰色而定。东汉马融有《摴蒲赋》。《晋书·后妃传上·胡贵嫔》："帝尝与之摴蒲，争矢，遂伤上指。""摴蒲"之戏至唐宋仍流传不绝，南宋江西诗派诗人刘克庄《菩萨蛮》词："小鬟解事高烧烛，群花围绕摴蒲局。"

"双蹙融"，又作"蹙戏"。唐段成式《酉阳杂俎》："小戏中于弈局一枰，各布五子，角迟速，名蹙融，余因读座右方，谓之蹙戏。"唐李匡义《资暇集》卷中："今有弈局，取一道，人行五棋，谓之蹙融。融宜作戎，此戏生于黄帝蹙鞠，意在军戎也。"

"选仙"，与选官图相似，此款游戏在宋朝也很盛行。李清照外祖父王珪曾有宫词叙述选仙游戏情形："尽日闲窗赌选仙，小娃争觅倒盆钱。上筹争占蓬莱岛，一掷乘鸾出洞天。"

"加减""插关火"，不详。"采选"，又称骰子选、选官图，创始于唐朝李郃，盛行于宋。宋徐度《却扫编》："彩选格起唐李郃，本朝踵之者，有赵明远、尹师鲁。元丰官制行，有宋保国，皆取一时官制为之。至刘贡父，独因其法取西汉，官职升黜次第为之。又取传所以升黜之语注其下，局终遂可类次其语为一传，博戏中为最雅驯。"

这些游戏项目最早的创始于传说中的黄帝时期，也有的起于汉唐，至宋，有继续盛行的，也有徒有名目的。它们出现在这份游戏清单中，显见得她对弈事来历和各家玩法都十分精通，堪称玩家。她也说自己性喜博事，一玩起来就会废寝忘食，南渡以来流离迁徙，尽散博具，不大玩了，也未尝一日忘之。而这些游戏之所以吸引她热切地投身其中，也只是因为她少女时代就有的争强好胜，"夫博者无他，争先术耳"。还有就是她发现了游戏世界的奇妙："慧则通，通则无所不达；专则精，精则无所不妙。"

但这些游戏在她眼里都是有缺陷的。要么"鄙俚不经见""近渐废绝"，要么设计得不够巧妙，"无所施人智巧"，而大小象戏、弈棋"又惟可容二人"，采选过于繁难，几乎找不到玩伴，只有打马，还差堪一玩。我们猜想，这些话她在教邻家的女孩儿们玩打马的时候肯定说过，以显示她是个中老手。她在言及"宣和马"时可能更有一番深意，"大约交加侥幸，古意尽矣，所谓宣和马者是也"，这个依赖运气侥幸取胜的马让人联想到昏聩与黑暗的徽宗朝，玩物丧志的徽宗只靠着"侥幸"治理国家，终落得个做了异族人俘虏的悲惨结局。

岁令云徂，卢或可呼。千金一掷，百万十都。樽俎具陈，已行揖让之礼；主宾既醉，不有博弈者乎！打马爰兴，摴蒲遂废：实博弈之上流，乃闺房之雅戏。齐驱骥绿，疑穆王万里之行；间列玄黄，类杨氏五家之队。珊珊佩响，方惊玉镫之敲；落落星罗，忽见连钱之碎。若乃吴江枫落，燕山叶飞；玉门关闭，沙苑草肥。临波不渡，似惜障泥。或出入用奇，有类昆阳之战；或优游仗义，正如涿鹿之师。或闻望久高，脱复庾郎之失；或名声素昧，便同痴叔之奇。亦有缓缓而归，昂昂而去。鸟道惊驰，蚁封安步。崎岖峻坂，未遇王良；局促盐车，难逢造父。且夫丘陵云远，白云在天。心无恋豆，志在著鞭。止蹄黄叶，何异金钱。用五十六采之间，行九十一路之内。明以赏罚，核其殿最。运指挥于方寸之中，决胜负于几微之外。且好胜者，人之常情；游艺者，士之末技。说梅止渴，稍苏奔竞之心；画饼充饥，少谢腾骧之志。将图实效，故临难而不回；欲报厚恩，故知机而先退。或衔枚缓进，已逾关塞之艰；或贾勇争先，莫悟阱堑之坠。皆由不知止足，自贻尤悔。况乃为之贤已，事实见于正经，用之以诚，义必合于天德。故绕床大叫，五木皆卢；沥酒一呼，六子尽赤。平生不负，遂成剑阁之勋；别墅未输，已破淮淝之贼。今日岂无元子，明时不乏安石，又何必陶长沙博局之投，正当师袁彦道布帽之掷也。

辞曰：佛狸定见卯年死，贵贱纷纷尚流徙。满眼骅骝及骎骍，时危安得真致此！木兰横戈好女子，老矣不复志千里，但愿相将过淮水。

（《打马赋》）

世事如棋局，棋战如实战，《打马赋》正是一篇用华丽的词藻包装着的纸上谈兵术。它起于与稚子的游戏，沉浸其中，却也触动了心事。"若乃吴江枫落，燕山叶飞；玉门关闭，沙苑草肥。临波不渡，似惜障泥"，说的是棋子受阻，满局凄凉，又何尝不是当下朝廷的写照。

而博弈过程中棋起棋落，又似行军列阵的千变万化。齐驱"骥绿"，间列"玄黄"，再传来"珊珊"玉佩鸣动，如马镫叮当作响，棋子的星罗密布，又如五花马连钱旋毛。再有用兵之奇，就好比刘秀打败王莽百万大军的昆阳之战，而正义的军队，就像黄帝讨伐蚩尤的涿鹿之师，总能师出有名。

"马"在无路可走时，可缓缓收兵，徐图再战，待到时机有利，就应"昂昂而去"，快速进兵，即便鸟道惊险，也要飞驰而过，履险如夷，有时遇到危险，就要像蚂蚁一样封住穴口。要是一场仗打下来，没有遇到春秋时的王良、给周穆公驾车的造父这样的驾驭高手，那就没有棋逢对手的快感。

> 亦有缓缓而归，昂昂而去。鸟道惊驰，蚁封安步。崎岖峻坂，未遇王良；局促盐车，难逢造父。

至于作战时丘陵起伏、天高地远，各种地理和气候的变化，更是一个指挥者应该了然于胸的。各种分合错综，也要合"五十六采之间""九十一路之内"之变化。军伍之中，更须赏罚分明，考核优劣。如此，方能"运指挥于方寸之中，决胜负于几微之外"，成为一个真正的善弈者，就像谢安那样，前秦苻坚大兵压境时他还镇定自若地与侄子谢玄下围棋赌别墅，别墅未输，就已经击败了淮淝的贼兵。

"好胜者人之常情"，她说。弈者取胜，在战术、在谋术，而不是靠运气。只顾眼前利益，临难而不回，本已看准了机会，可以将对方一军，却为了报让子之恩，率先退让；进击时本应衔枚不语，迂回接近，等叠成十马，再顺利冲关，自恃勇气有余，一味争先恐后，一旦踏入对方设置的壕沟和陷阱，那就后悔也都来不及了！

> 将图实效，故临难而不回；欲报厚恩，故知机而先退。或
> 衔枚缓进，已逾关塞之艰；或贾勇争先，莫悟阱堑之坠。皆由
> 不知止足，自贻尤悔。

这段话非常精彩，明说打马，实是寓妙理于游戏，另具神通。①借弈棋说房情，向当局陈说韬略，指点迷津，申述其收复中原之宏愿。然后她说，比起恢复大业来，打马弈棋毕竟是"小技"，就像说梅止渴、画饼充饥，只是使她的"奔竞之心""腾骧之志"稍有慰藉而已。她当然不是一味沉浸其中了，而是想借此唤起国人的复国之志。

> 且好胜者，人之常情；游艺者，士之末技。说梅止渴，稍
> 苏奔竞之心；画饼充饥，少谢腾骧之志。

她对历史的戏谑精神又忍不住冒了出来。接下来，她把历史典故中的人物刘毅、桓温、谢安、刘信一一调排于指间，引经据典说，孔夫子在《论语》上都说了，弈棋总要好过饱食终日、无所事事，博弈中，只要用心专诚，就一定会符合天意。五代时刘信对人无二心，故能一掷六子尽赤，东晋桓温平生不入负局，故能取得伐蜀剑阁之战的大捷，谢安棋艺不如其侄谢玄，镇定出战，也没有输掉别墅。如今的朝中难道再也没有桓温、谢安这样的大将之才了吗？又何必像陶长沙（陶侃，晋封长

---

① 《古今女史》卷一引，赵如源评《打马赋》："文人三昧，虽游戏亦具大神通。"

沙郡公）那样，让部下把酒器和博具都投到江中不许饮酒博弈呢？我认为在此国难当头之际，不应罢兵休战，正应效法晋人袁彦道，[①]不计生死，勇敢出征，得胜时脱帽掷之，也不失一段快意人生。

况乃为之贤已，事实见于正经，用之以诚，义必合于天德。故绕床大叫，五木皆卢；沥酒一呼，六子尽赤。平生不负，遂成剑阁之勋；别墅未输，已破淮淝之贼。今日岂无元子，明时不乏安石，又何必陶长沙博局之投，正当师袁彦道布帽之掷也。

这哪里还有半分"闺房雅戏"的样子，分明是一篇申述从军之志的"木兰辞"。所谓曲终奏雅，她以一首诗结束了这篇赋体奇文：

佛狸定见卯年死，
贵贱纷纷尚流徙。
满眼骅骝杂骆骈，
时危安得真致此！
木兰横戈好女子，
老矣不复志千里，
但愿相将过淮水。

"佛狸"，是北魏太武帝拓跋焘的小名，此处借指金太宗。当年，拓跋焘任用汉人崔浩攻打刘宋，正与金主利用刘豫合犯赵宋有一比。"佛狸"最终为宦官所杀，"佛狸定见卯年死"引自一首南朝刘宋时的童谣，"虏马饮江水，佛狸卯年死"[②]，它预言了拓跋焘于公元四五一年的突然

---

① 《世说新语·任诞》："桓温博戏大输，求救于袁耽，时耽正居丧。十万一掷，直上百万数，投马绝叫，傍若无人，探布帽掷对人曰：'汝竟识袁彦道不？'"
② 《宋书》卷七四，《臧质传》。

去世，李清照这时候许是已经听说了金太宗病危的消息，才会发出这样的诅咒，去预言这个金主同样不会有好下场。

"时危安得真致此"，系来自杜甫《题壁上韦偃画马歌》中的一个成句，"时危安得真致此，与人同生变同死"。此两句是说，时下的棋局上虽然不乏"骅骝""骉骊"这样的神骏，[①] 但因为没有造父这样的善御者，才使得时局变得如此危难，国中人民不分贵贱都在到处逃窜。诗的最后说，我老了，再也没有了当年曹阿瞒那样的千里之志，只希望有朝一日能够渡过淮河，回到自己家里去。

她说"但愿相将过淮水"时，一定想起了建炎二年（1128）死去的抵抗派将领宗泽临终前呼喊的三声"过河"。那是乱离中的人民最平常、也是最沉痛的喊声。但这样的忠诤之声，因违忤上意，怕也是要视作政治不正确的吧，后人读来，也只有"遗恨"和"惭愧"了："可怜淮水终难渡，遗恨还同说过河"，"庙堂只有和戎策，惭愧深闺《打马图》"。[②]

《打马图经命辞》是十三则关于打马规则的文字说明，主题都是围绕奋勇争战、忠心王事、克服艰险等，虽是游戏规则，其间所隐含的军事和政治指涉，也都指向与北方金国对峙的南宋王朝。

《命辞》有一则讲的是秦相百里奚之子、秦国将军孟明视，在与晋军的战役中有五败之耻，却仍得到秦穆公的信赖，最终率秦军击败了晋军。她用"塞翁失马"的典故来说明战争中的祸福相倚，"成败有时，夫复何恨"：

> 众寡不敌，其谁可当；成败有时，夫复何恨。若往而旋返，有同虞国之留；或去亦无伤，有类塞翁之失。欲刷孟明五败之耻，好求曹刿一旦之功。其勉后图，我不弃汝。
>
> （《"打马例"（论之一）》）

---

① "骅骝""骉骊"：皆周穆王的骏马名。
② 〔清〕李汉章：《题李易安〈打马图〉并跋》，《黄檗山人诗集》。

她对弈局中的"落堑"、即暂时的困局格外关注。马"落堑"时，被敌方围困暂时失去了战力，但只要采取合适的战术，获得了特定的点数，就能解开困局，像刘玄德的的卢马在危急关头纵身跃过檀溪一样。

> 凛凛临危，正欲腾骧而去；骎骎遇伏，忽惊阱堑之投。项羽之骓，方悲不逝；玄德之骑，已出如飞。既胜以奇，当旌其异，请同凡例，亦倒全盆。
>
> （《"落堑例"论》）

警告玩家局势危急时切不可恋战，一定要收缩战线，徐图再战：

> 赵帜皆张，楚歌尽起。取功定霸，一举而成。方西邻责言，岂可蚁封共处；既南风不竞，固难金埒同居。便请回鞭，不须恋厩。
>
> （《"打马例"（论之二）》）

即便战局暂时失利，所有的马都被对方击败下场，无法纵情驰骋，也一定要苦苦熬过，卷土重来，以竟他日之功，"更待明年之春草"：

> 亏于一篑，败此垂成。久伏盐车，方登峻坂；岂期一蹶，遂失长涂。恨群马之皆空，忿前功之尽弃。素蒙剪拂，不弃驽驹；愿守门阑，再从驱策。溯风骧首，已伤今日之障泥；恋主衔恩，更待明年之春草。
>
> （《"打马例"（论之三）》）

六、载愁

金天会十三年，按宋律是绍兴五年（1135），正月，金太宗完颜晟的突然驾崩，使得一度紧张的宋金形势稍稍得以缓和。这一年稍晚，还有一个消息让南宋军民如丧考妣，却是高宗和他的拥护者们心中窃喜的：经过长时间的折磨后，徽宗在遥远北方的五国城去世了。

二月壬午，高宗御舟回临安府行宫，留守孟庾率京官小使臣以上迎于五里外。军务繁忙近四个月，放松下来的高宗赐百官休沐三日。宋军在淮河以北收复部分失地，但也不过为朝廷日后的和议加了一份筹码。高宗御笔亲赐自池州入朝的清远军节度使、神武后军统制、充湖北路荆、襄、潭州制置使岳飞，赐银帛两千两，其母姚氏封福国太夫人，一时朝野都以为北复中原有望，但其实皇帝"屈己议和"的主旨还是没有变。与此同时，临安城里出去避难的人家也纷纷回转了。

四月，李擢离任婺州知府，由周纲继任。直到这个时候，李清照还住在金华。我们从《宋会要辑稿》中发现了这么一条记载："绍兴五年五月三日诏令婺州取索故直龙图阁赵明诚家藏哲宗皇帝实录缴进。"[①] 李心传的《建炎以来朝野杂记》甲集卷四亦载此事云，绍兴五年五月，得蔡京所修《哲宗实录》于故相赵挺之家。

建中靖国元年，当时还是礼部侍郎兼侍读的赵挺之领头修撰《哲宗实录》，此书后又由蔡京领修，前录一百卷，后录九十四卷，完稿后雕刻行世，赵挺之家藏有一套。此后，从屏居青州到南渡，再到建炎三年（1129）秋天离开建康后一路南逃，这套近二百卷的皇皇巨书都是李清照保藏，护若头目。经历了洪州的兵火和绍兴、剡溪道中的偷盗，还完好无损。自靖康以来，经历了金兵的一次次焚掠，再加当时的朝廷山海

---

① 《宋会要辑稿》，崇儒四。

窜逃，无暇他顾，历朝的典章制度和文物图籍已大受损坏，百不存一。隆祐太后在世之日，就多次建议高宗重修北宋历代皇帝实录。三年前，朝廷接受秘书少监洪炎的建议派人分赴福州、泉州、严州，就是为了从民间访求书籍，尤其是故旧大臣家保存的皇帝实录的已刊刻本。

前番赴泉州的官差扑了空，朝廷再派人四处打探，这才有了五月三日的诏令，令婺州府来找李清照，向史馆"缴进"赵家所藏《哲宗实录》。此书乃赵家旧物，明诚在世日常常翻阅，她又一路辗转护持，自是不忍与之分离，顾念朝廷出此诏令，也是为了重建国家的典章文物，俾使馆臣在征修订补时能有所依凭，她也只得依从了。

绍兴五年（1135）有闰二月，这年的春天显得格外长。或许是这座古老小城的宁静，和城中人民的热情和善良，使她发乎内心地喜欢上了这里，即便是在能够给她照应的李擢离任后，她还一个人留在这里。迟至这年暮春，她还在金华。金华地处浙省中部，东邻义乌，西界龙游，相传是汉赤松子得道之处，邑内北部多山，南部多水，邑城东南有双溪，有两水，即发源于东阳县大盆山的东港与从缙云黄碧山流来的南港在此交汇，洵为婺州美景之最著者，李清照慕其名，或许也曾到游，并泛舟溪上。

她出游的时间当在春夏之交，其时雨季结束了，枝头的花都已落尽，只有沾花的尘土在阳光的炙烤下散发着微微的香气。"也拟泛轻舟"，她这么说的时候，肯定想起了少女时代的章丘老家，她和女友们在溪亭划舟，沉醉忘归，误入藕花深处。双溪的暮春风景，比章丘的溪亭还要好，可是经过了那么多事，故土沦陷、丈夫半道撒手、金石文物尽失，现在自己又在兵荒马乱中飘如孤蓬，她的心情已经再也回不到少女时了。溪上游玩的男女，驾着精丽异常的舴艋舟[①]，笑语喧喧，往来如梭，可是她的愁那么重，忧端如山来，重得像杜诗里说的一座座小山，

---

① 舴艋舟：形如蚱蜢的小舟。《广雅·释水》："舴艋，舟也。"船篷由竹竿、竹篾和箬叶编织而成，呈弧状，外表轻逸精丽。

这船儿怕也载不动了。

> 风住尘香花已尽，日晚倦梳头。物是人非事事休，欲语泪
> 先流。
> 闻说双溪春尚好，也拟泛轻舟。只恐双溪舴艋舟，载不动
> 许多愁。

（《武陵春·风住尘香花已尽》）

结束婺州之行的是八咏楼的一次登临。中古文人士大夫登高望远，兼作思想的功课，多是秋高气爽时。这首题诗视野辽阔、气象宏大，她当是在秋日里的某一天登上此楼。

八咏楼坐落于婺江北岸高地的古子城，高可数丈，登楼可见南山如屏，双溪来奔，婺江水滔滔西流。此楼乃由做过东阳郡太守的南齐大诗人沈约所建，最初取名玄畅楼，因沈约写过八首诗咏其景，又名八咏楼。沈约，吴兴武康人，元嘉十八年（441）生人，出任宁朔将军、东阳郡守，是隆昌元年（494）的事。

> 千古风流八咏楼，江山留与后人愁。
> 水通南国三千里，气压江城十四州。

（《题八咏楼》）

在这里，观看者的眼睛似乎穿透了山冈、树木、烟岚，穿透了这可视的一切，她像一个将军一样，看到了扼闽赣、控括苍的山川形势之胜，看到了婺州的八个县和两浙路的十四州①，更看到了三千里外的整个南方中国。

---

① 十四州：宋两浙路，辖二府十二州，平江、镇江二府，杭、越、湖、婺、明、常、温、台、处、衢、严、秀十二州，泛称十四州。见《宋史·地理志》。

诗的后两句，有对婺州兰溪人、晚唐诗僧贯休《献钱尚父》诗"满堂花醉三千客，一剑霜寒十四州"的化用，气局尤又胜之。江山半壁人离乱，宋室又如此不振，一股黍离之悲充斥在她的胸肺间。一句"江山留与后人愁"，多少的不愿、不甘。

七、表进

绍兴五年（1135）秋冬时节，李清照自婺州回到临安。[①]现在，她终于坐了下来，通过写作进入回忆，通过回忆向死去的人偿还债务。赵明诚死去已经六年，这六年她苟活于世，疲于奔命，想要完成丈夫当年交与的一个遗愿。却没想到生逢乱世事事违，古器书帖一路飘零，想要投进也找不到门。她没能守住南来的十五大车文物，她是有愧于他的，这笔债此生怕也难偿还了。现在，趁着时局安宁了些，皇帝已御驾回銮，她也从婺州回到了临安，有一件事她必须着手去做了。

---

① 关于《金石录》后序》的写作时间，李清照自题为"绍兴二年玄黓岁壮月甲寅朔易安室题"，绍兴二年为1132年。玄黓，《尔雅·释天》："太岁在壬曰玄黓。"绍兴二年适为壬子年。壮月：八月。《尔雅·月阳》："八月为壮。"朔，农历每月初一为朔。甲寅，即八月朔日的干支名。据李心传《建炎以来系年要录》，绍兴二年八月一日应为戊子朔，署为甲寅朔，可知非易安原文，其为后人窜改。且绍兴二年九月戊子朔，李清照讼张汝舟增举入官，相去一月，自无可能一边"笔削"《金石录》并作《后序》，一边还要应付诉讼。另有一说是作于绍兴四年（1134），出自出生于宣和五年（1123）的宋人洪迈。洪迈自称见过《金石录》后序》的原稿。事见洪迈编著的《容斋四笔》的"赵德甫金石录"条："赵（明诚）殁后，（易安）愍旧物之不存，乃作《后序》，极道遭离本末。今龙舒郡刻其书，而此序不见取，此获见原稿于王顺伯，因为撮述大要……时绍兴四年也，易安年五十二矣。自序如此，余读而悲之，为识于是书。"此说比绍兴二年可信度高。但按照《后序》历记遭遇，始于初婚，止于作序时，所云三十四年间忧患得失，那么李清照写作此文应该在绍兴五年（1135）。黄盛璋认为："据《后序》以推，则建中辛巳初婚时年十有八，作《后序》之年为绍兴五年，年五十二，而《后序》所述之忧患得失，亦即在此三十四年中。即此一节，已可成为不易之论。"黄盛璋：《李清照〈金石录后序〉作年考辨——兼辨生年、嫁年、卒年》，载《东方杂志》四十四卷第十二号，1948年。

可能是前晌在婺州缴进实录给她的启发，她决定把亡夫的《金石录》表上于朝。这部书是丈夫在世时唯一看重的一项事业，也凝聚着他们婚后一路走来的欢乐和心血，书稿她一直带在身边。她今年已经五十有二，古人说行年五十而知前非，这乱世里，焉知不会再来一次仓皇出逃。做完了这件事，她也才算对亡夫有个彻底交代。

在这之前，她已听说过，她和夫君名下的一些艺术藏品已陆续出现在皇家内库的收藏清单上。比如说那幅文及甫和大书家米芾拜观过的蔡襄《进谢御赐诗卷》，绍兴三年（1133）秋天，赵明诚的表兄谢克家就曾在法慧寺亲眼见过。那里原先是一个祈雨之所，现在是秘书省的所在地，是皇室专门用来存放精美的艺术品和礼器的地方。当年谢克家曾帮助她阻止御医王继先垂涎赵家古器，他在秘书省看到赵家文物流进内库，也不知是何心情了。①

她不知道这些古器字画是怎么流进内库去的，是她寄存在某地忘记取回的？是小偷转手的？还是朝廷向某个掮客出钱买的？她清楚地记得，这幅蔡襄的字，是她从衢州归来后不久借居在越州的钟姓人家，被人凿壁偷去的五簏书画中的一件。她已经再也不能承受一再失去它们的痛苦了，既然这最后几件东西自己都不能保有，那就索性都给与帝家了吧。另外她还有个祈望，朝廷收到她表进的这部书稿，不会再去理会那些无根的传言，而她的夫君之名，则能随着这部书的刊印永存于世。

她现在会越来越经常地想到他了。想起刚结婚时，每月朔望，他们典当了衣物一起去逛大相国寺的古玩摊，又一起买了碑文和果实回家。还想到青州的归来堂，生香熏袖，活火分茶，她看着他赌书时一脸窘迫的模样，大笑着把一口茶都泼在衣襟上。这穿了多年的罗衣，用青绿丝线绣成的袖口处的莲蓬已经变小，用金线缝成的莲叶也稀疏了，天上银河星转斗移，枕席又生凉意，脱衣上床时，才发觉夜又如此深了。

---

① 谢克家题跋"蔡襄《进谢御赐诗卷》"："姨弟赵德夫昔年屡以招视。今下世未几，已不能保有之，览之凄然。汝南谢克家，癸丑九月十一日临安法慧寺。"《式古堂书画汇考》，卷十。

词牌《南歌子》，亦作断肠声。天气一如旧时，衣裳一如旧时，只有人的心情再也回不去了。

天上星河转，人间帘幕垂。凉生枕簟泪痕滋。起解罗衣聊问、夜何其。

翠贴莲蓬小，金销藕叶稀。旧时天气旧时衣。只有情怀不似、旧家时。

（《南歌子·天上星河转》）

而更重要的是，她要通过表进这部书，重新获得士大夫圈子特别是赵氏宗亲的认可和接纳，她要通过写作重新找回尊严。曾经，这个圈子给了她无上的褒扬，"才女"之名鼓起了她与当代最好的文章作手一较长短的雄心。绍兴二年（1132）的这次变故，她把他们伤害得不轻，事后那芒刺在背的羞耻感，也把她自己折磨得够呛。那数不清的流言蜚语，别有用心的冷嘲热讽，她已经受够了。她都以为自己难逃万世之讥，再也不敢见他们了。或许也只有写作，能帮助她解开这个心结，让她自己也获得心理上的认同，证明她仍然是亡夫赵明诚的"命妇"，而不是张汝舟的什么继室。她老了，生活没有进账，又不能一直靠着弟弟一家，而一旦确认了命妇身份，朝廷那里还可以领到一份月例钱，数目不多，但足以保证她在这乱世年景里活下去。

为了写好这篇心里整整盘桓了六年的文章，她又通读了全部书稿，对字句重新作了调整和修饰。她越来越意识到，随着时日推移，丈夫的这部金石学研究著作，必将功垂久远。所以《后序》一开篇，她要明确告诉世人，这到底是一部什么书。

右《金石录》三十卷者何？赵侯德父所著书也。

（《〈金石录〉后序》）

她以一种迫不及待的夸耀的语气说，这是一部了不起的书，上自夏、商、周三代，下迄不远的后梁、后唐、后晋、后汉、后周，凡是铸在钟、鼎、甗、鬲、盘、彝、尊、敦这些古器上的铭记，刻在古碑上的人物事迹，这两千卷里全部包罗无遗了，而且都经过了细心的汰选和品评，书里所有的内容全都合乎圣人的道德标准，足可以帮助史官修订失误。

但突然出现了一个疑惑的声音。"呜呼！"她说。她慨叹的是历史上因收藏遭祸的四个人物：唐时的王播、元载，晋朝的和峤、杜预。

> 呜呼！自王播、元载之祸，书画与胡椒无异；长舆、元凯
> 之病，钱癖与《传》癖何殊？名虽不同，其惑一也。
>
> （《〈金石录〉后序》）

王播，或疑唐文宗时宰相王涯，系误记。其人为政苛急，曾与李训谋诛宦官，事泄被杀，家产被抄没，《新唐书·王涯传》说他"家书多，与秘府侔"，特多前世名书画，抄家时，秘藏历代名贵书画的家中复壁被人打开，饰有金玉的匣轴被抢走，而弃其书画于道路间。[①]

元载，唐代宗时官至同中书门下平章事（宰相），因罪赐死，抄家时仅胡椒就有八百石，钟乳五百两，余物更不可尽数。和峤字长舆，晋武帝时官至中书令，家财丰足，然性极吝啬，被称为有"钱癖"。元凯是杜预的字，西晋灭吴的大将，著有《春秋左氏经传集解》，自称有"《左传》癖"。

王涯爱书，元载爱钟乳、胡椒，和峤有钱癖，杜预有《左传》癖，虽所爱不同，"其惑一也"。这四人的遭遇，在在告诉她，珍贵的书画和

---

① 《新唐书·王涯传》："（涯）性啬俭，不畜妓妾，恶卜祝及它方伎。别墅有佳木流泉，居常书史自怡，使客贺若夷鼓琴娱宾。……财贮钜万，取之弥日不尽。家书多，与秘府侔，前世书画，尝以厚货钩致，或私以官，凿垣纳之，重复秘固，若不可窥者。至是为人破垣剔取椟轴金玉，而弃其书画于道。籍田宅入于官。"

胡椒，都是惹来杀身之祸的元凶，而四人所患的"病"，爱书也罢，贪财贪物也罢，其实也不过病在对身外之物的痴迷。而自己夫妇爱金石碑帖，入迷成癖，不也和这四人一样？

难道痴迷是一种罪？她起意写《后序》，是想让皇家和后世读者知晓他们收集金石和从事这项研究的不易，是以，她抑止住了这份怀疑，转入到了夫妻结缡以来他们收集、保存、转运和丢失这些古物的历史的叙述。其间有纯真的欢乐，有相濡以沫的甘辛，也有目睹器物一件件散失的痛心。尤其是靖康以来的一路逃亡，从青州到建康，再从洪州、越州、明州、温州，到最后硕果仅存的几件书画流入临安皇家内库，陨落和散失，几乎成了这些物无可逃遁的归宿。

在讲述这些故事的时候，她的笔墨长久地流连在了他们的婚姻生活上，讲他们如何结识、在青州乡间如何共校一书、南来时为选书怎样地迟疑不决、池阳舟中告别时他如何谆谆嘱托，直至守暑夹缠中的他在建康撒手而去，这时她发现，他们夫妻的运命，已经与这些物紧紧纠缠在了一起。而在极言夫妻恩爱的时候，一股细弱的怨绪也几度要冲到笔端流泻出来：他实在是太顶真了，几乎把自己整个儿都投入其中，到最后，不仅他自己，连带着她的余生，也成为这些物的牺牲。

这里她没有说自己守寡后日子的艰辛，对遭受恶人之骗更嫁和讼离一事更是不著一字，她明智地把叙述终止在绍兴元年（1131）借居越州钟姓人家时最后的一次失窃上，把不利于身份认同的经历在这份档案中抹掉。她要向他们证明，她依然是钟情于明诚的妻子。即便回忆中时有怨念，也因念着夫君在世之日诸般的好，笔墨间只是一闪而过。"今日忽阅此书，如见故人"，书上他的手迹还像新写上去的一样，可是墓前的树木已能两手合抱了。她这么说的时候，心底里涌起的只有无尽的惆怅和哀伤，为着人与物兜兜转转终不免分离的宿命，也为夫君痴迷于身外之物的执念。何其愚耶！何其愚耶！她是说自己，也是埋怨地底下的赵明诚。

物比人长久，即便再丰厚的收藏，终也避免不了散失的命运。自落笔之初，她一直小心翼翼地维护着妇随夫唱的贤惠妻子的形象，但她也不惮于把怀疑大声说出来，她要告诫后世以收藏为性命的"博雅"君子们，有有必有无，有聚必有散，有人丢了弓，总有人得到弓，又何必计较呢？人不能成为物的奴隶，心为形役，尘世马牛，爱而不舍，反受其累。

　　右《金石录》三十卷者何？赵侯德父所著书也。取上自三代，下迄五季，钟、鼎、甗、鬲、盘、匜、尊、敦之款识，丰碑大碣、显人晦士之事迹，凡见于金石刻者二千卷，皆是正讹谬，去取褒贬，上足以合圣人之道，下足以订史氏之失者皆载之，可谓多矣。呜呼！自王播、元载之祸，书画与胡椒无异；长舆、元凯之病，钱癖与《传》癖何殊？名虽不同，其惑一也。

　　余建中辛巳，始归赵氏。时先君作礼部员外郎，丞相作吏部侍郎，侯年二十一，在太学作学生。赵、李族寒，素贫俭，每朔望谒告出，质衣取半千钱，步入相国寺，市碑文果实归，相对展玩咀嚼，自谓葛天氏之民也。后二年，出仕宦，便有饭蔬衣练，穷遐方绝域，尽天下古文奇字之志。日就月将，渐益堆积。丞相居政府，亲旧或在馆阁，多有亡诗、逸史、鲁壁、汲冢所未见之书，遂尽力传写，浸觉有味，不能自已。后或见古今名人书画，一代奇器，亦复脱衣市易。尝记崇宁间，有人持徐熙《牡丹图》求钱二十万。当时虽贵家子弟，求二十万钱岂易得耶？留信宿，计无所出而还之。夫妇相向惋怅者数日。

　　后屏居乡里十年，仰取俯拾，衣食有余。连守两郡，竭其俸入以事铅椠。每获一书，即同共勘校，整集签题。得书画彝鼎，亦摩玩舒卷，指摘疵病，夜尽一烛为率。故能纸札精致，字画完整，冠诸收书家。余性偶强记，每饭罢，坐归来堂烹茶，指堆积书史，言某事在某书某卷第几叶第几行，以中否角胜负，为饮茶先后。中即举杯大笑，至茶倾覆怀中，反不得饮而起。甘心老是乡矣！故虽处忧患困穷，而志不屈。

收书既成，归来堂起书库大橱，簿甲乙，置书册。如要讲读，即请钥上簿，关出卷帙。或少损污，必惩责揩完涂改，不复向时之坦夷也。是欲求适意而反取憀栗。余性不耐，始谋食去重肉，衣去重采，首无明珠翡翠之饰，室无涂金刺绣之具，遇书史百家字不刓阙、本不讹谬者，辄市之，储作副本。自来家传《周易》《左氏传》，故两家者流，文字最备。于是几案罗列，枕席枕藉，意会心谋，目往神授，乐在声色狗马之上。

至靖康丙午岁，侯守淄川。闻金人犯京师，四顾茫然，盈箱溢箧，且恋恋，且怅怅，知其必不为己物矣。建炎丁未春三月，奔太夫人丧南来。既长物不能尽载，乃先去书之重大印本者，又去画之多幅者，又去古器之无款识者，后又去书之监本者，画之平常者，器之重大者。凡屡减去，尚载书十五车。至东海，连舻渡淮，又渡江，至建康。青州故第，尚锁书册什物，用屋十余间，期明年春再具舟载之。十二月，金人陷青州，凡所谓十余屋者，已皆为煨烬矣。

建炎戊申秋九月，侯起复，知建康府。己酉春三月罢，具舟上芜湖，入姑孰，将卜居赣水上。夏五月，至池阳，被旨知湖州，过阙上殿。遂驻家池阳，独赴召。六月十三日，始负担舍舟，坐岸上，葛衣岸巾，精神如虎，目光烂烂射人，望舟中告别。余意甚恶，呼曰："如传闻城中缓急，奈何？"戟手遥应曰："从众。必不得已，先去辎重，次衣被，次书册卷轴，次古器。独所谓宗器者，可自负抱，与身俱存亡，勿忘之！"遂驰马去。途中奔驰，冒大暑，感疾。至行在，病疟。七月末，书报卧病。余惊怛，念侯性素急，奈何病疟？或热，必服寒药，疾可忧。遂解舟下，一日夜行三百里。比至，果大服柴胡、黄芩药，疟且痢，病危在膏肓。余悲泣，仓皇不忍问后事。八月十八日，遂不起，取笔作诗，绝笔而终，殊无分香卖履之意。

葬毕，余无所之。朝廷已分遣六官，又传江当禁渡。时犹有书二万卷，金石刻二千卷，器皿茵褥可待百客，他长物称是。余又大病，仅存喘息，事势日迫，念侯有妹婿任兵部侍郎，从卫在洪州，遂遣二故吏先部送行李往投之。冬十二月，金人陷洪州，遂尽委弃。所谓连舻渡江之书，又散为云烟矣。独余少轻小卷轴、书帖，写本李、杜、韩、柳集，《世说》《盐铁论》，汉、唐石刻副本数十轴，三代鼎鼐十数事，南唐写本书数箧，偶病中把玩，搬在卧内者，岿然独存。

上江既不可往，又虏势叵测。有弟迒，任敕局删定官，遂往依之。到台，台守已遁，之剡。出陆，又弃衣被走黄岩，雇舟入海奔行朝。时驻跸章安，从御舟海道之温，又之越。庚戌十二月，放散百官，遂之衢。绍兴辛亥春三月，复赴越。壬子，又赴杭。先侯疾亟时，有张飞卿学士，携玉壶过视侯，便携去，其实珉也。不知何人传道，遂妄言有颁金之语，或传亦有密论列者。余大惶怖，不敢言，亦不敢遂已，尽将家中所有铜器等物，欲赴外廷投进。到越，已移幸四明。不敢留家中，并写本书寄剡。后官军收叛卒，取去，闻尽入故李将军家。所谓岿然独存者，无虑十去五六矣。惟有书画砚墨可五七箧，更不忍置他所，常在卧榻下，手自开阖。在会稽，卜居土民钟氏舍，忽一夕，穴壁负五箧去。余悲恸不已，重立赏收赎。后二日，邻人钟复皓出十八轴求赏，故知其盗不远矣。万计求之，其余遂牢不可出。今知尽为吴说运使贱价得之。所谓岿然独存者，乃十去其七八。所有一二残零不成部帙书册，三数种平平书帖，犹复爱惜如护头目，何愚也邪！

今日忽阅此书，如见故人。因忆侯在东莱静治堂，装卷初就，芸签缥带，束十卷作一帙。每日晚吏散，辄校勘二卷，跋题一卷。此二千卷，有题跋者五百二卷耳。今手泽如新而墓木已拱，悲夫！

昔萧绎江陵陷没，不惜国亡而毁裂书画；杨广江都倾覆，不悲身死而复取图书。岂人性之所著，死生不能忘之欤？或者天意以余菲薄，不足以享此尤物耶？抑亦死者有知，犹斤斤爱惜，不肯留在人间耶？何得之艰而失之易也？呜呼！余自少陆机作赋之二年，至过蘧瑗知非之两岁，三十四年之间，忧患得失，何其多也！然有有必有无，有聚必有散，乃理之常。人亡弓，人得之，又胡足道！所以区区记其终始者，亦欲为后世好古博雅者之戒云。

绍兴二年玄黓岁壮月朔甲寅，易安室题。

(《〈金石录〉后序》)

《金石录》表上于朝的确切时间，今已不可考。洪适在成书于乾道二年（1166）的《隶释》中说，"绍兴中，其妻易安居士表上于朝"，未载明究系何年。从李清照对书中内容的最后一条补正（《金石录》卷十四"汉巴官铁量铭"）来看，献书的时间应该在绍兴庚午，即绍兴二十年（1150）后了，那时她已经年近七旬了。《四库提要》采洪适、张端义诸说，对这本书这样介绍：

《金石录》三十卷……是书以所藏三代彝器及汉唐以来石刻，仿欧阳修《集古录》例编排成帙。绍兴中，其妻李清照表上于朝。张端义《贵耳集》谓清照亦笔削其间，理或然也。[1]

八、胜赏

高宗年间的外交政策，一直在和战之间迁延不定。最后，高宗选中

---

[1] 《四库全书总目》卷八十六史部目录类二。

了秦桧——这个绍兴年间最大的权臣，授命他达成宋金和议。在当时民族主义情绪高涨的环境下，秦桧这一近乎卖国的行为使他成了历史上最臭名昭著的人物，和妻子王氏一起被钉在了历史的耻辱柱上。

秦桧是政和五年（1115）的进士，中词学兼茂科，任太学学正，至靖康之变发生时，已升到了御史中丞。开封陷落，他和傅叔夜、司马朴等同僚一起随徽、钦二帝押往金国，其间一度担任钦宗的秘书。不久，他因文学上的才华得到了金国皇帝的弟弟完颜昌的欣赏，给了他军中的一个职务。绍兴元年（1130）冬天，秦桧和妻子王氏从河北的金军大帐逃回越州，尽管秦桧的逃归疑点重重，但他与宰相范宗尹、同知枢密院李回交好，在他俩的合力推荐下，秦桧被高宗任命为礼部尚书，一年后，又擢参知政事，再任尚书右仆射、同中书门下平章事兼知枢密院事，出任政府右相。他之所以获此青睐，是因为他是第一个提出和议，踩着了高宗神经上的一个兴奋点。

因为与左相吕颐浩不合，也可能因为上奏之言得罪了皇帝，绍兴二年（1132）八月，就在王伦从北地放归带来金主同意开启和谈之门之际，刚做了一年宰相的秦桧被殿中侍御史黄龟年弹劾，诉他专主和议，植党专权，阻止国家恢复远图。右相职务被朱胜非接任，他被打发就任提举江州太平观这一闲职。① 高宗召兵部侍郎兼直学士院綦崇礼入对，发泄不满道："秦桧说，'南人归南，北人归北'，朕北人，将安归？"但他忘了，最初也是秦桧的这句话让他喜而不寐，视之为"忠朴过人"的"佳士"。

当时的情形是，綦崇礼听了皇帝的满腹牢骚，"请御笔付院"。"帝即索纸笔书付崇礼"，"崇礼退，未至院，而麻制已成"。② 文思敏捷的綦崇礼立马起草好了"麻制"（唐宋处置宰执大臣的诏命，因写在白麻纸上，故名），并以皇帝的名义下发："自诡得权而举事，当耸动于四方；

---

① "甲寅，尚书右仆射、同中书门下平章事兼知枢密院事秦桧罢为观文殿学士、提举江州太平观。"《续资治通鉴》卷一百十一。

② 《续资治通鉴》卷一百十一。

逮兹居位以陈谋，首建明于二策。罔烛厥理，殊乘素期，念方委听之专，更责寅恭之效。而乃凭恃其党，排摈所憎。岂实汝心，殆为众误。顾窃弄于威柄，虑或长于奸朋。"

绍兴六年（1136），高宗曾有过一次雄心勃勃的北伐计划，旋因将军郦琼阵前倒戈还没出师就偃旗息鼓。不久，王伦出使金国讨还徽宗棺椁，施计让金国废黜了刘豫，并让宋金重启和谈。此后，金国使节频频来到临安。绍兴八年（1138）三月，在温州任知府的秦桧被高宗召回中枢重任右相，负责与金议和。高宗对他的宰相说，先帝梓宫归还有望，但太后春秋已高，他旦夕思念，欲早相见，所以不惮屈己，希望议和速成。秦桧当然站在皇帝一边，他恭维"屈己议和"是人主之孝。但高宗担心此举为朝野反对，故而下诏，议和的同时也不可放松了边备。高宗既有此一心议和的念头，是与他前朝倾覆时九死一生的经历有关，是以不计代价只想保全帝室。此念一动，王朝之气象迥异往昔，他的御宇之道日后也将日趋专制。

尽管左相赵鼎、安抚副使王庶等大臣坚决反对向金妥协，韩世忠将军也提出议和有损军队士气，高宗仍然以为子者当为父母尽孝心的理由与金谈判。十二月，诏许尽割河南、陕西故地，通好于金，还梓宫及母兄亲戚。也是这一年，临安府由行在正式升格成了国都。

诚如日后的南宋朝诗人周密所说，临安城中有西湖，朝昏晨雨，四序总宜，城中人民竞相以奢靡为尚，这座享乐主义之风炽盛的城市乃是一个销蚀人的意志的"销金锅儿"。[1] 皇帝是打定了主意在这里做他的偏安之主了。在秦桧的主使下，一大批反对议和的官员被整肃，有的调离临安，有的丢了官，他们中的领袖人物赵鼎也被流放南方。为了向金国显示诚意求和的姿态，以确保和议达成，绍兴十一年（1141）年中，高宗突然颁诏撤回了前线的三位将领韩世忠、张俊和岳飞，许以有职无权

---

[1] "西湖天下景，朝昏晨雨，四序总宜，杭人亦无时而不游……日糜金钱，靡有纪极，故杭谚有销金锅儿之号。"周密《武林旧事》卷三。

的枢密使和枢密副使等职，实际上是把他们的兵权解除了，同时把他们的军队全部改为御前军。

到年底，新的和约达成，高宗接受了丧权辱国的册封文件，金为上国，宋为其封地，宋割唐、邓二州，两国边界以东到淮水、西到大散关为界。同时，宋还要每年向金纳贡银二十五万两、绢二十五万匹购买和平。自此后，两国休民息兵，北方六百三十二县的土地和人民尽归女真，而南方七百零三县除了承担朝廷的重税，还要为购买和平的贡银买单。和议最终达成前一日，绍兴十一年（1141）十二月三十一日，已被下狱的岳飞被秦桧下毒手害死，作为宋金和议的最后一块拦路石被搬开。

女真人入侵并征服中国北方，宋人对侵略者深怀怨愤，日图规复中原，南宋初期的文学中于是加入了"爱国主义"这一新成分。大臣在奏疏和时文中批评朝政，反对议和，作家词人在诗文中抒发爱国情感和壮志未酬的义愤，其理一也。词这种文体，不像诗可以言志，向来不擅长作政治表达，但它幽微、精致的美学风格，正适于在一种日常化的书写中呈示一种强烈的失落感，并带出词人对国家破碎、天荒地变的哀恸。"故乡何处是，忘了除非醉"，日夜思念的故乡在哪里呢？怕也只有在醉梦中才能忘却思乡的愁苦了。话虽平白，意绪却是极痛。

> 风柔日薄春犹早，夹衫乍著心情好。睡起觉微寒，梅花鬓上残。
>
> 故乡何处是，忘了除非醉。沉水卧时烧，香消酒未消。
>
> （《菩萨蛮·风柔日薄春犹早》）

旧日子是那么好，凄凉憔悴的她，也只有回忆当年的"胜赏"打发余生了。池塘生春草，庭院里垂着长长的绿荫，夕阳透过纱窗照射进来却带着一丝寒意，她的心因为离开而疼痛起来：

> 芳草池塘，绿阴庭院，晚晴寒透窗纱。谁开金锁，管是客

来吵。寂寞尊前席上，春归去海角天涯。能留否？酴醾落尽，犹赖有残葩。

当年曾胜赏，生香熏袖，活火分茶。尽如龙骄马，流水轻车。不怕风狂雨骤，恰才称煮酒残花。如今也，不成怀抱，得似旧时那？

（《转调满庭芳·芳草池塘》）

有人叩响门上的金锁，定是有客人来了。却也可能是起了幻听。她忽然担心起来，杯中无酒客不乐。酴醾花已经落尽，"能留否"？可是这临安本非我的故土啊。

接下来她溯入了长长的回忆的河道，过去的光亮让她的语气带着些自炫：说什么"销金锅儿"，想当年，我也是一场场赏会中光彩照眼的人，常常因为点香熏香了衣袖，在火上煮茶沸汤，分饮众人。什么龙骄马，那都是轻车熟路的事。唉，当年只顾着尽情享乐，哪顾它来日里狂风暴雨，依旧煮我的酒，看这风雨后的残花。"如今也"，旧时光再也不会复返，莫非人世间种种罪案，皆从种种果报中见之？

先前我们在说到李清照家世的时候，根据庄绰《鸡肋编》中的一条记载，知道李清照的外家与秦桧有着极深的渊源。李清照生母王氏是元丰朝宰相王珪的长女、汉国公王准的孙女，秦桧的岳父王仲山是王珪次子，与李清照生母是兄妹，王仲山有一个女儿嫁给秦桧，秦桧是李清照的表姊（妹）夫。李清照的母亲去世早，几年后父亲续娶，从那时起她与外家基本没有了往来。再加靖康之变后王珪的两个儿子王仲山和王仲嶷投往金军效力，更为她所不齿了。

绍兴初年起，秦桧在临安发迹，开始权倾朝野，但李清照一点也不喜欢这个小她六岁的表姊（妹）夫。她虽不问政治，但政治裹挟着夹缝年代里的每个人，因此也有了政见上的相异，她看不得其一味求和的姿态，更鄙薄其人品，没有记载表明临安时期她主动与秦桧一家交往。其间，她可能也会听说朝野议论纷纷的关于秦桧曾为金军做事的传闻，或有说秦桧是金国的间谍，是带着秘密使命归来的，这些传言或许是对秦桧专制政治不满的一种发泄，但秦桧夫人有个叫郑亿年的表弟曾为张邦昌伪"大楚"效力，南归后洗白做了不大不小的官，那是尽人皆知的事实。

至于她的那个表姊（妹）、秦桧夫人"王氏女"，其阴险峻刻，比乃夫尤有过之，在后世的名声也比秦桧要坏上三分。据南宋一个佚名作家的笔记《朝野遗记》载，秦桧把岳飞下了大理寺狱，是杀是留，委决不下。某日，秦桧独居山室，食柑玩皮，以爪划之。这个王氏女的一句"捉虎易，放虎难"，最后促使秦桧作出了处死岳飞的决定。①

"王氏女"把两个弟弟王唤、王会安排进朝中，帮他们谋了肥差。曾经垂涎赵家古器的御医王继先，凭着八杆子都打不着的同宗关系也成了"王氏女"的干哥哥，向宰相府中源源不断地通报宫中和皇帝个人的消息。李清照素性骄傲，她怎么肯与这些沆瀣一气之徒为伍呢。

我们按照年龄推算，当绍兴十一年（1141）宋金和议时，李清照已经是五十八岁的老妪了。自从绍兴五年（1135）写作《〈金石录〉后序》后，有关李清照的文献，不管是同时代人的记述还是后世好事者的追忆，都已经非常少了。我们不知道这些年里她经历了什么。她跟什么人生活在一起，她弟弟是不是还继续照料她的生活，这一切我们都不知道。但有一点可以肯定的是，自从一一三五年秋天回到临安，此后，直到去世，她都没有离开过这座城市。

九、命妇

从金华避难时朝廷下令征调家藏《哲宗实录》，再到回临安后表进《金石录》一书，我们猜想，此时的她应该已渐渐摆脱了裹挟在她身上

---

① "秦桧妻王氏，素阴险，出其夫上。方岳飞狱具，一日桧独居山室，食柑玩皮，以爪划之，若有思者。王氏窥见笑曰：'老汉何一无决耶！捉虎易，放虎难也。'桧掣然当心，致片纸付入狱。是日岳王薨于棘寺。"〔宋〕佚名《朝野遗记》，《古今说海》本。

的种种非难，赵氏的亲属也都原谅了她当年的不忠行为。她的清誉虽没有完全恢复，但已经很少有人去翻绍兴二年（1132）那档子老账了，坊间说起令名，更多是把她看作赵明诚的遗孀，而没有张汝舟什么事了。她被曾经开除了她的上流社会的圈子重新接纳，成了一名"命妇"。走出第二次婚姻后，她一直自称"嫠妇""嫠家"，有这样的结果，对她来说已经是最不坏的了。至于是"内命妇"还是"外命妇"，这般细微的区别她也无意去计较了。

和议既成定局，北复中原无望，人们的生活在巨大的惯性下又安逸了起来，何况是在临安这座风雅之城。除了几个不合时宜者还在一声声地喊着北伐，整个王朝的血性也已消亡殆尽了。作为一个"命妇"，又文才出众，逢到重要节日或庆典活动，她或许会被动员着参加一些宫中的庆典活动，其他时间里，她可能就在城中的某一处安静地打发时间。

由宋入元的诗人周密笔记中的一条记载证实了我们的猜想。周密的记载说，绍兴癸亥，亦即绍兴十三年（1143 年）端午节，年愈六十的李清照创作了几首节序颂诗，将之献进宫中。"李易安绍兴癸亥在行都，有亲联为内命妇者，因端午进帖子。"[①]

北宋习俗，每逢佳节，朝廷都要设宴，皇帝命翰林学士创作五言、七言绝句若干，贴在宫中各内阁的门墙之上，以添喜庆，谓之"帖子词"。国难以来，此项雅事久废，现在和议既成，朝廷首次恢复这项古老的庆典活动，是以绍兴十三年的这次献诗活动，受到了历史学家特别的关注。[②]周密的笔记完整抄录了李清照给皇帝、皇后和夫人的三条端午帖子。

这种应景之作，如同宫廷文学侍从所做的"奉和""应制"，大抵都是对皇家的歌功颂德，平心而论，李清照这三首端午帖子词，毫无出彩之处，仅第三首《夫人阁端午帖子》，"三宫催解粽，妆罢未天明。便面

① 〔宋〕周密：《浩然斋雅谈》卷上。
② 《建炎以来系年要录》："绍兴十三年春正月……辛丑、立春节，学士院始进帖子词，百官赐春幡胜。自建炎以来久废，至是始复之。"

天题字，歌头御赐名"，忠实描写了端午后宫的生活习俗，或稍有意味。但也有人说李清照是代人拟笔，进帖子词不止一次，除了这三首端午帖子，最起码有两首春帖子也可以归到她的名下。[①]

　　日月尧天大，璇玑舜历长。
　　侧闻行殿帐，多集上书囊。

（《皇帝阁端午帖子》）

　　意帖初宜夏，金驹已过蚕。
　　至尊千万寿，行见百斯男。

（《皇后阁端午帖子》）

　　三宫催解粽，妆罢未天明。
　　便面天题字，歌头御赐名。

（《夫人阁端午帖子》）

　　莫进黄金簟，新除玉局床。
　　春风送庭燎，不复用沉香。

（《皇帝阁春帖子》）

　　金环半后礼，钩弋比昭阳。
　　春生百子帐，喜入万年觞。

（《贵妃阁春帖子》）

　　周密说，因为这些"帖子词"，李清照遭到了翰林学士秦楚材的嫌恶，仅仅得到一些金帛赏赐，朝廷没有给予更多的恩惠。"时秦楚材在

---

① 《全宋诗》卷一六〇二。

翰苑，恶之，止赐金帛而罢"。①秦楚材何人？此人即秦桧的兄长秦梓（字楚材），说起来也是中表之亲。

黄盛璋先生查翰苑题名："秦梓绍兴十二年九月，以敷文阁直学士兼权直院。十月除兼直院，十三年润四月，除翰林学士。六月除龙图阁学士知宣州。"周密所载，时间、地点、人物和背景，俱与史合，可知确有其事。

一个六旬老妇的应制之作，不知是什么缘故让秦梓"恶之"？我们猜想，可能是李清照的帖子词抢了秦梓的头彩。也有可能，献帖子词的告示一出，内廷中有人慕李清照文学之才，请其代笔，秦梓也想请其捉笔，但李清照鄙薄秦家人没有答应，故惹得秦梓恼羞成怒。

自此以后，朝廷的吉时庆典或者文学活动，我们都没有看到有她参与的记载。《〈金石录〉后序》的写作，已经耗尽了她的元神。对死去的夫君，她算作了交代，她的文学才情的燃烧，此时也到了薪尽之际。有时候日子困顿，她才会想起写作也是一项谋生的手段，应人所请写一些应景文字，聊解无米之虞。这样的文字也不会留存下来，只有伊世珍在《琅嬛记》里载录了一则《贺人孪生启》：

> 无午未二时之分，有伯仲两楷之侣。既系臂而系足，实难
> 弟而难兄。玉刻双璋，锦挑对褓。

来邀的主人家生了双胞胎，相貌极像，不仔细看无法分辨，她们的母亲用系彩绳的方法加以辨别，一个系在手臂上，一个系在脚上。这弄璋之喜，却要她这样一个终生未育的人作文为之贺，想来也是有些大不堪的。但她还是写了，为了一点酬金，但也看得出来，她是真的喜欢那两个孩子。

她孤独地生活在临安，等待着世人把她忘记。

---

① 〔宋〕周密：《浩然斋雅谈》卷上。

十、河洛

现在，回忆成了她每日里的功课。只有进入回忆的河道，她才会与汴梁城里那个头戴珠翠帽子、斜插着金丝雪柳的少女相遇，与死去的夫君相遇。失去的东西可以保存在记忆里，这是记忆的本性。这样，她即便失去了它们，或许还会在另一个世界和它们相逢。这就是为什么，她总是抵御不了回忆的诱引。她现在终于可以信马由缰，让回忆带着她到处走。

回忆中州盛景、河洛旧事的《永遇乐》应该是在六十岁后写成的。

> 落日熔金，暮云合璧，人在何处。染柳烟浓，吹梅笛怨，春意知几许。元宵佳节，融和天气，次第岂无风雨。来相召、香车宝马，谢他酒朋诗侣。
>
> 中州盛日，闺门多暇，记得偏重三五。铺翠冠儿，捻金雪柳，簇带争济楚。如今憔悴，风鬟霜鬓，怕见夜间出去。不如向、帘儿底下，听人笑语。
>
> （《永遇乐·元宵》）

十五岁那年初到汴京度过的第一个上元节，是她永世难忘的。那是她进入世界的第一道门。那年的冬天真冷啊，可是春天也来得早。汴河边尚带寒意的风，已经阻止不了少男少女们跑上街头。原以为这道门的后面，将永是太平盛世，哪料想日后乱离如许。

但是，我们还是会听出隐约的嘲谑之意，从这首怀念河洛旧事的词里透露出来。刻下又是元宵，是谁有那么大的排场，在临安城里香车宝马，仪从阔绰？那些来邀她的"酒朋诗侣"到底是些什么人？还不是那一班把杭州作汴州醉生梦死的人！有人考索词的本事，猜测这个"来相召"的极有可能就是她的表姊（妹），那个素来阴险的"王氏女"，说不定是召她去上相府写什么劳什子的帖子词呢，所以她毫不犹豫就谢绝了。

她的托词是，现在老了，头发都白了，精神也一直不好，怕见夜间出去。说是"不如向、帘儿底下，听人笑语"，其实最怕听的，还是那些村夫俗妇毫无心肝的谈笑。他们开心的是和议带来了天下太平吧，那帘儿底下的笑语，说的恐怕还是风波亭的故事哩。

在淳祐元年（1142）完成的《贵耳集》（上卷）中，作家、理宗朝的低级文官张端义说起李清照这首《永遇乐》，还是掩不住一脸膜拜："易安居士李氏，赵明诚之妻。《金石录》亦笔削其间。南渡以来，常怀京洛旧事。晚年赋元宵《永遇乐》词云'落日熔金，暮云合璧'，已自工致。至于'染柳烟轻，吹梅笛怨，春意知几许'，气象更好。后迭云：'于今憔悴，风鬟霜鬓，怕见夜间出去'，皆以寻常语度入音律。炼句精巧则易，平淡入调者难。"①

听来全是寻常语，谁知道心底下又有多少不堪。后世亲历南宋之亡的诗人刘辰翁说，他每读此词都"为之涕下"。②

对金石字画的爱，延续在她的余生中。她不再像当年的夫君一样无条件地、热烈地追索它们，聚散本无常，楚人亡弓晋人得，有什么好想不开呢。她现在还在玩赏，偶作检视，是因为它们穿过了劫难继续陪着她。比如一方石砚，是她在青州赌书泼茶生涯的见证，一路陪她南渡，再也不忍舍弃，那上面还有她自撰的一首《题砚诗》："片石幽闺共谁语，轮磨盾笔是男儿。梦回已弄生花管，肯蘸青烟只扫眉。"③ 这些古物件，这些文房里的小用具，都会让她想起和亡夫共度的岁月，她感觉那上面

---

① 张端义：《贵耳集》，卷上。

② "余自乙亥上元诵李易安《永遇乐》，为之涕下。今三年矣，每闻此词，辄不自堪，遂依其声，又托之易安自喻，虽辞情不及，而悲苦过之。"刘辰翁《须溪词》卷二。

③ 据徐培均考证，此诗录自邓之诚《骨董琐记》卷三，"李清照砚"条："上海郁泰峰，旧藏李清照砚，背镌二十八字曰（诗略），陇西清照子题。""陇西，李氏郡望名。子，此指女子。《诗·卫风·硕人》：'齐侯之子，卫侯之妻。东宫之妹，邢侯之姨。'清照沿古俗自称为子。"《李清照集笺注》，271 页，上海古籍出版社 2013 年版。

带有他的手泽，留有他的体温，温暖莫移。除了这些小物件们，在这个世上她再也没有别的了。她看向它们的目光，应该是越来越温润了。

带着这份情意，绍兴十九年（1149）四月，李清照前往临安天庆观附近，登门拜访致仕后在此闲居的当世书法名家、鉴赏家米友仁。[①]这个自号"懒拙老人"的老者，乃是北宋大书家米芾的长子，人称"小米"者是也。忆昔崇宁年间，醉心书艺的米芾博士曾到赵挺之的丞相府，观瞻蔡襄的一件法书，说来米、赵两家，也是几十年前的旧交了。

她带去了米元章几十年前的几件法书，邀"小米"一同欣赏。其中一件《灵峰行记帖》，尤见珍爱。年近八旬的米友仁拜观了他父亲四十年前的这些手泽后不胜唏嘘，写下两款跋语。米友仁的字画，显贵之前，士大夫们不难求得，此时已十分秘重了。

其一云："易安居士一日携前人墨迹临顾，中有先子留题，拜观不胜感泣，先子寻常为字，但乘兴而为之，今之数句，可比黄金千两耳，呵呵。"

卷二云："先子真迹也。昔唐李义府出门下典仪，宰相屡荐之，太宗召试讲武殿，侧坐而殿赐，有鸟数枚集之，上令作诗咏之，先子因暇日偶写，今不见四十年矣，易安居士求跋，谨以书之。"[②]

两跋俱题："敷文阁直学士，右朝议大夫，提举佑神观米友仁谨跋。"

这一年，她也是六十六岁的老人了。两年后，米友仁去世。

这幅《灵峰行记帖》日后归南宋朝收藏家岳珂，岳珂专作一款题跋云："右宝晋米公《灵峰行记》真迹一卷。天下未尝无胜游，惟人与境称，而后传久，其次以文，其次以字画。考乎此亦可观矣。宝庆丙戌秋得之京口。故藏易安室，有元晖跋语系焉。"

---

① 《建炎以来系年要录》卷一五九载："绍兴十九年四月癸酉，敷文阁待制，提举佑神观米友仁升直学士。"又卷一六二载："绍兴二十一年正月庚子，敷文阁直学士，提举佑神观米友仁卒。"按照黄盛璋的考证，李清照往访米友仁，并乞其跋，当在绍兴十九年（1149）四月后至二十年正月，然米友仁绍兴二十年正月庚子即死，故以十九年为较是。

② 米元章：《灵峰行记帖》米友仁跋，岳珂《宝真斋法书赞》卷一九。

十一、尊严

在生命的最后几年里，她一直怀抱着《金石录》这本书。她抚摩它，也是在与过去时光里的自己对话。赵明诚这一辈子就写了两本书，另一本《古器物铭》已在建炎三年（1129）的洪州之乱中和金石刻二千卷一起消失了，[①]这本书也是他来过这个世界的唯一的印记了。书里所有的注，都是赵明诚加的，她笔削其间，从没有改动过，唯有《金石录》卷十四"汉巴官铁量铭"下的一条注，稍见异常：

> 此盆色类丹砂……余绍兴庚午岁亲见之。今在巫山县治。
> 韩晖仲云。

这句话是在对铭文的考释中引用一个叫"韩晖仲"的人说的话。绍兴庚午岁，为绍兴二十年（1150），这一年距赵明诚去世的建炎三年（1129），已过去了二十一年。大可玩味者，还有庚午句下用一"今"字，可知她写这款跋文时也是在追述，时间已在绍兴二十年后了。原来这二十余年里，包括她写完了《后序》，决定向朝廷表进《金石录》后，她还一直在反复修订这部书稿，一遍又一遍。

如果没有更多的发现，这或许是她留存在这个世界最后的文字了。

这也证明，起码到六十八岁，她还在世。

人至暮年，被一种可怕的无力感湮灭，说什么三秋桂子，十里飘香，千里江山也只能留与后人愁了。原来所有的情感和欲望，喜、怒、

---

① 《古器物铭》仅收三代及秦汉间古器物铭刻，不包括碑铭石刻，其书北宋时似即传播，据黄盛璋考证，至少有三人获见是书，一为薛尚功所著《钟鼎彝器款识》，多采《古器物铭》；一为翟耆年，见著于《籀史》；一为王厚之，所著《钟鼎款识》，亦采《古器物铭》。黄盛璋《赵明诚、李清照夫妇年谱》。

哀、惧、爱、恶、欲，都是要打点起精神头儿好好去对付的。且喜还有丹青相随，可遣兴，可寄怀，可作百无聊赖中的乱涂。后世的文人和画家，多有称买到了如假包换的易安真迹。热爱米芾的明朝画家莫是龙声称他买到了一幅李清照画的墨竹图。鉴藏家张丑在他的《清河书画舫》里著录了数幅李清照的作品，有画，也有书法。其中一件书法是李清照写在五代画家周文矩画的苏蕙图上的回文诗小楷，还有一件据说是她自己手书的《一剪梅》词稿，后来这件手稿被元代画家倪云林收藏了。

生于绍兴七年（1137）的南宋永嘉学派中坚陈傅亮，说他曾经见过李清照抄录的一件白居易的《琵琶行》。在他之后一百多年，大明王朝的奠基者之一、金华人宋濂也声称见到了这件《琵琶行》，并在卷上作了一段题跋。宋濂推测，李清照抄录白居易的《琵琶行》，是因为她经历了难以启齿的改嫁、离异后，她内心里把自己与诗中那位遭到抛弃的忧郁的商人妇等同了起来。同样是漂泊于江湖的人生终局，同样是年华老去、聊度余生的眼前状，她才会与白居易笔下的琵琶女产生共情，"易安写此别有意，字字似诉中心悲"[1]。但宋濂有一句话说得特别刻薄，把他的道学家嘴脸暴露无遗，他认为李清照因为不忠，她已经脏了，就是用半汀浔阳江水去洗涮也洗不干净了。"千载秽迹吾欲洗，安得浔阳半江水？"要是这样的话，她就是抄一千遍白乐天的《琵琶行》又有何用。

身为大明开国文臣之首，竟说出这等陈腐烂腔，充满道德洁癖不说，还有着浓浓的性别歧视，所以男人真的是靠不住的，男文人尤其靠不住。对正在走向生命末境和永夜的李清照来说，唯有写作，还是忠诚于她的，还能挽住一点生命的余晖。在十二世纪五十年代的最初几年里，北方的风景时时奔突眼前，她这个北人已越来越听不得雨打窗前芭蕉声，一声一声，都在提示着她再也回不去了。

① 宋濂：《题易安所书琵琶行后》，《宋学士集》卷三二。

窗前谁种芭蕉树，阴满中庭。阴满中庭。叶叶心心，舒卷有余清。

伤心枕上三更雨，点滴霖霪。点滴霖霪。愁损北人，不惯起来听。

（《添字丑奴儿·窗前谁种芭蕉树》）

人老了，什么都慢了下来。车马慢了，天空中的鸟也慢了，日光的脚步也慢了。都深秋了，惨淡的阳光慢慢地爬到了镂刻着花纹的窗子上，梧桐树也应该怨恨夜晚来袭的寒霜，何况这总也好不起来的病体！且凭着酒入肠中的一点暖意，喝一口苦茶，让龙涎香那沁人心脾的余香再为我驻留一会吧。

但苦茶和残香都不能让她忘忧，只能让她比写《登楼赋》的王粲更忧伤。最后能疗她心病的药，还是陶潜种在东篱的一丛丛菊花。沿着那一条黄花交织的小径，通向她青州的"归来堂"，也通向汴梁城里她父亲的"有竹堂"。

寒日萧萧上锁窗，梧桐应恨夜来霜。酒阑更喜团茶苦，梦断偏宜瑞脑香。

秋已尽，日犹长，仲宣怀远更凄凉。不如随分尊前醉，莫负东篱菊蕊黄。

（《鹧鸪天·寒日萧萧上锁窗》）

大雅欲断绝，音律的变奏正合着生命越来越慢的节拍。从前说"险韵诗成"，以她现在看来，每一处韵脚，每一个奇崛的用字，和有意拖慢节奏的叠字，都在让世界慢下来。慢。缓缓。更慢。直到无尽的黑暗涌起，吞没一切。

寻寻觅觅，冷冷清清，凄凄惨惨戚戚。乍暖还寒时候，最难将息。三杯两盏淡酒，怎敌他、晚来风急！雁过也，正伤心，却是旧时相识。

满地黄花堆积，憔悴损，如今有谁堪摘？守着窗儿，独自怎生得黑！梧桐更兼细雨，到黄昏、点点滴滴。这次第，怎一个愁字了得！

（《声声慢·寻寻觅觅》）

向来服膺于她的文学天才的张端义说，本朝不是没有能词之士，却没有像她这样一下子用十四叠字的，此乃是杜工部笔下的"公孙大娘舞剑手"，有笔墨，而不着痕迹，唯有一股莫可名状之神韵，直逼人的心头，笔落当泣鬼神。张端义还对"守着窗儿，独自怎生得黑"的"黑"这个"寻常语"的出现大感惊异，说，"'黑'字不许第二人押"。[①]

十二、才藻

尽管她还不知道，她的诗、词、文会不会为她在士大夫世界赢得一席之地，但起码，她通过写作抗辩过，为自己争得了尊严。写作还给了她进入老境后一份该有的体面。既然写作作为一项技能可以传授，可以学而习之，她希望可以找到自己的传灯人。

临安有个叫韩玉父的女子，自称本是秦人，其父曾出仕为官，南渡时，流落到了钱塘。及笄之年的韩女与一个叫林子建的上舍生订了婚约。这林子建本是福建人，得了官归闽，韩女倾囊助之，林子建许诺，

---

① "且《秋词·声声慢》：'寻寻觅觅，冷冷清清，凄凄惨惨戚戚。'此乃公孙大娘舞剑手。本朝非无能词之士，未曾有一下十四迭字者，用《文选》诸赋格。后迭又云：'梧桐更兼细雨，到黄昏，点点滴滴。'又使迭字，俱无斧凿痕。更有一奇字云：'守定窗儿，独自怎生得黑。''黑'字不许第二人押。妇人中有此文笔，殆间气也。"张端义《贵耳集》，卷上。

秋冬间就会前来迎娶。哪知这林某人居然食了言，回了福建就音讯全无。痴心的韩女带了女仆前去寻夫，由钱塘而三山，这林某人已移官盱江，她又经延平、顺昌到昭武一路追去，在一个叫漠口铺的地方写下一首题壁诗，诗云：

> 南行逾万山，复入武阳路。黎明与鸡兴，理发漠口铺。盱江在何所？极目烟水暮。生平良自珍，羞为浪子妇！知君非秋胡，强颜且西去。

这个故事被宋人罗烨写入了笔记小说《醉翁谈录》里去，[①]明万历年间的小说家冯梦龙的《情史》也采录了这个故事，把它归到卷十四的"情仇类"。成书于清代的《历朝名媛诗词》评韩玉父这首题壁诗道，"诗极爽朗，不烦言，而情事俱到，笔有余闲，女中之佼佼者"[②]。

且不说这首诗到底作得如何，这韩女从钱塘、三山到昭武一路寻夫，这不管不顾的劲头，还真的跟当年的李清照有几分神似。即便她的诗不学李清照的路数，她的生活已经不知不觉在模仿李清照了。

韩玉父的这首《寻夫题漠口铺》，诗前有一小序云："妾本秦人，先大父尝仕，朝乱离落，因家钱塘，儿时，易安居士教以写诗。"诗前加序，的确很像李清照从莱州时期就有的写作习惯。如果《醉翁谈录》不打诳语，那么这个韩玉父小时候的确很有可能在临安跟李清照学过写诗。[③]

但也有可能，这不过是小说家假语村言，小说家讲述这个故事，并杜撰了所谓韩玉父题壁诗，不过是对林子建这样的浪荡子进行道德上的鞭挞和指责。但晚年的李清照的确是想收几个女弟子，把自己的一生诗艺倾囊相授的。一个非常现实的原因，如果她做了某个大户人家的闺阁师教人学诗，她就会有一份束脩，这份收入可以保证她活下去。

---

① 《醉翁谈录》乙集，卷二。
② 《历朝名媛诗词》卷七。
③ "闺秀韩玉父，秦人，居于杭，李易安教以诗。"《四朝诗集》。

　　绍熙四年（1193），临安城里一个五十三岁的姓孙的寻常妇人去世了。这妇人的丈夫，是文林郎、宁海军节度推官苏君璩。这苏君璩仕途和文章皆平平，此事本不见经传，只因这个妇人的父亲，家世山阴，做过几任小官，后以宣义郎致仕的孙综，是南宋朝著名诗人陆游的"外兄弟"，也就是表兄弟，少时交好甚笃。苏君璩找到陆游，恳请诗人为其妻写一篇生平传记，以表彰其懿德，足为天下女范。陆游看在这女子是他表侄女，就答应了他的请求。

　　在叙写这位生于绍兴十一年（1141）的孙氏生平时，陆游称颂孙氏才十几岁时，就已是端静贤良的淑女，临安城里李清照见她资质聪慧，想以文辞之学传授给她，这孙氏想也不想就拒绝了，理由是，写作不是女人该做的事情，"才藻非女子事也"。这一节故事，居然被陆游作为这女子小小年纪就恪守礼教的一条证据，写入了她的传记里。陆游说，孙姑娘的父亲非常惊奇，亲自收集了古代十多个贤良女子的故事讲授给她，她"日夜诵服不废"，学得特别快。

　　　夫人幼有淑质，故赵建康明诚之配李氏，以文辞名家，欲
　　以其学传夫人。时夫人始十余岁，谢不可，曰：才藻非女子事
　　也。……①

　　文末称颂孙氏的女德："雍雍肃肃，既和且恭。相夫以正，教子以严，施于先后，以逊以谦。"

　　已是风烛残年的李清照想把平生所学传授给这个十余岁的女孩，或许是看她资质颇佳，堪可造就，或许是她跟这个孙氏族人里的某个长辈有什么关系。但李清照的收徒愿望竟然没有实现，这个女孩拒绝了她，理由竟然是，"才藻非女子事也"。这句与她十余岁的年龄大不相称的话

---

① 陆游《渭南文集》卷三五《夫人孙氏墓志铭》："绍熙四年（1193）从推官官临安，以其年七月辛巳，疾终于官舍。……享年五十有三。"孙氏十余岁至少为十一岁，即绍兴二十一年间事。

一出，李清照恐怕也只有无语。她一生都在用写作证明自己的独一无二，通过写作谋求活得有尊严，没想到在一个时代的集体无意识里——通过一个小女孩之口告诉她——她所做的，什么也不是。

对于一生竭力争取在文学的世界里与男性作家们一较短长的李清照来说，这的确是一个不大不小的嘲讽。

我们除了为这个"幼有淑质"的孙夫人感到可惜，还有什么话说呢？即便对诗人陆游，亦复何言。如果诗人是一个勇敢的人，怎么还会给表妹唐婉带来一连串的悲剧呢？但我们还是要感谢放翁先生，起码，他收了孙家的钱，写了一篇还算不太离谱的墓志铭。

陆游的记载告诉我们，至少到绍兴二十一年（1151），李清照还活着。

附录一 李清照年谱简编

宋神宗元丰七年（1084）甲子　一岁

出生于山东济南（今章丘明水）。父李格非，字文叔，"苏门后四学士"之一，《宋史·文苑传》有传。

宋哲宗元祐元年（1086）丙寅　三岁

九月，以苏轼为翰林学士，知制诰。李格非官太学，再转博士，以文章受知苏轼。

赵明诚父赵挺之为秘阁校理。

宋哲宗元祐二年（1087）丁卯　四岁

赵挺之迁监察御史，弹劾苏轼。

宋哲宗元祐三年（1088）戊辰　五岁

苏轼与赵挺之交相劾。

赵明诚外祖父郭槩提点夔州路刑狱。

宋哲宗元祐四年（1089）己巳　六岁

李格非官太学正，赁屋于东京经衢之西，名其堂"有竹"。

赵挺之罢监察御史，出通判徐州。赵明诚侍父官徐州。

宋哲宗元祐六年（1091）辛未　八岁

李格非仍在太学官博士。

赵挺之入为国子监司业。

宋哲宗元祐七年（1092年）壬申　九岁

李格非仍官太学博士。正月丁酉，撰《幸太学唱和诗碑》成。

是年，李格非续娶王拱辰孙女。

宋哲宗元祐八年（1093）癸酉　十岁

赵挺之出官京东路转运副使。

宋哲宗绍圣元年（1094）甲戌　十一岁

章惇为相，复行新法。惇请编元祐诸臣章疏，召格非为检讨，不就，出通判广信军。

赵挺之复入为国子监司业。

宋哲宗绍圣二年（1095）乙亥　十二岁

李格非召为校书郎，在东都洛阳撰《洛阳名园记》。

宋哲宗绍圣四年（1097）丁丑　十四岁

赵挺之由太常少卿权礼部侍郎。

时年十七岁的赵明诚随父官京师。《金石录》卷三十"汉重修高祖庙碑"跋："余年十七八时，已喜收蓄前代石刻。"

宋哲宗元符元年（1098）戊寅　十五岁

李清照仍居明水原籍，是年春秋两季有溪亭之游。

五月，赵挺之试中书舍人。

宋哲宗元符二年（1099）己卯　十六岁

是年前后，随父由原籍赴汴京。结识文学前辈晁补之。

赵挺之试给事中，差充贺北朝生辰使。

宋哲宗元符三年（1100）庚辰　十七岁

结识张文潜（耒）并作《浯溪中兴颂》诗二首，"才力华瞻，逼近前辈"，初显其文学才华。

是年正月，哲宗崩，徽宗立。赵挺之为礼部侍郎。

六月，李格非在樊口送张耒。

宋徽宗建中靖国元年（1101）辛巳　十八岁

与赵明诚结缡。时赵明诚在太学做学生，二十一岁。

赵明诚父赵挺之官吏部侍郎。李格非仍官礼部员外郎。

宋徽宗崇宁元年（1102）壬午　十九岁

九月，诏籍元祐、元符党人，御书刻石端礼门。格非时提点京东路刑狱，名在党籍，不得与在京差遣。

清照上诗赵挺之救其父，有句"何况人间父子情""炙手可热心可寒"，抒发其父身罹党祸得不到翁舅援手之感慨，人谓"识者哀之"。

宋徽宗崇宁二年（1103）癸未　二十岁

赵明诚出仕，益访求藏蓄，有尽天下古文奇字之志。

前一年，明诚长兄赵存诚除校书郎。

赵挺之除中书侍郎。

宋徽宗崇宁三年（1104）甲申　二十一岁

合定元祐、元符党人名单，共三百零九人，李格非列余官第二十六人，徽宗书而刊之，置文德殿门之东壁。

赵挺之除门下侍郎。

宋徽宗崇宁四年（1105）乙酉　二十二岁

三月甲辰，赵挺之除尚书右仆射兼中书侍郎，旋在与蔡京的权力角逐中败北，六月，引疾乞罢右仆射，以观文殿大学士、中太乙宫使留京。

十月，赵明诚授鸿胪少卿，长兄赵存诚为卫尉卿，二兄赵思诚为秘书少监。

宋徽宗崇宁五年（1106）丙戌　二十三岁

正月，大赦，毁元祐党人碑，党人叙复，李格非赦归，与监庙差遣。

蔡京罢左仆射。赵挺之为特进尚书右仆射兼中书侍郎。赵存诚进为集贤殿修撰，提举醴泉观。

书画学博士米芾往赵府观瞻蔡襄《进谢御赐诗卷》。

宋徽宗大观元年（1107）丁亥　二十四岁

蔡京复为左仆射。三月，赵挺之罢右仆射后五日卒于京师。

赵家三子官皆废黜，家属亲戚在京者被捕。蔡京兴大狱穷治赵家，但无事实，七月狱具，赵挺之追夺赠官。

赵明诚前往金陵接母，并沿长江考察文物。

宋徽宗大观二年（1108）戊子　二十五岁

赵明诚母郭氏率家人、子女归居青州故第。

赵明诚、李清照筑室"归来堂"读书，李清照自号"易安居士"。

宋徽宗大观三年（1109）己丑　二十六岁

夫妻屏居乡里，赵明诚开始撰《金石录》。

文及甫在青州观赵明诚所藏"蔡襄《进谢御赐诗卷》"。

时晁补之闲居缗城（今山东金乡），赵明诚、李清照为之贺寿，李清照作《新荷叶》词。

宋徽宗政和元年（1111）辛卯　二十八岁

二月，赵明诚友人王寿卿跋明诚所藏徐铉小篆《千字文》真迹。

赵明诚至泰山访古碑，得《唐登封纪号文》碑。

从太夫人郭氏奏请，朝廷恢复赵挺之的部分职级，除"责降指挥"。

宋徽宗政和二年（1112）壬辰　二十九岁

赵明诚、李清照夫妻仍屏居青州。

明诚兄赵存诚复官秘书少监。赵思诚亦起复。

宋徽宗政和三年（1113）癸巳　三十岁

此年前后，李清照作《词论》，抒发其"词别一家"的文学主张。

是岁，嘉鱼县得楚钟，王寿卿以拓本遗明诚。

宋徽宗政和四年（1114）甲午　三十一岁

传是年赵明诚为"易安居士三十一岁之照"题跋，跋云："清丽其词，端庄其品，归去来兮，真堪偕隐。政和甲午新秋德甫题于归来堂。"

宋徽宗政和六年（1116）丙申　三十三岁

安丘出土齐侯盘及匜，赵明诚收入《金石录》中。

宋徽宗政和七年（1117）丁酉　三十四岁

《金石录》稿成，集金石刻辞二千种，分为三十卷。河间刘跂为之序。此前赵明诚尝作《金石录序》。

是年，赵明诚、李清照仍居青州。

宋徽宗重和元年（1118）戊戌　三十五岁

赵明诚起复，离开青州居官，其时或有"天台之遇"。

李清照仍居青州。

宋徽宗宣和三年（1121）辛丑　三十八岁

赵明诚出守莱州，在是年或稍前。

八月初，李清照自青州赴莱州，途经昌乐，驿中作《蝶恋花》词寄姊妹。八月十日到莱州，作《感怀》诗并序。

赵思诚复官可能亦在是年前后。

宋徽宗宣和五年（1123）癸卯　四十岁

赵明诚、李清照夫妇在莱，于静治堂共同辑录、整理《金石录》。

守莱期间，赵明诚与僚属登治所城南文峰山，徘徊北魏郑羲碑下久之，得其下碑，又遣人往天柱山之阳访求上碑。

宋徽宗宣和七年（1125）乙巳　四十二岁

赵明诚守淄州。

宋钦宗靖康元年（1126）丙午　四十三岁

时李清照随赵明诚在淄川任。

赵明诚因其提兵帅属、斩获逋卒，朝廷"录功"，转一官。

赵明诚在淄川邢氏之村，得白乐天所书《楞严经》。

十一月，金人围汴京。十二月，城破，史称"靖康之变"。

宋钦宗靖康二年 / 宋高宗建炎元年（1127）丁未

四十四岁

三月，明诚奔母丧南下，载书十五车，至东海连舻渡淮，又渡江，至建康。清照初未随往。

四月，金人掳徽、钦二帝及宗室、后妃等数千人，并辅臣、乐工、工匠及大量财物北行，北宋亡。

五月，高宗即位于南京应天府（商丘），改元建炎，史称南宋。

七月，明诚起知江宁府，兼江东经制副使，八月到任。

秋，青州兵变，杀郡守曾孝序，李清照南下赴金陵。

十二月，金人又陷青州，青州故第锁书册什物用屋十余间尽化灰烬。

是年底，赵明诚兄赵存诚除广东安抚使，知广州。

宋高宗建炎二年（1128）戊申　四十五岁

春，携蔡襄书《赵氏神妙帖》至江宁。三月，赵明诚跋之。

随赵明诚在江宁任。冬，有雪天顶笠披蓑、循城远览觅诗之事。

时胡马长驱，于宋君臣之偷安南辟，尤致不满，有"作诗以诋士大夫"事。

宋高宗建炎三年（1129）己酉　四十六岁

二月，赵明诚移知湖州，江宁兵变。

三月，赵明诚罢官，具舟上芜湖，将卜居赣水上。

五月，至池阳，又被旨知湖州，独赴召。

六月十三日，明诚与清照别，驰赴建康。

七月末，李清照从池阳赴建康探视。

八月十八日，明诚病逝建康。

闰八月，王继先以黄金三百两从赵明诚家市古器物，谢克家奏请止其事。

事势日迫，李清照遣人把行李送往从卫在洪州的兵部侍郎李擢处，十一月，金人破洪州，所寄洪州之文物尽委弃。

宋高宗建炎四年（1130）庚戌　四十七岁

是年有"玉壶颁金"传言，惶恐投进，由越追至明州，帝已入海，遂改由陆路，由明州经奉化、嵊县、台州，自黄岩雇舟入海，奔行朝。

三月十六日，随御舟离温，四月十二日到越州。

十二月，放散百官，遂之衢。

宋高宗绍兴元年（1131）辛亥　四十八岁

三月，由衢返越。卜居越州钟氏舍，遇盗，卧榻之下五簏文物遭穴壁盗去。

宋高宗绍兴二年（1132）壬子　四十九岁

由越州赴临安。春病。

夏，更嫁张汝舟，未几反目，讼张汝舟妄增举数入官。

九月戊子朔，以汝舟属吏，除名柳州编管。

得綦崇礼援助，免受刑罚，事解后作《投内翰綦公崇礼启》谢之。

宋高宗绍兴三年（1133）癸丑　五十岁

五月，签书枢密院韩肖胄、试工部尚书胡松年充金国军前通问使出访。作诗《上枢密韩公诗》古、律各一首以寄意。

宋高宗绍兴四年（1134）甲寅　五十一岁

十月，金及伪齐合兵犯淮上，自临安避乱金华，路过富春江严滩，作诗纪之。

抵金华，卜居陈氏第。是时，李擢知金华，赵思诚知台州。

宋高宗绍兴二十一年（1151）辛未后

李清照卒年，当在绍兴二十一年后。

考绍兴二十六年（1156）朱熹在泉州读到的《金石录》稿本，当是李清照身后流到泉州，故李清照卒年，当在绍兴二十一年后、绍兴二十六年之前。《朱文公集》卷七五《家藏石刻序》："来泉南，又得东武赵氏《金石录》观之，大略如欧阳子书，然诠叙益条理，考据益精博，予心亦益好之……欧阳子书一千卷，赵氏书多倍之。"后署"绍兴二十六年岁次丙子八月二十二日壬辰吴郡朱熹序"。

宋孝宗淳熙年间（1174—1189）

《金石录》龙舒郡（今安徽省舒城县）斋刻本刊印，未收录李清照后序。洪迈《容斋四笔》："赵德甫《金石录》三十篇，其妻易安李居士作后序，今龙舒郡库刻其书，而此序不见取。"

宋宁宗开禧元年（1205）

《金石录》浚仪赵不谫刻本刊印。

附录二　参考征引书目

1. 《漱玉词》，哈佛大学哈佛燕京图书馆珍藏本（扫描本）。

2. 《李清照集》，中华书局上海编辑所编，中华书局。

3. 《苕溪渔隐丛话》，胡仔著，人民文学出版社。

4. 《漱玉集注》，王延梯注，山东人民出版社。

5. 《宋诗选注》，钱钟书著，人民文学出版社。

6. 《李清照集校注》，王仲闻校注，人民文学出版社。

7. 《重辑李清照集》，黄墨谷辑校，齐鲁书社。

8. 《东京梦华录注》，孟元老撰，邓之诚注，中华书局。

9. 《铁围山丛谈》，蔡絛著，冯惠民校，中华书局。

10. 《古典文学研究资料汇编：李清照资料汇编》，荣宪宾著，诸斌杰、孙崇恩等编，中华书局。

11. 《宋史》，〔元〕脱脱等撰，中华书局。

12. 《太平御览》，李昉编，中华书局。

13. 《朱子语类》，黎靖德编，王星贤注解，中华书局。

14. 《全宋诗》，傅璇琮等编，北京大学出版社。

15.《建炎以来系年要录》，李心传撰，中华书局。

16.《追忆：中国古典文学中的往事再现》，［美］斯蒂芬·欧文著，郑学勤译，上海古籍出版社。

17.《云麓漫钞》，赵彦卫著，傅根清点校，中华书局。

18.《太平广记》，李昉编，中华书局。

19.《云麓漫钞》，赵彦卫撰，中华书局。

20.《宋朝典制》，张希清等著，吉林文史出版社。

21.《鸡肋编》，庄绰著，萧鲁阳注解，中华书局。

22.《清波杂志校注》，周煇著，刘永翔校注，中华书局。

23.《建炎以来朝野杂记》，李心传著，徐规点校，中华书局。

24.《宋代官制辞典（增补本）》，龚延明编著，中华书局。

25.《北宋士族：家族、婚姻与生活》，陶晋生著，"中研院"史语所专刊102。

26.《李清照集笺注》，徐培均笺注，上海古籍出版社。

27.《中国转向内在：两宋之际的文化内向》，［美］刘子健著，赵冬梅译，江苏人民出版社。

28.《李清照诗词文选评》，陈祖美著，上海古籍出版社。

29.《北宋东京城研究》，刘春迎著，科学出版社。

30.《续资治通鉴长编》，李焘撰，上海师范大学古籍整理研究所、华东师范大学古籍整理研究所点校，中华书局。

31.《全宋词》，唐圭璋等编，中华书局。

32.《郡斋读书志校证》，晁公武撰，上海古籍出版社。

33.《容斋随笔》，洪迈撰，中华书局。

34.《李清照新传》，邓红梅著，上海古籍出版社。

35.《金石录校证》，赵明诚撰，金文明校证，广西师大出版社。

36.《李清照评传》，陈祖美著，南京大学出版社。

37.《靖康要录笺注》，汪藻著，王智勇笺注，四川大学出版社。

38.《挥麈录》，王明清著，上海书店出版社。

39.《中国金石学概论》，马衡著，时代文艺出版社。

40.《宋代开封研究》，〔日〕久保田和男著，郭万平译，董科校译，上海古籍出版社。

41.《郡斋读书志校正》，晁公武著，孙猛校正，上海古籍出版社。

42.《宋代江南经济史研究》，〔日〕斯波义信著，方健、何忠礼译，江苏人民出版社。

43.《美的焦虑：北宋士大夫的审美思想与追求》，〔美〕艾朗诺著，刘鹏、潘玉涛译，郭勉愈校，上海古籍出版社。

44.《剑桥中国文学史》，孙康宜、宇文所安主编，生活·读书·新知三联书店。

45.《李清照词集》，吴惠娟导读，上海古籍出版社。

46.《碧鸡漫志校正》，王灼著，岳珍校正，人民文学出版社。

47.《李清照集》，王英志编选，凤凰出版社。

48.《才女之累：李清照及其接受史》，〔美〕艾朗诺著，夏丽丽、赵惠俊译，上海古籍出版社。

49.《宋徽宗》，〔美〕伊沛霞著，韩华译，广西师范大学出版社。

跋

青州云，建康树，
明州雪如霰，
打马到金华。

金华何所有？
有星大如斗。
床下蚁，喘如牛，
江上开复封。

平平书帖三两种，
中有一册野山河，
六味地黄可清瘟。

着我铁袈裟，
读我黄州词，
慢船去宋朝，
试灯分茶没心情。

——《慢船去宋朝》（步易安词意）

一、往昔的幽灵

二十世纪九十年代，一个县城的文学青年开始构筑他的文学世界，有两本书成为那个时期的路标，一本是西班牙哲学家乌纳穆诺的《生命的悲剧意识》，一本是汉学家斯蒂芬·欧文的《追忆：中国古典文学中的往事再现》（简称《追忆》）。这两本书同时出现在文字世界的入口，似乎是歌剧中构成对位的两个声部。前一个声部的主旋律是"一切终将消逝"，对于不朽的渴望是生命悲剧意识的源头；后一个声部则力图证明：中国古典文学给人以这样的"承诺"，优秀作家可以通过书写实现不朽，文学传统里渗透了对不朽的期望，并使这种期望成为文学的母题之一。

再过几年，斯蒂芬·欧文被满大街叫成了"宇文所安"，他与中国诗发生"恋爱"的书也出了一本又一本，但我一直记着他最初进入中国读者视野时的《追忆》这本小书。按照译者高学勤先生的说法，这本书是八十年代末第一届北京国际书展后引入的，最初收入的是王元化先生主持的"海外汉学研究丛书"。

在这本书中，宇文所安提到了"黍稷""石碑""骨骸"这些传统诗文的意象，提到了王阳明和张岱，还提到了李清照。他是在回忆和梦想的层面上，提及这些物像和人物的。这三位作家存世的文献里，他分别提到的是王阳明的《瘗旅文》，张岱的《陶庵梦忆》和李清照的《〈金石录〉后序》。在他看来，这三篇文章里都藏着"往昔的幽灵"，藏着一个个梦。事实上，从更早的吴自牧到汤显祖、张岱，再到曹雪芹，有多少人在用"梦"指称对过去的回忆。或许正是因为梦和回忆一样，都是似真似假发生过的，都是过去后就无法被完整再现的。

宇文所安说，回忆永远是向被回忆的东西靠近，因为时间的鸿沟，总有东西忘掉，总有东西记不起来。但我们还是要努力抵抗遗忘，抵抗一次又一次的死去。回忆的长度构成了我们生命的长度，即便回忆之物总是在推开我们，文学的力量，"就在于有这样的鸿沟和面纱存在"。

李清照出现在《追忆》的第五章《回忆的引诱》，时间是一一三二年。彼时，她正在为去世五年的丈夫赵明诚的《金石录》写后序。这篇序文的开始，满是对过去好时光的描写：丈夫赵明诚的学生时代，年轻的新娘和她的丈夫共享的纯真的欢乐。丈夫典当了衣物，从相国寺里带着碑拓回家，半路上还给她买了水果。他们相互猜着某一段特殊文字出现在书中什么地方，以此作为闺房之戏。这对夫妻平时也不去追求精食美衣和漂亮的首饰，而是一味搜集好书好画和古器。在她暮年的回忆里，这些书画古器凝聚着她和丈夫共享的往事，博古的学识是他们共有的激情。但一个衰亡的朝代导致了这些物的遗失。乱世中，丈夫不得不离开他的金石藏品，把照管的责任留给了妻子。分别时，她问，如果真的城池失陷，怎么办？丈夫以一种特别清醒的语调，向她交代了不得已时丢弃家产和藏品的次序，"先弃辎重，次衣被，次书册卷轴，次古器"。总之，他要她作出牺牲，她必须把"宗器"——指的是藏品中最精美的青铜器——看得与生命同等重要，"与身俱存亡"。

宇文所安说，李清照是带着骄傲把这件事写进后序里的，"但是，如同许多讲到恋人之间炽烈爱情的故事一样，一种苦楚感不时露到表面来"。赵明诚对藏品按着等级作出了再三叮咛，却对他死后的家产——这关系到妻子的生路——一无所嘱，他这么做，至少在人性方面是有缺失的。这篇序文开始的欢乐笔调过后，一股极为细弱的怨恨情绪的潜流，此时冒到了表面来，当然，它仍然与爱和尊崇交织在一起。因此，"后序"是一份交织着悲苦与情爱的遗嘱，她也在其中写下了她的怀疑。

以后的乱离之年里，她带着这些已经成为累赘的物逃亡。她依然忠实于爱情，甘心做着这些物的奴隶。她经历了洪州的兵火、剡县的抢劫、会稽县的偷窃，藏品一件件减少，只剩下租来的房子里睡床下的几只筐箧。但就是这几只仅有的筐箧，也被小偷凿壁偷走了。在回忆这些物的搜集、保存和丢失的复杂历史时，她开始疑惑，那种把藏品置于人之上的价值观是不是对的，自己的爱而不舍是否值得。这篇序文也成为对后世的学者和收藏家的一份告诫。对先死的丈夫，她甚至感到了愤怒，她的一生被这个人毁了，他死后还控制着她的生活，"死者把他们的热情带进了坟墓，死后还伸出手来把他们的热情的对象拽了进去"。

这是我第一次从现代人的视野认识这位十二世纪的词人，认识一位处于家国之变、一生纠缠于艺文和人伦的伟大的女性作家。在此之前，她是固化在几首小令之间的、婉约的、凄惨悲戚的、以丈夫为中心的模范妻子的形象，一个扁平型人格的历史人物。《追忆》颠覆了先前的这种粗浅认知，让我得以从日常的人伦的角度去阅读她、切近她的人生。

一个问题是，时至今日，拨开层层由他者建构和想象的李清照形象的迷雾，我们到底对她了解多少？

二、作品和生平

九个世纪前，李清照在她所处的时代即以文名世，其名声延续至今，更是被视作"宋代最伟大的一位女诗人，也是中国文学史上最伟大的一位女诗人"（郑振铎语）。纵观整个中国历史，她是最早一位作品获得经典地位的女作家。对于一部向来由男性把持的文学史而言，这可说是偌大的一个意外。

在李清照之前或之后，不乏女性作家在文学史上名垂青史，如汉时有班昭、蔡琰，唐代有薛涛、鱼玄机，明清时期的江南一带则人数更众，但若要问，这些女性作家哪几位算是大家？一部中国文学史，则只有李清照一人堪与陶渊明、李白、杜甫、白居易、苏东坡比肩，和他们一样受到后世的尊敬。作为现代性构建的一个先声，宋朝是一个伟大的士大夫的年代，那段历史流传下来范仲淹、司马光、苏轼、王安石、二程、朱熹等不朽的名字，李清照跻身这些男性士大夫中间，看上去丝毫不逊色。

汗牛充栋的诗文典籍里，她一直是一个卓异的存在。而把她送入"伟大作家"圣殿的，不过是存世的不到六十阕词、十四五首诗、十篇文章。同时代的评论家王灼说她"才力华赡，逼近前辈，在士大夫中已不多得。若本朝妇人，当推文采第一"。朱熹读其词作，也极口称赞，说："本朝妇人能文，只有李易安与魏夫人。"到了明代，杨慎说其词作与男性作家相比也毫不逊色，"宋人填词，李易安易称冠绝。使在衣冠，当与秦七（观）、黄九（庭坚）争雄，不独雄于闺阁也"。清代的李调元更是说，"词无一首不工，其炼处可夺梦窗（吴文英）之席，其丽处直参片玉（周邦彦）之班。盖不徒俯视巾帼，直欲压倒须眉"。虚构和写作一向被视作男性才华驰骋的疆域，从李清照开始，这种情况被改变了。

对李清照著作的编订从宋代就开始了，仅宋元人编著的词选、词话（诗话）、笔记选录李清照词的就达十八种之多。编于南宋前期的《碧鸡漫志》以及《苕溪渔隐丛话》《云麓漫钞》等书对李清照已有论及，对她的词作、词论、文章也有所著录。李清照死后十年左右出版的晁公武的《郡斋读书志》著录有《李易安集》十二卷。《宋史·艺文志》称有《易安居士文集》七卷，又《易安词》六卷，但这些宋元刊本都已失传。北宋曾慥的《乐府雅词》收录易安词二十三首，这些词作是易安词的核心部分，被认为是最可信的。

现存的李清照作品，都是明清以来学者从历代选本和笔记中纂辑而成。明清两代著录李清照词的词选、词谱、总集、词话多达五十多种。清人俞正燮著有《易安居士事辑》，陆心源著有《癸巳类稿易安事辑书后》，李慈铭著有《书陆刚甫观察仪顾堂题跋后》，他们对李清照的生平、著作均作了精细考订。情况复杂的是，在后世文人对李清照的接受史上，有许多刻意建构的成分，因此这些集子不免鱼龙混杂，既收入了原作，也有一些是为了强化她的传统形象的拟作或伪作，对词作真伪问题的考辨往往最见学者功力。

据李清照研究专家徐培均考证，最早的辑本，是崇祯三年（1630）常熟毛晋汲古阁刊《诗词杂俎》中的《漱玉词》一卷，自云系据洪武三年（1370）的钞本，收词仅十七阕。后来毛氏另有钞本《漱玉词》一卷，作为汲古阁未刻词之一种，此本自"如梦令"至"多丽"，共四十九首。晚清王鹏运四印斋刊本《漱玉词》一卷，辑有五十首。近人赵万里辑得四十三首，附录十七首，为《漱玉词》定本一卷，刊入《校辑宋金元人词》第二册中，较世行各本为精审。新中国成立后，中华书局上海编辑所编《李清照集》，辑词七十八首（其中存疑三十五首）、诗十五首、文三篇，另有《打马图经》暨赋、序若干篇。人民文学出版社所出王仲闻的《李清照集校注》，搜罗广博，考证精细，举凡李清照遗留下来的词、诗、文，几已网罗殆尽。近人徐培均的《李清照集笺注》（修订本）在此基础上复从《永乐大典》辑得易安佚词六首，这样，李清照的存世作品共计词五十九首（包括争议之作），诗十七首（包括残句），文十篇，虽不能窥当年全豹，但已足以呈现其文学风貌。本书所涉李清照的诗、词、文，获益于徐培均先生《李清照集笺注》的劳动成果良多，特表谢意。

但是，仅仅依靠文选和笔记中有限的生平记载去重构这位女作家的一生，仍然困难重重。这一方面是因为时间的推排销蚀使人们找不到任何的实物佐证，另一方面则是接受史上对其生平的刻意涂抹和改写，尤其是男权社会里对她改嫁、闪离一事的态度，使得每个时代里李清照的形象都在发生着变化，最原始的那个形象，或许早已随"漱玉词"而去，散落天涯。但通过她这些仅存的作品、她与丈夫赵明诚密切相关的活动、赵李两家的交游和遭遇，还是可以找到许多旁证，廓清李清照的社会关系，了解养成她的精神和性格的外部环境。特别是李清照身逢南北宋之交，她亲历了这些时代变革，并有切肤之痛，所有这些，或多或少地散布在文献典籍之中，并在她的作品中有所流露，只要下功夫爬梳剔抉，总能寻出一些蛛丝马迹，以帮助我们更好地理解她的生平和作品。

　　龙榆生、黄盛璋等宋词研究诸家对李清照生平的叙述，多来自清俞正燮《癸巳类稿·易安居士事辑》。据近人考证，她生于神宗元丰七年（1084），卒于宋高宗绍兴二十六年（1156）。"嫠家父祖生齐鲁，位下名高人比数。当年稷下纵谈时，犹记人挥汗成雨。"这首家族纪事式的诗表明她出生于一个声望颇著的士大夫家庭。世称"后四学士"之一的李父李格非，以文章受知于苏轼，他作为一个学者的锋芒在他唯一传世的《洛阳名园记》里可见一二，其中的兴亡之感、讽喻之旨传达出了那个时代士大夫的精英气质。他的文风和生活态度，他对陶渊明的推崇，日后都影响到了他的女儿。"洛阳之盛衰，天下治乱之候也！"他的预言到了他女儿的时代成为一场灾难：金人入侵，洛阳名园付之一炬。李清照幼年，大部时间是在原籍度过的，也偶尔随父住在京城的"有竹堂"。九岁前后，她和胞弟李远随父居汴京。其时的东京汴梁，正值蒙元入侵前夜最后的繁荣。"垂髫之童，但习歌舞；班白之老，不识干戈。"每逢上元节，皇宫前的御街上，搭起山棚，挂灯结彩。"奇术异能，歌舞百戏，鳞鳞相切，乐声嘈杂十余里"。此刻，"京师民有似云浪，尽头上戴着玉梅、雪柳、闹蛾儿，直到鳌山下看灯"。此番盛世景象是她人生初年最美好的回忆。

　　十八岁，她与太学生赵明诚结婚。二十六岁即宋徽宗大观二年（1108）起，她与丈夫及丈夫全家退居于山东青州。十二年后即宋徽宗宣和二年（1120）秋，赵明诚被起用为莱州太守。宣和三年秋，李清照追随丈夫至莱州任所，后又相从于淄州任所。她的少年时代及婚姻前期生活，虽受党争的牵累，起伏不定，但婚后伉俪情感投契，生活堪称优裕。夫妻穷搜书画奇器，相对展玩，咀嚼碑文、果实，自谓"葛天氏之民"，正印证了中国传统社会理想的夫妻人伦——"古风妻似友"。

　　赵、李婚姻生活的一个巨大的转折发生在靖康之变后。靖康二年（1127）春，明诚、清照夫妇载着他们前期搜集整理的十五大车金石文物书画，渡过淮河、长江，南下江宁。七月，赵明诚起复知建康府。十二月金人攻打青州，李清照独自怀抱蔡襄法书《赵氏神妙帖》南来。

此时的赵明诚也暴露出他人格上不那么光明的一面：他疏远妻子章台游冶，以致没有子嗣；强占他人的文物珍藏；放弃职守"缒城宵遁"。建炎三年（1129）八月，赵明诚病逝于建康。自此，李清照孤身一人，承受了巨大的精神压力和病体痛苦，与成千上万的衣冠之士离家南渡。《〈金石录〉后序》如是记叙她在浙东一带追赶高宗御舟一路扑空："到台，台守已遁。之剡，出陆，又弃衣被走黄岩。雇舟入海，奔行朝。时驻跸章安，从御舟海道之温，又之越。"

这些变故冲击着已入不惑之年的李清照，并彻底颠覆了她的生活，在夫亡后若干年流离之后，李清照又陷入再嫁、旋即离异的风波，其间她经历了一场庭讼与短暂的拘禁。绍兴二年（1132）春天，跟随着宋高宗移跸临安，李清照从绍兴来到了杭州。她在春天生了一场病，一直到初夏，都辗转床榻，一度牛蚁不分。或许是由于身体上的原因，也可能逃亡路上的艰辛，她被觊觎她的满车文物的一个下级军官张汝舟骗婚。这是个有暴力倾向的人。三个月后，她离了婚，骗婚者受到发配广西的惩处。

这一屈辱过后，她曾有一封书信写给一位高官綦崇礼。此人是他亡夫的姑表兄弟，这位贵人介入了这场离婚风波，帮助她摆脱了囹圄之苦。在那封著名的信里，她描绘了自己如何被诱骗进第二桩婚姻，并感谢对方施以援手。"猥以桑榆之晚景，配兹驵侩之下材"，也引发了后世种种议论与猜测。在经历了金石散亡、再嫁非人的巨大不幸之后，她前所未有地思念起了亡夫，也认识到了他穷一生精力撰著的《金石录》的文化意义。"夫妇擅朋友之胜"，她现在可以把他当个真正的朋友了。在丈夫去世五周年之际，她写下了两千言"极道遭罹变故本末"（洪迈语）的旷世名作《〈金石录〉后序》，自述其逃亡生活，还把对夫妻人伦的反思，对往事和京洛旧事的追忆都写入其中，但也有一种说法认为，以"命妇"的身份重新回到了上流阶层。

到其晚年，尚有二事见诸记录：一是在六十七岁前后，携所藏米芾二墨迹，访其长子米友仁求作跋。二是七十岁时，曾想将平生所学授予孙氏小女，却被一句"才藻非女子事也"拒绝。从后面这一嘲讽之语里，可见女性独立之路何其漫长乃尔。

三、误读与负累

在习见的文学想象里，婉约派的代表人物李清照似乎就是"人比黄花瘦"的北宋的林黛玉，读了她全部的诗文后我们会发现，这其实是一种误读，或者，这一印象至少是不完整的。生于官宦之家的她自幼经受士风熏染，有着相当的政治见解、爱国情怀和与男性无异的忧国忧民之心。她写于少女时代的"咏史"诗，其文辞之老辣，史识之宏富，连道学家朱熹读了都赞赏有加。《乌江》中的一句"至今思项羽，不肯过江东"中的隐喻，更是让一再退却的南宋小朝廷直接打脸。她在《词论》中为词作为一种文体的正当性的辩护，更见一个作家的独立性。而其后半生的遭际，孤身一人走过那个衣冠南渡的年头，孤身一人守护家庭财产、争取个人自由，孤身一人在男性为主导的大环境中凭借词、诗、文以立足，其豪迈任性，哪还有半丝弱质女流的气质？

所以我们看到，在那个充斥道德评价和性别压制的中古时代，作为女性写作者的李清照，背负着层层之累，一方面她是前无古人、后鲜来者的绝代词人，另一方面，她也是一个官员的贤妻、乱世中的寡妇、再婚而又离异晚节不保的妇人。她写下的作品熔铸进了民族的共同情感、证明了女性同样有写作的权利和才华，而同时代人对她的态度似乎又反证了"女子无才便是德"的传统观念之强大。南宋之后，理学兴起，一些有道德洁癖的批评家力图将其再婚之事洗白，把她驯化、规范到主流价值观中去，更使其生平云山雾罩，迷案重重。她犹如一朵娇嫩的花，花瓣被随意地折去玩弄，晾晒成干枯的形状，然后变成他们心中的才女标本，那些花汁早就在烈日下腾空而去。

诚如有论者所指出，中国古典文学史是一部无限自我重复的"傅科摆"：后人不再满足于单纯的文本本身，遂开始了对诗本事、词本事等诸多解读，而这些环绕在文本之外的阐释或过度阐释又反过来主导了对于文本的框定、阐释甚至删改。李清照可说是"傅科摆模式"下的一个显例。由于传主生平可考的文献实在太少，另一方面也是出于传统诗词阅读中男女词（诗）人有别的强大惯性，后世的研究者和阅读者总喜欢在李清照的词作中探寻其生平的蛛丝马迹。在"以诗（词）证史"的堂皇理由下，李清照的很大一部分词成了学者们用来想象李清照其人的"史料"。在这种"自传式解读"的目光下，李清照在《浣溪沙》中描绘了一名孤独的闺阁女子，有人就推断这是作者少女怀春的证据，还根据词中对风景的描述推断了词作地点，甚至对这首作品进行系年。《减字木兰花》中李清照说自己买了一盆花，有学者就断定她真的买了一盆花，而且买来是为了与丈夫共赏，甚至由买花这一举动联想到戴花，引申到他们夫妻的恩爱和惜年华上去。中国传统诗学笺注中，在材料不足的情况下强解之，很多笺注充满着一种猜字谜的色彩。坊间许多李清照诗词的解读及其生平传记，类似的漫无边际的过度阐释，没有确凿证据随便对作品系年，几乎成了一场灾难。

这种自传式解读，几乎定型化为对李清照词作的一种主流解读方式，这种解读方式无视女作家的虚构能力，在这种别有用意的目光解读下，李清照的创作源头几乎全都在赵明诚那里。新婚燕尔之际，她思念离别的丈夫，死后仍然对他念念不忘。而四十九岁上改嫁这一令人尴尬的事实，肯定是有损其坚贞不渝的贤淑妻子形象的，因此必须坚决否认。自传式解读的态度在这里已经诡异地影响到对客观历史事实的认定，按照这一思路，词作情真意切、凄婉动人，则词中主人公必是李清照，她对丈夫必情深不改，因此也绝不可能在丈夫去世后改嫁。于是乎，大量道德层面的评判和争论消解了其词作的文学意义，从南宋一直延续到晚清。

近年坊间有美国汉学家艾朗诺（Ronald C. Egan）的《才女之累：李清照及其接受史》（*The Burden of Female Talent : The Poet Li Qingzhao and Her History in China*）一书，回顾梳理李清照如何被历代男性士人建构为一位专情女子的历史，以及这种形象如何影响了对于"漱玉词"传统的读解，并对其守寡、再嫁、离异、丈夫的妾室等有关宋代婚姻状况做了一次"新文化史观"下的考察。艾朗诺注意到了这种"自传式阅读"的为祸。这位北美三十年来最优秀的宋词研究者指出，与具有一定纪事功能的诗不同，词这一文学体裁，有着大量的虚构和想象，是抽离了现实事件之后的假想和遐思，不能将词的内容简单当成是真实发生的事情。唐和五代以来，中国的男性词作家培养出了一套"男子作闺音"的文学技巧，男性作者常在词作中体会和形容女性的"敏感和多情"，他们的角色读者不会搞混，为什么女性写作者李清照一出现，就把叙事者和作者本人的界限给模糊掉了呢？男词人可以代言人的身份填词，李清照为什么不可以？既然同时代的男作家有虚构文学形象、杜撰事件情节的权利，作为男性文人圈中的唯一女性，李清照就没有这样的权利吗？难道她一定要以自传性写作取悦于她的读者？

"当我们允许自己从这些词作中追寻历史中的李清照的话，我们将屈从于几个世纪的浪漫形象的巨大分量，即那个长期独处而始终思念赵明诚的贤淑妻子形象，从而放弃仔细琢磨李清照的实际情况和文学才华。如果李清照身后这几个世纪以来的接受史教会了我们什么东西的话，那就是这段历史展示了不同时段的不同群体，是如何熟练地出于各自不同的价值理念与有意识或无意识的思维模式，去建构一个适合他们自我需要的'李清照'。"①

---

① ［美］艾朗诺（Ronald C. Egan）：《才女之累：李清照及其接受史》，夏丽丽、赵惠俊译，上海古籍出版社 2017 年版，第 267 页。

四、虚构安顿生命

为什么一个女性一旦写作，就一定是在写自己呢？事实上，李清照笔下的抒情主人公完全可以是她的虚构与创造。从李清照的遭际和后世的接受史，正可以看出在强大的男性文人传统下，一位才华卓绝的女子要以文人姿态登场，会面临何等巨大的压力和挑战。

回到对其生平的书写，之所以会有这样"移诗（词）入史"的惯性，问题还是出于对女性生命体的不尊重，对李清照作为一个写作者的漠视。撇开那些对其生平的改写和重塑，一个真实的李清照是怎么样的？

她是自由而骄傲的。和那个时代的所有女性一样，她喜吃零食、擅博弈、喜欢户外活动。她自幼聪颖，有那么点柔弱和高冷，孤芳自赏地在藕花深处仰望星空，也喜欢在写出满意的句子后喝点小酒。她心怀高远，有过闲适而惬意的少女时代，又在中年的乱离中经受挫折，最后凭着惊世的才华在士大夫精英文化圈中收获了名誉。她是一个极其热爱创作，并且能够把创作和生活分开的人，尤为可贵的是，她从未对自己积极投入于写作流露出丝毫歉意或犹疑。最终，她在一个似乎不属于她的领域为自己争得了一席之地，而她的学识和思想在很多时候是力压须眉的。

李清照有一首《感怀》诗，写于宣和三年（1120）八月的莱州，当时赵明诚每天奔波于酒宴，她无聊独坐，破旧的窗台和书案上没有一本诗书和史集，给人感觉就像袁术穷途末路生出的感慨：一无所有。她在诗中说，写诗需要独处，在住处焚香静思才会有好的构思。"静中吾乃得至交，乌有先生子虚子"，在平静中她结交到了两个好朋友，一个是"乌有先生"，一个是"子虚先生"。孤独带来的不是思念，而是让她爱上虚构。

在金石字画的搜寻和鉴赏中，她和志同道合的丈夫一起守护艺术化的人生，磨砺审美的感官。中年后的她，避难南渡，还要守护丈夫生前留下、皇家和众人觊觎、几成累赘的书画藏品，在饱受世人诟病的改嫁和闪婚、闪离后，她风鬟霜鬓，在穷困孤独中离世。时代的夹缝中，她一生的命运，也真如一阕如梦的小令。聊以安慰的是，她的晚年也并不尽是在蒙羞与凄惨中度过，她最后仍然回到了精英文化阶层。她的精神没有被悲惨的境遇所击垮，她舔着伤口，以虔诚之心投入创作，用文字记录生活，并最终安顿了生命。

十一世纪是中国士大夫对美的追求空前热烈的时期，一种基于个人趣味的，精致、文雅而偏向柔情的审美意识，在欧阳修等先驱的带领下正在蓬勃兴起，李清照和她热爱金石的丈夫赵明诚一起也加入了这场审美运动。她的写作，她和丈夫的收藏活动，都显示着蒙元入侵前后的中国的审美嬗变，她是她生活的时代里的美神。

这样一个有血有肉的李清照，是基于日常人伦的还原，也是出于对一个九个世纪前的伟大作家的喜爱和尊重所作的历史追溯。艾朗诺的观点，照亮了文化接受史上的一个死角，它的止步之处让我设想，这个世界上还应该有这样一本别样的李清照的传记，它从写作内部来探察一个不屈的灵魂，它的燃料助推，一来自历史本身，一来自叙事本身的力量，这两者交织聚合，归结到关系的整理和书写上，她与家人、丈夫和亲友的关系，与皇帝、大臣、御医和其他同时代作家的关系，最后指向一个追求独立的女性在中国传统社会里艰难的生存图景。

或许艾朗诺本来可以写出这样一本书，东西语境暌隔，他力有不逮。我也曾寄希望于中国的学人和作家。但看了不下十种李清照的传记我失望了，那情形就像一个人戴了一副度数不对的眼镜，看历史是失焦的，看文学也是失焦的。所以最后，我把这本想象之书留给了自己。

二〇二三年五月

第三辑已出版书目	21	《千古一相——管仲传》 张国擎 著
	22	《漠国明月——蔡文姬传》 郑彦英 著
	23	《棠棣之殇——曹植传》 马泰泉 著
	24	《梦摘彩云——刘勰传》 缪俊杰 著
	25	《大医精诚——孙思邈传》 罗先明 著
	26	《大唐鬼才——李贺传》 孟红梅 著
	27	《政坛大风——王安石传》 毕宝魁 著
	28	《长歌正气——文天祥传》 郭晓晔 著
	29	《糊涂百年——郑板桥传》 忽培元 著
	30	《潜龙在渊——章太炎传》 伍立杨 著
第四辑已出版书目	31	《兼爱者——墨子传》 陈为人 著
	32	《天道——荀子传》刘志轩 著
	33	《梦归田园——孟浩然传》曹远超 著
	34	《碧霄一鹤——刘禹锡传》 程韬光 著
	35	《诗剑风流——杜牧传》 张锐强 著
	36	《锦瑟哀弦——李商隐传》 董乃斌 著
	37	《忧乐天下——范仲淹传》 周宗奇 著
	38	《通鉴载道——司马光传》 江永红 著
	39	《琵琶情——高明传》 金三益 著
	40	《世范人师——蔡元培传》 丁晓平 著

第九辑出版书目

图书在版编目（CIP）数据

如梦令：李清照传 / 赵柏田著 .—北京：作家出版社，
2024.5

（中国历史文化名人传丛书）

ISBN 978-7-5212-2725-3

Ⅰ.①如… Ⅱ.①赵… Ⅲ.①李清照（1084- 约
1151）- 传记 Ⅳ.① K825.6

中国国家版本馆 CIP 数据核字（2024）第 029672 号

如梦令——李清照传

作　　者：赵柏田

传主画像：高　莽

责任编辑：田小爽

装帧设计：刘晓翔　韩湛宁

责任印制：李卫东　李大庆

出版发行：作家出版社有限公司

社　　址：北京农展馆南里 10 号　　　邮　　编：100125

电话传真：86-10-65067186（发行中心及邮购部）

　　　　　86-10-65004079（总编室）

E-mail:zuojia @ zuojia.net.cn

http://www.zuojiachubanshe.com

印　　刷：三河市紫恒印装有限公司

成品尺寸：152×230

字　　数：310 千字

印　　张：23.75

版　　次：2024 年 5 月第 1 版

印　　次：2024 年 5 月第 1 次印刷

ISBN 978-7-5212-2725-3

定　　价：88.00 元（精装）

作家版图书，版权所有，侵权必究。

作家版图书，印装错误可随时退换。